Trincheira
tropical

Ruy Castro

Trincheira tropical

A Segunda Guerra Mundial no Rio

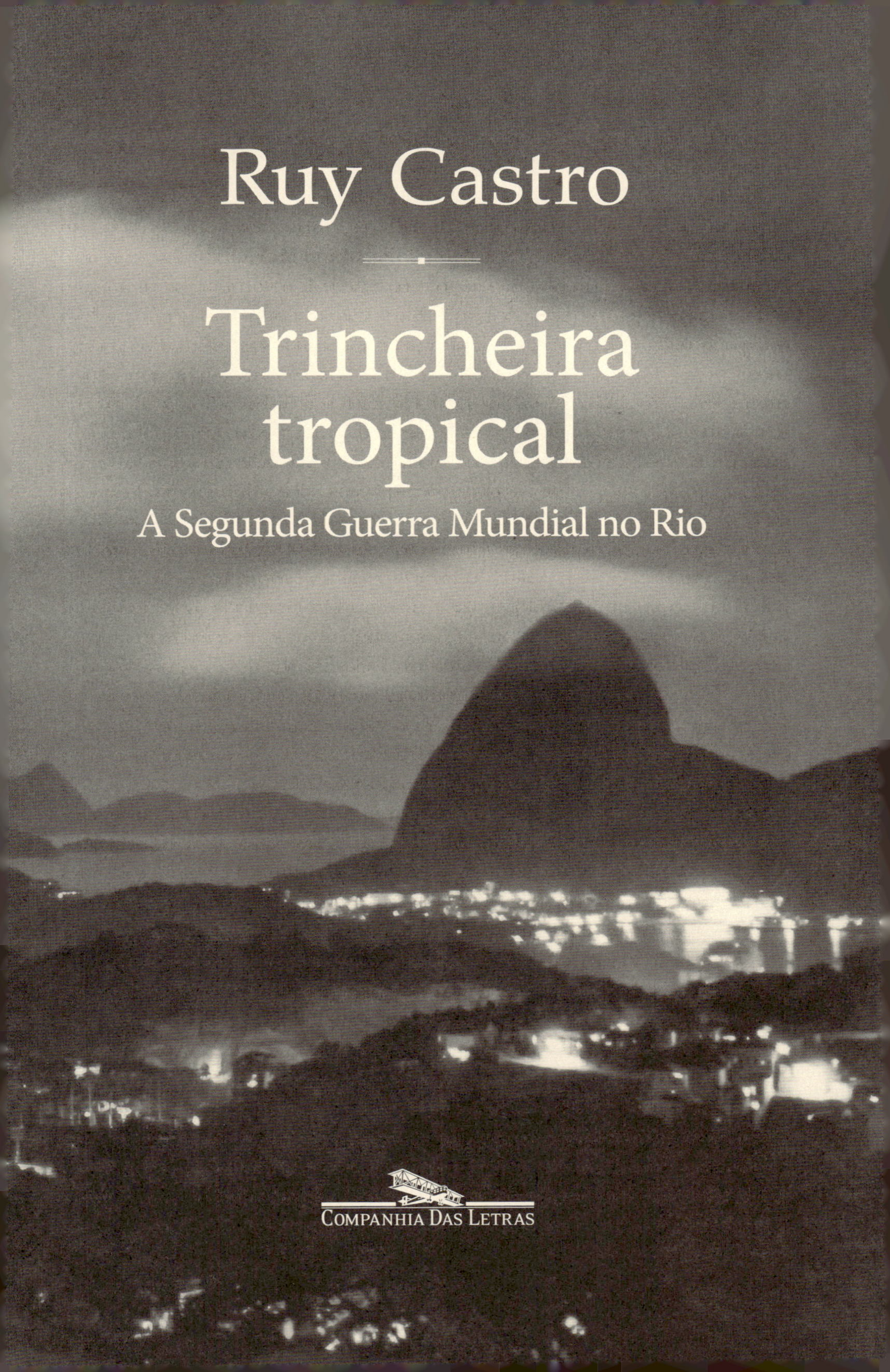

Companhia das Letras

Grafia atualizada segundo o Acordo Ortográfico da Língua
Portuguesa de 1990, que entrou em vigor no Brasil em 2009.

Capa e projeto gráfico
Alceu Chiesorin Nunes

Foto de capa
Naval History and Heritage Command

Foto de verso da capa
Library of Congress

Preparação
Isabel Jorge Cury

Índice remissivo
Luciano Marchiori

Revisão
Huendel Viana
Clara Diament

Dados Internacionais de Catalogação na Publicação (CIP)
(Câmara Brasileira do Livro, SP, Brasil)

Castro, Ruy
   Trincheira tropical : A Segunda Guerra Mundial no Rio
/ Ruy Castro — 1ª ed. — São Paulo : Companhia das Letras,
2025.

Bibliografia.
ISBN 978-85-359-4077-0

1. Rio de Janeiro (Cidade) – História 2. Segunda Guerra
Mundial I. Título.

25-259857   CDD-981.53

Índice para catálogo sistemático:
1. Rio de Janeiro : Cidade : História   981.53
Aline Graziele Benitez – Bibliotecária – CRB-1/3129

1ª reimpressão

Todos os direitos desta edição reservados à
EDITORA SCHWARCZ S.A.
Rua Bandeira Paulista, 702, cj. 32
04532-002 — São Paulo — SP
Telefone: (11) 3707-3500
www.companhiadasletras.com.br
www.blogdacompanhia.com.br
facebook.com/companhiadasletras
instagram.com/companhiadasletras
x.com/cialetras

PRAIA DO FLAMENGO, 1942.
Bustos nus e maiôs
curtos na cidade ainda
à margem da guerra.

Para Luiz Schwarcz

ESTRANHOS NO CARTÃO-POSTAL.
Submarinos alemães *U-530*
e *U-977* apresados ao largo
da Ilha Fiscal.

Sumário

ARTILHEIRO.
O cabo Adão Rosa da Rocha, 22 anos,
autor do primeiro tiro da FEB na
Itália, em 18 de setembro de 1944, posa
reconstituindo o momento do disparo.

Prólogo

A guerra dos mundos

Eram três mundos: o democrático, o comunista e o fascista. Como esferas no espaço, eles se aproximavam ou se repeliam. Naqueles anos, todos, em algum momento, formaram pares entre si: democratas e fascistas contra comunistas; fascistas e comunistas contra democratas; e democratas e comunistas contra fascistas. Chamaram-na de Segunda Guerra Mundial — e, por isso, a Grande Guerra de 1914-18, aquela que viera para acabar com todas as guerras, tornou-se apenas a Primeira Guerra.

Para os compêndios, a Segunda Guerra começou no dia 3 de setembro de 1939, na Europa, com a invasão da Polônia pela Alemanha e a pronta declaração de guerra a esta pela Grã-Bretanha e a França. Mas ali começaram apenas os confrontos armados. De um jeito ou de outro, o mundo já estava em guerra desde 1935, com os combatentes em toda espécie de farda, inclusive terno e gravata. O mundo civil era arrastado para ela, e nunca tantos, em toda parte, foram tão afetados por algo que acontecia longe de suas casas.

O Brasil ainda não sabia, mas, em 1935, a luta em suas fronteiras entre as três grandes esferas — o fascismo, representado pela Ação Integralista Brasileira; a democracia, brevemente pela Aliança Nacional Libertadora, e o comunismo, pelo Partido Comunista do Brasil — já era a guerra. Pelos oito anos seguintes, o Rio foi o epicentro desse combate.

Em 1944, a luta se transferiu para uma gelada cordilheira italiana e envolveu milhares de bravos brasileiros. Mas o epicentro continuou aqui.

1

O nosso fascismo

Em 1934, no Rio, a quem quisesse juntar-se às multidões que começavam a sacudir as ruas marchando uniformizadas pela salvação da pátria bastava subir ao primeiro andar da rua Rodrigo Silva, 40, no centro da cidade, e inscrever-se. Era a sede carioca da AIB (Ação Integralista Brasileira), o movimento criado por Plinio Salgado dois anos antes, em São Paulo. Ele seria recebido com sincero apreço por um funcionário de camisa verde, que o ajudaria a preencher a ficha e presentearia o novo membro do integralismo com uma sacola de livros, compêndios, cadernos e panfletos sobre o movimento.

Por acaso, a duas portas da sede, no mesmo primeiro andar, ficava uma alfaiataria dedicada à confecção do uniforme dos integralistas: camisa verde-bandeira, "cor das matas e da bandeira brasileira", de brim ou de algodão, mangas compridas para abotoar nos punhos, alças nos ombros, bolsos estilo militar, gravata preta, calças brancas ou pretas e cinto e sapatos pretos. O das mulheres seguia o mesmo modelo, exceto pela camisa, de gola aberta, sem gravata, e pela saia, também branca ou preta, em vez de calças, na altura das canelas. Para certas atividades, como as cerimônias militares promovidas pelo movimento, o uniforme masculino previa também uma boina de lona verde em forma de capacete militar. Mais que um uniforme, era uma farda. Nas suas *marches aux flambeaux* pelas ruas, à noite, com as tochas de estopa embebida em gasolina, as camisas verdes pareciam incandescentes.

Fardas no Brasil eram exclusividade das Forças Armadas. Mas o ex--poeta, escritor, jornalista, profeta e apóstolo do integralismo Plinio Salgado conseguira uma licença especial do ministro da Guerra, general Euclydes Goes Monteiro, para que a AIB, uma organização civil, as usasse. Com isso, os camisas-verdes estavam na legalidade e instruídos por Plinio a usá-las o dia todo e em toda parte. Para Goes, nada a opor também a que, na manga esquerda da camisa, pouco abaixo do ombro, os integralistas trouxessem uma braçadeira branca com uma figura dentro do círculo. Era o sigma — Σ —, 18ª letra do alfabeto grego, correspondente ao S latino e, na matemática, símbolo de uma soma. E esta era a ideia da AIB: uma congregação nacional de pequenas unidades. Centenas de milhares dessas pequenas unidades, talvez milhões, patriotas como só os integralistas sabiam ser. Nada disso parecia perturbar o presidente da República, Getulio Vargas.

Assinada a ficha na sede e tiradas as medidas no alfaiate, o novo filiado ou filiada logo estaria de posse de dois ou mais jogos de uniforme, um dos quais, de preferência, já no corpo. Tornava-se um camisa-verde (as mulheres eram as blusas-verdes). Devidamente encamisado, bastava ao novo integralista sair à rua para exibir sua filiação e praticar o código estabelecido entre seus correligionários. Ao passarem um pelo outro, estendiam o braço direito em posição vertical, mão espalmada, e se saudavam exclamando "Anauê!", palavra que os integralistas diziam ser originária do tupi, significando — não se sabia ao certo — "Eis-me aqui!" ou "Você é meu irmão!". Os alfaiates aderiram em massa à confecção, com o que, subitamente, as províncias do Brasil foram tomadas de verde e os ares, carregados de "Anauê!".

O termo correligionário não era força de expressão. O integralismo se via como uma espécie de religião. Baseava-se na tríade "Deus, Pátria e Família" (maiúsculas compulsórias) e tinha ideias rígidas sobre como a pátria devia ser conduzida — ideias essas que estavam no ar em toda parte, principalmente na Europa, na voz dos descontentes com as democracias liberais e assustados com o comunismo. No Brasil, elas foram organizadas e postas em letras de fôrma por Plinio Salgado.

A figura de Plinio, 39 anos, natural de São Bento do Sapucaí (SP), não correspondia ao seu poder. Era baixinho, de compleição de mosquito, cinquenta quilos de roupa e sapato, olhos tristes, orelhudo, rosto afilado e bigode estilo escova de dentes, não muito diferente do criado pelo cômico Carlitos e adotado pelo líder alemão Adolf Hitler. Plinio parecia ter dupla personalidade. Em pequenos grupos, era apagado, discreto, hesitante. Já nos palanques e comícios, transfigurava-se. Era o arrebatador de massas, o líder, o *condottiere*, só comparável ao seu inspirador, o italiano Benito Mussolini. O escritor luso-brasileiro Carlos Malheiros Dias descreveu-o como orador: "Em Plinio Salgado, as reticências, as perplexidades, as condicionais são substituídas, à maneira de Mussolini e de Hitler, pelas convicções imperativas e contagiosas". Outro admirador apaixonado o definiu para a eternidade: "Ninguém como Plinio tem o dom de conjugar a palavra com a ação, o verbo com a carne, e descer o sonho das alturas da imaginação para fazê-lo palpitar nos corações humanos". E o futuro jurista Miguel Reale: "Plinio não é uma pessoa, é uma ideia". Abstrato, quase incorpóreo, nem assim Plinio abria mão de, como chefe nacional do integralismo, ser sempre saudado com três "Anauês!".

Seus discursos eram ribombantes, sem economia de pontos de exclamação:

> Não! Não e não! Não está tudo perdido! Existe uma geração nova que se levanta! Que quer caminhar! Que já começou a caminhar! Que reerguerá a Pátria! Que construirá o Brasil! Que saberá ir até ao sacrifício, para redimir nossa terra e nossa gente dos erros do passado! Essa geração surge com força! Seu entusiasmo não é fogo de palha! É um incêndio assoberbante de fé, de brasilidade, de convicção e de certeza! Se a geração velha não soube acreditar em coisa alguma e sucumbiu no pântano dos imediatismos, a nova geração saberá crer! E, se isto é loucura, bendita a loucura sagrada que salva as Pátrias do bom senso que as destrói, enxovalha e avilta!

O integralismo era a extrema direita brasileira. Pregava um Executivo de poder integral: centralizador, implacável, corporativista, anticomunista, ultranacionalista e de férrea orientação cívica e religiosa — no caso, católica, mas sem excluir os protestantes e espíritas. Na sua concepção, o Legislativo e o Judiciário deveriam ser simples extensões do Executivo. Seus modelos eram a Alemanha, a Itália e o Império do Japão, os novos Estados autoritários que estavam assombrando o mundo com sua prosperidade e pareciam barreiras invencíveis contra a ameaça das esquerdas. A esse respeito, a pregação de Plinio nos palanques era quase bíblica:

> A esquerda é a violência, o golpe cruel, o assassínio frio, o defloramento em massa, o saque organizado, o massacre, o incêndio, a blasfêmia! A direita é a união sagrada em torno da Bandeira da Pátria, das tradições nacionais, da virtude, da castidade, do heroísmo, da religiosidade, da delicadeza de sentimentos, do pudor individual e coletivo, do sacrifício, da honra de uma Nação!

Os camisas-verdes vinham "salvar o Brasil" de, entre outras ameaças, sua "iminente anexação à URSS". Para Plinio, o belzebu comunista estava se infiltrando em todo o tecido nacional: Exército, Congresso, administração pública, imprensa, literatura, teatro, sindicatos, ginásios, universidades, associações culturais e onde quer que se juntassem dois ou mais brasileiros. E advertia:

> Sei os inimigos que o integralismo tem. Sei os que tramam contra a Nação. Percebo suas manobras. Estou alerta. Acompanho os passos dos bolchevistas. Sei onde estão, o que pretendem e quando vão querer agir. Nos lugares onde percebi a infiltração comunista, também me infiltrei. Se o comunismo tem gente nos quartéis, eu também lá tenho companheiros. Se ele vai aos navios, eu também vou. Se ele vai às fábricas, também vou eu. Não lhe darei quartel!

Mas o comunismo, ele bradava, era só a consequência dos desmandos de uma longa lista de inimigos do país: as elites, os burgueses, liberais, socialistas, anarquistas, materialistas, ateus, judeus, maçons, cínicos, velhacos e imorais; os praticantes de latrocínio, jogatina, cafetinismo e prostituição; os assíduos nos cassinos, garçonnières, rendez-vous e corridas de cavalos; e os frequentadores das praias, onde imperava o despudor, do hall dos hotéis elegantes com suas *demi-mondaines* às cinco da tarde, e até das confeitarias, com seus milk-shakes, símbolos da invasão americana. Os camisas-verdes eram uma casta à parte, puros, imunes às tentações.

Com tantos inimigos a combater, Plinio sempre encontraria quem se identificasse com pelo menos uma de suas propostas. E muitos se identificavam com todas. Era um discurso hipnótico para a classe média, afundada em falências e inadimplências desde a quebra do capitalismo em 1929, com inflação, desemprego e insatisfação geral no país. Mas o público que Plinio queria atingir era a "mocidade", receptiva à estratégia de que, antes de fundar um partido político, era preciso formar um movimento de ideias — sugestão que ele ouvira do próprio Mussolini, quando o *Duce* o recebera no Palazzo Venezia, em Roma, em 1931.

Plinio começou sua homilia naquele mesmo ano, com a criação em São Paulo da SEP, a Sociedade de Estudos Políticos. As primeiras reuniões, na Sala de Armas do Clube Português, atraíram uma nata de noviços ávidos por "discutir o Brasil" e sua realidade social, política, econômica e cultural — "como nunca se fez antes", segundo um deles. Tais discussões, dirigidas por Plinio, já conduziam ao programa do futuro integralismo, com a pregação da "unidade nacional", ou seja, contra o federalismo e a independência dos estados. Propunham a "coordenação das classes produtoras", com o fim dos sindicatos de classe e sua substituição pelos de categorias profissionais, como os dos industriários, comerciantes, bancários. "Coordenados" pelo governo, eles seriam fáceis de controlar e isso esvaziaria ao mesmo tempo a ação dos liberais e a dos comunistas. Para tornar esse programa possível, impunha-se o "princípio da autoridade", ou seja, o fim dos partidos políticos e do voto universal. Era o Estado "integral" — integrado e nacional.

Plinio condensou tudo isso num documento, o "Manifesto de outubro", que leu em sessão solene para uma plateia de quinhentas pessoas no palco do Theatro Municipal de São Paulo, no dia 5 de outubro de 1932 — o mesmo em que, dez anos antes, em 1922, ele declamara seus poemas na segunda noite da Semana de Arte Moderna, de que fizera parte. Dois dias depois da leitura de seu manifesto, publicou-o num folheto, do qual mandou imprimir 20 mil exemplares, e iniciou sua distribuição nas capitais e cidades mais importantes. Com isso, o dia 7 de outubro foi fixado como a data de fundação da Ação Integralista Brasileira, a ser comemorada anualmente. Estavam lançadas as sementes — o verde logo iria germinar.

E Plinio se fazia de exigente quanto a seus seguidores. Em discursos nos teatros, alugados para suas manifestações, proclamava:

Os eugênicos e saudáveis, capazes de resistir, de lutar, de esperar, de construir pedra a pedra o edifício que legaremos aos nossos descendentes, que venham comigo. Os incapazes, os pusilânimes, os impacientes, que tratem de se retirar o mais depressa possível.

Nenhum jovem na plateia queria pertencer a esse segundo grupo. A perspectiva de interferir na realidade nacional era fascinante demais para os garotos, e Plinio os conquistava de primeira.

Sua organização tinha como base os núcleos de bairro ou de pequenos municípios, comandados por "chefes distritais". Os quais, por sua vez, se submetiam aos "chefes provinciais" — estaduais —, e estes, aos poderosos "secretários nacionais", equivalentes na hierarquia federal aos ministros de Estado. Esses secretários compunham o Supremo Conselho, dirigido por um triunvirato formado pelo historiador Gustavo Barroso, fundador do Museu Histórico Nacional e então presidente da Academia Brasileira de Letras; o terceiranista da Faculdade de Direito de São Paulo Miguel Reale; e, acima de todos, apenas uma ou duas nuvens abaixo de Deus, Plinio Salgado.

Pelos meses seguintes, somente no Rio e em São Paulo, a AIB empolgou personalidades como os advogados Vicente Rao, Goffredo da Silva Telles Junior, Heráclito Sobral Pinto, San Thiago Dantas, Alfredo Buzaid, Francisco Campos e Gustavo Capanema; o economista Raymundo Padilha; os poetas Menotti del Picchia, Augusto Frederico Schmidt, Tasso da Silveira, Ribeiro Couto, Vinicius de Moraes e Rosalina Coelho Lisboa; os escritores Candido Motta Filho, Gerardo Mello Mourão, Roland Corbisier, Herman Lima, José Madeira de Freitas, Octavio de Faria, José Geraldo Vieira, Brito Broca, Mauro Mota, Claudio de Souza e Adonias Filho; os gramáticos Silveira Bueno e Tenório d'Albuquerque; os jornalistas Barbosa Lima Sobrinho, Geraldo Rocha, M. Paulo Filho, Almeida Salles e Gilson Amado; o sociólogo Guerreiro Ramos; a ex-atriz Lia Torá; os artistas plásticos Vicente do Rêgo Monteiro e Oswaldo Teixeira; o médico Belmiro Valverde; os professores Helio Vianna, Thiers Martins Moreira, Americo Jacobina Lacombe e Antonio Galotti; os diplomatas João Neves da Fontoura, Jayme de Azevedo Rodrigues e Lauro Escorel; o arquiteto Archimedes Memória; o folclorista Luiz da Camara Cascudo; os empresários Roberto Simonsen, Alfredo Egydio de Souza Aranha — este, o principal esteio econômico pessoal e político de Plinio — e os irmãos Sergio e Renato Rocha Miranda.

A lista continua: os atores Raul Roulien, Abdias do Nascimento e Aguinaldo Camargo; os irmãos Carlos e Helio Gracie, pioneiros do jiu-jítsu; o futuro chefe da propaganda de Getulio, Lourival Fontes; os condes (de araque, pelo Vaticano) Modesto Leal, Nicolau Scarpa (fabricante da cerveja Caracu) e de Afonso Celso; a patronnesse dos modernistas de São Paulo, dona Olivia Penteado; o ex-presidente da República Epitácio Pessoa; e o ex-marinheiro João Candido, o "Almirante Negro" da Revolta da Chibata, de 1910. Nem todos se filiaram à AIB, mas todos se declararam seus adeptos e muitos colaboraram na imprensa integralista. E, exceto por uma meia dúzia, todos tinham por volta de trinta anos.

O integralismo também penetrou nos círculos católicos, seduzindo muitos de seus líderes. Alceu Amoroso Lima, crítico literário, líder do laicato católico e presidente do Centro Dom Vital, escreveu em 1936: "Tenho pelo movimento integralista a mais viva simpatia, como tenho pelo fascismo e por toda essa moderna reação das direitas, que mostraram a não inevitabilidade do socialismo". Alceu era impenitente: se desconfiasse que havia um comunista numa sala em que estivesse, retirava-se ostensivamente. Não admitia ver-se na presença deles nem por escrito — pediu demissão a Assis Chateaubriand, da coluna que mantinha em *O Jornal*, ao saber que ele contratara o "comunista" Rubem Braga. Outros importantes religiosos integralistas foram o ex-pastor evangélico, convertido ao catolicismo, Euripedes Cardoso de Menezes, e os padres Leonel Franca, fundador da PUC-Rio, João Becker, arcebispo de Porto Alegre, e Helder Camara, influente presbítero do Ceará. Duplamente ungido pela fé, padre Helder usava a camisa verde por baixo da batina — exceto nas passeatas, quando tirava a batina e, de revólver no cinto, perfilava-se no pelotão armado.

Nem todos os padres tinham o escrúpulo de se despir das vestes sagradas. Diversos padres integralistas, que viam em Plinio seu doutrinário, orgulhavam-se de pertencer aos "batinas-verdes", com o sigma na manga. Circulava entre eles um trocadilho com a frase cristã *"In hoc signo vinces"* ("Com este sinal [a cruz] vencerás", transformada em *"In hoc Sigma vinces"*. Outra bandeira integralista que fazia vibrar os católicos era a campanha do então deputado Goffredo da Silva Telles Junior pela obrigatoriedade de se afixar crucifixos — a "imagem do Cristo Crucificado" — nas paredes da Câmara Federal, das repartições públicas e de todos os lares brasileiros. Não surpreende que inúmeras turmas de formandos em colégios católicos estivessem convidando Plinio para paraninfá-las.

Em parceria com as paróquias, os integralistas arrebanhavam em massa os fiéis mais humildes. Mantinham um ativo serviço de assistência social, pelo qual abriam escolas, postos de serviço médico, creches, lactários e restaurantes populares. Promoviam o Natal dos Pobres e dispunham de ambulâncias para emergências, com o sigma dentro da cruz estampado na lataria. Um dos objetivos desse assistencialismo era a arregimentação feminina, coordenada por Carmella Patti Salgado, a jovem (21 anos em 1932) segunda mulher de Plinio. Carmella, com o solene título de secretária provincial de Arregimentação Feminina e Pliniana da Guanabara, tinha seguidoras tão fascinadas quanto os maridos destas pelo líder nacional. Ela era a primeira, a segunda e a terceira-dama do integralismo.

Por intermédio das mães, dava-se a arregimentação das crianças pelo movimento. Meninos e meninas dos quatro aos quinze anos eram inscritos nos "Plinianos", a subseção infantojuvenil do integralismo. A filiação lhes proporcionava esportes, educação física, gincanas, excursões, acampamentos, educação cívica, juramento diário às duas bandeiras, a do Brasil e a do Sigma, e canto de hinos — um deles, "Sou pequenino/ Mas ninguém me toque/ Sou pliniano/ Da tropa de choque". (Quando se tratava do Hino Nacional, não se cantava a segunda parte, por causa do verso "deitado eternamente em berço esplêndido", considerado nocivo.) As meninas recebiam cursos de corte e costura, bordado, culinária, datilografia, economia doméstica e primeiros socorros — prendas que não comprometeriam suas futuras funções no lar, de esposas, mães e donas de casa.

Os plinianos eram a resposta integralista ao escotismo, este considerado uma estaca do imperialismo britânico no coração da juventude brasileira. Eram igualmente proibidos de acreditar no Papai Noel americano, gordo, de barbas brancas, roupa vermelha e rugindo "Ho-ho-ho" ao rir. O Papai Noel integralista, que estrelou a capa de dois números de Natal da revista *Anauê*, conservava as barbas brancas, mas não era gordo nem fazia "Ho-ho-ho". Era rijo, másculo e usava a camisa verde. A prova do sucesso da arregimentação infantojuvenil estava nas revistas da AIB, com suas fotos de meninos fardados, queixo empinado, braços cruzados, postura marcial e sinistra expressão adulta. Ser integralista era ser másculo, dinâmico e heroico. Um dos teóricos do integralismo, o baiano Godofredo Filho, escreveu: "A mocidade fascista livrou a Itália da ruína comunista. A mocidade racista ergueu a Alemanha da vergonha do pós-guerra. E a mocidade integralista redimirá o Brasil, livrando-o dos corvos políticos que o desgarram e do liberalismo vicioso que o infecta".

As revistas integralistas publicavam fotos de famílias inteiras, dos avós aos bebês de colo, vestidas com o uniforme completo. Nas passeatas, as crianças menores marchavam deitando ao chão pétalas de rosas brancas tiradas de cestos verdes. As mães decoravam os bolos de aniversário dos garotos com confeitos em forma de sigma. E muitos pais batizavam os filhos com o nome Plinio.

Os batismos não se limitavam aos bebês. Podia-se ser "batizado" pelo integralismo em qualquer idade. A cerimônia, realizada em seus templos, incluía cantos, bandeiras e rituais, entre os quais o braço para o alto e o juramento: "Juro por Deus e pela minha honra trabalhar pela Ação Integralista Brasileira, exercendo, sem discutir, as ordens do Chefe Nacional e dos meus superiores". O chefe do protocolo dirigia-se à congregação: "Integralistas! Mais um brasileiro entrou para as fileiras dos camisas-verdes! Em nome do Chefe Nacional, recebo-o e convido os presentes a saudá-lo segundo o nosso rito: 'Ao nosso novo companheiro, Anauê!'". E a congregação, em coro: "Anauê!". O juramento lembrava o dos recém-admitidos no Partido Fascista Italiano: "Juro obedecer sem discussão às ordens do *Duce* e defender com todas as minhas forças e, se for preciso, com o meu sangue, a causa da Revolução Fascista".

O movimento tinha um hino oficial, "Avante! (Hino da Frente Integralista Brasileira)", com letra e música de Plinio: "Avante! Avante! Pelo Brasil toca a marchar!/ Avante! Avante!/ Nosso Brasil vai despertar!// Avante! Avante!/ Eis que desponta nosso arrebol/ Marchar, que é a primavera/ O que a Pátria espera/ É um novo sol!// Hei, avante, brasileiro/ Mocidade varonil/ Sob as bênçãos do Cruzeiro/ Viverás pelo Brasil". Outros arrebóis abrilhantavam "Ergue-te, mocidade!", letra de Plinio e música de João Ség, e "A canção do Sigma" e "Pavilhão azul", ambos de M. Machado. Todos foram lançados em discos pelas principais gravadoras do país e interpretados por uma "Orquestra e coro do Sigma".

O integralismo tinha algo de imperial na sua organização. Seus dirigentes integravam as "Cortes do Sigma". Os encontros entre os dirigentes "provinciais" — não se admitia a denominação "estadual" — eram os "Congressos Parlamentares das Arquiprovíncias Meridionais". As cerimônias de protesto contra as violências que atribuíam aos comunistas eram as "Noites dos Tambores Silenciosos".

A pregação anticomunista da AIB soava como música para os grandes patrões, que, em troca, lhe injetavam dinheiro — os mesmos patrões que os integralistas condenavam publicamente como "capitalistas decrépitos" e "adeptos do clorofórmio liberal". Para eles, Plinio criou a "Câmara dos Quarenta", uma espécie de quadro de honra do integralismo, compreendendo empresários, industriais, banqueiros, diplomatas e altos comerciantes, todos à frente de grupos poderosos. Um desses grupos era a Sul-América, a gigante dos seguros cujo presidente, Antonio Sanchez de Larragoiti, futuro financiador dos franquistas na Guerra Civil Espanhola, se casaria com a poeta Rosalina Coelho Lisboa. Rosalina era a estrela do Clube das Vitórias Régias, uma confraria literária onde pias matronas da sociedade se reuniam semanalmente, numa sala do Liceu Literário Português, no largo da Carioca, para recitar sonetos, disputar torneios de trovas e entoar discursos patrióticos. Todas eram casadas com magnatas simpatizantes do integralismo.

As matronas podiam ser pias, mas a sedutora Rosalina não era tanto. Aos vinte anos em 1920, já tinha um agitado currículo amoroso: viúva do primeiro marido, um nobre europeu; casara-se de novo, com um brasileiro, mas se arrependera e conseguira que o Vaticano anulasse esse casamento; e tivera como namorado o tenente Siqueira Campos, futuro herói da insurreição dos "18 do Forte", em que onze ou doze militares rebeldes enfrentaram 3 mil soldados do governo nas areias de Copacabana, deixando ali o seu sangue. Com o tempo, Rosalina distanciou-se do tenentismo e ficou doze anos casada com o jornalista americano James Irvin Miller, gerente-geral da United Press na América do Sul, com o que o integralismo, logo ao surgir, passou a ter cobertura internacional. Larragoiti seria o marido seguinte. Rosalina foi integralista de primeira hora e, como, por amigos comuns, se tornara também confidente política de Getulio Vargas, servia de elo entre ele e Plinio Salgado. Sua presença, tanto nos salões elegantes quanto nos palanques da AIB, era obrigatória nas colunas sociais e na imprensa integralista.

Esta, por sua vez, tivera extraordinário crescimento a partir de 1933. Seus principais órgãos eram o matutino *A Ofensiva*, dirigido por Madeira de Freitas, que, com alegados e modestos 30 mil exemplares diários, se anunciava como "o jornal de maior circulação no território brasileiro"; o semanário *Século XX*, por Gustavo Barroso, caninamente antissemita; as revistas mensais *Anauê!*, por Euripedes Cardoso de Menezes e, depois, por Manoel Hasslocher, voltada para as famílias, e *Panorama*, por Miguel Reale, para os intelectuais e estudantes, editada em São Paulo; o tabloide *Monitor Integralista*, de caráter institucional e periodicidade irregular, dirigido pelo comandante (da Marinha) Victor Pujol; e o anuário *Almanaque Integralista*, uma espécie de balanço do ano, com cerca de cem páginas. E havia também o mensário *Brasil Feminino*, dirigido por Iveta Ribeiro, dedicado às "blusas-verdes", definidas pela tríade mãe/esposa/dona de casa. Octavio de Faria e Vinicius de Moraes frequentavam a redação de *Anauê*", na rua do Carmo, 29. O jovem Vinicius publicou nela pelo menos um poema e não se limitou a isso: forte e atlético, participou de treinamentos nas Milícias Integralistas, no Arsenal de Guerra, no Caju.

A nenhum desses veículos faltavam anunciantes de peso, como Sul-América, Itabira Iron, Light, Loteria Federal, Banco do Brasil, Casa da Moeda, Lloyd Nacional, Massas Aymoré, Perfumaria Granado, sabonete Eucalol, a loja de departamentos Parc Royal e beberagens como o Xarope Phymatosan, o Elixir de Nogueira e o Mastruço Creosotado. Um dos anunciantes mais generosos, comprando seguidas contracapas, era a Companhia Nacional de Navegação Costeira, dos grandes navios e estaleiros, de propriedade de Henrique Lage, marido da cantora lírica italiana Gabriella Besanzoni e dono do Parque Lage.

Todas as publicações estavam subordinadas à Sigma Jornais Reunidos, sociedade anônima com sede na mesma rua do Carmo e que, funcionando como uma agência, abastecia sem custo jornais de outros estados com reportagens, artigos e clichês fotográficos. A única condição, desnecessária de ser pedida, era a de seguirem a linha integralista. Segundo os números que apregoava, a AIB tinha cerca de 130 veículos jornalísticos no país. Isso não incluía as revistas de outras empresas, dirigidas por amigos de Plinio e aliadas do movimento. Duas delas, *Fon-Fon* e *Seleta*, eram de circulação nacional, assim como *A Cigarra*, comandada por Menotti del Picchia. Del Picchia, autor de *Juca Mulato*, produzira uma frase marcante: "A bandeira do Brasil passa a ser, desde este momento, a bandeira do sigma". Menotti, por sinal, jactava-se de ter sido o descobridor de Plinio, então simples revisor no *Correio Paulistano*, em 1920. Vendo nele um talento original, resgatara-o das galés das oficinas e o apresentara a seus colegas modernistas.

Outra empresa do movimento era a Sigma Films, dirigida pelos alemães Fritz Rummert e João Hall, com sede em Petrópolis (RJ). Era encarregada da produção de cinejornais para exibição no circuito comercial. Os filmetes, mostrando os comícios e passeatas integralistas, tinham de cinco a dez minutos e passavam antes do filme principal, juntamente com um trailer e um desenho animado. Eram exibidos também ao ar livre, nas praças das pequenas cidades, numa tela que se improvisava com um simples lençol branco. A AIB tinha ainda o apoio da Rádio Fluminense, em troca de anúncios gratuitos nas revistas do movimento, e dos serviços de alto-falante instalados nas praças das pequenas cidades. O sigma estava também presente em flâmulas, bandeirinhas e estandartes à venda no comércio, e as frequentes palestras de Plinio nas sedes da Associação dos Empregados do Comércio de diversas capitais tornavam-no simpático aos lojistas.

Mais assustadora ainda era a produção literária do integralismo. De 1933 a 1937, editaram-se mais de cinquenta livros sobre ele. Miguel Reale, o número três da AIB e seu secretário nacional de Doutrinas e Estudos, publicou nada menos que sete, entre os quais o quase erudito *Perspectivas integralistas* e o mais objetivo *ABC do integralismo*, dirigido "ao povo do Brasil", ambos de 1935. Gustavo Barroso, o número dois do movimento e seu secretário nacional de Educação Moral, Cívica e Física, também sete: *O integralismo em marcha* (1933), *O integralismo de Norte a Sul* (1934), *A palavra e o pensamento integralista* (1935), *O que o integralista deve saber* (1935), *O integralismo e o mundo* (1936), *Integralismo e catolicismo* (1937) e *Comunismo, cristianismo e corporativismo* (1937). E Plinio, a autoridade suprema, seis: *O que é integralismo* (1933, escrito em uma só madrugada na editora de Augusto Frederico Schmidt, na rua Sachet), *Cartas aos camisas-verdes* (1934), *Desper-*

temos a nação! (1935), *Páginas de combate* (1936), *A doutrina do Sigma* (1936) e *Nosso Brasil* (1937).

Vinte livros em menos de três anos não era nada mau, embora não se soubesse quando Plinio, Barroso e Reale achavam tempo para escrever. Com suas agendas carregadas de comícios, discursos, passeatas, entrevistas, edição de jornais e viagens pelo país, sem falar nas reuniões fechadas, valiam-se provavelmente de ghost-writers. Os quais, pela quantidade de colaboradores que abasteciam as páginas de *Anauê!* com competente material doutrinário, não deviam faltar. A maioria desses livros respingava apologia fascista ou nazista, o que não parecia preocupar suas editoras, como a Schmidt, alinhada aos autores, e a José Olympio, indiferente à cor política de seus editados.

O nome completo de Gustavo Barroso — Gustavo Adolpho Luiz Guilherme Dodt da Cunha Barroso — ecoava uma remota saga de valquírias e nibelungos. Infelizmente, mais remota do que ele gostaria: mãe alemã, mas pai cearense. Para piorar, sua mãe, a bávara Ana Guilhermina Dodt, morrera apenas sete dias depois que o pusera no mundo e não ficara para ensinar-lhe a língua. Por isso, Barroso tinha de submeter-se à humilhação de se corresponder em francês com as instituições nazistas na Alemanha — o que o impedia de receber o disputado *"Staatsangehörigkeitsausweis"*, certificado de cidadania alemã com que tanto sonhava. Outra decepção de Barroso foi a de, por objeção do pai, não ter podido seguir a carreira naval e, quem sabe, chegar ao almirantado.

Mas Barroso não se reduzia a paisano. Com seu porte huno, marchava fardado à frente das passeatas e ostentava tantas condecorações que o peito da camisa não lhe chegava para as comendas, cruzes e grã-cruzes — algumas tinham de ser pregadas nas mangas. Quando saía de casa, na rua Sá Ferreira, em Copacabana, as pessoas abriam caminho para ele e seu ego, mesmo que estivesse indo à esquina comer pastéis. Seu admirador, o escritor Herman Lima, descreveu-o, salivante: "Alto [1,84 metro], espadaúdo, o peito aberto numa altanaria de gladiador". Lima poderia ter acrescentado que, em sua Fortaleza natal, o garoto Barroso tinha como instrumento favorito de defesa a navalha. Seu antissemitismo só perdia para o de Hitler, fazendo com que, em comparação, a cúpula integralista parecesse quase alheia à questão. Mas expressões como "filojudeus", "agiotas judeus", "imprensa semita", "banqueirismo internacional" e "bolchevismo judeu" apareciam tanto nos textos de Barroso quanto nos de Plinio, Reale e demais autores.

E foi Barroso quem traduziu e introduziu no país o libelo antissemita *Os protocolos dos sábios de Sião*, que descreve uma conjura multinacional e multissecular do judaísmo e da maçonaria para a "dominação mundial" através da dissolução do cristianismo e dos valores ocidentais. Para isso, judeus e maçons teriam imposto ao mundo instituições como o liberalismo econômico, o cosmopolitismo, a liberdade de opinião, os regimes democráticos, a representação popular, o darwinismo, o marxismo, o nietzschianismo e outras formas de implantação do caos, para lhes assegurar o "controle do dinheiro, do ouro e das pedras preciosas".

Protocolos dos sábios de Sião, composto da "ata de uma assembleia realizada em Basileia em 1898", foi repetidamente denunciado como fraude, um plágio de sátiras antissemitas do século XIX, só que transcritas como verdadeiras. Isso não o impediu de ter vasta circulação nos países de regime autoritário e servir de base para *Minha luta*, de Hitler, lançado em 1925. A edição brasileira dos *Protocolos*, de novembro de 1936, pela Editora Civilização Brasileira, vendeu 18 mil exemplares em dois meses e teve contínuas reimpressões. Trechos "adaptados para a realidade brasileira" foram mimeografados e distribuídos aos milhares. Barroso viajou pelo país dando conferências para divulgar seu conteúdo e, com ele, convencer as massas de que só Plinio Salgado e o integralismo poderiam fazer frente àquela dominação. Na esteira dos *Protocolos*, os antissemitas brasileiros produziram seus próprios livros, editados por eles próprios e na mesma linha: a denúncia do judeu bolchevique que "ditava a política, a economia, a cultura e o comportamento no mundo". Um dos autores mais raivosos e ativos foi Raphael de Hollanda, autor de *Raça eleita* e de outros panfletos.

Essas ideias já estavam embutidas em muitas pessoas. Com Plinio, extravasaram-nas.

O integralismo estava presente em todas as patentes das Forças Armadas, dos bonés aos quepes, principalmente nestes. No Exército, o general Newton Cavalcanti, comandante de nada menos que a Vila Militar, era seu declarado adepto. Outro militar de grande presença no movimento era o capitão Olympio Mourão Filho, chefe do serviço secreto da AIB. A Câmara dos Quarenta contava em seus quadros com os generais Jeronymo Furtado do Nascimento, José Vieira da Rosa, Augusto Eduardo da Silva, Marcos Villela Junior, Abreu Salgado e Jorge Pinheiro. Na Marinha, as publicações integralistas circulavam livremente nos navios, repartições e até mesmo pelo malote oficial, sob a benesse dos almirantes Trajano de Carvalho e Frederico Villar e do já citado comandante Victor Pujol. E eles tinham seguidores estratégicos no 10º Regimento de Aviação, no Campo dos Afonsos, com o que nenhum avião levantaria voo sem o conhecimento deles. Essas atividades não eram clandestinas — qualquer oficial da ativa podia declarar sua adesão ao integralismo tanto quanto sua torcida por um clube de futebol. Também na polícia civil, chefiada pelo major Filinto Müller, os integralistas tinham gente em funções-chave, como investigadores, radiotelegrafistas e funcionários da seção de explosivos. E a AIB dispunha ainda de um serviço especial, comandado pelo germanófilo Hermes Lins de Albuquerque, encarregado de identificar nas altas esferas possíveis aderentes à causa.

Nos textos de propaganda da AIB, Plinio enfatizava seu "repúdio à violência, em nome dos princípios cristãos". Donde suas passeatas e manifestações deveriam ser pacíficas, com os integralistas dispostos ao martírio físico se atacados nas ruas. Mas não era bem assim. Em 1935 e 1936, o movimento abrigou uma milícia — uma brigada paramilitar chefiada por Gustavo Barroso, com a assessoria operacional do capitão Mourão Filho e tendo como comandante no Rio o brigadeiro Floriano Thompson. Eram agrupamentos com preparação militar, inspirados nas *Sturmabteilungen*, as temidas SA, tropas de assalto nazista, com Barroso no papel de Heinrich Himmler. Confiantes, os milicianos integralistas entravam em turma nos restaurantes e botequins e jogavam iscas políticas para os fregueses. Identificando possíveis adversários, desfeiteavam-nos e, às vezes, partiam para a agressão física.

Todos os filiados da AIB, com idade entre dezesseis e 42 anos e dispostos a se inscrever nas milícias, eram aceitos. As passeatas tinham milicianos portando cartazes com o desenho de um dedo em riste e a ordem "Cumpre teu dever! Alista-te na Ação Integralista Brasileira!". Não estava claro se a frase era dirigida aos integralistas que não tinham se filiado à milícia ou aos curiosos que assistiam ao desfile nas calçadas. Os mais impressionáveis a interpretavam como uma convocação oficial e acorriam aos núcleos da AIB, mas só podiam se alistar depois de se filiarem ao movimento. Suspeitava-se também que, orientadas nos bastidores pelo alemão residente em Petrópolis Ricardo Lodders, as milícias estavam se armando em segredo.

Quase tudo no discurso, na estratégia e no protocolo da AIB lembrava o nazifascismo. O "Anauê!" ecoava o *"Heil Hitler!"* — "Salve Hitler!", criado pelo ministro da Propaganda alemã Joseph Goebbels. As camisas verdes combinavam com as pardas do nazismo e as pretas do fascismo, com o emblema do sigma onipresente nas ações, assim como a suástica na Alemanha. Os plinianos eram o equivalente da Juventude Italiana, os *balilas*, e da Juventude Hitlerista, esta, armada de punhais. Era comum encontrar nas páginas de *Anauê!* fotos de meninos brasileiros, com ou sem ascendência alemã, chamados Hitler.

O culto à personalidade do líder também era o mesmo: o retrato de Plinio, fardado e olhando para o futuro, estava na parede de todos os núcleos integralistas e das casas particulares de seus membros. A capa de *Anauê!* de outubro de 1937 era uma aquarela com o perfil de Plinio e o de Tiradentes sobrepostos. Assim como Hitler e Mussolini, que tinham sido militares de baixa patente, mas fardavam-se como oficiais, Plinio, de quem não há registro de sequer ter prestado o serviço militar, também tentava parecer um membro das Forças Armadas. E nunca se soube de Plinio ter se aborrecido ao ser chamado de "o Führer do integralismo".

Uma importante diferença era a de que, exceto pelo antissemitismo de seus líderes, a AIB não falava em "raça pura" ou "superior" nem proibia a filiação de pessoas pretas e indígenas. Ao contrário, estimulava essa filiação e até incluía a miscigenação no credo nacionalista. A admiração dos integralistas por Oliveira Vianna e Nina Rodrigues, no entanto, sugeria que o objetivo final da miscigenação deveria ser o "branqueamento" do povo brasileiro, proposto pelos dois pensadores, com o consequente desaparecimento daquelas etnias. Isso não parecia perturbar a adesão ao movimento de jovens intelectuais pretos, como Guerreiro Ramos e Abdias do Nascimento.

O aparato das passeatas do integralismo, com as multidões fardadas e coreografadas, a floresta de estandartes, bandeiras e faixas, as agressivas palavras de ordem e a marcha militarizada em coluna por três, reproduzia o modelo nazista. O mesmo quanto à estratégia de propaganda, decalcada na de Hitler e Mussolini. Pela primeira vez no Brasil, um movimento usou o rádio, o cinema, livros, discos, fotografia, imprensa, anúncios, cartazes, flâmulas, volantes e "santinhos" na agitação política. E Plinio, oriundo da Semana de Arte Moderna, era cioso da modernidade visual do integralismo: enquanto as capas dos livros e revistas tradicionais ainda eram no estilo art nouveau, uma relíquia da Belle Époque, as da AIB adotavam o novo e revolucionário art déco. Nunca um movimento ou partido político tivera tal exposição no país.

* * *

No começo, os integralistas não eram levados a sério. Sua primeira passeata, na avenida Paulista, em São Paulo, em 1932, reuniu escassos quarenta homens, que, por causa das camisas verdes, foram chamados de "pererecas". Mas esse número não demoraria a se multiplicar. Plinio e seus seguidores começaram a viajar para as cidades de São Paulo e de estados vizinhos, formando líderes locais e instando-os a que cada novo membro conquistasse outro para a causa. Essas viagens eram chamadas de "bandeiras", numa referência a Fernão Dias e Borba Gato, de quem se diziam sucessores. Em poucos meses, o integralismo cruzou a fronteira e chegou à grande caixa de ressonância: o Rio. E, em 1935, Plinio transferiu sua sede nacional, levando-a para a capital federal e instalando-a num casarão da rua Voluntários da Pátria, 389, em Botafogo.

Naquele ano, segundo seus números, a AIB possuía núcleos organizados em 548 municípios — mais de um terço do total de municípios do país inteiro, estimados em cerca de 1500. Entre os já acima de 400 mil inscritos no país estava o general Pantaleão Pessoa, chefe do Estado-Maior das Forças Armadas — e isso queria dizer que o movimento já chegara ao Alto--Comando. Nos sonhos de Plinio, em breve todo o mapa do Brasil estaria cravejado de alfinetes com bandeirinhas verdes.

Os números dos integralistas eram impressionantes, embora não muito confiáveis — possivelmente exagerados em um zero. Mas as páginas de *Anauê!*, com fotos de suas passeatas gigantes, dos pampas ao então Guaporé (hoje Rondônia) — multidões uniformizadas, formações maciças e ameaçadoramente coreografadas, comícios com um aparato de som nunca visto e discursos que falavam em raça, pátria e virilidade —, alertavam que eles deviam ser levados a sério.

O que se confirmou anos depois, quando, em meio ao armamento e munição encontrados em seus porões, havia até balas expansivas dum--dum, que explodiam ao atingir os alvos, proibidas nas guerras. Os integralistas "repudiavam a violência, em nome dos princípios cristãos" — mas, como Cristo, propunham-se a expulsar os vendilhões do templo a chicotadas. No caso, a tiros.

2

Alianças em vermelho

Assim que o integralismo começou a mostrar os dentes, brotaram no Rio e em São Paulo grupos antifascistas, atentos ao parentesco da AIB com a sombra que ameaçava a Europa e à já visível guinada de Getulio para o autoritarismo. Mas esses grupos, pequenos, radicais, mais empenhados em se hostilizar do que em se unir por uma causa comum, não saíram do chão. Até que, em outubro de 1934, diante da crescente fascinação mundial pelo nazismo, as correntes começaram a se entender. O resultado, em janeiro de 1935, foi a ANL — Aliança Nacional Libertadora —, lançada em um discurso do deputado Abguar Bastos na Câmara Federal. E só então pareceu surgir um contraponto à altura dos integralistas.

Além de Abguar Bastos, alguns dos primeiros aliancistas foram os comandantes Hercolino Cascardo e Roberto Sisson, da Marinha Mercante; o coronel João Cabanas, o major Carlos da Costa Leite e os capitães Amoretty Ozorio e Moésias Rolim, do Exército; o advogado Francisco Mangabeira, o educador Edgard Süssekind de Mendonça, os médicos Manuel Campos da Paz e Adão Pereira Nunes e o jornalista e economista Benjamim Soares Cabello, homens de grande presença em seus territórios. Cascardo, 35 anos, ardente socialista e com um histórico de façanhas nas insurreições tenentistas, foi eleito seu presidente. Durante três meses, eles almoçaram, jantaram e dormiram na sede do movimento, na avenida Almirante Barroso, nº 1, na Esplanada do Castelo, promovendo reuniões para estabelecer a linha de ação e formar aliciadores.

Deu certo. No dia 23 de março, ao ser oficialmente lançada no Teatro João Caetano, a ANL — era como a chamavam, pela sigla — já estava na boca do povo e com uma coorte de 5 mil adeptos. Eles podiam ser contados um a um na plateia apinhada do teatro, com seus 1300 lugares sentados e outro tanto em pé, e na massa no lado de fora, congestionando a praça Tiradentes. Nenhum dirigente esperava tamanho e tão rápido abraço a uma ideia, como se o povo já esperasse por ela. E por que foi assim com a Aliança Nacional Libertadora?

Porque era mesmo uma aliança. Compreendia socialistas, comunistas, católicos, tenentistas, sindicalistas, liberais, reformistas, sociais democratas, marxistas teóricos e antifascistas no atacado, tolerantes e cordiais entre si. Políticos rompidos com o caudilhismo de Getulio e com a brutalidade de seu governo, como Virgilio de Mello Franco, juntaram-se à ANL. Outros foram oficiais do Exército, como o major Miguel Costa, um dos líderes da Coluna Prestes, e muitos revolucionários de 1930, como o capitão Agildo Barata, desapontados com a semelhança entre o governo de Getulio e o regime que eles haviam deposto — as velhas oligarquias estavam de volta, a crise econômica continuava sem solução e Getulio, eleito presidente em 1934 por uma Constituinte viciada, dava todos os sinais de continuísmo. E sua política social era um desastre: diante de uma greve ou de uma simples reunião sindical, sua resposta era a polícia a cavalo e de sabre na mão, avançando sobre os operários. Não admira que tantas correntes se unissem contra ele.

Uma surpreendente adesão à ANL foi a do médico Pedro Ernesto, prefeito nomeado do Distrito Federal. Foi ele quem cedeu aos aliancistas o andar na avenida Almirante Barroso, de propriedade da prefeitura, para usarem como sede; liberou-lhes o Teatro João Caetano, também da prefeitura, para a cerimônia de lançamento. E, no mês seguinte, abriu-lhes o Theatro Municipal, idem, para um grande comício. E não só: Pedro Ernesto autorizava reuniões da ANL no Hospital das Clínicas, de sua criação, no centro da cidade. Era uma ousadia, porque a prefeitura da capital do país era cargo de confiança do presidente da República, e não se esperava que o prefeito se juntasse aos adversários dele — só o politicamente ingênuo Pedro Ernesto não via nada de mais nisso. Em menos de cinquenta dias, os aliancistas já anunciavam centenas de diretórios municipais, com 100 mil filiados, metade dos quais no Rio. O que lhes terá dado liga e permitido tamanha penetração? Foi o trabalho, a princípio discreto, de um grupo com grande experiência no ramo: os comunistas.

O PCB, Partido Comunista do Brasil, era ilegal, clandestino e minúsculo, mas com razoável presença nos quartéis e grande prática na técnica de *agit prop* — agitação e propaganda. Sua linha política era a do Comintern, a Terceira Internacional Comunista, o longo braço do governo soviético para ditar a política dos partidos comunistas estrangeiros sem se comprometer. Diante do Comintern, que era quase um Partido Comunista Mundial, o PCB não discutia ordens. Obedecia-as. Uma delas, imposta em 1931, tirara o comando do partido das mãos dos intelectuais, acusados de "desvios pequeno-burgueses", e o transferira para os membros de origem proletária, os trabalhadores braçais. O novo secretário-geral era o gráfico Duvitiliano Ramos. Os outros eram sapateiros, estivadores, barbeiros.

Intelectuais eram, basicamente, qualquer um que tivesse sido visto, um dia, com um livro na mão. Deles exigiu-se que, se quisessem continuar no partido, fizessem "autocrítica" e se livrassem dos ditos "desvios". Para provarem sua fidelidade, teriam de se mudar de seus chalés ou bangalôs nos bulevares cariocas e ir morar em barracos no morro, trabalhar em fábricas, usar roupas velhas, andar de barba por fazer e falar "errado". Os que discordaram dessa linha, por duvidar da formação teórica dos operários, foram expulsos, mesmo sendo nomes históricos como Astrojildo Pereira, fundador do partido em 1922, Octavio Brandão, Pedro Motta Lima e Leoncio Basbaum. Os que sobrassem precisariam submeter-se à peneira dos dirigentes.

A quase púbere comunista Rachel de Queiroz, vinte anos em 1931 e autora consagrada de *O quinze*, romance publicado no ano anterior, foi ordenada a "corrigir" os originais de seu novo livro, *João Miguel*, que ela tivera de mostrar ao partido. O Comitê Central fez sérias restrições à trama. Em certa passagem, um operário matava um colega de fábrica e, segundo a doutrina, um operário nunca mataria outro. Em outra, uma operária tornava-se prostituta — e uma operária de verdade até passaria fome, mas jamais venderia seu corpo. Rachel foi levada a um "julgamento" noturno num galpão do cais do porto, no Rio. Ou corrigia os "desvios" do livro ou a única cópia de seu manuscrito, nas mãos dos dirigentes ali presentes, seria destruída. Rachel fingiu concordar. Devolveram-lhe o original, ela simulou sentar-se num canto para reescrevê-lo e, num lance corajoso, fugiu pela porta. Correu entre os galpões do porto e, ofegante, salvou-se tomando um bonde que passava. O partido a expulsou dos seus quadros.

O PCB arrogava-se o monopólio das virtudes revolucionárias. Ninguém podia contrariar seus dogmas, exceto ele próprio, o que fazia com frequência. Em 1934, tudo mudou de novo. O Comintern admitiu que, diante da escalada do nazismo, os partidos comunistas deveriam refrear taticamente seu radicalismo e formar uma frente com as outras correntes antifascistas de seus países. Em 1935, quando a ANL surgiu, o PCB a apoiou desde o berço e garantiu que ela se firmasse — para, aos poucos, tentar controlá-la.

No comício de lançamento da Aliança no João Caetano, em março, foi lido o programa do movimento. Prometia a realização de eleições livres, garantir as liberdades civis, reprimir as organizações fascistas, reduzir o analfabetismo (então em 75% da população), baixar os impostos, aumentar os salários e fornecer benefícios aos trabalhadores. As propostas mais ousadas incluíam fomentar a indústria nacional; suspender o pagamento dos juros da dívida externa, já mais altos do que o capital emprestado; e confiscar as grandes propriedades improdutivas e entregá-las aos pequenos e médios lavradores. Podia soar atrevido, mas era um programa condizente com o perfil das democracias liberais, com, no máximo, um esmalte nacionalista. E mesmo este sofria restrições de seus membros. Ao ouvir, por exemplo, que o programa pregava a estatização das empresas estrangeiras e a defesa da burguesia nacional, o militante João Etcheverry bradou com ironia: "É isso mesmo! Vamos salvar os Guinle das garras do capitalismo internacional!". Os Guinle, donos de bancos, da Docas de Santos e de empresas de importação e exportação, controlavam o grupo econômico mais rico do país. O programa da ANL era tão amplo que podia ser apoiado tanto pelos comunistas quanto por pessoas cuja dúvida, naquele ano, era se comprariam um Packard ou um Buick.

Lido o programa entre palmas e gritos de "Apoiado!", seguiram-se candentes discursos, culminando com o de um estudante a quem foi pedido que, com seu barítono de tribuno romano, lançasse um nome para presidente de honra da ANL. O nome, "casualmente" soprado ao orador pelo major Carlos Costa Leite, foi o de Luiz Carlos Prestes, então no exílio em Moscou. O estudante era Carlos Lacerda, 21 anos, bisneto de barões e filho e sobrinho de altos dirigentes comunistas, enunciando apaixonadamente cada palavra. A rigor, ex-estudante — aos dezoito, o jovem Lacerda trocara o curso de direito pela Juventude Comunista. Seu prenome completo, Carlos Frederico, era uma homenagem a Karl Marx e Friedrich Engels. E, aparentemente, nada mais natural do que indicar Prestes para aquele cargo simbólico.

Prestes era o grande nome da Coluna Prestes, que desafiara os mandachuvas da Primeira República, o "Cavaleiro da Esperança", como o cognominara o *Correio da Manhã*. Um nome nacional, inimigo do governo "feudal--burguês" de Getulio, que o levara ao exílio em 1931 para não ser preso como desertor das Forças Armadas. O auditório o aclamou, mesmo sabendo que Prestes, morando havia quatro anos em Moscou, só poderia apoiar a Aliança por correspondência — não podia entrar no Brasil. Não importava. Seu nome, conhecido em todo o país, era uma garantia do caráter nacional do movimento.

Os comícios seguintes da Aliança foram verdadeiros acontecimentos. No dia 28 de março, numa praça em Madureira, a massa se empolgou ao ser hasteada a histórica bandeira que acompanhara a Coluna Prestes entre 1924 e 1927 e que também cobrira o corpo de Siqueira Campos, morto num acidente aéreo em 1930. No dia 21 de abril, dedicado a Tiradentes, no Theatro Municipal apinhado — sem microfone, objeto ainda raro, mas desnecessário pela acústica do teatro —, o palco pertenceu aos estudantes, bancários, comerciantes, funcionários públicos, sindicalistas e desempregados, deslumbrados com os metais nobres, veludos e cristais do teatro, que estavam vendo pela primeira vez.

Era como se todas as classes, categorias e faixas de idade, desde os de colarinho e gravata aos de sapato furado, se irmanassem em torno da ANL. Era uma frente tão ampla que até os anarquistas, também convidados, aceitaram participar, segurando-se para não propor o único argumento que achavam válido nas discussões políticas: a dinamite.

No dia 13 de maio, data da Abolição da Escravatura, 6 mil pessoas se aglutinaram sob uma sacada no largo da Carioca, para ouvir outro manifesto revolucionário. E mais uma vez por Carlos Lacerda, já então o locutor oficial da ANL e um prodígio de oratória. Era uma carta de Prestes, "enviada de Moscou" e datada de "15 de abril", sugerindo acrescentar novas reivindicações ao programa: jornada de trabalho de oito horas, seguro social para os trabalhadores, instituição do salário mínimo, liberdade religiosa, devolução aos indígenas das terras que lhes foram tomadas e fim dos preconceitos de raça, cor e nacionalidade. A ANL era irresistível. Quem mais teria um programa assim?

Os aliancistas aproveitavam cada quintal do país para promover discursos e conferências, tudo com entrada franca. Inspiradas nesse súbito fascínio pelas associações, várias categorias profissionais começaram a formar guildas. Surgiram as primeiras associações de bairro, para reivindicar providências como fornecimento de água, varrição diária das ruas ou tapamento de buracos. Os saraus políticos pululavam. Era como se as pessoas estivessem se conscientizando de seus direitos.

Ao contrário dos integralistas, que queriam as mulheres no movimento, mas em funções "femininas", a ANL estimulou a criação de um subcomitê feminino, para promover programas próprios. Surgiu a União Feminina do Brasil, sob o comando de Maria Werneck de Castro, secundada por Eneida de Moraes, Nise da Silveira, Eugenia Alvaro Moreyra e Lidia Besouchet. Sua primeira aparição pública foi para uma plateia de normalistas no Instituto de Educação, na Tijuca, também cedido pelo prefeito Pedro Ernesto. Pela primeira vez, aquelas meninas de gravatinha azul--marinho e luvas e meias brancas ouviram falar de equiparação de salários entre homens e mulheres nos escritórios, fábricas e empresas. Souberam também que as mulheres deveriam lutar pelos seus direitos no lar, onde nada lhes era permitido — todos nas mãos dos maridos. A mulher desquitada perdia o direito aos filhos, era despojada de sua parte nas propriedades do casal e não poderia se casar de novo enquanto seu ex-marido estivesse vivo. E ainda estava em vigência o uxoricídio, a incrível licença dada ao homem para matar a mulher em caso de adultério ou mera suspeita. Eugenia Moreyra, com sua franja preta e cigarrilha na boca vermelha, devia assustar as garotas — até ficarem sabendo que era também mãe de oito filhos e casada havia 21 anos com o mesmo marido.

Outros subcomitês da ANL foram a Liga de Defesa da Cultura Popular, comandada por Carlos Lacerda, Thomaz Santa Rosa, Apparicio Torelly (o humorista Apporelly), Newton Freitas, Mario Martins e Rubem Braga; e o Clube da Cultura Moderna, com Jorge Amado, Brasil Gerson, Mauricio de Lacerda, Luiz Werneck de Castro, Anibal Machado e o médico Valerio Konder. Todos os seus eventos tinham vibrante adesão popular. A ANL já não era só política. Era a festa, a celebração, e desprendia um aroma de vitória como a esquerda brasileira nunca vira.

Daí outro importante cenário das reuniões aliancistas ser um dos endereços mais populares da cidade: a casa de Alvaro e da própria Eugenia Moreyra, na rua Xavier da Silveira, 99, em Copacabana. Alvaro, jornalista, e Eugenia, atriz, eram comunistas — ela, mais do que ele, que confessava só ir às reuniões do partido porque era "chato ficar sozinho em casa". Não que Alvinho, como o chamavam, ficasse tão sozinho: desde 1920, sua casa era um entra e sai de políticos, escritores, jornalistas e artistas, inclusive para jantar — caldeirões de macarronada saíam dos fogões de meia em meia hora. Como era possível promover reuniões com os líderes de um movimento político em meio a tanta balbúrdia? A portas fechadas, no quarto do casal, com, às vezes, alguém chutando sem querer o urinol sob a cama. Foi ali que, dando forma às ideias de Cascardo, Sisson e Mangabeira, Alvinho alinhavou a redação final do programa da ANL.

O partido precisava de um hino, e a ANL tomou de empréstimo o "Hino da Proclamação da República", composto por Leopoldo Miguez em 1890, e trocou-lhe a letra. No lugar da quase rococó "Seja um pálio de luz desdobrado/ Sob a larga amplidão desses céus/ Este canto rebel que o passado/

34

Vem remir dos mais torpes labéus// Liberdade, liberdade/ Abre as asas sobre nós/ Liberdade, liberdade/ Abre as asas sobre nós...", do acadêmico Medeiros de Albuquerque, aplicou-se outra, bem mais pedestre, direta e anônima: "Nós faremos o sigma em pedaços/ Não queremos emblema tão vil/ A serviço dos grandes ricaços/ Contra os pobres de todo o Brasil// Aliança, Aliança/ Contra vinte ou contra mil/ Mostremos nossa pujança/ Libertemos o Brasil" —, e dali nasceu o *Hino da Aliança Nacional Libertadora*.

Jornais de grande circulação aderiram à ANL, como *A Marcha*, *Folha do Povo* e *A Manhã*, juntando-se aos fundados para a causa, como *Movimento*, dirigido por Jorge Amado e José Lins do Rêgo, *O Amanhã*, por Pedro Motta Lima; e a revista *O Jovem Proletário*, órgão da Juventude Comunista, por Ivan Pedro de Martins. Nas três armas, surgiram publicações internas, editadas por oficiais e suboficiais comunistas: o *Sentinela Vermelha*, no Exército; o *Bandeira Vermelha*, na Marinha; e o *Asas Vermelhas*, na base aérea do Campo dos Afonsos. Uma entidade estudantil tradicionalmente dominada pela direita católica, o Centro de Estudos Jurídicos (Caju), da Faculdade de Direito da rua do Catete, foi tomada à força pela ANL. Seus novos dirigentes eram agora Ivan Pedro de Martins e os futuros juristas Evandro Lins e Silva, Alfredo Tranjan e Victor Nunes Leal. Um único jornal no Rio, além da imprensa integralista, fazia oposição à ANL: *O Globo*.

Os aliancistas tinham razões para entusiasmo. Ao saberem da existência de um núcleo da ANL em seu bairro ou cidade, as pessoas acorriam para se inscrever. Estimava-se que suas fileiras estivessem crescendo à base de 3 mil membros por dia no país, ou 90 mil por mês. A esse ritmo, pelos seus cálculos, a ANL contaria em um ano com 1 milhão de filiados. De toda parte vinham relatos de implantação do movimento e, das sedes da Aliança, saíam manifestos, panfletos, cartazes e convocações para comícios e passeatas. A ANL dizia ter cerca de 1500 núcleos ou células em todo o país, número comparável ao da AIB, mas atingido em muito menos tempo. Só não eram tão espalhados, porque quinhentos deles ficavam no Rio. Mas seu slogan, "Pão, terra e liberdade", era muito mais objetivo do que o quase abstrato "Deus, Pátria e Família" dos integralistas. Os polos estavam definidos: integralistas de um lado, aliancistas do outro. E, então, partiram para a guerra.

No começo, os dois grupos se limitavam aos insultos, com os integralistas sendo chamados de "galinhas-verdes" pelos aliancistas. O apelido fora consagrado por Apporelly no matutino *Jornal do Povo*, de que era proprietário, diretor, redator, repórter e faz-tudo. Apporelly referia-se ao desfecho de uma batalha na praça da Sé, em São Paulo, em 1934, quando os integralistas foram postos para correr por um grupo de antifascistas. Fugiram "como galinhas", arrancando as camisas verdes e se livrando delas para não serem identificados. A partir daí, os aliancistas postavam-se nas calçadas para gritar "Cocorocó!" quando os integralistas desfilavam. Depois passaram a lhes jogar milho e, finalmente, galinhas pintadas de verde. As pobres galinhas, já quase envenenadas, eram chutadas pelos transtornados integralistas.

Foi também Apporelly, no *Jornal do Povo*, quem mais desmoralizou os brados integralistas. Sua manchete de primeira página no episódio da praça da Sé foi UM INTEGRALISTA NÃO CORRE, VOA... Ao lema "Deus, Pátria e Família", propôs "Adeus, pátria e família". À saudação "Anauê!" sugeriu a resposta "Evoé!". E, como grito de guerra dos aliancistas nas passeatas, inventou o *"Anauê! Anauê! Bota as pernas pra correr!"*. Um grupo de integralistas sequestrou-o na Zona Norte em sua limusine Nash e o levou para um ermo na avenida Niemeyer, perto da Gruta da Imprensa. Lá, surraram-no, rasparam-lhe a cabeça e o abandonaram nu na estrada. Apporelly, ao voltar todo quebrado para o jornal, afixou o famoso aviso à porta da redação: ENTRE SEM BATER. Mas um grupo de militares aliancistas o vingou. No dia seguinte, comandados por Agildo Barata, eles acuaram integralistas fardados na avenida Rio Branco. Arrancaram-lhes as calças e os deixaram de cuecas, meias e camisa verde em frente ao Café Nice, a esquina mais movimentada do país. Quem teve a última palavra, no entanto, foi Vicente Rao, clerical, de extrema direita e ministro da Justiça de Getulio. Rao fechou o *Jornal do Povo*.

Os conflitos recrudesciam. Em Niterói, estudantes bombardearam com ovos Gustavo Barroso enquanto discursava contra os judeus. Não eram ovos comuns. Por um pequeno orifício, os estudantes os esvaziaram da clara e gema, injetaram tinta vermelha com uma seringa e fecharam o buraquinho com massa de vidraça. Os ovos explodiam nas camisas verdes e a tinta escorria. Essas escaramuças foram filmadas pelos cinejornais e exibidas pelo país, o que disseminou a prática dos ataques com ovos, agora de parte a parte.

Antes da chegada da ANL, ser integralista era uma atividade segura, divertida, quase uma gincana de escritório. Desfilavam de peito estufado, sendo alvo no máximo de chacotas, às quais respondiam apontando as moças nas calçadas — elas os admiravam pelo garbo e acenavam para eles com o sigma bordado em seus lenços. Mas os aliancistas os chamaram para a briga e, depois de um susto inicial, os camisas-verdes também mostraram a que vinham. No começo, os dois grupos se emboscavam e se enfrentavam nas ruas a murros e pontapés. Mas não demoraram a se armar para as manifestações. Os ovos foram substituídos por bombas de gás e os dois grupos saíam para a rua com barras de ferro envoltas em jornais, estiletes e facas nos bolsos, machados e, por fim, revólveres na cintura, visíveis nos paletós abertos. Atos da AIB foram violentamente dissolvidos por grupos aliancistas e vice-versa em vários estados. Em seis meses de 1935, houve confrontos em Vassouras, Barra do Piraí, Campos dos Goycatazes e Petrópolis, todas no estado do Rio, e em Cachoeiro do Itapemirim (ES). Não era mais uma diversão — em poucos meses, houve meia dúzia de mortes somados os dois lados.

Os integralistas eram mais eficientes em explorar suas perdas, fazendo dos velórios e enterros cerimônias quase religiosas. Quando levavam um dos seus ao túmulo, ocupavam o cemitério com suas bandeiras. O nome do morto era pronunciado em voz alta e os militantes, trepados nas campas e segurando tochas, gritavam, um a um, "Presente!". As fotos e biografias dos falecidos ocupavam as páginas de suas publicações e eles eram tratados como caídos em combate contra uma potência estrangeira, no caso a URSS — da qual, na cabeça dos integralistas, os aliancistas eram satélites.

A tudo isso, o calculista Getulio dispensava atenta e neutra observação. A luta entre os dois lados o beneficiava. Os integralistas lhe eram francamente favoráveis e a ANL, por sua vez, impedia que a AIB crescesse além da conta. No dia 3 de abril, a ANL se oficializou como sociedade civil com personalidade jurídica, registrada em cartório. A partir dali, ela só poderia ser extinta por uma lei de exceção — como a que, já sabendo dos passos de seus líderes, Getulio começou a preparar. No dia seguinte à oficialização, ele propôs ao Congresso uma Lei de Segurança Nacional, que, a critério de Vicente Rao e à margem da própria Constituição, lhe dava poderes para coibir "atividades subversivas de ordem política e social". O Congresso, sempre de cócoras, a aprovou. Os jornais a apelidaram de "Lei Monstro", exceto O Globo, que a aplaudiu.

A ANL não se abateu. Na onda de seu fulminante crescimento nacional, programou para o dia 5 de julho comícios simultâneos, em homenagem aos "18 do Forte" de 1922. Seria uma manifestação nacional, inclusive nos navios e quartéis. No palanque diante da massa concentrada na rua Almirante Barroso — dezenas de sindicatos mandaram comitivas embandeiradas —, o capitão Henrique Oest, chefe militar oficioso da ANL, descerrou uma bandeira do Brasil. Sob ela, estava o retrato de Prestes. O líder ausente foi ovacionado. Milhares de bocas cantaram o Hino Nacional e o "Hino da ANL", e anunciou-se a leitura, por Carlos Lacerda, de um novo e drástico manifesto, que Prestes lhes mandara.

Antes de ser lido em palanque, o manifesto fora submetido à direção da ANL. Seu presidente efetivo, Hercolino Cascardo (Prestes era apenas simbólico), assim como seus colegas na direção do movimento, era um moderado — nunca pensara em agir fora da Constituição. Já o manifesto incitava à insurreição. Eles se assustaram com aquilo. Alertaram os organizadores do ato para o tom de provocação prematura, desnecessária, e vetaram a sua leitura no evento. Não sabiam que a proposta da luta armada já fora decidida pelo PCB desde maio, inclusive com o brado de "Todo o poder à ANL", e, agora, sem recuo. Vendo-se ignorados, Cascardo e seus companheiros retiraram-se do palanque, a poucos minutos do evento. E o discurso tinha trechos incendiários:

"O duelo está travado", ele começava.

Os dois campos definem-se cada vez com maior clareza para as massas. De um lado, os que querem consolidar no Brasil a mais brutal ditadura fascista, liquidar os últimos direitos democráticos e acabar a venda e a escravização do país ao capital estrangeiro. Desse lado, o integralismo, como a brigada do choque terrorista da reação. Do outro, todos os que, nas fileiras da Aliança Nacional Libertadora, querem defender a liberdade nacional do Brasil, pão, terra e liberdade para seu povo! As massas trabalhadoras e todos os membros da Aliança precisam estar atentos e vigilantes. A situação é de guerra e cada um precisa ocupar seu posto. A ideia do assalto amadurece na consciência das grandes massas. Brasileiros! Organizai vosso ódio contra os dominadores, transformando-o na força irresistível e invencível da Revolução Brasileira! Arrancai o Brasil das garras do imperialismo e de seus lacaios! Todos à luta pela libertação do Brasil! Abaixo o fascismo! Abaixo o governo odioso de Vargas! Por um governo nacional revolucionário! Todo o poder à Aliança Nacional Libertadora!

As palavras de Prestes ressoavam como se ele estivesse ali em pessoa. O conceito de "frente ampla" se desvanecera. Sem meios-termos, propunham a deposição de Getulio pela luta armada. A entrega de "todo o poder à ANL" era uma referência à palavra de ordem na Rússia de 1918: "Todo o poder aos sovietes". Os sovietes eram os Conselhos de Operários, Camponeses, Soldados e Marinheiros russos. Essas exortações não estavam sendo dirigidas apenas aos ardentes civis da ANL, mas aos oficiais, sargentos e praças do Exército e da Marinha que a apoiavam. Eram palavras de fogo e nem todos na multidão eram partidários da ANL. Lá estavam também os agentes de Filinto Müller, anotando tudo.

Getulio sabia do perigo que o nome Prestes representava e, finalmente, viu no crescimento da ANL uma ameaça. Acabava ali sua neutralidade. No dia 11 de julho de 1935, baseado na Lei de Segurança Nacional, usou o discurso como pretexto para decretar a ilegalidade da ANL, suspendendo-a por seis meses — na prática, extinguindo-a.

Não foi uma surpresa. Encerrado o comício, rumores sobre uma possível revanche do governo já tinham começado a circular nas internas. Mas achava-se que, se Getulio se atrevesse a isso, haveria uma comoção nacional. Hercolino Cascardo soltou uma declaração:

Duvido que o governo da República cometa a audácia de mandar fechar a Aliança Nacional Libertadora, instituição patriótica e ordeira, que congrega hoje milhões de brasileiros livres. Se o fizesse, teríamos ao nosso lado, além de toda a opinião pública, os arrestos da Justiça do nosso idolatrado país. O sr. Getulio Vargas é um homem sensato, e não se deixará arrastar a esse terreno ilegal.

Mas Cascardo estava enganado. Getulio se deixou arrastar e, embora a ANL cobrisse o território nacional, o país não se mexeu. Era o Brasil.

Deputados protestaram na Câmara, sem sucesso, já que estariam se insurgindo contra uma lei aprovada por eles mesmos. Os advogados da Aliança impetraram um mandado de segurança, negado pelos tribunais. Cascardo declarou que, sendo a ANL uma organização legal, ele não reconhecia o seu fechamento. Mas Getulio detinha os coringas. Uma semana depois, tempo necessário para que se fizesse uma operação combinada, quatrocentos núcleos aliancistas em todo o país foram desfeitos pela polícia em minutos. No Rio, ela invadiu e lacrou a sede nacional e fechou também a da União Feminina. Apreendeu documentos, cartazes e bandeiras, confiscou as fotos de Prestes e proibiu a circulação de seus jornais. Uma nova manifestação da ANL, já marcada para o dia 1º de agosto, no largo da Lapa, nunca chegou a acontecer.

Ninguém foi preso imediatamente, nem mesmo os militares filiados à ANL — porque eles não compareciam de farda às manifestações. Em compensação, vários foram transferidos de posto e de cidade. Hercolino Cascardo foi exonerado de suas funções no Rio e mandado a comandar uma escrivaninha na base naval de São Francisco do Sul, em Santa Catarina. Isso, pelo menos, livrou-o de comparecer ao duelo a que desafiara o jornalista Roberto Marinho, por uma reportagem no *Globo* do dia 26 de junho, em que o jornal acusava a ANL de estar prestes a executar um plano terrorista urdido em Moscou e envolvendo "chacinas de patriotas".

Pela fuga das lideranças ou pelo desânimo que levara à desmobilização, não houve reação popular pelo fechamento da ANL — nenhuma manifestação, nenhuma greve, nem mesmo uma briga de rua. Filiados, militantes, multidões, simpatizantes, todos desapareceram. Os sindicatos silenciaram, os operários não se mexeram e os camponeses, ignorados pela Aliança, nem sabiam do que se tratava. Convictos de que sua atuação estava proscrita pela nova lei autoritária, os aliancistas autênticos recolheram seus programas, palavras de ordem e armas e voltaram para casa. Sem planos nem alternativas, o maior movimento político popular do país, o mais charmoso e encantador, durara a eternidade de três meses e dezoito dias.

Os integralistas, de novo absolutos, saíram às ruas para comemorar. Com o fim da Aliança, o país estava de colher para eles. Mas a Aliança revelou-se com alma própria. Condenada à clandestinidade, continuou a atuar. Não mais como uma organização nacional e aberta, voltada para a conquista do poder pelos meios legais, mas como um aparelho clandestino, concentrado no Rio. Uma frente do PCB, agora comandada física e efetivamente por Prestes — já de volta ao Brasil, em algum endereço secreto na cidade.

E tendo como meta aquilo que, desde o começo, o partido e o Comintern haviam planejado: ganhar a hegemonia sobre os moderados pequeno-burgueses da ANL e, em nome desta, derrubar Getulio e deflagrar a revolução brasileira.

3

O levante imaginário

E, como todos queriam acreditar em todos, todos acreditaram em tudo. Os comitês regionais do Partido Comunista do Brasil acreditaram nos clichês e fantasias de seus olheiros, de que, nos grotões do Nordeste, o povo, assolado pela seca e pela fome e armado de foice e garrucha, preparava as guerrilhas contra o capitalismo explorador e feudal. A mobilização dos camponeses era tal, diziam os relatórios, que até os cangaceiros Lampião, Corisco e Volta Seca tinham se juntado a eles, com o que a caatinga estava dominada. Nas cidades, a mesma coisa: as grandes massas proletárias se organizavam nos sindicatos e fábricas, e só esperavam pela ordem de ação. A classe média progressista, sob a liderança do partido, exigia um governo nacional popular e revolucionário. As zonas portuárias ferviam de marítimos prontos para a luta e, dos quartéis, sairiam os homens e armas que fariam as insurreições. Enfim, o governo de traição nacional de Getulio Vargas, lacaio do latifúndio e do imperialismo, estava por um suspiro.

Num país de sistema de transportes e comunicação precário, como o Brasil de 1935, não havia como checar tais informações. Esses relatos imaginários foram transmitidos no Rio ao baiano Antonio Maciel Bonfim, codinome "Miranda", ex-sargento do Exército, membro do Comitê Central do partido desde 1932 e secretário-geral a partir de 1934. E "Miranda" também acreditou. Os únicos dados de que dispunha, de que havia um efetivo descontentamento nos quartéis, o autorizavam a não duvidar. Se lhe dissessem que Josef Stálin tinha sido visto, de cócoras, comendo charque com farinha em Xique-Xique, ele aceitaria sem discutir.

No segundo semestre de 1934, em visita a Moscou para um congresso, o sedutor e eloquente "Miranda" repassou esses informes para os estrategistas do Comintern. Seu discurso, cravejado de nomes, números e detalhes, todos de ouvir falar, parecia convincente. E o Comintern, voluntarista e pouco afeito à história dos países latino-americanos — Dmitri Manuilski, secretário da Comissão Executiva Central, não seria capaz de apontar a América do Sul num mapa —, empolgou-se com a ideia de um levante no Brasil. Uma referência casual de "Miranda" a um quartel no Rio sediado num bairro chamado Praia Vermelha foi interpretada como sendo uma guarnição já sovietizada. O apoio do Comintern sacramentou a proposta do PCB e, com base naqueles fatos de fumaça, esboçou-se a possibilidade de uma luta armada dentro de dois ou três anos.

Só faltavam escolher um líder para prepará-la e um grupo de agentes tarimbados ao seu redor. E eles estavam ali, nos quadros do próprio Comintern. O líder seria o militar que comandara uma coluna de 1500 homens a pé, por 26 mil quilômetros pelas estepes do Brasil durante três anos, de 1924 a 1927, famintos, de uniformes sujos e rasgados, mas invictos em cinquenta batalhas contra exércitos mais numerosos e armados, assaltando e saqueando os bancos burgueses, libertando presos, queimando processos, e que só abandonara a luta por falta de munição. E ali estava ele: um homem mirrado, mas inflexível, um Pancho Villa sem *sombrero*, um general de tenentes, chamado Luiz Carlos Prestes. Aos 38 anos, com aura de lenda, Prestes vivia exilado na URSS desde 1931, trabalhando como engenheiro militar em Moscou, e seu prestígio tornara-o membro da Comissão Executiva da Internacional Comunista, ao lado de Mao Tsé-tung, Ho Chi Minh, Dolores Ibárruri — a já célebre ativista basca La Pasionaria — e do próprio Stálin.

E por que, com todo esse cartel, Prestes também se deixou iludir por "Miranda"? Porque, em 1934, longe do país e da sua realidade, pressentiu ali a possibilidade de uma nova Coluna Prestes, só que ainda mais ambiciosa. Ela não sairia apenas para derrubar o governo, como a de 1924, mas para transformar o país — levantar as forças progressistas, esmagar os carrascos do povo e revolucionar as estruturas. Além disso, o gaúcho Prestes não via a hora de voltar para o Brasil.

O Comintern providenciou os papéis, identidades e passaportes falsos, e Prestes deixou Moscou no dia 29 de dezembro de 1934. Com ele, a judia alemã Olga Benario, escalada pelo Comintern como sua segurança e companheira de viagem. Por que uma mulher para essa função? Porque, como despiste a um possível alerta sobre a entrada de Prestes no país, eles seriam "marido e mulher", sr. e sra. Antonio e Maria Bergner Vilar. Prestes e Olga só se conheceram e trocaram seu primeiro aperto de mão na véspera do embarque, mas de que importava? Aquilo era uma tarefa. E, aos 28 anos, ninguém melhor do que Olga para executá-la.

Ela era alta, quase um palmo a mais que Prestes, forte, ágil e confiante. Egressa da Juventude Comunista alemã em fins dos anos 1920, fora escolada em operações de resgate em Berlim, Londres e Paris, algumas de grande violência, e estava em Moscou desde 1928. Lá, fizera os cursos práticos e teóricos do Exército soviético, aprendendo tanto sobre marxismo quanto a dirigir, cavalgar, pilotar avião, saltar de paraquedas e atirar. Falava alemão, russo, francês e inglês, e, na viagem, Prestes lhe daria rudimentos de português. Seu senso de disciplina era total: ordenada a proteger Prestes com a própria vida, não hesitaria em fazê-lo se necessário. Trazia na bolsa uma pistola automática e habituara-se a andar pelas ruas olhando para os lados, atenta a cada movimento em torno. Mas, a contrariar a imagem da mulher máquina de guerra, Olga sabia do encanto de seus olhos claros. Gostava de teatro e de banho de mar e tinha um hobby que lhe permitia esquecer o trabalho: tricotar.

Na viagem, Prestes e Olga fizeram escalas em quinze países e vinte cidades, uma delas Nova York, envolvendo troca de trens, navios e aviões e o uso de vários documentos. Um roteiro propositadamente desencontrado para confundir, embora arriscado, sujeito a imprevistos nos muitos serviços de imigração que examinaram seus papéis. Mas eles passaram por todos e, já no Brasil, vindos de Montevidéu, desembarcaram às escondidas em Florianópolis. De lá, foram de táxi para São Paulo e, no dia 15 de abril de 1935, quatro meses depois da partida, chegaram clandestinamente ao Rio.

Vindos pelos caminhos legais, já se encontravam na cidade os outros agentes escalados pelo Comintern: o argentino Rodolfo Ghioldi, chefe do órgão na América do Sul; o alemão Arthur Ewert, cognome Harry Berger, suposto americano, encarregado da condução política; o "suíço" Léon--Jules Vallée (na verdade, Pavel Stuchevski, ucraniano), responsável pelo controle da verba para a operação; o jovem americano Victor Allen Barron, especialista em radiocomunicação; o alemão Johann Heinrich Amadeus de Graaf, dito Johnny ou Gruber, mestre em armas e explosivos; e dois ou três operadores argentinos menores. Ghioldi, Ewert e Barron trouxeram suas mulheres, respectivamente Carmen Alfaya, Elisa Saborovski ("Sabo") e Sofia Stuchevskaia, todas profissionais do partido. Com Johnny, veio sua conterrânea Helena Krüger, que se tornaria datilógrafa de Prestes.

Todos se faziam passar por homens de negócios. Prestes e Olga alugaram uma casa na rua Barão da Torre, e Ewert e Sabo na rua Paul Redfern, ambas em Ipanema, a poucos metros uma da outra. Ghioldi, Stuchevski e Barron, casas ou apartamentos em Copacabana. Não porque pretendessem ir à praia, mas porque Ipanema e Copacabana eram bairros ainda pouco habitados e cheios de estrangeiros, ideais para passarem despercebidos. Uma doméstica brasileira fazia os serviços de faxina, revezando-se entre eles. Nenhum falava português — alguns tomaram aulas com um professor particular, mas continuaram se comunicando em francês. Olga, com jeito para línguas, aprendeu rapidamente o básico, que lhe permitia comprar frutas na feira.

A escolha de Prestes como presidente de honra da Aliança Nacional Libertadora, lançado por Carlos Lacerda no discurso de fundação no Teatro João Caetano, em março, não tivera nada de casual. Fora o partido — leia-se "Miranda", já de volta ao Brasil — que instruíra seu militante, o capitão Costa Leite, a "sugeri-lo" a Lacerda. "Miranda" sabia que, naquele dia, Prestes já devia estar no país. Ninguém, nem Hercolino Cascardo, presidente de fato da Aliança, sequer desconfiava disso. O simples nome de Prestes, evocando a longa barba preta, o lenço no pescoço e a bota de cano longo como nos tempos da Coluna, era mais que suficiente para valorizar o movimento. Como não se conhecessem fotos mais recentes, era assim que os desenhos e caricaturas continuavam a mostrá-lo nos jornais.

Mas o novo Prestes era um homem escanhoado, de terno claro, gravata de bolinhas e sapatos de duas cores. Só sua cabeça continuava em 1924.

A ANL resultou de conversas entre Cascardo e "Miranda". Elas tratavam da necessidade de socialistas e comunistas pararem com os arranca-rabos e se entenderem contra o inimigo comum, o fascismo. Confirmada a viabilidade desse acordo, as outras correntes, não necessariamente de esquerda, aderiram e, para surpresa de todos, a ANL deslanchou. Seu objetivo, apesar das escaramuças com os integralistas, não era um levante contra o governo, mas a conscientização popular para uma futura disputa eleitoral. A ilegalidade da Aliança, no entanto, provocada pelo manifesto de Prestes no dia 5 de julho, impediu que essa conscientização avançasse. E, fiando-se como sempre nos desvairados relatos de "Miranda", o PCB, sob a bandeira da ANL, resolveu apressar os trabalhos. Era a hora de agir. Quando os comunistas nos quartéis deram o seu aval a uma luta armada, não havia mais dúvida. Com cerca de um ano de preparação, o levante se daria nos primeiros dias de 1936 no máximo em março, e começaria pelo Rio. Até lá, Prestes teria podido escrever o longo programa de governo, com as medidas de ordem política, econômica e social a serem tomadas depois da vitória.

Mas, sem que ninguém esperasse, a insurreição estourou antes, longe dali e à revelia deles. Ao meio-dia de 23 de novembro, um morno e sonolento sábado, em Natal, no Rio Grande do Norte, cabos, sargentos, operários, biscateiros e funcionários públicos tomaram o 21º Batalhão de Caçadores. Prenderam o oficial de plantão, o único graduado ali presente, espaventaram o governador do estado (que se refugiou num navio francês estacionado no porto), manietaram a polícia e, em nome da Aliança Nacional Libertadora, instauraram o Governo Popular Revolucionário. Popular sem dúvida, mas dificilmente revolucionário porque, como se confirmou depois, nenhum de seus membros — um sapateiro, um sargento-músico, um estudante, um escriturário e um carteiro — lera sequer uma linha de Marx. O povo aderiu à revolta e fez dela um grito de Carnaval. Invadiu os quartéis e apoderou-se das fardas, com as quais se fantasiou e cantou e dançou pelas ruas. Arrombou os cofres do Banco do Brasil e da Caixa Econômica e distribuiu o dinheiro pela população. Reduziu o preço do pão. No mesmo dia, imprimiu um jornal, *A Liberdade*, com vibrantes relatos dos acontecimentos. No dia seguinte, em apoio aos revoltosos de Natal, o 29º Batalhão de Caçadores, no Recife, comandado pelos tenentes Sylo Meirelles e Lamartine Coutinho, também se insurgiu, com igual sucesso imediato e em nome da Aliança Nacional Libertadora.

No Rio, atônitos, Prestes, Olga, Ghioldi, Berger, o Partido Comunista e o que restava da ANL ficaram sabendo disso pelos jornais. Assim como eles, nem mesmo os núcleos do partido no Nordeste tinham sido informados, inquiridos ou consultados. A única explicação para aqueles atos seria a de que a revolta já estava madura, a ponto de explodir espontaneamente — um grave erro de avaliação porque, ao contrário, o combustível delas não era a ideologia, mas mesquinhos problemas políticos locais e questões salariais nos quartéis. Além disso, os revoltosos não sabiam dos planos do partido no Rio. Para Prestes, no entanto, aquilo precipitava os acontecimentos. Como delegado do Comintern, decretou que o Rio precisava juntar-se ao Nordeste, o que significava antecipar sua sublevação.

No dia 26 de novembro, quando essa decisão foi tomada, ainda não se sabia que Natal e o Recife já haviam até caído. O levante de Natal durara três dias e se espalhara pelo interior, até ser sufocado pelas tropas federais e da vizinha Paraíba, com vinte mortes de lado a lado. O do Recife, que tomara os quartéis, mas não as ruas — a população não sabia o que estava acontecendo —, foi dominado em menos de 24 horas, ao exorbitante preço de cerca de setecentas vidas. Naquele dia, de manhã, o Governo Federal já tinha as duas capitais sob controle. Mas, quando a notícia da derrota chegou ao Rio, horas depois, não havia mais volta. Prestes passara o dia dando ordens, planejando ações, determinando prioridades e despachando estafetas com mensagens para os que ainda julgava seus colegas de armas.

Decidiu-se que a sublevação começaria às três da madrugada do dia 27, com a tomada do 3º Regimento de Infantaria, na Praia Vermelha, pelos próprios cabos e sargentos da corporação. Eles seriam comandados pelo capitão Agildo Barata, então em prisão disciplinar no próprio regimento e que, pouco antes, seria libertado por eles. (A prisão permitira a Agildo desenhar em detalhes a planta do quartel.) Ao mesmo tempo, haveria a tomada da Escola de Aviação Militar, no aeródromo de Campo dos Afonsos, pelos capitães-aviadores Agliberto Vieira de Azevedo e Socrates Gonçalves da Silva, com o apoio dos pilotos. Os aviões sobrevoariam a vizinha Vila Militar, que seria dominada na sequência, e, se preciso, bombardeariam alvos estratégicos. E só então Prestes apareceria para em pessoa chefiar as operações.

Todas as ações previam o mesmo desdobramento: prisão dos oficiais legalistas, adesão da tropa e, com o engrossamento do contingente revolucionário, a partida para outros objetivos. Entre os já determinados, a ocupação da Rádio Mayrink Veiga, a mais potente do país, para conclamar pelas ondas curtas a saída do povo às ruas em outras capitais; a tomada dos navios e do Arsenal da Marinha pelos oficiais da Armada; e a marcha das tropas rumo aos palácios do Catete e Guanabara, residências de Getulio (ele estaria no Guanabara), para prendê-lo e a seus homens. Eram esperadas as adesões do Quartel-General, na praça da República, do CPOR (Centro de Preparação de Oficiais da Reserva) e do Grupo de Obuses, ambos em São Cristóvão. As Polícias Civil e Militar seriam neutralizadas pelo Exército. Greves dos transportes e das indústrias pipocariam pelo país, e quem oferecesse resistência nos sindicatos seria preso. Finalmente, esperava-se que, na noite do dia 27, Prestes já pudesse fazer um comunicado à nação, anunciando a vitória da Aliança Nacional Libertadora e do Partido Comunista.

Era uma ilusão, uma miragem. Já alertado pelas notícias que vinham do Nordeste, o governo se preparara para a possibilidade de algo parecido no Rio e acionara os serviços de Inteligência. E não lhe faltaram informações sobre o que viria, onde, quando e como. As principais unidades militares, inclusive o 3º Regimento, entraram de prontidão, com os oficiais fardados, embalados e instruídos sobre cada movimento dos rebeldes. Com isso, passado o tiroteio inicial na Praia Vermelha, os homens de Agildo Barata viram-se encurralados entre a resistência interna e um ataque vindo de fora, que não esperavam — apenas 55 minutos depois de começada a ação, um telefonema do comandante do 1º Exército, general Eurico Gaspar Dutra, despachara para lá a Companhia de Metralhadoras e o 1º Regimento de Artilharia Montada, com ordens para atacar o quartel. Os insurgentes se viram cercados porque, com o portão principal sob o bombardeio dos canhões, e sendo a Praia Vermelha uma garganta entre a baía de Guanabara e os morros da Urca e da Babilônia, não havia saída pelos fundos. Os canhonaços pareciam indiferentes a quem atingiam, insurgentes ou legalistas, assim como ao incêndio que provocavam nos pavilhões.

Pouco antes, na Escola de Aviação Militar, os tenentes, que se julgavam melhores aviadores do que os oficiais e se sentiam preteridos em suas promoções, começaram a ação. Aproveitaram a escuridão e se apoderaram do hangar da esquadrilha, onde esperavam controlar o complexo aeronáutico tomando os aviões. Mas foram repelidos pelos soldados do Regimento de Aviação Militar, comandado pelo tenente-coronel Eduardo Gomes, e pelos da Escola Militar do Realengo. Os legalistas bombardearam as pistas de decolagem do Campo dos Afonsos para que nenhum avião levantasse voo. O tiroteio custou caro às aeronaves, que saíram danificadas, e ao prédio da sede da Companhia, recém-inaugurado, que foi quase demolido pelas bombas. Ao amanhecer, o levante estava dominado. Quanto à Vila Militar, levantou-se, sem dúvida — mas para cercar os insurretos. O desastre foi completo.

Ao contrário do que os revoltosos esperavam, nenhuma guarnição policial da cidade abandonou seu posto, exceto o 3º Batalhão, da rua São Clemente, em Botafogo, e só para também ir disparar contra eles na Praia Vermelha. As brigadas de operários, camponeses e sindicalistas, previstas por Prestes, também faltaram — porque não existiam. Não se ouviu um só discurso em praça pública, nenhum popular deu um peteleco pela causa. À uma da tarde daquele mesmo dia, dez horas depois do primeiro tiro, Agildo Barata se rendeu. O levante se limitara a uma quartelada, diante de uma população que ouviu a troca de tiros sem saber do que se tratava — e o quartel vencera.

Era uma aventura que os verdadeiros aliancistas nunca teriam aprovado. Mas não foram nem chamados a opinar. Alguns militantes comunistas também duvidavam da conveniência do levante. O repórter dos Diários Associados João Batista Barreto Leite Filho, íntimo de Prestes no passado, advertira os camaradas de que não havia condições mínimas para uma insurreição — em vão. Ghioldi e Berger votaram a favor dela, mas alertaram que seria imprescindível o apoio operário e, pelo que viam, o partido tinha força na caserna, mas, nos sindicatos, limitava-se aos bailes de sábado que organizava para os operários. Outro quase certo da derrota era Agildo Barata. Sabia que não tinham armas e munição suficientes e que, se a tropa não aderisse a eles, seus pouco mais de trinta homens dentro do 3º Regimento — trinta! — não seriam páreo para os quase mil legalistas que iriam enfrentar. E tanto era assim que, ciente de que o quartel já conhecia os planos, Barata antecipou o ataque em meia hora para apanhá-los desprevenidos. O fracasso, se viesse, renderia experiência para as futuras batalhas.

Todos foram vítimas do triunfalismo de Prestes. Para ele, o Exército e a Armada estavam "na palma da mão". Em sua imaginação, a polícia se juntaria orgulhosamente a eles, e as grandes massas, ao ouvir a voz de comando, despertariam de seu sono. O Comintern também fora consultado, por um radiotransmissor instalado por Victor Barron, e, ainda com base nos devaneios de "Miranda" e Prestes, dera sua aprovação ao ato. E, numa reunião no apartamento de Ghioldi, Prestes contagiara os companheiros — exceto um, que contestou com sarcasmo cada uma de suas certezas: Johann de Graff, Johnny, o homem dos explosivos. Pelo visto, ele sabia o que dizia.

Sabia mais do que dizia. Johnny, 41 anos, era um contraespião: um agente do Serviço Secreto britânico, o MI-6, plantado dentro do Comintern, em Moscou. A Grã-Bretanha era a potência mais empenhada em deter a expansão comunista, e seu órgão de espionagem, o MI-6 (sigla para Military Intelligence, setor 6), o mais eficiente do mundo. A mando dos soviéticos, Johnny viera com o grupo para o Rio como técnico em explosivos e, secretamente, informante sobre os próprios companheiros. Cumpriu as duas tarefas. E passou tudo para os britânicos.

Seu contato no Rio era Alfred Hutt, superintendente-geral da Light, a empresa canadense que controlava os serviços de telefones, luz, bondes e ônibus da cidade. Hutt recebia as anotações de Johnny e as entregava em mãos ao embaixador britânico, Sir Hugh Gurney. Gurney as telegrafava em código para o MI-6, em Londres, e este decidia o que fazer — se repassava as informações para o Itamaraty, no qual não confiava, ou se as conservava em segredo em função de seus interesses. Na véspera da insurreição, através do Itamaraty, Gurney foi instruído a informar Getulio.

A guerra dos mundos, encenada em Londres, Moscou e Berlim e envolvendo conspiradores, diplomatas e contraespiões, já não era uma metáfora no Rio.

Arthur Ewert e sua mulher, Sabo, foram capturados em casa, em Ipanema, no dia 26 de dezembro, um mês depois do levante. Atirados cada qual num camburão com destino à Polícia Central, na rua da Relação, na Lapa, Ewert teve os pulsos amarrados a uma barra de ferro acima da cabeça. À sua frente, à meia-luz no interior do veículo, um homem partia nozes com um quebra-nozes. Com frieza, tateou a mão imobilizada de Ewert, achou seu polegar, aplicou-lhe o quebra-nozes e o esmigalhou. Ewert, ao que se sabe, não emitiu som. Seu algoz disse, em alemão: *"Kommunist Hurensohn!"* — "Comunista filho da puta!". E só então se soube que a Polícia Civil brasileira, chefiada pelo major Filinto Strübling Müller, que respondia apenas a Getulio, abrigava agentes da Geheime Staatspolizei, Polícia Secreta do Estado — a Gestapo.

Para Ewert, isso podia significar a morte. Já sabiam de sua identidade, e os documentos que o faziam passar por um americano chamado Harry Berger não tinham mais efeito. Significava também que a polícia política nazista e a Inteligência britânica trocavam informações. Não por acaso, havia um elemento comum a tudo isso: Johann de Graaf, Johnny.

Johnny estava presente à reunião de 1934, em Moscou, quando "Miranda" pontificou sobre a oportunidade de uma insurreição no Brasil sendo ouvido por um encantado Prestes, que o escutava sem fazer perguntas. Para Johnny, era como se Prestes acreditasse que os camponeses e proletários, personagens míticos dos manuais marxistas, sairiam das páginas impressas e se materializariam por conta própria na vida real.

Johnny fora o primeiro a chegar ao Rio, em janeiro de 1935. Graças a ele, os britânicos sabiam desde o começo que Prestes estava a caminho e que prepararia um levante ainda sem data marcada. Essas informações foram sonegadas à polícia brasileira, porque a possibilidade de uma ação comunista derrotada era mais atraente para os britânicos do que se ela fosse sufocada antes de acontecer. Mas, quando as coisas se precipitaram no Nordeste, e Prestes e o PCB anteciparam a insurreição no Rio para 27 de novembro, os britânicos acharam que era hora de alertar Getulio. A Gestapo, com certeza, também tinha essa informação.

Mas nem seria necessário tudo isso. Vários chefes militares no Rio já sabiam do levante, e pela mais insuspeita das fontes: o próprio Prestes. Superestimando seu prestígio no Exército, Prestes lhes enviara cartas instando-os a participar da sedição. Algumas, levadas por mensageiros e interceptadas pelo Alto-Comando, nem chegaram aos destinatários. Outras foram recebidas com estupor pelos oficiais de quem ele se julgava amigo, como o coronel Estillac Leal, seu camarada na insurreição de 1924. A este, Prestes escreveu: "O prestígio do teu nome poderá diminuir de muito a quantidade de sangue a ser derramada". Estillac podia ser seu amigo, mas era agora também um homem de Getulio.

Assim como Prestes, os militares comunistas sentiam-se livres para distribuir panfletos e abordar colegas nos quartéis, como quem convida para uma pelada ou um piquenique, sem medo de serem denunciados. O rumor de um levante já estava em todas as instalações militares naqueles últimos dias de novembro. A própria guarda do Catete foi reforçada de véspera. O desfecho era inevitável: Getulio esmagou a insurreição, decretou estado de sítio e partiu para a desforra. E bem ao seu estilo: cruel, mas frio, distante, sem ódio pessoal. Este ele delegava a seus homens, comandados por Filinto Müller.

O mato-grossense Filinto, 36 anos, 1,86 metro e neto de alemães, era chefe da Polícia Civil do Distrito Federal, posto que ficava pouco abaixo do de ministro da Guerra. Extraoficialmente, era também o chefe da Inteligência e, por sua intimidade com o ministro da Justiça, Vicente Rao, influía nos processos, julgamentos e condenações. De sua sala, no segundo andar da Polícia Central, na Lapa, Filinto era o homem mais bem informado do país. Um fato tisnava sua biografia: sua expulsão da Coluna Prestes, em 1925, como covarde e desertor, por ordem de Prestes — destacado a proteger a localidade de Porto Mendes, no Paraná, cruzara a fronteira da Argentina levando armas e munições da Coluna e convencendo soldados a acompanhá-lo. A pecha grudou-se a ele. Mas, agora, onze anos depois, podia ajustar contas com Prestes.

Das primeiras prisões de comunistas após o levante multiplicaram-se as confissões, com ou sem tortura, que levariam a um dos maiores arrastões policiais na história do Brasil. Os camburões da polícia, chamados pelo povo de "viúva alegre" — referência ao filme da MGM, com Jeanette Mac-Donald e Maurice Chevalier, exibido naquele ano —, cruzavam a cidade, com escolta e sirene ligada. Casas, fábricas e escritórios eram arrombados em busca de pessoas. Quando as celas da Casa de Detenção e das Polícias Central e Especial se revelaram insuficientes, Filinto requisitou ao Lloyd

Brasileiro o navio *D. Pedro I*, ancorado na baía de Guanabara. Eram tantos detidos que os excedentes tiveram de ser mandados para o presídio da Ilha Grande, até então reservado aos presos comuns mais perigosos.

A perseguição foi nacional. Muitos foram detidos, interrogados e liberados, mas um número incalculável sofreu prisão e tortura, às vezes por acusações baseadas em rivalidade regional, antipatia pessoal ou oportunismo dos acusadores. A repressão se estendeu por 1936 e parte de 1937, e um dos argumentos para a continuidade da ação policial era a possibilidade de novas incursões comunistas, reais apenas na propaganda do governo.

No Rio, os primeiros a serem encarcerados foram os que tentaram a tomada dos quartéis. Debaixo de armas, Agildo Barata e seus homens atravessaram o piso do pátio do 3º Regimento, atapetado de cartuchos de munição, em direção aos ônibus cedidos pela Light para levá-los à Polícia Central. Saíram altivamente, de mãos dadas, cantando o Hino Nacional. Já Agliberto de Azevedo e Sócrates Gonçalves da Silva surgiram de cara amarrada à frente de seus camaradas no Campo dos Afonsos. Para trás, nas duas operações no Rio e de ambos os lados, ficaram dezenove mortos, dos quais sete oficiais e doze soldados, e 162 feridos, dos quais onze oficiais e 151 soldados — a maioria legalista, e, como se verificaria, pelos ataques do próprio governo. Em represália, o ministro da Guerra, general João Gomes Ribeiro Filho, considerado o homem mais odiado do Exército, queria passar sumariamente os rebeldes pelas armas, no que foi contido por colegas mais sensatos. E, ao contrário do que se propalou depois, nenhum legalista foi morto dormindo. Entre outros motivos, porque estavam todos acordados, armados e de verde-oliva, perneira e borzeguim, fardados à espera da rebelião.

Em seguida, foram apanhados os menos culpados de tudo: os líderes da Aliança Nacional Libertadora, cuja sigla aparecia em cada manifesto das insurreições de Natal, do Recife e do Rio — o que a tornava, para todos os efeitos, responsável por elas. Hercolino Cascardo foi preso e expulso da Marinha; Miguel Costa, preso e expulso do Exército; Pedro Ernesto, preso (durante dezessete meses) e deposto da prefeitura. Carlos Lacerda, nem tão inocente, também foi levado. O material apreendido em julho nas sedes da Aliança, com fichas contendo nomes, cargos e endereços de filiados, gerou uma multidão de detidos, incluindo intelectuais, professores, empresários e simples simpatizantes. Já nos primeiros dias, Getulio decretou o estado de sítio, pelo qual todo suspeito de participação no levante podia ser preso por tempo indeterminado. Como qualquer um podia ser suspeito, foram presas em todo o país pelo menos 7 mil pessoas, metade das quais militares, muitos deles servindo em quartéis a quilômetros dos acontecimentos, mas tidos pelos colegas como comunistas.

Prestes, Ghioldi, Ewert, Stuchevski e Barron só começaram a cair um mês depois, quando Filinto Müller cruzou os interrogatórios. Filinto tinha vários mimos a oferecer em troca de colaboração: fim das torturas, liberdade e até dinheiro. O primeiro nome a aparecer foi o de Ewert, delatado sob tortura por um militante do PCB alcunhado "Bagé". Uma consulta de Filinto ao Serviço Secreto britânico revelou que o estrangeiro alto e forte, que se fazia passar pelo cidadão americano Harry Berger, era o alemão Arthur Ewert, nada menos que um dirigente da Internacional Comunista. Daí o aparato para o cerco à sua casa, na esquina da rua Paul Redfern com a Visconde de Pirajá: carros, camburões, cachorros e quase vinte homens armados na expectativa de que ele reagisse. Mas Ewert e Sabo não esperavam por aquilo e deixaram-se pacificamente capturar — tão pacificamente que não se justificavam os chutes e pescoções que já começaram a levar na rua ao ser atirado cada qual num camburão.

Naquele exato momento, Olga estava a caminho da casa de Ewert para levar uma mensagem de Prestes. A um quarteirão de distância, na esquina da Barão da Torre com a Paul Redfern, viu a agitação na esquina. Logo entendeu o que se passava. Virou-se no ato e foi correndo avisar Prestes. Precisavam fugir naquele momento, e do jeito que estavam — a polícia poderia aparecer em minutos. Saíram deixando tudo para trás: roupas, objetos pessoais, um cachorro, dinheiro e, dentro de um cofre, muito mais do que dinheiro: maços de documentos, escritos à mão, à máquina ou mimeografados. Dentro deles estavam os detalhes de cada etapa da operação, desde a reunião em Moscou em 1934 até as decisões de horas antes, as estratégias, os nomes e cargos dos camaradas. O cofre, preparado por Johnny de Graaf para explodir se aberto à força, não iria explodir — Johnny se certificara disso.

Um táxi levou Prestes e Olga à casa de Victor Allen Barron na avenida Nossa Senhora de Copacabana, e, dias depois, Barron os conduziu a um lugar mais seguro: um aparelho na rua Honório, no Cachambi, na Zona Norte, bem na fronteira com o Méier. Exceto Barron e Ghioldi, só o Comitê Central conhecia esse endereço.

Na casa de Ewert, a polícia encontrou outra enxurrada de documentos, com a estratégia do Comintern para assim que a revolta fosse vitoriosa: atas de reuniões, cópias de cartas, mapas, rascunhos de manifestos, mensagens em código e a chave dos códigos. Era como se os conspiradores estivessem colecionando subsídios para um futuro museu ou biblioteca da revolução. Nas mãos de Filinto Müller, aquele material era mortal. Também na casa de Ewert, a polícia encontrou Deolinda, a doméstica brasileira que eles haviam contratado. Espremida, ela deu o endereço de "seu Luiz" e "dona Maria" (sic) em Ipanema. Mas, quando chegaram lá, pouco depois, com o mesmo alvoroço de homens e armas, já arrombaram uma casa vazia — exceto pelos pertences do casal e pelo cofre abarrotado de informações.

Ironicamente, a polícia chegou também a Johnny de Graaf, delatado pelo professor de português contratado por eles. Mas Johnny não se perturbou. Ao saber que seria levado para a Polícia Central, pediu para dar um telefonema. Em pouco tempo, diante de Filinto Müller, foi identificado por Alfred Hutt, o homem da Light, como um agente do MI-6. Uma troca de mensagens com a embaixada britânica confirmou a informação. Johnny foi posto em liberdade sob a promessa de colaborar, mas era óbvio que não revelaria nada — era agente do MI-6, não de Filinto Müller. Além disso, sabia que, com ou sem tortura, não faltaria quem revelasse tudo. Preferiu deixar o país, o que fez sem dificuldade, embarcando com Helena num navio britânico para Buenos Aires. Pavel e Sofia Stuchevski, por sua vez, sabendo-se procurados, iludiram os agentes que os seguiam no centro da cidade, esconderam-se por alguns dias num aparelho do PCB e igualmente escaparam para Buenos Aires, deixando todo o dinheiro para trás.

Rodolfo e Carmen Ghioldi não tiveram a mesma sorte. Ao tentarem fugir por São Paulo, foram capturados e trazidos para o Rio. Como só se saberia depois, Ghioldi aceitou colaborar à simples ameaça de tapas na cara. Entregou nomes, detalhou endereços e identificou Victor Allen Barron na rua. Barron foi preso, torturado e, um mês depois, apareceu morto no pátio interno da Polícia Central, de cujo segundo andar teria se atirado. Ghioldi e Carmen foram transferidos para a Casa de Detenção. Em fevereiro, Filinto chegou a uma figura essencial: Antonio Maciel Bonfim, "Miranda". E, com "Miranda", a namorada dele, a quase adolescente Elza Fernandes.

Pouco depois da prisão de "Miranda" e Elza, os aparelhos do partido no Grajaú e no Leblon foram estourados pela polícia, com a apreensão de armas, material de propaganda e uma estação de radiotransmissor. Militantes tidos como inalcançáveis começaram a ser presos em sequência.

De onde vinha tudo isso? Relatos vazados de dentro das cadeias disseram que a origem era "Miranda", mas que ele só cedera depois de selvagens espancamentos, com graves lesões internas. O problema é que, mesmo com a interrupção da tortura, teria continuado a delatar. Elza, chamada A Garota, fora libertada e tinha permissão para visitá-lo na prisão. Pode ter sido uma estratégia da polícia, mas o fato é que, na sequência de cada visita — na qual Elza certamente recebia instruções de "Miranda" para procurar este ou aquele —, mais militantes e aparelhos caíam. Certos de que as delações vinham dela, os últimos líderes em liberdade a levaram para uma casa no bairro de Deodoro. Interrogaram-na durante dias e, mesmo sem provas, mas com anuência por escrito de Prestes, decidiram por sua eliminação. Elza foi estrangulada e enterrada no quintal.

No Rio, foram mais de 3 mil prisões. As operações obedeciam a um protocolo. Os presos eram levados primeiro para triagem na Polícia Central, onde, se fosse o caso, sessões de tortura — "sessões espíritas", como as chamavam — permitiam estabelecer quem era quem. Os de menor periculosidade iam para a Casa de Detenção, na rua Frei Caneca, onde podiam tratar os ferimentos e gozavam de relativo conforto. Os presos importantes iam para a Polícia Especial, no morro de Santo Antônio, atrás da igreja do santo. A Polícia Especial era um órgão recém-criado por Filinto para, com o aval de Getulio, trabalhar fora do alcance da Justiça. Seu diretor era o torturador Euzebio de Queiroz Filho. Os membros da Polícia Especial usavam uniforme cáqui e quepe vermelho-sangue, daí serem chamados pelo povo de "cabeças de tomate". Eram excepcionalmente fortes — talvez porque fossem também atletas, como os futuros árbitro de futebol Mario Vianna, goleiro e treinador Yustrich e zagueiro e censor Augusto da Costa.

Arthur Ewert e Sabo fizeram uma escala quase terminal na Polícia Especial. Como Filinto soubesse que, com Prestes ainda livre, Ewert era o maior nome da conspiração, pode ter dado instruções também especiais a Euzebio de Queiroz. Ao chegarem, Ewert e Sabo já foram postos nus e passaram a ser humilhados, ofendidos e esbofeteados pelos agentes. Durante um mês, Ewert recebeu choques elétricos, sofreu compressão mecânica da cabeça e dos testículos, teve as unhas arrancadas com alicate e, dizem, a uretra penetrada por um fio de arame, diante de sua mulher. Sabo foi estuprada repetidas vezes, levou choques elétricos na vagina e teve seus mamilos esmagados com torquês, também diante de Ewert. Suportaram tudo sem abrir a boca, exceto para gemer, e só não foram mortos porque Filinto queria que falassem. Precisava identificá-los com o Comintern, para caracterizar a agressão externa. É improvável que Getulio não soubesse de pelo menos parte disso.

A violência a que Ewert estava sendo submetido chegou aos ouvidos do advogado Sobral Pinto. Era tão monstruosa que Sobral, integralista, mas principalmente cristão, se empenhou em defendê-lo de graça. Ficou famosa a história de como, com a Justiça manietada e todos os direitos suspensos, Sobral apelou para a única lei aparentemente intocada no país: a Lei de Proteção aos Animais — sem efeito. Mas, se as torturas a Ewert pararam, foi porque não havia mais o que fazer com ele, a não ser matá-lo.

Essa opção pareceu desaconselhável quando duas cidadãs britânicas chegaram ao Rio para confirmar a informação de que Ewert e Sabo estavam presos e sob tortura. Eram esposas de membros da Câmara dos Comuns e tinham sido alertadas por Minna Ewert, irmã de Ewert residente em Londres. Chegaram e se hospedaram no Hotel Glória, mas Filinto mal lhes deu tempo para desfazer as malas. Brandindo a autonomia do Brasil para tratar de seus assuntos, obrigou-as a embarcar de volta no primeiro vapor. Elas fizeram isso, mas, de novo em Londres, foram aos jornais, que desencadearam uma campanha contra a tortura no Brasil. Houve manifestações diante da embaixada brasileira, obrigando o embaixador Regis de Oliveira a pedir ajuda ao chanceler José Carlos de Macedo Soares. O Itamaraty emitiu um comunicado oficial desmentindo as acusações, e essa foi a versão que prevaleceu.

Resolvido o problema, Sabo foi mandada para a Detenção, mas a Polícia Especial confinou Ewert numa cela sob o vão de uma escada, baixo e curto demais para que, com seus quase dois metros de altura e mais de cem quilos de peso, ele conseguisse ficar de pé ou se deitar com as pernas esticadas. Passou ali dois anos, encurvado, sem banho, sem higiene e sob o barulho das botas que subiam e desciam correndo os degraus sobre sua cabeça. Quando foi devolvido à cela, Ewert era um espectro encurvado, com trinta centímetros e cinquenta quilos a menos. Mal conseguia andar. Tinha também enlouquecido.

Um motivo de contrariedade para Getulio foi o alegado suicídio do americano Victor Allen Barron na sede da Polícia Central. Ele teria se jogado de uma janela do segundo andar no pátio interno do prédio. A morte de um cidadão americano sob a custódia da polícia de um país estrangeiro era inaceitável e, em Washington, a Câmara dos Representantes pediu explicações a Hugh Gibson, embaixador dos Estados Unidos no Rio. A Inteligência da embaixada deveria saber que Barron era suspeito de participar de uma conspiração política e, conhecendo a violência da polícia brasileira, os congressistas perguntavam que providências Gibson tomara para protegê-lo. Além disso, Barron era sobrinho de um jornalista do *Daily Worker*, de Nova York, o principal jornal americano de esquerda. O caso rendeu manchetes no *Daily Worker* e saltou para o *New York Times*, que o acompanhou pelas semanas seguintes. Na noite de 25 de março, cerca de mil manifestantes se reuniram na Irving Plaza, perto da Union Square, convocados pelo Comitê Nacional pela Defesa de Prisioneiros Políticos, exigindo que o Congresso investigasse as condições da morte de Barron. Nada disso saía nos jornais brasileiros.

Anonimamente, chegou também ao Rio o advogado americano Joseph R. Brodsky, membro de instituições pioneiras na luta pelos direitos humanos — um de seus casos, em 1926, fora a defesa dos anarquistas italianos Sacco e Vanzetti, condenados à morte nos Estados Unidos. Como dificilmente se morre da queda de um segundo andar, Brodsky suspeitava de colaboração entre o embaixador Gibson e a polícia carioca. Suas suspeitas aumentaram quando, por intermédio do senador paraense Abel Chermont, encontrou o médico que fizera a autópsia de Barron, o dr. Bourguy de Mendonça, e um elemento da polícia que testemunhara parte da tortura. Segundo este, Barron foi espancado com uma mangueira de borracha, esmurrado, chutado, eletrocutado com a máquina de choques e mantido sem água, de pé e sem dormir por vários dias, Como isso não o fizesse falar, tentaram embriagá-lo forçando-o a beber cachaça. Mas Barron trancava a boca, com o que eles lhe quebraram os dentes na tentativa de que bebesse, até lhe despejaram a bebida pelo nariz. Mas Barron já não tinha condições de dizer nada.

Brodsky era influente, mas Hugh Gibson, aos 42 anos, com vasta folha de serviços na Europa, era uma das estrelas da diplomacia americana. Suas vagas explicações foram suficientes para que o Congresso encerrasse o caso. Chamado de volta a seu país, publicou em 1937 um livro de memórias, intitulado *Rio*, em que descreve seu delicioso cotidiano na cidade, os passeios pelos cartões-postais e como as calçadas eram repletas de pés de uma fruta que ele aprendera a amar: o cambucá. No lugar de Gibson, Washington mandou o embaixador Jefferson Caffery.

A explicação de Filinto para o "suicídio" de Barron era o "desespero do americano por ter revelado que Prestes e Olga estariam escondidos numa casa no Méier". Não era verdade. A autópsia de Barron revelara que ele já estava morto de queimaduras e espancamentos antes de ser arremessado pela janela. E Barron nunca revelou o endereço onde funcionava seu radiotransmissor. A informação sobre Prestes fora arrancada de um membro do Comitê Central ou de Rodolfo Ghioldi. Seja como for, o informante só sabia o nome do bairro — "O Méier" —, não a rua nem o número, o que obrigou Filinto a uma operação mais ampla.

Na madrugada de 5 de março, uma semana depois do Carnaval — ainda ressoavam os ecos de "Pierrô apaixonado", marchinha de Noel Rosa e Heitor dos Prazeres —, 53 homens à paisana, armados de pistola e metralhadora, fecharam as saídas do Méier com seus carros. Entraram chutando portas em cada casa e, ao chegar à rua Honório, 279, já do lado do Cachambi, flagraram Prestes tentando fugir pelos fundos. Quando lhe apontaram as metralhadoras, Olga abraçou-se a ele, protegendo-o com o seu corpo. Prestes falou com serenidade: "Não precisam me matar. Eu não sou nenhum dinamiteiro. Estou me entregando". Isso parece tê-los paralisado. Se estavam dispostos a atirar, os homens abaixaram as armas e se limitaram a algemá-los.

O fotógrafo que acompanhava a operação bateu uma chapa. Prestes estava de pijama — na fuga, não tivera tempo de vestir-se e, contra sua vontade, foi assim fotografado. Não era o traje adequado a um general da revolução. Ele e Olga foram metidos num camburão, que atravessou a cidade à frente de uma comitiva buzinando e com as sirenes ligadas. Para Getulio, eram os clarins da vitória.

O camburão parou na porta da Polícia Central, na rua da Relação. Prestes foi retirado dele. Olga se preparou para também descer, mas fecharam-lhe a porta. Sob protestos, Prestes foi levado lá para dentro e o camburão seguiu com Olga para a Casa de Detenção, no Estácio. O dia, como sabemos, era 5 de março de 1936. Nunca mais se viram.

Encerrava-se ali, 99 dias depois do levante, mais uma etapa brasileira da guerra dos mundos.

4

Spartacus no Cachambi

O levante, crismado por Assis Chateaubriand nos Diários Associados como Intentona Comunista, deu o pretexto para que Getulio o classificasse como uma "declaração de guerra interna". O espantalho de um novo ataque, que ele sabia improvável, foi repetidamente invocado para justificar a continuidade das perseguições. Em poucos meses de 1936, o ministro da Justiça, Vicente Rao, executou uma avalanche de medidas repressoras. Instituiu a figura jurídica do estado de guerra, que suspendia o habeas corpus e demais garantias individuais, tornava legal prender, demitir ou expulsar de corporações qualquer suspeito de crime "do pensamento" e autorizava que a polícia arrombasse casas à noite e levasse suspeitos para lugar incerto. Para as operações mais imediatas, Rao fundou o Dops (Departamento de Ordem Pública e Social), federal, e os Deops estaduais. Criou também o Tribunal de Segurança Nacional, aprovado pelo Congresso, para centralizar o julgamento dos crimes políticos. Pelos dois anos seguintes, o TSN condenaria 4 mil pessoas — o primeiro foi Harry Berger, fora de si e reduzido a um trapo, a treze anos e quatro meses de prisão.

Rao criou ainda a Comissão de Repressão ao Comunismo, supervisionada por Filinto Müller em ligação direta com a Gestapo. Na sequência, Brasil e Alemanha elevaram suas representações diplomáticas, até então legações, ao nível de embaixada, oficializando a cooperação germano-brasileira na troca de informações, inclusive quanto à "infiltração judaica" no Brasil. Significava que o Brasil se prestava a serviços de espionagem para a seção da Gestapo instalada dentro da embaixada no Rio. Brasil e Alemanha iniciaram também um "intercâmbio de experiências", com a troca de visitas de representantes. A Berlim, a mando de Filinto, foi o capitão Affonso Henrique de Miranda Corrêa, chefe do Departamento Especial de Segurança Política e Social, para um curso na Gestapo sobre a detecção da infiltração comunista no Exército. Ao Brasil vieram "empresários" alemães, sob o pretexto de apreciar a presença do "elemento alemão" no Brasil e garantir que eles tivessem seus próprios jornais, escolas e instituições. Mas a verdadeira razão era conhecer o empresariado brasileiro e identificar possíveis apoiadores da causa. Todas as idas e vindas se davam nos *Graf-Zeppelin*, os dirigíveis que eram uma das sensações da época.

O fracasso da revolta comunista foi capitalizado desde o início pelo Exército. A frase "Lembrai-vos de 35!" cristalizaria para sempre a lenda, inventada por Filinto Müller, dos militares "de acendrado amor à carreira" que tinham sido "mortos dormindo" pelos comunistas. Essa história, ausente dos documentos oficiais de todos os chefes militares, foi ignorada também pelo general Dutra em seus copiosos diários. Foi desmentida até pelas famílias dos soldados, porque negava a eles a condição de mortos em combate — rebaixava-os a palermas e dorminhocos. Getulio, vendo nela um trunfo, usou-a várias vezes em discursos e documentos, dando-lhe um caráter "oficial" de que o Exército sempre se aproveitou. Se houvera uma morte comovente fora a do tenente rebelde Thomaz Meirelles por seu amigo, o tenente legalista Armando Pereira. Os dois, colegas de quartel, não sabiam contra quem estavam atirando. Armando nunca se recuperou dessa fatalidade.

A derrota do levante foi capitalizada também pelos integralistas, com o oferecimento de Plinio Salgado a Getulio — por via das dúvidas, no dia seguinte à rebelião, com tudo serenado — da ajuda de "100 mil homens, caso precisasse". Getulio podia não precisar, mas os milhares de camisas-verdes que a AIB punha com frequência nas ruas eram para lembrá-lo de que não estavam blefando. O que talvez fosse desnecessário, porque a AIB já se sentia parte do governo, com seu grande número de filiados no oficialato das Forças Armadas.

Em março, um deles, o general Newton Cavalcanti, recém-nomeado comandante da 7ª Região Militar, no Recife, e com a alma de um Floriano a cavalo, ordenou um leviatã contra os suspeitos em todo o Nordeste. Houve centenas de prisões em Alagoas, embora ali não houvesse vestígio de sedição. Um dos primeiros no arrasto foi o escritor Graciliano Ramos, preso em Maceió por razões não esclarecidas — prefeito do município de Palmeira dos Índios em 1928-30, uma de suas medidas mais radicais fora multar o próprio pai, por deixar as vacas soltas no centro da cidade. Desde que se exonerara do cargo, Graciliano não exercera nenhuma atividade política, mas sua reputação como escritor, autor de dois romances publicados no Rio, *Caetés* e *S. Bernardo*, elogiados pelos jornais, tornava-o suspeito. Era fácil provar que, enquanto o Nordeste pegava fogo com as notícias sobre as insurreições, Graciliano passara aqueles dias em casa, de robe de chambre, escrevendo à mão a versão final de seu romance *Angústia*. Isso não impediu que fosse preso no dia 3 de março, levado de trem para o Recife e, lá, embarcado para o Rio no vapor *Manaus*, com outros cem presos.

Naquele dia, Graciliano já suspeitava de que seria preso. Em vez de fugir, entregou o manuscrito de *Angústia* a Jeni, datilógrafa da cidade, para que ela o passasse à máquina, e recomendou a Heloisa, sua mulher, que guardasse as duas versões, o original e o datiloscrito, em endereços diferentes, para o caso de uma busca em sua casa. Graciliano também confiou à sua irmã uma quantidade de livros, papéis e arquivos para que os escondesse no porão, mas ela, temerosa do que eles pudessem conter, destruiu tudo. Nesse material, foram-se possivelmente os originais de *Caetés* e *S. Bernardo*.

Graciliano foi um dos muitos escritores, jornalistas e intelectuais presos na ressaca do levante, nele implicados ou não. Em Fortaleza, Rachel de Queiroz passou três meses incomunicável no quartel do Corpo de Bombeiros. Em Porto Alegre, um dos aprisionados foi o psiquiatra Dyonelio Machado, autor do recém-lançado romance *Os ratos*. Em São Paulo, Patricia Galvão, Pagu. No Rio, houve a maior leva de presos: Jorge Amado (que já tivera 1400 exemplares de seus livros queimados em Salvador), os jornalistas Apporelly, Barreto Leite Filho, Newton Freitas, Octavio Malta, Oswaldo Costa, Pedro Motta Lima e Raul Ryff, o artista gráfico Thomaz Santa Rosa, o secretário de Educação do Distrito Federal, Anisio Teixeira, os médicos Valerio Konder e Campos da Paz e estudantes da Universidade do Distrito Federal. Alguns conseguiram escapar. Astrojildo Pereira refugiou-se no Jardim Botânico, no apartamento do advogado e historiador Octavio Tarquinio de Souza e de sua mulher, a crítica literária Lucia Miguel Pereira, intelectuais à prova de qualquer suspeita. Voltando à tona, Astrojildo viveu por uns tempos de vender bananas num depósito em Niterói. Carlos Lacerda foi plantar rosas em um sítio na serra de Petrópolis. E o ativista Mario Pedrosa, que era trotskista e anti-PCB, foi procurado assim mesmo e escolheu a melhor clandestinidade possível: os depósitos e porões da Biblioteca Nacional.

Numa prova de que as mulheres começavam a incomodar, as lideranças da União Feminina do Brasil, ligada à ANL, foram presas em massa. Elas eram as professoras Armanda Alvaro Alberto, valente educadora e introdutora no Brasil da merenda escolar, Maria Werneck de Castro, Beatriz Bandeira, Valentina Leite Barbosa Bastos, Catarina Landsberg, Fran-

cisca Medeiros Reis, Rosa Meirelles e Francisca Moura, a médica psiquiatra Nise da Silveira e as jornalistas Eneida de Moraes, Haydée Nicolussi e
Eugenia Alvaro Moreyra.

Uma cela dupla da Casa de Detenção no Pavilhão dos Primários, a Sala
4, com capacidade para vinte detentas, foi preparada para receber as moças. Oferecia-lhes condições mínimas de higiene, assistência médica, acesso a jornais e relativo conforto, o que não lhes diminuía a altivez. Para evi-
tarem provocações, Maria Werneck e Eneida falavam pelas companheiras.
Mas não tinham como controlar Eugenia Moreyra, que, nas audiências,
debochava dos interrogadores e lhes soprava à cara a fumaça de sua cigarrilha. Seus olhos pintados, a franja agressiva e a boca de violento batom, retocado toda manhã, assustavam os guardas, mas nada lhe acontecia, porque era muito conhecida. Um dia, para que eles ouvissem, falou:
"Quando sair, vou lá no Catete mijar no Getulio!". Na terceira semana, foi
levada à diretoria e não voltou. As colegas esperaram pelo pior e deram o
alarme batendo as canecas nas grades, até descobrirem que fora libertada.

Duas mulheres que lhes fizeram companhia na Detenção tiveram diferente destino: Sabo Ewert e Olga Benario. As marcas da tortura em Sabo
eram suficientes para que ela nunca mais quisesse ver o rosto de um ser
humano. Mas, exceto pelas dores, era tranquila e humilde e não se vanglo-
riava por não ter cedido. Olga, chamada pelas colegas de Maria Prestes,
não fora torturada, nem sequer tocada. Referia-se a Prestes como "Carlos". Presa em março, em maio descobriu-se grávida.

Meses antes, em janeiro, na aparente segurança da rua Honório, as
atribulações que ela e Prestes tinham vivido desde a partida de Moscou
converteram-se finalmente em calor e desejo, e eles fizeram amor pela primeira vez. Era também a primeira vez para Prestes — aos 37 anos, nunca
estivera com uma mulher. Era o que se dizia também de Spartacus (109-71
a.C.), o gladiador trácio que, em 70 a.C., liderou uma revolta de 40 mil ex-
-escravos contra Roma — foi derrotado, mas tornou-se o personagem histórico mais admirado pelos comunistas. A castidade talvez fosse uma ca-
racterística dos líderes.

Por interferência da Ordem dos Advogados do Brasil, Olga teve permissão de escrever a Prestes para informá-lo de que ele seria pai. Em julho, a possibilidade de Olga ser deportada para a Alemanha começou a ser
discutida pelos órgãos de segurança — estava no quarto mês de gravidez
e era importante que não tivesse o filho no Brasil. A medida já fora adotada pelo governo naquele ano contra uma ativista austríaca.

Um advogado dedicado às causas femininas, Heitor Lima, assumiu a defesa de Olga. Seu argumento de que ela estava grávida de um cidadão brasileiro e tinha no ventre um filho brasileiro em território nacional foi ignorado. Olga era "estrangeira, comunista e indesejável", e o "estado de guerra" justificava tudo. Heitor Lima escreveu a dona Darcy Vargas (pronunciava-se *Dárci*), mulher de Getulio, "em nome das mães brasileiras" que o tinham procurado contra a deportação. A primeira-dama nunca respondeu. Lima impetrou um habeas corpus no Supremo Tribunal Federal, não para pedir a libertação de Olga, mas para evitar a sua expulsão. O ministro Bento de Faria, relator do processo, negou-o — o habeas corpus estava cancelado no Brasil. O caso chegou à Europa e, em Paris, formaram-se comitês pela liberdade de Prestes e Olga, liderados por escritores como André Malraux e Romain Rolland.

Já então Filinto Müller sabia tudo sobre Olga. Uma consulta à Gestapo despertara interesse suficiente nos alemães para consultarem cerca de 20 mil fichas e fotografias até levantarem sua identidade, trajetória na Alemanha e na URSS, os nomes falsos e sua importância no Comintern. Ela era peixe graúdo. E sua deportação, assinada secretamente por Vicente Rao no dia 28 de agosto, fora autorizada por unanimidade pelo Supremo Tribunal Federal. O STF era formado pelos ministros Ataulpho de Paiva, Costa Manso, Laudo de Camargo, Eduardo Espínola, Carlos Maximiliano, Octavio Kelly, Bento de Faria, Carvalho Mourão, Plínio Casado e Hermenegildo de Barros, sendo presidente Edmundo Lins.

Apesar do desconforto provocado pelo sétimo mês de gravidez, Olga insistia em dividir com as companheiras as tarefas de limpeza da cela, até que elas a proibiram de continuar trabalhando. Em dias certos, um médico e uma enfermeira a visitavam para um rápido exame na própria cela. Na noite de 23 de setembro, os guardas foram à Sala 4 buscá-la "para exame". As presas, estranhando a ausência dos profissionais da saúde, queriam saber para onde iria. Os guardas não lhes deram resposta, mas concordaram que ela fosse acompanhada por Campos da Paz e Maria Werneck. Olga foi levada de maca pelo corredor e as outras presas começaram a bater as marmitas e canecas nas grades, para alertar os colegas do pavilhão. Todos viram Olga passar. Quando ela saiu de cena, outra turma de guardas entrou na cela e levou Sabo. Mais experiente, Sabo olhou para as companheiras e disse: "Ou vai voltar tortura ou *nous allons à Hitler*". Não voltou para a cela. Mais adiante, quase na saída do presídio, Campos da Paz e Maria Werneck foram rendidos e Olga seguiu com os captores. Sabo, também judia, estava com ela.

Naquela mesma noite, no porto do Rio, elas foram entregues à Gestapo e embarcadas no cargueiro *La Coruña*, de bandeira alemã apesar do nome, a caminho de Hamburgo. A bordo, eram esperadas por dois policiais brasileiros também de origem alemã. Pela importância de Olga como mulher de Prestes e pela capacidade de comunicação entre os marítimos, os agentes da Gestapo temiam que, numa escala, os estivadores e portuários tentassem resgatá-la, donde não haveria mais escalas em águas brasileiras.

Chegando à Alemanha, Olga foi entregue no velho presídio de Barnimstrasse, reservado a mulheres, no centro de Berlim, perto da Alexanderplatz. Uma das detentas do presídio, em 1907, fora a revolucionária alemã Rosa Luxemburgo. Os nazistas usavam suas instalações como hospital, onde as prisioneiras grávidas davam à luz antes de serem mandadas para os campos de internação. Anita Leocádia Prestes, filha de Olga e Prestes, cabelos pretos e olhos azuis, nasceu ali, em 27 de novembro. Um ano depois, em 1937, com o fim da amamentação, a criança lhe foi retirada à força e Olga, em desespero, levada para o campo de Lichtenburg. Estava certa de que sua filha seria morta. Só se tranquilizou ao saber que, graças à campanha internacional, Anita fora entregue a dona Leocádia, mãe de Prestes, e a Lygia, irmã dele, e levada para o México.

Duzentos suspeitos de participação no levante ficaram presos na Casa de Detenção, de março a dezembro de 1936. Era um pavilhão de dois andares em forma de U, com um saguão central a que chamaram de "Praça Vermelha", por onde podiam circular até sete da noite. Ocupavam cinquenta cubículos, quatro homens em cada um, iluminados por uma janela alta. Viviam de camiseta, cueca ou pijama, às vezes nus. Calçavam tamancos que lhes eram fornecidos pela prisão e tinham direito a banho de sol e de chuveiro. Eram jornalistas, professores, estudantes, funcionários públicos, sindicalistas e biscateiros, mas havia também uma quantidade apreciável de militares, de soldados e cabos a tenentes e capitães. Não havia tortura na Detenção.

Às vezes, recebiam jornais. Octavio Malta os lia e produzia resumos das notícias que, somadas às informações trazidas pelos presos recém-chegados, formavam os boletins noticiosos da "Rádio Libertadora, PR-ANL". Eram "transmitidos" à noite, pela potente voz do médico Campos da Paz, junto à grade que dava para o saguão, atingindo todo o andar. Seu slogan era "Agrade ou não agrade, todos à grade para ouvir a PR-ANL!". Apporelly declamava esquetes de humor. Havia também uma programação musical, composta de paródias de sambas e marchinhas do momento, feitas por eles e puxadas por Eneida. A de "Cidade maravilhosa" era "Praia maravilhosa/ Cheia de balas mil/ Vermelha e radiosa/ Redentora do Brasil..."; a de "O orvalho vem caindo", "As granadas vão caindo/ Iluminando o meu quartel/ E os soldados resistindo/ A valentes a granel...". Essas letras se referiam à batalha do 3º Regimento, na Praia Vermelha. Havia também uma versão do Hino Nacional, com letra de Agildo Barata, referente ao pau-brasil: "Brasil, terra do lenho cor de púrpura/ Que logo coloriu nossas bandeiras/ Teu nome é só por si vermelha flâmula/ Vermelhas são as almas brasileiras!...". Apesar de palavras tão candentes, Barata decepcionou ao cantar o hino: sua voz tíbia e aguda não combinava com a aura do insurgente que quase tomara o 3º RI. A programação musical podia também ser romântica, com os sucessos de Orlando Silva, o cantor do momento, a cargo de Beatriz Bandeira. "Canta, Beatriz!", pediam — e seguiam-se "A última estrofe" e "Mágoas de caboclo".

Outra forma de dar algum sentido ao encarceramento eram as aulas da "Universidade da Cadeia", criada pelos professores Luiz Carpenter Ferreira e Paschoal Lemme, também presos. Munidos de papel e lápis, Carpenter e Lemme idealizaram em instantes um currículo, com cursos de alfabetização, aulas de francês, inglês ou russo e noções elementares de medicina, economia e direito. As aulas ocorriam na "Praça Vermelha", dadas por eles e por outros colegas de cela. A turma se sentava no chão. Graciliano Ramos foi um dos alunos de russo.

Tal devoção pelo ensino, ministrado até na cadeia, contrastava com a atitude dos órgãos de investigação do regime, empenhados na caça de comunistas nos cursos superiores. No Rio, todos eles tiveram estudantes e professores presos. Mas nenhum sofreu um ataque tão letal e calculado quanto a Universidade do Distrito Federal.

A UDF, como a chamavam, fora criada em 1935 pelo educador Anisio Teixeira, com o apoio do prefeito Pedro Ernesto. Começara com cinco faculdades — Educação, Ciências, Economia e Direito, Filosofia e Letras e o Instituto de Arte — e reunia um corpo docente nunca visto no Brasil. Gilberto Freyre, Arthur Ramos, Cornelio Penna, Josué de Castro, Souza da Silveira, Heloisa Alberto Torres, Herman Lent, Hermes Lima, Castro Rebello, Leonidas de Resende, Alvaro Vieira Pinto, Gastão Cruls, Sergio

Buarque de Hollanda, José Oiticica, Lucio Costa, Carlos Leão, Afonso Arinos de Mello Franco, Cecília Meirelles, Candido Portinari, Arnaldo Estrela, Lorenzo Fernandes e Heitor Villa-Lobos eram apenas alguns. Todos de notório saber, contratados sem concurso. O reitor era o escritor Afranio Peixoto, da Academia Brasileira de Letras, que fora a Paris e trouxera de lá doze professores franceses.

A UDF era diferente e experimental. Ao contrário do que então prevalecia, não se propunha a formar "elites dirigentes", mas exatamente o contrário: alunos que se tornassem professores de nível superior, primário ou secundário. A educação deveria ser de base. Seu primeiro vestibular, em junho de 1935, aprovou mais de quinhentos alunos, com aulas que iam de psicologia social e sociologia criminal a rádio e publicidade. Não importava a disciplina do aluno, a frequência aos cursos de inglês e francês era obrigatória. Alguns professores tinham suas aulas taquigrafadas e depois oferecidas aos alunos, datilografadas. Nas provas parciais, não era proibida a consulta a livros ou anotações — as questões não exigiam decoreba, mas interpretação. A UDF propunha também a adoção do livro-texto, uma invenção dos americanos para substituir gradualmente o ensino oral, e a articulação de bibliotecas, observatórios e museus com o complexo universitário.

À espera de campus próprio, sua reitoria ficava no Instituto de Educação, na Tijuca, enquanto as aulas se espalhavam pela cidade, em salas emprestadas do Museu Nacional, da Escola Politécnica, do próprio Instituto de Educação e de escolas municipais no Catete. A interação dos secundaristas com os universitários era fecunda. E, naturalmente, a UDF preconizava o ensino democrático e laico, com o religioso opcional.

Esse último item foi decisivo para sua extinção. A ausência da educação religiosa obrigatória era inaceitável pelos padres, que, tentando recuperar a influência perdida com a República, queriam impô-la por decreto. Por causa disso, a UDF sofreu constante ataque do quase insano líder católico Alceu Amoroso Lima, cuja ferocidade persecutória já causara a saída de Anisio do cargo de secretário de Educação do Distrito Federal, um ano antes. A acusação era a de sempre: a de que todos ali, a começar por Anisio — formado em colégios jesuítas na Bahia e admirador do sistema americano de educação —, eram comunistas. Nunca o espírito da época se manifestou com tanta força sobre um órgão de ensino.

Alceu teve um aliado de peso no ministro da Educação, Gustavo Capanema, e isso fez toda a diferença. Capanema temia o prestígio e independência de Anisio. O levante comunista em novembro levou à prisão de professores da UDF, como Josué de Castro, Hermes Lima, Castro Rebello e Leonidas de Resende. Uma das acusações eram os artigos deles e de outros professores para o jornal *A Manhã*, de Pedro Motta Lima, sobre temas de interesse estratégico, como siderurgia, petróleo e industrialização, e que eles discutiam com os alunos em sala de aula. Outros professores, graças à aproximação com o sambista Paulo da Portela, amigo de Pedro Ernesto, interessaram-se pelo nascente mundo das escolas de samba, e também isso foi considerado suspeito. Todos ficaram na Detenção por mais de um ano sem serem ouvidos.

A UDF continuou funcionando, mas sob enorme pressão. Anisio, procurado pela polícia, refugiou-se na Bahia. Afranio Peixoto se demitiu e, com Pedro Ernesto preso, Capanema dedicou-se a esvaziá-la, acusando-a de não se adequar aos "padrões das congêneres federais". Os critérios de Capanema para avaliar padrões eram bem particulares — uma de suas preocupações, externada aos diretores do Colégio Pedro II, era quanto a uma possível "influência judaica" no colégio. Em 1938, Capanema incrivelmente nomeou Alceu reitor da UDF, no que professores como Gilberto Freyre e outros pediram demissão. Capanema então esvaziou a UDF, transferindo várias de suas faculdades para a Universidade do Brasil, sob seu domínio. E, para surpresa de ninguém, fechou-a de vez em 1939.

Prestes não foi torturado fisicamente. A Polícia Especial foi instruída a não submetê-lo à violência, e com razão. Na condição de líder supremo da insurreição, ele não teria a quem delatar — todos estavam abaixo dele. Nos interrogatórios e audiências, assumira a responsabilidade por tudo e nunca negara acusação alguma. Além disso, tudo que pudessem extrair dele já estava na fartura de documentos apreendidos em sua casa. E, como se fosse pouco, ele era Luiz Carlos Prestes — o menor dano físico à sua pessoa seria um caso internacional. Em compensação, isolá-lo em solitária, sem banho de sol e exercício físico, e privá-lo durante meses de jornais e qualquer material para ler e escrever pode ter sido uma tentativa de enlouquecê-lo. A própria entrega de Olga para Hitler, grávida de sua filha e sabendo-a judia, também poderia ter essa intenção. E, embora ainda não se pudesse garantir o que ela representava para ele, o objetivo era o de feri-lo. Mas nunca se soube de uma lágrima de Prestes por Olga.

A tortura não se resume a espancamentos. Graciliano Ramos foi trazido ao Rio em um navio com 116 outros presos — 114 homens e duas mulheres — disputando um único banheiro durante quatro dias. O cheiro no interior do *Manaus* era intolerável. Como se homens e mulheres com dor de barriga fossem capazes de qualquer ação, eles eram guardados por praças armados de fuzis-metralhadoras. Ao descerem na praça Mauá, foram recusados em vários presídios, por superlotação, e por fim despejados na Casa de Detenção.

Em comparação com os outros cárceres de Filinto Müller, a Detenção era um hotel de luxo. Os presos circulavam fora das celas, confraternizavam entre si, recebiam visitas e podiam fazer planos. Graciliano jogava xadrez com os colegas, tomava aulas de russo e aprendeu a jogar crapô com Nise da Silveira. Heloisa, sua mulher, chegou ao Rio para tentar ajudá-lo, mas, antes que pudessem encaminhar o pedido para sua libertação, Graciliano, sem processo, sem interrogatório e sem explicação, foi mandado com outros quarenta prisioneiros para a Colônia Correcional de Dois Rios, na Ilha Grande. E ali estava a verdadeira face do Brasil.

A colônia, até então reservada a acusados de assassinato, era sinônimo de trabalho forçado, castigos, fome, doença e morte. Ao chegar, Graciliano se defrontou com novecentos vultos de cabeça raspada, imundos, roupas em tiras e o corpo em chagas, amontoados em galpões e dormindo em colchões ensanguentados pela hemoptise do prisioneiro morto na véspera. A tosquia era para evitar piolhos, embora o lugar fosse infestado de ratos e percevejos. A comida era repugnante — os presos a jogavam pela janela em protesto, sujeitando-se a açoites por causa disso. Graciliano não comia e dormia pouco. Em uma semana de Ilha Grande, sua cabeça também raspada, as olheiras e a alarmante magreza levaram um soldado, chamado a calcular sua idade, a dar-lhe 65 anos. Graciliano tinha 43.

Heloisa soube da mudança para a Ilha Grande e, desesperada, pediu ajuda a José Lins do Rêgo, amigo de Graciliano. Zé Lins, no auge do prestígio por seus romances *Menino de engenho* e *Banguê*, conseguiu que seu apelo chegasse ao general Goes Monteiro, também alagoano e então ministro da Guerra. Graciliano foi levado de volta à Frei Caneca, mas os onze dias que passou na Ilha Grande custar-lhe-iam caro à saúde por muito tempo.

Em agosto, a José Olympio lançou *Angústia* — uma atitude corajosa, por seu autor ser um preso político. O livro teve resenhas entusiasmadas de Jorge Amado, já solto, Octavio Tarquinio de Souza e Augusto Frederico Schmidt. Isso cobria todo o espectro político, da esquerda à direita, e tornava ainda mais inexplicável o fato de o autor estar preso sem acusação. Zé Lins, mais uma vez, recorreu aos íntimos do poder pela libertação de

Graciliano; um deles, Herman Lima, chefe de gabinete da Casa Civil e integralista confirmado. Por intermédio dele, recebeu uma resposta típica do impassível e sem amor Getulio: "Diga ao Zé Lins que, nesse caso de comunismo, eu não mandei prender, mas também não mando soltar. Isso é com a polícia. Mas podem perguntar ao Filinto Müller se há alguma coisa apurada contra o Graciliano. Se não houver, ele soltará o homem" — era como se Getulio não tivesse a ver com seu próprio governo. Filinto consultou a polícia de Alagoas e, como não se encontrasse nada contra Graciliano, mandou soltá-lo. O dia era 11 de janeiro de 1937. O homem que, para muitos, já era o maior escritor do país passara dez meses na prisão sem ser sequer interrogado.

Ainda não se sabia, mas tudo aquilo já era a guerra.

5

Brumas sobre a Guanabara

Na manhã de 29 de dezembro de 1936, todos olharam para cima quando a carcaça de alumínio, com 245 metros de comprimento e 47 de diâmetro, revestida por uma lona pintada de prata, surgiu das nuvens e despontou no céu do Rio. O colosso sobrevoou a zona portuária, demorou-se sobre o centro da cidade, como se quisesse se exibir — sua passagem pela baía de Guanabara, a menos de duzentos metros de altura, seria um cartão-postal internacional —, atravessou os bairros atlânticos e só então deu as costas ao mar, rumo ao hinterland. Era o novo dirigível, o *Graf Hindenburg*, um avanço em relação ao velho *Graf Zeppelin*, a que o carioca já se acostumara desde 1930. Uma das diferenças entre as duas aeronaves, imposta por Joseph Goebbels, ministro da Propaganda de Adolf Hitler, era a vistosa suástica preta sobre um fundo branco em painéis vermelhos, de cada lado da cauda. No *Hindenburg*, elas eram o nazismo nos ares.

O *Hindenburg* saíra de sua base, a cidade portuária de Friedrichshafen, extremo sul da Alemanha, quatro dias antes, num voo direto para o Rio. Seu destino era o bairro de Santa Cruz, na Zona Oeste da cidade, onde ficava o hangar construído especialmente para ele pela fábrica de dirigíveis Luftschiffbau-Zeppelin. A viagem fora um passeio de 10 mil quilômetros pelo azul, mas a aterrissagem teve o seu quê de emoção. Para pousar, a aeronave tinha de ser parcialmente desinflada, trazida ao solo pelas cordas jogadas lá de cima e puxadas por 250 soldados da Aviação, chamados de "aranhas". Já no solo, as gôndolas, com rodas na parte de baixo, eram atracadas ao mastro de ancoragem e o gigante se estabilizava. Só que, como aquela era a aterrissagem inaugural do *Hindenburg*, os soldados brasileiros, eufóricos, resolveram posar para uma foto do evento. Afrouxaram as cordas e, quando se deram conta, a gôndola traseira estava a trinta metros do solo, enquanto a dianteira, que levava os passageiros, já estava presa ao chão. Com o susto, retomaram o controle, mas a inconsequência poderia ter custado vidas.

Nada disso tisnou a amizade Brasil-Alemanha. O *Hindenburg* simbolizava as novas relações entre os dois países. O Rio foi o destino do seu primeiro voo comercial, com setenta passageiros e convidados e 61 tripulantes. A rota Frankfurt-Rio, sem escalas, seria a sua única regular além da principal, Frankfurt-Lakehurst, em Nova Jersey, nos Estados Unidos. Mas a maior prova dessas relações era o hangar na base aérea de Santa Cruz, a cinquenta quilômetros da praça Mauá — um galpão de 274 metros de comprimento por 58 metros de altura e 58 de largura e, dos três construídos pela Luftschiffbau, o único fora da Alemanha — os outros dois, em Friedrichshafen e Frankfurt.

O *Hindenburg* vinha substituir o *Zeppelin*, que já fazia a rota para o Rio pousando no Campo dos Afonsos. Durante seis anos, o *Graf* realizara uma média de dez voos por ano para o Rio, com escala obrigatória no Recife pela menor capacidade de seus tanques de hidrogênio. Tinha 213 metros de comprimento e sua gôndola principal comportava apenas 24 passageiros e 45 tripulantes. O *Hindenburg* tinha também tanques maiores e motores mais potentes, podia receber quase o triplo de passageiros e dispensar a escala. Seus camarotes, o *lounge* (com piano, depois removido para economizar peso) e o restaurante eram de alto luxo. E, ao contrário do *Zeppelin*, que proibia estritamente o fumo — os passageiros eram revistados em busca de fósforos e isqueiros —, o *Hindenburg* reservava um aposento especial para fumantes, com portas duplas corta-fogo e um isqueiro elétrico que um comissário passava de mão em mão (nunca houve acidente algum por causa disso). Pelas dimensões do novo dirigível, o Campo dos Afonsos, no Realengo, relativamente próximo do centro da cidade e sujeito a fog, ficara impraticável, daí o hangar em Santa Cruz, a 65 quilômetros da praça Mauá.

Os dirigíveis não eram veículos de passeio, mas um meio de transporte de correio, carga e passageiros, assim como os navios, só que muito mais rápido. Pelo *Hindenburg*, o trajeto Frankfurt-Rio, a uma confortável média de cem quilômetros por hora, era feito em três dias; de navio, levava dez. As passagens, vendidas pela organização Condor Syndikat — no Brasil, Sindicato Condor —, custavam dez vezes o salário médio de um trabalhador alemão e vinte vezes o de um brasileiro. Só os mais abastados podiam viajar. Havia bilhetes bancados pelo governo brasileiro, como o do arquiteto francês de origem suíça Le Corbusier, cuja vinda ao Rio em 1936, para discutir o projeto do edifício do Ministério da Educação, entrou na conta do ministro Gustavo Capanema. E nem toda a correspondência transportada pelos dirigíveis consistia em cartões-postais do Pão de Açúcar — havia também uma intensa troca de mensagens em código sobre assuntos militares e estratégicos que não diziam respeito a enxeridos.

Todos os voos do *Hindenburg* a partir do Rio levaram empresários, políticos, engenheiros ou militares brasileiros de origem germânica, acompanhados de suas famílias, convidados pelas filiais brasileiras das empresas alemãs. Em Berlim, eram hospedados no elegante Hotel Adlon, na avenida Unter den Linden, com as despesas pagas. O objetivo era apresentá-los à nova Alemanha e às realizações do Führer em suas áreas. Algumas das empresas mais generosas eram as farmacêuticas Bayer, Siemens e Merck, que convidavam os donos de laboratórios a quem vendiam insumos. Os Daudt, fabricantes do xarope Bromil e do elixir A Saúde da Mulher, estavam entre os que voaram a convite da Merck.

Pelos cinco meses seguintes, até maio de 1937, o *Hindenburg* fez sete viagens na rota Frankfurt-Rio. A última, poucas semanas antes da tragédia de Lakehurst, nos Estados Unidos — a cem metros do mastro de ancoragem (as primeiras cordas já haviam sido jogadas), uma manobra inesperada do dirigível provocou um pequeno vazamento de hidrogênio, que, atingido por uma faísca de eletricidade estática, produziu uma chama perto da cauda. O fogo chegou aos tanques, que explodiram, e, como a aeronave se empinou ao cair, as chamas vindas da traseira subiram e a engolfaram. Em vinte segundos, o incêndio tomou todo o balão. Sua estrutura foi lenta e pesadamente ao chão, como um grande peixe que, fisgado, aos poucos desistisse de lutar.

Até então, o *Zeppelin* e o *Hindenburg*, em conjunto, haviam feito mais de seiscentos voos, enfrentando vento, chuva e raios sem nenhum acidente sério. Como o desastre se deu em território americano, Goebbels falou logo em sabotagem — os Estados Unidos não podiam admitir a glória do Reich entre as estrelas. Mas, talvez alertado por Hitler, o próprio Goebbels se apressou em corrigir essa versão: o Reich era inabalável, e o *Hindenburg* só seria destruído por um acidente natural, imprevisível — nunca pela ação de uma potência estrangeira. Infelizmente para Goebbels, o pouso do *Hindenburg* estava sendo fotografado por amadores, filmado pelos cinejornais e transmitido por uma emissora de Chicago. Nunca uma calamidade foi tão registrada ao vivo. A morte de 35 dos 97 passageiros e tripulantes, por intoxicação, queimaduras ou porque saltaram lá de cima, encerrou a era dos dirigíveis.

Com isso, as suásticas desapareceram dos céus do Rio. Mas, de um jeito ou de outro, continuariam no ar. No rádio, por exemplo.

***

A Rádio Berlim já transmitia diariamente para o Brasil desde 1936. A emissão começava às 21h30, hora do Rio, ideal para captação pelas ondas curtas. Eram programas em português, com trivialidades, números musicais e esquetes de humor — uma programação neutra, para tornar natural o que realmente importava, a exaltação do governo alemão. Os locutores eram brasileiros: quatro gaúchos, um mineiro e uma baiana, com seus respectivos sotaques, todos de ascendência alemã direta, omitindo seus sobrenomes para passarem por brasileiros convertidos ao nazismo. Seus programas especiais enfatizavam como Hitler reativara o poder industrial, revivera a indústria militar e, com dinheiro estatal injetado na economia, acionara um programa de grandes obras públicas diminuindo o desemprego. Com a recuperação da economia alemã em tempo recorde, ficava claro, segundo eles, o "poder criador ariano", em contraposição ao "parasitismo dos capitalistas judeus".

No Rio, a modesta Rádio Ipanema, prh-8, tão carioca até então, fora comprada por alemães e passara a transmitir material abertamente simpático a Hitler. Como era proibida a propriedade ou direção de qualquer meio de comunicação por estrangeiros, a transação se deu usando dois brasileiros como frente: um engenheiro e um médico. O mentor da transação foi o alemão Wilhelm Koenig, diretor de uma empresa de turismo no centro da cidade, depois suspeita de operações clandestinas. A Rádio Ipanema ocupava duas salas no segundo andar do Cassino Atlântico, em Copacabana. É possível que Alberto Bianchi, proprietário do prédio, não soubesse para quem as alugara. Outra rádio, a Guanabara, era subsidiada pela embaixada alemã, e houve investidas tentadoras sobre a emissora que quase todo o país escutava, a Mayrink Veiga. O livro mais vendido da Livraria do Globo, poderosa editora gaúcha, liberal, mas também atenta à contabilidade, era *Minha luta*, de Adolf Hitler.

Estava em curso uma discreta ocupação da cidade pelas atrações alemãs. A embaixada da Alemanha firmou sociedade com um cinema da Cinelândia, ironicamente chamado Broadway, para exibir um filme alemão por semana. A grande fase do cinema expressionista, que rendera obras-primas como *O gabinete do Dr. Caligari* (1920), de Robert Wiene, e *Metrópolis* (1927), de Fritz Lang, estava encerrada, com muitos de seus atores e diretores exilados. Mas o cinema alemão continuava a ser uma indústria, produzindo cerca de cem filmes por ano, de todos os gêneros. Os grandes astros eram agora o comediante Heinz Rühmann e Magda (mãe da menina Romy) Schneider. Os filmes exibidos no Broadway eram precedidos de cinejornais alemães e curtas de propaganda, produzidos pela UFA, a estatal germânica do cinema. O Cineac Trianon, na avenida Rio Branco, famoso por suas sessões compostas de curtas, documentários, desenhos e cinejornais — daí o slogan "O espetáculo começa quando você chega" —, também passou a destacar filmetes sobre as realizações do Reich.

Filmes de propaganda eram igualmente uma atração da Gesellschaft Germania, a Sociedade Germania, o clube fundado em 1821 como ponto de encontro da colônia alemã no Rio. Depois de vários endereços, o Germania mudara-se em 1928 para um belo prédio em estilo neoclássico, na Praia do Flamengo, 132, às margens da baía. Ali, até então, seus frequentadores comprazaim-se em bater canecas ao som de canções de cervejaria, como "Du du du" e "Ich habe mein Herz in Heidelberg verloren", executadas por uma orquestra à tirolesa. Orgulhavam-se de sua origem no Brasil, iniciada pelo séquito da princesa Leopoldina da Áustria, noiva de d. Pedro I. Eram alemães cuja única atuação política conhecida fora na abdicação do kaiser Guilherme II, em 1918, ao recomendar que os alemães no Brasil usassem luto por três meses. E, em 1925, o Germania abrira as portas para Albert Einstein, em visita ao Rio e ainda não estigmatizado pelo nazismo como judeu. Com a ascensão de Hitler em 1933, o Germania passou às mãos de residentes identificados com a nova ordem e, em seus pisos encerados, começou-se a ouvir tacões nada imaginários.

Agora, a cada pronunciamento bélico de Hitler, os associados promoviam ruidosas manifestações de apoio nas reuniões. Como todos fossem alemães ou descendentes e amassem a mãe-pátria, esse apoio era natural. Mas alguns associados mais velhos, assustados com o que ouviam, retiraram-se do clube. O próprio repertório musical do Germania mudou — o grande sucesso passou a ser "Die Fahne hoch" ("Icem a bandeira"), o hino do Partido Nazista, também conhecido como "Horst-Wessel-Lied" ("A canção de Horst Wessel"), numa referência ao seu autor. Também circulavam por sua vitrola os discos do selo alemão Kristall, prensados no Rio, com gravações instrumentais por uma "orquestra pessoal" de Hitler. O general Goes Monteiro, alternadamente ministro da Guerra e chefe do Estado-Maior, almoçava todos os sábados no Germania.

A produção de filmes de propaganda de até vinte minutos de duração, para distribuição nos redutos alemães no exterior, fazia parte da estratégia de propaganda de Goebbels. Ele foi o primeiro ministro da propaganda de um governo em tempo de paz, e ninguém mais preparado para isso. Jovem (39 anos em 1936), com doutorado em filologia, perito em teatro, cinema e rádio e com uma passagem pelo jornalismo, conhecia todos os segredos desses veículos. Era também baixinho, de peito mirrado (disfarçado pelas grossas lapelas duplas da farda), canelas finas que sobravam dentro das botas e coxo — se não fosse quem era, velho amigo de Hitler, nunca seria admitido nas fileiras nazistas, exigentes quanto ao garbo de seus líderes. Goebbels tornou obrigatória a filmagem de qualquer comício, discurso ou parada militar com a presença de Hitler, e sua disseminação por todos os países com que a Alemanha mantivesse relações.

No Brasil, esse material era trazido pelo Sindicato Condor, subsidiário da estatal Deutsche Lufthansa. Era a maior voadora em atividade no país, com mais de oitocentos funcionários alemães entre pilotos, técnicos e pessoal de terra e uma frota de 28 aviões e hidroaviões, cujas rotas não se limitavam à orla marítima. Até 1933, o símbolo do sindicato era uma gaivota — substituída, por sugestão de Hitler, pelo mais vigoroso condor. Havia uma relação estreita entre o Sindicato Condor e a Varig, também presidida por um alemão, Otto Ernst Meyer. E uma poderosa instituição financeira, o Banco Alemão Transatlântico — mais generoso em matéria de juros e prazos com as empresas cujos diretores já tivessem manifestado sua simpatia pelo Reich.

Cada vez mais brasileiros começaram a se identificar com a pregação nazista. Um deles era o conhecido gramático e dicionarista carioca A. (Arcy) Tenorio d'Albuquerque, autor do livro *A Alemanha grandiosa: Impressões de viagem ao país do nazismo*, de 1937. No ano anterior, ele passara uma longa temporada na Alemanha, descobrindo e vibrando com cada aspecto da vida sob Hitler. Seu livro descreve a formação educacional e física de cunho militarista que o nazismo impunha a jovens e crianças. "Está nascendo", dizia ele, "uma nova geração de super-homens", nisso incluindo as mulheres. O governo, benigno e onipresente, pensava em tudo, escreveu. D'Albuquerque elogia a organização do país, com seu fortíssimo apelo à hierarquia, e, em contrapartida, louva os direitos e oportunidades "iguais para todos" — desde que não fossem homossexuais, portadores de deficiências físicas ou mentais, cegos e surdos congênitos, dependentes de drogas, alcoólatras crônicos, ciganos e, em primeiríssimo lugar, judeus. A estes, D'Albuquerque reserva em seu livro os piores adjetivos e acusações.

O prefácio era de Gustavo Barroso, cujas primeiras linhas, salivantes de ódio, já resumiam as 210 páginas seguintes:

Salva pelo Nacional Socialismo das garras dos judeus, que a bolchevizaram através da Social-Democracia de Weimar, a Alemanha de hoje é um milagre de ordem, trabalho, disciplina e fé patriótica. Empolgado pelos ideais do movimento social desencadeado por Adolfo Hitler, o Povo Alemão oferece à Europa liberal e cacarejante, convulsa e decrépita, um memorável exemplo de virtudes públicas e de organização do trabalho.

Para D'Albuquerque, Barroso e muitos aqui que já pensavam assim, a Alemanha vinha salvar o mundo do complô anglo-judaico que, segundo eles, dominava os bancos, os órgãos internacionais, a imprensa e o mercado editorial.

Embora os germanófilos brasileiros tivessem acesso a todas as editoras importantes para publicar seus livros, selos menores, como o Minerva, o Aurora Alemã e a Gráfica Labor, com escritórios no Rio e em São Paulo, pareciam a serviço exclusivo de publicações alemãs. No Rio, o *Deutsche-Rio Zeitung*, jornal diário em alemão rodado na rua da Assembleia, de linha nazista, podia ser encontrado nas bancas e tabacarias. A partir de 1933, todos os jornais brasileiros passaram a receber gratuitamente textos e imagens sobre a Alemanha, fornecidos pela Transocean, agência estatal de notícias comandada por Goebbels. O escritório da Transocean no Rio (pronunciava-se *Trans-ócean*) ficava na rua do Ouvidor. E o Banco Alemão Transatlântico, ramo brasileiro do Deutsche Bank, na rua da Alfândega, abria créditos para os jornais a soldo do Reich, como os novos *Meio-Dia* e *Oito Dias* e a histórica, mas decadente, *Gazeta de Notícias*.

O Brasil parecia interessar muito à Alemanha, Começaram a chegar fotógrafos alemães propondo-se a sobrevoar o território nacional a fim de "captar o progresso das cidades" e "aspectos da natureza". Para isso, tinham de pedir autorização ao Ministério da Guerra, que nunca a recusava, por serem livros que "divulgariam o país no exterior". A fotógrafa berlinense Ingeborg Stoll cobriu o país de sul a norte, fotografando de avião terrenos agrícolas, cursos de rios, vastidões amazônicas e outras paisagens estratégicas. Levou os filmes consigo e nunca se viu o livro. O mesmo quanto a outra fotógrafa, Hanna Reitsch. Já Peter Fuss, piloto da Luftwaffe, também sobrevoou longamente o país, mas dele saíram dois belos livros, *Brasil* e *Rio de Janeiro*, impressos em Leipzig, em 1937. E, em alguma escala de seu avião, Fuss conheceu uma brasileira, apaixonou-se por ela e largou tudo em Berlim. Veio morar no Brasil, onde passou os vinte anos seguintes, casado e feliz da vida.

Em 1936, a presença do nazismo no Rio já se fazia sentir fisicamente. Em sua coluna no *Diário da Noite*, o jornalista Austregesilo de Athayde escreveu que, passando de carro pela remota e quase deserta avenida Niemeyer, em São Conrado — a mesma onde Apporelly fora surrado —, vira jovens brasileiros em traje militar, com braçadeiras de suástica, marchando em passo de ganso e fazendo a saudação nazista. E, em seu livro de memórias *Por onde andou meu coração*, a futura escritora Maria Helena Cardoso falaria de um namorado de juventude que se deixara seduzir pela figura de Hitler. Era filho de alemães, mas até então, em tudo e por tudo, brasileiro. Mas, quando o aparato de propaganda nazista se intensificou no Brasil, seu comportamento começou a mudar. Seus únicos assuntos passaram a ser o nacional-socialismo, o arianismo, a raça, o povo superior. No bonde, ao lado de Maria Helena, concentrava-se em procurar indícios de que, pelo formato do crânio, dos olhos ou das pernas, este ou aquele passageiro fosse judeu. Se se convencesse disso, passava a ofendê-lo entre dentes. No começo daquele ano, 1936, ele lhe comunicou que iria à Alemanha para assistir à Olimpíada de Berlim e aproveitaria para conhecer "sua terra". Embarcou, e Maria Helena nunca mais o viu nem soube dele.

Como este, muitos filhos de alemães aqui nascidos ouviam desde cedo que o Brasil não tinha exatamente um povo, com raça "pura", cultura e leis definidas. Era só uma população, um agrupamento, formado por portugueses, italianos, libaneses, muitos mais, e os descendentes de indígenas e de africanos. Eles, os alemães, eram só parte dessa população. Portanto, mesmo que nascidos aqui, mas filhos de alemães, tinham nacionalidade alemã. O próprio Reich os reconhecia: havia os *Reichsdeutschen*, que eram os alemães natos e vivendo na Alemanha; os *Auslandsdeutschen*, que viviam no estrangeiro; e os *Volksdeutschen*, nascidos aqui, mas que, descendentes daqueles, "eram todos alemães" e com direito a prestar serviço militar na pátria-mãe. O Brasil tinha o maior contingente do mundo nas duas últimas categorias, o que tornava possível para o Reich sonhar com a criação, um dia, de uma *Deutsche Südamerika*, uma América do Sul alemã.

Quando esta viesse, a base seria em Santa Catarina, cuja Oktoberfest, a Festa da Cerveja, era a maior do mundo alemão depois da de Munique. Esse dia talvez não estivesse muito distante, daí as livrarias de Berlim venderem mapas do Brasil mostrando o sul do país com as cores da Alemanha — a "Alemanha Austral". E a parceria comercial dos dois países não parava de crescer: quase todo o algodão e o café que a Alemanha importava vinham do Brasil, para ela o país de "futuro mais promissor" da América Latina. E a seção brasileira do Partido Nazista, fundada em 1928, era a maior de suas 83 congêneres em outros países.

Não era absurdo um Reich tropical. Para os alemães, bastava Hitler querer...

Quando os muros do Rio exibiram as primeiras pichações com os dizeres *VV Il Duce*, não se sabia o que queriam dizer. Mas logo se descobriu: *Viva o Duce* — o líder, o primeiro-ministro da Itália, o *condottiere* do fascismo, Benito Mussolini.

A Itália, assim como a Alemanha e o Japão, vivia um período de euforia. Mussolini recuperara a economia contendo gastos, privatizando o que pudesse e cortando impostos. Gerara empregos com projetos públicos, investira na indústria de aviação, automobilística e naval, reformara os monumentos da antiga Roma. E, milagrosamente para as suas multidões de camisas-pretas, conseguira fazer com que os trens italianos passassem a chegar e sair no horário. Foi visto como uma revelação internacional de estadista — moderno, marcial e um dos poucos de cara raspada, sem os bigodes e barbaças do velho poder. Era admirado por Winston Churchill e Franklin Roosevelt, e sua ideologia encantava intelectuais patrícios, como Luigi Pirandello, Curzio Malaparte e Giovanni Papini — este, um dos escritores mais traduzidos no Brasil —, e estrangeiros, como o filósofo alemão Martin Heidegger e os poetas Ezra Pound e T.S. Eliot, americanos, e W.B. Yeats, irlandês. Ainda não se sabia que, ao se olhar no espelho, Mussolini via Napoleão e que sonhava fazer do Reino da Itália um novo Império Romano.

Isso ficou claro quando, naquele ano, Mussolini invadiu a Abissínia, na África Oriental, com 500 mil soldados, seiscentos aviões, oitocentos tanques e armas químicas proibidas. Um ano depois, em 7 de maio de 1936, declarou-a anexada, juntamente com a Somália e a Eritreia, ao custo de 377 mil soldados e 382 mil civis etíopes mortos. Acusando a Itália de agressora, a Liga das Nações, em Genebra, lhe impôs duras sanções econômicas internacionais — que Getulio ignorou. Mussolini então voltou-se para a Alemanha, com que partilhava a vocação imperial e um inimigo comum: a URSS. E, assim como a Alemanha fazia com seus filhos longe de casa, a Itália também adotou uma política de sedução dos descendentes de italianos em outros países — de preferência, os do Brasil.

Nenhum grupo migrante no Brasil era tão numeroso. Calcula-se que, entre 1870 e 1930, 2 milhões de italianos haviam entrado no país. Metade foi para São Paulo e boa parte da outra metade ficou no Rio — que, por sinal, devia seu batismo como Rio de Janeiro a um italiano: Américo Vespúcio, em 1502. Os italianos se integraram de tal forma ao Brasil que, duas ou três gerações depois, muitos ítalo-brasileiros não saberiam dizer o *paese*, a aldeia original de seus avós. O maior grupo empresarial do país, as Indústrias Matarazzo, superava em produto bruto o de estados ricos, como Minas Gerais e Rio Grande do Sul. E as economias de Brasil e Itália se viam com grande simpatia: o Brasil pagava com café os aviões e navios italianos que comprava.

A influência italiana era visível no Rio, dos fornos das padarias às oficinas de marcenaria e à arquitetura — prédios marcantes da cidade, como o Elixir de Nogueira, na Glória; o Edifício Seabra, no Flamengo; o palacete Modesto Leal, em Laranjeiras; a mansão do Parque Lage, no Jardim Botânico; e o próprio Obelisco, na avenida Rio Branco, eram da autoria de arquitetos italianos. Eram também de filhos de italianos as brigadas de pequenos jornaleiros, que madrugavam nas portas dos jornais para vendê--los nas ruas e nas bancas de jornais. Os italianos estavam também, como professores, nos ateliês de artes plásticas, nos estúdios de dança e nas escolas de canto. Sem falar no Carnaval carioca — vide os préstitos das Grandes Sociedades, inspirados no Carnaval de Veneza, e as fantasias de Pierrot, Colombina e Arlequim, personagens da commedia dell'arte, além do confete, os *confetti*, confeitos de açúcar, depois feitos de papel. O próprio rei Momo, de origem espanhola, ganhou no Brasil o traje e a coroa do duque de Mântua, personagem da ópera *Il Rigoleto*, de Verdi, sugerido pelo diretor do Theatro Municipal, o também italiano Silvio Piergilli. O Brasil sempre teve um caso de amor com a Itália.

Com Mussolini, a Itália decidiu tirar partido dessa paixão. Serviços italianos instalados no Rio, como o Instituto Italiano de Alta Cultura e a Sociedade dos Amigos da Itália, passaram a levar a Roma brasileiros em cargos-chave e cobri-los de honrarias oficiais. Vários desses convidados foram recebidos pelo próprio Mussolini. Um deles, o futuro ministro da Justiça Vicente Rao. Outro, Lourival Fontes, então procurador do Estado e futuro chefe da propaganda de Getulio, presenteado por Mussolini com um exemplar autografado do seu livro *Discorsi politici*. Na volta, convertidos ao credo, os visitantes traziam grosso material de persuasão para repassar a seus subordinados. Por ocasião da invasão da Abissínia, o jornalista Roberto Marinho, neto de italianos pelo lado materno, pôs *O Globo* a favor do agressor. Em gratidão, a embaixada italiana no Rio tornou-o comendador (ao saber do uso das armas químicas, Marinho lamentou ter aceitado a comenda).

Os colégios italianos no Brasil submetiam seus alunos a uma sequência de estágios semelhante à da Itália. Meninos e meninas abaixo de oito anos começavam como "*Figli della Lupa*" (filhos da loba). Dos oito aos quatorze, passavam a "*Balilla*" (balila, menino) e "*Piccola Italiana*" (italianinha); dos quatorze aos dezoito, a "*Avanguardisti*" (vanguardistas) e, a partir dos dezoito, a "*Giovani Fascisti*" (jovens fascistas). Todos aprendiam a cantar a "Giovinezza", o hino fascista italiano. Como ordenava Mussolini, pregava-se o culto à nacionalidade, acima dos dialetos e regionalismos que ainda retalhavam a Itália. E, para não haver dúvida, a frase "*Il Duce ha sempre ragione*" — "Mussolini tem sempre razão" —, estampada na primeira página das cartilhas, era o que todo ítalo-brasileirinho aprendia a ler de saída.

Outra instituição bancada pelo governo italiano no exterior eram as Casas d'Italia, que ofereciam concertos, cursos, conferências, exposições, esportes e recreação. Eram mais de vinte unidades espalhadas pelo Brasil, sendo a mais luxuosa a do Rio, com seus seis andares e decoração interna de palácio florentino, na esquina da avenida Presidente Antonio Carlos com a Beira-Mar. Segundo os estatutos, as Casas d'Italia, fundadas no começo do século, visavam estimular a integração cultural dos dois países. Na era Mussolini, faziam o contrário: dedicavam-se a impedir a desnacionalização dos imigrantes italianos. Para isso, enviavam extenso material de propaganda para colégios, bibliotecas e centros de estudo da colônia, e o popular *Almanach Italo Brasileiro*, com palavras cruzadas, charadas, informações úteis e pequenos textos dirigidos — num deles, "o sr. Hitler" condenava a música de jazz e pregava a volta à "música pura" de cada país.

Em 1936, as Casas d'Italia trouxeram ao Brasil Guglielmo Marconi, inventor do rádio e entusiasticamente fascista. Outra visita daquele ano foi a do poeta e agitador Filippo Tommaso Marinetti, cujo movimento futurista, lançado em 1909, seria uma das bases ideológicas do fascismo. Marinetti passou só um dia no Rio, em meados de setembro, mas aproveitou cada minuto: visitou redações, deu entrevistas, foi levado a ver a cidade do alto do edifício do jornal *A Noite* e reuniu-se com próceres integralistas. Ao fim do dia, numa palestra sobre o fascismo no Theatro Municipal, transmitida pela Rádio Nacional, defendeu a ideia de que as guerras eram "uma forma de higiene da humanidade", e o pacifismo e o humanismo, duas "doutrinas hipócritas". Gritos de "Viva o fascismo!" e "Abaixo o fascismo!" sacudiram os lustres do Municipal antes que os litigantes fossem se estapear lá fora. Marinetti levava a guerra com ele aonde quer que fosse. Em contraste, em fevereiro de 1937, a primeira-dama, dona Darcy, levou a bonomia brasileira à Itália, representando o país na Feira Internacional de Amostras de Milão. E aproveitou para aceitar o convite de Hitler e passar uma semana em Berlim como hóspede de honra do governo alemão.

O empresário italiano Walter Mocchi, marido da cantora Bidú Sayão e diretor da programação de ópera do Theatro Municipal, ia regularmente a Roma para se avistar com Mussolini. A ideia de ambos era emprestar um "caráter fascista" às manifestações artísticas italianas no Brasil, dando preferência aos cantores mais próximos do regime — daí um de seus convidados mais frequentes ser o tenor Beniamino Gigli. E outra estrela italiana, radicada no Rio, estava sempre à mão: a cantora Gabriella Besanzoni, considerada a maior contralto do mundo e mulher do arquimilionário armador Henrique Lage. Para Gabriella, Henrique construíra em 1927 o Palacete do Parque Lage, no Jardim Botânico, onde ela recebia os italianos de visita, que lhe contavam as últimas de seu amigo Benito.

Em 1939, o Rio foi o destino do primeiro voo transatlântico comercial italiano, inaugurando a Lati (Linee Aeree Transcontinentali Italiane). O voo Roma-Rio durava 23 horas, uma façanha para a época, com escalas apenas técnicas em Sevilha, Lisboa, na Ilha do Sal e no Recife. No ano anterior, já pousara no Rio uma esquadrilha aérea italiana comandada por Bruno Mussolini, filho do *Duce* e um dos astros da aviação de seu país. De óculos de aviador, touca de couro e orelhas pendentes, Bruno foi agraciado por Getulio no Catete com a Ordem do Cruzeiro do Sul. E, no mesmo 1938, o Rio recebeu a visita extraoficial de Edda Mussolini Ciano, também filha do *Duce* e mulher do conde Galeazzo Ciano, ministro das Relações Exteriores da Itália, muito ligado ao Brasil (fora vice-cônsul aqui, em 1928). Talvez como revanche à hiperatividade de seu marido em camas alheias, Edda teve um caso nada discreto com o deputado Benjamin Vargas, Bejo, irmão caçula de Getulio — e, tratando-se de Bejo, nada podia ser discreto. A ideia de uma Mussolini entre lençóis brasileiros era empolgante para os membros do governo.

Em 1936, Fernando Mezzasoma, diretor da Seção de Imprensa Fascista do governo italiano, convidou um grupo de intelectuais brasileiros para um encontro com Mussolini no Palazzo Venezia, em Roma. Aceitaram o convite Henrique Pongetti, Licurgo Costa, Abner Mourão, Jorge Mello e o brasileiro talvez mais orgulhoso de suas raízes italianas: o crítico literário Agrippino Grieco. Mas, se Mezzasoma conhecesse Agrippino, teria reconsiderado o convite.

Em Roma, um *gerarca*, funcionário do Partido Fascista, recebeu-os no Palazzo e os guiou pelos quilômetros de corredores até chegarem à Sala del Mappamondo, de Mussolini — "do tamanho do largo da Carioca", segundo Agrippino. O *Duce* estava ao longe, de costas, pernas abertas, mãos na cintura e de cabeça erguida, olhando pela janela como se avaliasse o comportamento de seus súditos lá embaixo, na Piazza Venezia. À esquerda, um mapa-múndi de parede a parede, e, ao fundo, sua mesa de trabalho, equivalente a cinco ou seis mesas de sinuca. Tudo ali parecia diminuir as pessoas, inclusive o próprio Mussolini, com seus modestos 169 centímetros.

Ao ouvir os passos dos visitantes, ele se virou e rugiu: "Quem são??? O que querem???". Antes que o *gerarca* pudesse responder, Mussolini, parecendo furioso, tomou-lhe da mão a lista com os nomes. Ao ver que eram brasileiros, relaxou e sorriu satisfeito. Era puro teatro. Sem se lembrar de Getulio, perguntou pelo conde Francisco Matarazzo, "generoso contribuinte do Estado fascista". Mas não esperou resposta e disparou a falar sobre caminhões, canhões, aviões e outras realizações de seu governo. Então cobrou dos visitantes a "romanidade" que esperava dos italianos fora do país, deu-lhes as costas, cruzou os braços, empinou o queixo e voltou a olhar pela janela. Era a deixa para irem embora. Nem cinco minutos se haviam passado. No Rio, Agrippino descreveu essa pantomima num artigo, em que registrou também sua impressão pessoal do *Duce*: "Que grande palhaço!".

Em 1936 e 1937, por ordem de Ciano, a embaixada italiana no Rio deu à Ação Integralista Brasileira um "auxílio financeiro" mensal de 50 mil liras. Não devia ser pouca coisa. O dinheiro vinha em espécie, de navio, por emissários. Plinio Salgado ia buscá-lo na embaixada, na rua das Laranjeiras, e assinava promissórias. O dinheiro destinava-se à compra de armas na Argentina. Para Ciano, o integralismo, se chegasse ao poder no Brasil, era a certeza de uma aproximação ainda maior entre os dois países. Valia a pena apoiá-lo, mesmo taticamente.

Com o fiasco do levante, em 1935, e a quase extinção do Partido Comunista, a Ação Integralista Brasileira julgava-se às vésperas de ser governo. A rigor, já fazia parte dele, discreta e extraoficialmente. Vários homens de confiança de Getulio eram integralistas, como o almirante Aristides Guilhem, ministro da Marinha, Monsueto Bernardi, diretor da Casa da Moeda, e funcionários graduados do Banco do Brasil. A milícia de Filinto Müller também os tinha às dezenas, um deles o próprio chefe — além dos integralistas avulsos, pessoas comuns, que funcionavam como agentes informais, denunciando "comunistas". E Plinio Salgado jactava-se de contar com "mais de cinquenta professores do ensino superior, uma multidão de padres, sete bispos e quatro arcebispos, industriais, altos comerciantes, escritores, cientistas, cerca de mil oficiais do Exército, da Marinha e das Brigadas Estaduais, fazendeiros, artistas ilustres, milhares de estudantes e dezenas de milhares de operários". Tanta penetração civil e militar fazia-o acreditar que tinha as bênçãos do próprio Getulio.

A AIB não era um partido político. Ao contrário, apresentava-se como uma entidade suprapartidária. Enfatizava a antipolítica, pregava o fim do sufrágio universal e opunha-se decididamente ao "federalismo desagregador", em que a nação ficava sujeita aos "chefetes regionais", no poder à custa de "eleições à garrucha". Por isso, combatia o pluripartidarismo — o que não a impedia de ter membros embuçados nos muitos partidos estabelecidos, com os quais conquistou prefeituras, elegeu deputados e fez centenas de vereadores. Mas a Constituição de 1934 destinara a Getulio um mandato de apenas quatro anos. Em 3 de janeiro de 1938, dia das eleições presidenciais, ele seria inelegível e o Brasil teria um novo mandatário. Para Plinio, por que não disputá-las?

Comparada àqueles partidos, nanicos e de alcance no máximo estadual, a Ação Integralista Brasileira era, até no nome, indiscutivelmente nacional. Em fins de 1936, com uma alteração nos estatutos, Plinio tornou a AIB um partido. Era uma incongruência com seu programa e pregação, mas nenhum integralista pareceu discordar — Plinio tinha sempre razão. No dia 1º de janeiro de 1937, ele decretou obrigatório o alistamento eleitoral de seus filiados. E, em junho, promoveu um plebiscito nacional entre eles para a escolha de seu postulante ao Palácio do Catete.

Para surpresa de ninguém, Plinio saiu vencedor, com 864 554 votos, contra cerca de 2 mil caridosamente dados a Miguel Reale e Gustavo Barroso. Era um total de quase 900 mil eleitores, parecendo confirmar sua propaganda que falava na AIB com 1 milhão de filiados. Nenhum dos partidos concorrentes poderia ostentar esse número. No dia 11 de junho, a Ação Integralista Brasileira lançou oficialmente Plinio Salgado como seu candidato à presidência da República. Ali, Plinio deixava de ser "uma ideia", como o definira Miguel Reale, e voltava a ser "uma pessoa", de carne e, principalmente, osso. Em seu discurso no Teatro João Caetano, "aceitou" a indicação e deu um enfático recado a seus adversários: "Quem não estiver conosco está contra nós. Na hora da vitória, castigá-los-emos im-pla-ca--vel-men-te!". Do lado de fora, ouvindo tudo pelo alto-falante, suas milícias ocupavam a praça Tiradentes com tambores, bandeiras do sigma e do Brasil e gritos de "Ordem e progresso" e "Deus, pátria e família".

Tanta segurança de Plinio advinha de sua certeza de que, por tantas afinidades, como o anticomunismo, o corporativismo e o nacionalismo, Getulio lhe passaria constitucionalmente a faixa. É verdade que não estava sozinho na raia: outros dois postulantes já declarados ao Catete eram o empresário e governador paulista Armando de Salles Oliveira, à frente de uma tíbia oposição, e o paraibano José Americo de Almeida, ministro da Viação de Getulio e autor do romance *A bagaceira*, de 1928, que inaugurara uma tendência "social" na ficção brasileira. Os dois também confiavam em Getulio. Mas Armando era tímido, provinciano, e José Americo, "candidato do governo", de uma desastrosa inabilidade política, além da fama de pé-frio.

Mais realista do que eles era o governador do Rio Grande do Sul, o general Flores da Cunha, também teórico aspirante ao cargo. Veterano em caudilhismo, Flores foi o primeiro a farejar a intenção continuísta e centralizadora de Getulio. Em função disso, começou a comprar no exterior fuzis, bazucas, metralhadoras e munição, e a escondê-los nas fazendas dos amigos no interior do estado. Destinavam-se a armar brigadas gaúchas caso Getulio resolvesse intervir em seus pagos. Outros estados, como Pernambuco, Bahia, São Paulo e Minas Gerais, davam a entender que apoiariam o Rio Grande numa rebelião. Isso provocou enorme mal-estar nas Forças Armadas, e Filinto Müller detectou sinais de infiltração comunista nos quartéis daqueles estados, entre militares poupados das punições em 1935.

Medidas de exceção deveriam ser tomadas, mas todos os recursos previstos na Constituição já tinham sido tentados. Para os dois novos homens fortes do governo, o ministro da Guerra, general Gaspar Dutra, e o chefe do Estado-Maior, general Goes Monteiro, era urgente uma reforma geral da Constituição. E, mesmo com essa reforma, nem Armando de Salles Oliveira nem José Americo de Almeida, apoiados por pequenos partidos, seriam capazes de botar ordem na casa. Getulio, sim, seria — com a participação deles, Dutra e Goes. E não apenas eles queriam que Getulio continuasse. Getulio também queria.

Plinio Salgado sentiu no ar o cheiro de queimado e preparou-se para tirar partido do que viesse. Sua intimidade com o influente general Newton Cavalcanti propiciou-lhe um encontro com Getulio na residência do empresário Renato Rocha Miranda, da família proprietária do Hotel Glória, quase toda ela integralista. Getulio recebeu Plinio cordialmente. Por Getulio, Plinio ficou sabendo, com semanas de antecedência, que algo estava para sair da pena do futuro ministro da Justiça, o não por acaso integralista Francisco Campos: uma nova Constituição.

Chico Campos fez ainda melhor: deu a Plinio para ler o rascunho da Constituição e lhe pediu que encaminhasse o texto ao cardeal d. Sebastião Lemme para sugestões. Mas Lemme, de rosadas bochechas e admirador de Mussolini, achou que não ficaria bem se soubessem que tivera acesso a um documento secreto. Sugeriu então que ela fosse submetida a um religioso recém-transferido para o Rio: o padre Helder Camara. Helder a examinou e viu nela os princípios básicos do credo integralista: nacionalismo, centralização, antifederalismo, corporativismo e anticomunismo. Donde o Estado Novo nasceu sob as bênçãos da Igreja.

Para Plinio, era como se Getulio, tacitamente, o declarasse seu parceiro na aventura. Não havia dúvida de que Getulio aderira às suas teses e de que a AIB, com seu milhão de adeptos, estava na antessala do poder. Plinio mandou dizer a Getulio que, se preciso, retiraria sua candidatura — àquela altura já sem sentido, diante da certeza de golpe — e que "confiava no patriotismo do presidente". Em repetidas conversas com Dutra, Goes e Filinto, todos eles seus admiradores, Plinio certificou-se de que agira certo. Eles o advertiram de que, no novo regime autoritário que se prenunciava, desencadeado pelo próprio governo, talvez não houvesse lugar para partidos. Mas os integralistas não teriam nada a perder, garantiram, porque Getulio "governaria com eles" e Plinio "faria parte do governo" — Getulio pensava em "dar-lhe o Ministério da Educação". A operação seria posta em marcha em novembro, com ou sem preparação da opinião pública. E, de repente, surgiu um pretexto ideal: o *Plano Cohen*.

No dia 30 de setembro, o governo denunciou pelo programa oficial *A Hora do Brasil* a descoberta de um "plano subversivo, vindo do exterior", para uma nova tentativa de "implantação do comunismo no Brasil". Seria um novo levante, como o de 1935, mas "sem os erros" daquele, a ser desfechado por um PCB agora mais forte, antes das eleições de 3 de janeiro de 1938. A ação envolveria greves, marchas operárias, civis armados, saques, depredações, incêndio de prédios públicos, dissolução do Exército e fuzilamento de generais, políticos e empresários. A conjura era atribuída ao Comintern e assinado por certo Béla Cohen. Daí o nome, dado pela imprensa — Plano Cohen.

O plano nascera de um documento que qualquer analista classificaria de obviamente falso. Não continha nenhum dos clichês, chavões, ideias feitas e argumentos previsíveis que ponteiam os textos comunistas. Era uma espécie de exercício teórico para as milícias integralistas — a simulação de um implausível golpe comunista e de como combatê-lo —, redigido pelo capitão Olympio Mourão Filho, oficial do Estado-Maior e também chefe do Serviço Secreto da AIB, a mando de Plinio Salgado. Na verdade, era a adaptação para o Brasil de um artigo publicado por uma revista francesa sobre a Revolução Húngara de 1919, comandada pelo insurgente Béla Kun — Kun, que, com a interferência de Gustavo Barroso, provavelmente colaborador de Mourão na redação do "plano", se transformou no similar judeu Cohen. Outra inspiração para o conteúdo do texto fora *Os protocolos dos sábios de Sião*, o libelo antissemita traduzido por Barroso um ano antes. A renitente identificação "judaico-bolchevique" reproduzia o conceito martelado pelos nazistas e servia à tática de inflamar os cidadãos contra um inimigo imaginário.

O texto de Mourão, datilografado nas próprias instalações do Estado-Maior, no Palácio da Guerra, fora casualmente lido por um general seu amigo e colega. Este, com ou sem conhecimento de Mourão, repassara-o a Goes Monteiro. Goes, ciente de que era uma falsificação, viu como ele poderia ser útil naquele momento. Convocou uma reunião com Getulio, Dutra, Newton Cavalcanti, o almirante Guilhem, Filinto e outros oficiais, e não foi difícil convencê-los do perigo da situação.

Lido no rádio, o *Plano Cohen* foi um choque para os ouvintes e um susto para Plinio. Era um texto que ele conhecia bem, fictício e amador, e que agora via sendo enfunado como uma ameaça às instituições. Mourão, chutado do plano e ignorado por seus superiores, não protestou — por "respeito à hierarquia", diria depois. E Plinio também silenciou, porque aquilo não interferia em seus planos. Mas agora sabia que o golpe de Getulio era uma questão de tempo.

No dia 1º de novembro, uma passeata integralista pró-Getulio, com milhares de manifestantes, saiu da praça Mauá, desceu lentamente a avenida Rio Branco, engrossando à medida que evoluía, e virou na avenida Beira-Mar em direção à Glória. Marchava em perfeita formação, agitando bandeiras do sigma e do Brasil. De uma sacada do Hotel Glória, cedida com orgulho pelos Rocha Miranda, Plinio, braço em riste, passou-a solenemente em revista. E, entre "Anauês!" e ovações, anunciou para a massa sua retirada da corrida presidencial.

Ouviu-se um suspiro coletivo de decepção, mas ele foi firme. "Desejo ser não o presidente da República, mas o conselheiro de meu país", numa referência ao papel desempenhado pelo duque de Caxias para o imperador d. Pedro II. Uma espécie de condestável, que Getulio convocaria para se aconselhar e a quem ouviria com atenção — o cérebro por trás do trono. Para os íntimos, Plinio dizia que o Brasil caminhava para um regime à italiana, com um soberano tipo Victor Emmanuel III, que seria Getulio, e um *Duce*, como Mussolini, que seria ele, Plinio. Aconselhado pela escritora Rosalina Coelho Lisboa, apenas não revelou a seus companheiros da AIB que estava negociando com Getulio seu apoio ao golpe.

A passeata prosseguiu pela Praia do Flamengo. Dobrou à direita na rua Paissandu e, espremendo-se entre as históricas palmeiras, desaguou diante do Palácio Guanabara. Getulio a esperava: chegou à sacada, saudou-a satisfeito e, acompanhado do general Newton Cavalcanti, do almirante Guilhem e de sua filha Alzira, observou a multidão que cobria de verde as ruas Farani e Pinheiro Machado. Pelas contas dos integralistas, eles eram, ali, 50 mil manifestantes. Para os observadores de Getulio, seriam talvez 20 mil — mas, mesmo assim, muita gente, como constatou Alzira, que não gostava daquele apoio. Alzira gostou menos ainda ao constatar que o Exército e a Marinha participavam da passeata, com cadetes e marujos fardados compondo alas de escolta. Ali, Getulio também se convenceu de que a força do integralismo seria um estorvo para seus planos.

Nos dias seguintes, numa sucessão de atos de força avalizados pelo estado de sítio que lhe foi concedido pelo Congresso, Getulio interveio no Rio Grande do Sul, provocando a fuga de Flores da Cunha para o Uruguai. Neutralizou a agitação nos outros estados, evaporou as candidaturas de Armando de Salles Oliveira e José Americo e pôs o país em alerta para algo que viria. Já então, a fumaça de golpe estava nas ruas e era tratada satiricamente até nos esquetes de humor do Teatro Recreio, na praça Tiradentes. Sabia-se até sua data: 15 de novembro, o dia da República. Para evitar sobressaltos, uma semana antes Getulio antecipou-o para o dia 11. E, de véspera e de surpresa, exceto para Francisco Campos, já empossado no Ministério da Justiça, e Filinto Müller, desfechou-o no dia 10.

Às seis da manhã daquele dia, a Cavalaria da Polícia Militar cercou as duas casas do Congresso, no Castelo, para que nenhum parlamentar entrasse. Às dez horas, Getulio reuniu o ministério no Guanabara para a leitura por Francisco Campos da nova Constituição, a qual já rodava nas prensas do *Diário Oficial* antes mesmo de ser outorgada. À uma da tarde, Getulio almoçou as lagostas que lhe tinham sido enviadas pelo empresário Alencastro Guimarães, por coincidência nomeado dias depois diretor da Central do Brasil. Goes Monteiro compareceu ao almoço, no qual, enquanto chupava as pinças do crustáceo, leu as declarações de apoio de todas as regiões militares.

Às três da tarde, 42 salivantes deputados e senadores foram ao Catete cumprimentar Getulio pela Carta que, embora eles ainda não soubessem, os decapitaria. Pouco depois, os vespertinos chegaram às ruas com uma declaração do ministro da Guerra:

Como é do conhecimento geral, foi hoje promulgada uma nova Constituição Federal, que os órgãos competentes na matéria consideram melhor atender às exigências do momento atual. Percebendo as lacunas e defeitos do estatuto de 1934 — inspirado em princípios que colidem com a agitação mundial a que hoje não podemos fugir —, novos rumos são traçados ao nosso regime democrático. Qualquer perturbação da ordem será uma brecha para os inimigos da pátria.

Às oito da noite, o país parou para ouvir Getulio na *Hora do Brasil*. Ao vivo, do Palácio Guanabara, ele leu seu "Manifesto à nação", em que falou das "falhas lamentáveis dos moldes clássicos do liberalismo e do sistema representativo" e da necessidade de sua substituição no Brasil por "um regime forte, de paz, de justiça e de trabalho". Eram conceitos gerais, ainda a serem "mais detidamente tratados", completou.

Não revelou que eles já haviam sido tratados e logo seriam postos em prática: fechamento do Congresso, intervenção nos estados, imprensa sob censura, eleições suspensas e manifestações públicas proibidas. Sem o Congresso, Getulio já não precisaria pedir autorização para decretar estados de emergência, de sítio e de guerra ou leis marciais. Era o Estado policial, o poder absoluto. O Tribunal de Segurança Nacional, criado em 1936, entrava de vez em funcionamento, com seis juízes indicados pelo presidente: dois civis, três militares e um advogado supostamente de notável saber jurídico. Os governadores seriam substituídos por interventores escolhidos por Getulio e eles, por sua vez, nomeariam os prefeitos dos municípios — o que costurava a hierarquia executiva e impedia fios soltos. Ficava também instituída a pena de morte. Nascia ali uma ditadura militar, comandada por um civil, ou uma ditadura civil, garantida pelos militares — tanto fazia —, como na Itália e na Alemanha. O Brasil se alinhava aos regimes "fortes".

Contendo uma lágrima, como confessaria depois, Plinio Salgado ressentiu-se de não ver seu nome nem o integralismo citados sequer de passagem por Getulio no rádio — "nem uma palavra de carinho" para os seus "50 mil" que tinham ido vivá-lo em passeata. Mais perspicaz, o jornalista Octavio Malta viu naquele 10 de novembro de 1937 "o 18 Brumário de Getulio". Referia-se ao golpe de Estado em que, nos dias 9 e 10 de novembro de 1799, Napoleão, sustentado pelo Exército, sucedera a si próprio na França. O dia 18, pelo novo calendário napoleônico, equivalia ao dia 9 do gregoriano, e brumário era o mês compreendido entre os antigos outubro e novembro. Bem a propósito, na Europa uma época de brumas, ideal para um autogolpe sem tiros nem reação popular. A partir de agora, os sindicatos estavam submetidos às corporações e estas, controladas pelo governo. Com as benesses trabalhistas, os operários tornavam-se quase funcionários públicos. Em vez da luta de classes, viria a harmonia entre elas — patrões e empregados passavam a ser representados por institutos, sob a gentil benesse do Estado. Um gentil garrote.

Lido o manifesto por Getulio no Guanabara, os radialistas da Agência Nacional foram embora com seus microfones. O dia fora agitado para ele, mas ainda não terminara. Às nove da noite, obedecendo a um convite previamente aceito, Getulio foi com Alzirinha e dona Darcy a um jantar de gala na Embaixada da Argentina, na Praia de Botafogo.

Era a despedida do embaixador Ramón J. Cárcano. Sabendo do que acontecera, ninguém do corpo diplomático esperava a presença de Getulio naquela noite — sem dúvida, mandaria um representante. Mas, pouco antes da hora marcada, o Catete telefonou para informar que o presidente estava a caminho. Getulio foi recebido com as devidas pompas e ninguém falou em política. Não era o lugar nem a hora.

O novo ditador circulou com seu à vontade pelos salões. Naquele momento, não era apenas senhor de si — era senhor de todos. A hipnótica vista da enseada, entrando pelos janelões, sugeria a bonança e, para ele, as águas mansas do Estado Novo.

6

Entre tiros e a bem-amada

No fim da tarde de 3 de dezembro de 1937, Getulio compareceu à cerimônia de formatura da Faculdade Nacional de Direito, na rua Marquês de Abrantes. Um dos formandos era sua filha Alzira, 22 anos — Alzirinha, para quem pensava que a conhecia; dona Alzira, para os funcionários do Catete. Para surpresa da congregação (não de Alzira, que já esperava por isso), parte dos formandos, ao receber o diploma, foi até a frente do palco e, sob aplausos da plateia, fez a saudação integralista. Era uma reação orquestrada ao rumor que correra pelas internas naquele dia, de que Getulio ia extinguir os partidos políticos. De fato, poucas horas depois, às sete em ponto, o locutor oficial da *Hora do Brasil* leu o decreto ao microfone, anunciando o fechamento deles. Enquanto as palavras iam ao ar, a Polícia Militar estava invadindo suas sedes, no Rio e em Niterói, recolhendo os cartazes e panfletos que encontravam.

Que a Ação Integralista Brasileira seria fechada, juntamente com os outros partidos, Plinio Salgado já sabia. Mas o próprio Getulio lhe dissera que seria permitido aos partidos converter-se em "instituições culturais, esportivas ou beneficentes", mantendo seus filiados. Pelo que Plinio entendeu, seria uma mudança formal, donde já começara a planejar a sucessão da AIB pela ABC — Ação Brasileira de Cultura. Os diretórios passariam a se chamar "escolas técnicas"; os chefes provinciais, "tutores"; os filiados, "pupilos". Ou seja, nada mudaria, só a nomenclatura. O que Getulio omitira ou se esquecera de lhe dizer era que ficavam abolidos também os rituais, saudações, cerimônias, uniformes e distintivos dos partidos. Suas publicações teriam de passar pela censura, como todas as outras. Reuniões secretas estavam proibidas. E a aceitação dessas medidas era a condição para Plinio ganhar o Ministério da Educação.

Mais do que traído, Plinio sentiu-se tapeado. Getulio usara os integralistas contra os comunistas e agora se livrava dos integralistas para governar sozinho. E Plinio o apoiara com 50 mil camisas-verdes nas ruas. A própria insinuação de que ele assumiria o Ministério da Educação fora uma isca — era óbvio que Getulio nunca abriria mão de seu fiel capataz Gustavo Capanema. Quem não se conformou foi o general Newton Cavalcanti, anticomunista, antissemita e aliado de Plinio. Escreveu uma interminável carta a Getulio, gabando-se dos serviços que lhe prestara, acusando-o de "não cumprir o acordo com Plinio Salgado" e que, como as "únicas instituições legítimas no Brasil eram o Exército, a Marinha e o integralismo", devolvia-lhe o cargo de comandante da Vila Militar. Mas, se Cavalcanti esperava sensibilizar o presidente, também se enganou. Getulio aceitou com indiferença a demissão do general, exonerou-o e ainda lhe aplicou uma punição disciplinar. A manifestação da plateia na Faculdade de Direito durante a cerimônia de formatura, aplaudindo as saudações integralistas dos formandos, tampouco o incomodou, porque ele saíra antes do fim — exatamente para assinar o decreto que os extinguiria como partido.

Ali se começava a descobrir que Getulio era um homem de poder, não de governo. O governo lhe servia apenas para exercer o poder. Sua própria concepção da utilidade de uma Constituição indicava isso. Segundo seu secretário particular de longa data, Luiz Vergara, Getulio a via apenas como "um instrumento de ação política". A prova era que rasgara duas Constituições, a de 1891 e a de 1934, o que não foi nenhuma surpresa para quem conhecia sua frase "A Constituição é como uma virgem. Nasceu para ser violada". Com isso, o Brasil se juntava agora ao seleto rol dos países autoritários, satélites de Alemanha e Itália.

Miguel Reale, vindo de São Paulo às pressas, Gustavo Barroso, Raimundo Padilha e outros integralistas influentes acorreram à AIB na rua Voluntários da Pátria, em busca de uma orientação de Plinio. Mas o líder nacional parecia invertebrado — apático, ausente, ainda mais diminuto, esmagado pelos acontecimentos. Filinto, Francisco Campos, Dutra e o próprio Getulio tinham lhe dado garantias pessoais. Campos submetera--lhe o esboço da nova Carta para sua aprovação. Tudo o levara a acreditar que seria quase um coautor do Estado Novo. Fora um monstruoso erro de cálculo — que cometera sozinho e só agora revelava aos companheiros — e, graças a isso, sua organização recebia o torniquete final. Fechada, a AIB teve de recolher as bandeiras e lacrar as sedes. Pior ainda: ao contrário do que eles acreditavam, a identificação dos camisas-verdes com o nazifascismo era de mão única. A AIB não teve uma palavra de solidariedade da Itália e da Alemanha.

No caso da Alemanha, nunca tivera. O governo alemão reprovava qualquer aproximação da colônia, principalmente a do Sul do país, com a Ação Integralista Brasileira. O Partido Nazista tinha representação legal no Brasil — no Rio, na rua Sete de Setembro — e, mesmo que não tivesse, a submissão da colônia ao NSDAP, o Nationalsozialistische Deutsche Arbeiterpartei, Partido Nacional-Socialista dos Trabalhadores Alemães, era mandatória. "O partido é a Alemanha", dizia Karl Ritter, seu embaixador no Rio.

A ordem era a de que os alemães fora de casa cultivassem exclusivamente o germanismo, evitando misturar-se com as coisas do país que os acolhia. Os problemas locais não lhes diziam respeito, exceto se alguma medida os atingisse. Além disso, Berlim recebera com grande satisfação as informações de Ritter quanto à receita do Estado Novo: autoritarismo, nacionalismo, militarismo, corporativismo. Era a garantia da continuidade das boas relações entre os dois países e de ainda melhores negócios. E, também em Roma, Plinio Salgado nunca fora tão admirado como pensava. Assim que soube da extinção da AIB, Plinio pedira a Ciano a doação de mil revólveres para a milícia integralista. Ciano ignorou-o. Não que tivesse algo contra financiar armas para fins terroristas — apenas não iria se voltar contra um governo amigo para beneficiar um sujeito que o próprio *Duce* achava um *saputello*, um falastrão.

A dúvida entre os membros do governo quanto à extinção dos partidos era sobre se Getulio simplesmente os dissolveria ou se os fundiria num partido único. Não faltou quem lhe sugerisse esta última opção, como Francisco Campos, pensando no exemplo da Itália e da Alemanha. Mas Getulio acreditava que a política no Brasil era ditada por mesquinhos interesses regionais. Mesmo num partido único, em pouco tempo esses interesses locais sobrepor-se-iam ao nacional. Começariam os rachas, as cisões e as facções que um dia teriam de ser reconhecidas como partidos, e quantos desses não se aventurariam para a oposição? O fim puro e simples da política partidária era a garantia de um governo tranquilo. Além disso, para que dividir o poder quando se podia mantê-lo íntegro nas próprias mãos?

Da mesma forma, o fim da autonomia dos estados. Getulio demitiu os governadores e entregou os governos aos interventores, homens de sua confiança — muitos de fora do estado, sem ligação com os mandachuvas locais. E então, numa cerimônia dramática, promoveu a queima das bandeiras estaduais em praça pública.

Ela aconteceu no dia 27 de novembro, na Praia do Russel, na Glória, dezessete dias depois do golpe, com gente transbordando das sacadas de seus modernos edifícios art déco. Foi o primeiro evento de massa do Estado Novo, estrelado por Getulio, dona Darcy (trazendo ao pescoço, em pleno novembro, uma estola de raposa) e grande elenco: todo o ministério, interventores, corpo diplomático, banda de música fardada, coral e sinfônica regidos por Villa-Lobos e milhares de colegiais agitando bandeirinhas. O cardeal Sebastião Lemme oficiou uma missa campal. Uma guarda feminina, de chapéu, uniforme e luvas brancas, conduziu as 21 bandeiras à pira que as esperava no centro da praça. Uma a uma — inclusive a orgulhosa bandeira farroupilha, dos gaúchos —, elas queimaram ao som do Hino Nacional. Impondo-se ao palanque, um painel ostentava uma enorme bandeira do Brasil, servindo de cenário ao discurso do ministro Francisco Campos. Com o cabelo caindo-lhe na testa, Chico Campos, demiurgo do Estado Novo, proclamou, emocionado:

> Bandeira do Brasil, és hoje a única. Tu és única, porque só há um Brasil. A unidade que somente pode reinar quando se instaura, por entre as discórdias e as inimizades públicas, uma só ordem moral e política. A ordem soberana, feita de força e ideal. A ordem de um único pensamento e de uma só autoridade: o pensamento e a autoridade do Brasil.

A poucos quarteirões dali, na amurada da Praia do Flamengo que dava para a areia, uma solitária pichação: ABAIXO O ESTADO NOVO. Mas ela teve vida curta, e não se viram outras.

Grande dia para Getulio. Naquela noite, comemorava-se também o aniversário de 23 anos de Alzira, completados cinco dias antes. Alzira recebeu convidados no Palácio Guanabara, cantou-se e dançou-se. Artistas se apresentaram, entre eles o Bando da Lua, formado por seus amigos de juventude na rua do Catete, e o cantor Mario Reis. Getulio não ficou para o ágape. Satisfeito, vestiu o pijama e, como registrou em seu diário, foi dormir.

O poder fez bem a Getulio. Esmaltou-lhe as unhas, deu-lhe melhores alfaiates e refinou-lhe os gostos. Uísque, pijamas de seda e charutos caribenhos incorporaram-se ao seu perfil. "Gosto do presidente Vargas porque ele anda sempre com a minha pátria nos lábios", disse o embaixador cubano, referindo-se aos nove ou dez havanas que Getulio fumava por dia. Veraneios no Palácio Rio Negro, em Petrópolis, eram uma tradição que vinha do Império e da República. Getulio adotou-os com entusiasmo, acrescentando-lhes passeios a cavalo na Floresta da Tijuca, retiros em fazendas fluminenses e estação de águas em São Lourenço e Poços de Caldas, ambas em Minas Gerais. E, agora, o golfe. Desde que aprendera a jogá-lo, em 1937, com o campeão brasileiro Mario Gonzalez, passou a praticá-lo duas ou três vezes por semana no Itanhangá Golf Club. Nunca jogou bem, mas seus tacos ingleses, com as iniciais G.V. gravadas em vermelho, e um caddie particular já o esperavam quando ele chegava ao Itanhangá. Todas essas diversões estão registradas em seus diários.

O poder soprou-lhe também as brasas quase adormecidas. Entre 1937 e 1938, aos avançados 55 anos, Getulio entregou-se aos perigos de um romance com a paranaense Aimée Sotto Mayor Sá, morena, olhos verdes e 25 anos mais nova. Não só isso, mas também elegante, esguia, quinze centímetros mais alta — Getulio, 1,58 metro de altura e quase tanto de diâmetro, tinha um formato pipa. Aimée era mulher de grande beleza, e consciente disso. Chamava-se então Aimée Simões Lopes por ser casada com Luiz Simões Lopes, incumbido por Getulio de criar e dirigir o Departamento Administrativo do Serviço Público, o poderoso Dasp. Simões Lopes era estimado na sociedade carioca por cantar tangos em reuniões festivas. No mano a mano político, não escondia seu entusiasmo pelo nazismo. O idílio foi uma prova de fogo para o sangue-frio de Getulio, porque coincidiu com os dias em que, não apenas o Estado Novo, mas sua própria vida iria correr sério risco. Pela leitura do diário e de outras fontes, pode-se reconstituir a história.

No dia 9 de novembro de 1937, justamente a véspera de sua maior cartada política, a decretação do Estado Novo, Getulio registrou as atividades daquele dia e finalizou: "Recebi ainda o embaixador do Uruguai e fui ver minha bem-amada".

Mais precisamente, Getulio atendeu o diplomata uruguaio no Palácio do Catete, no começo da tarde. Despachada a visita, telefonou para seu conterrâneo Yêddo Fiuza, ex-prefeito de Petrópolis, diretor do Departamento Nacional de Estradas de Rodagem, sempre pronto a ajudar um amigo e, mais ainda, o chefe. Não se sabe bem como foi, mas Fiuza pode ter enviado um carro com placa oficial do DNER ou foi em pessoa buscar Getulio e Aimée, cada qual em seu endereço, e conduzi-los a determinado lugar, este sem dúvida num bairro afastado, como o Leblon ou o Joá. Quando Getulio deixou o palácio, Luiz Vergara, secretário particular da presidência e responsável pela agenda, registrou: "Inspeção de obras rodoviárias".

Os dois passaram cerca de duas horas juntos. O mesmo carro os levou de volta, cada qual para seu destino, com o que ambos chegaram a tempo de jantar em casa. Essa pessoa era a "bem-amada".

Foi a primeira referência de Getulio a Aimée no diário, ainda que indireta. Antes dessa, houvera apenas três sugestivas anotações. Em 7 de março, "Saí com o Fiuza a ver estradas"; em 9 de abril, "À noite, dei um passeio com o Fiuza"; e, em 3 de maio, "Regressando ainda cedo, fiz um passeio de automóvel com o Fiuza". A partir de 9 de novembro, cessam no diário os passeios "com Fiuza" e começam as "idas à bem-amada", já citada assim. Indicam que, depois de meses de plantio, Getulio finalmente começava a colheita. A maneira nada sutil de se referir a ela — Aimée, amada em francês — podia ser uma homenagem que Getulio prestava a si próprio ou uma gabolice disparada para o futuro, por saber que, um dia, seu diário seria lido.

E, dali, sucedem-se os encontros, sempre com a ajuda de Fiuza ou de alguém de confiança. O diário os registra nos dias 23 e 28 de novembro, 8, 16 e 29 de dezembro e, já entrando em 1938, nos dias 23 e 26 de janeiro. No dia 4 de fevereiro, uma inconfidência: "Talvez a despedida, e foi magnífica!". Ou talvez o fim da relação porque, semanas antes, em janeiro, o marido, Luiz Simões Lopes, suspeitando de que Aimée o traía e como que vivendo uma das letras de tango que cantava, pedira o desquite. E, em educada carta a Getulio, comunicou que se despedia também do Dasp, partindo para fora do país por tempo indeterminado. Na carta, Simões Lopes agradecia a Getulio a oportunidade e desejava-lhe boa sorte — nenhuma insinuação de que soubesse o nome do amante de sua mulher. Ficou com ele, não com ela.

Mas, ao contrário do que Getulio imaginava, não era uma despedida com a bem-amada. Em meados de março, convidou Aimée a juntar-se a ele e a dona Darcy, numa temporada de estação de águas, de cerca de um mês, em Poços de Caldas e São Lourenço. Embora o casal e sua comitiva formassem uma espécie de corte realenga ocupando dez quartos — mais os ministros e assessores que se deslocavam do Rio para despachar com ele —, a ideia de conviver com a esposa e a amante no mesmo hotel era ousada, ainda que os hotéis fossem os enormes Palace, em Poços, e Brasil, em São Lourenço. Como fariam para se encontrarem a sós?

O providencial Fiuza entrou de novo em ação, tornando possíveis os encontros em recantos discretos e a distâncias seguras dos hotéis. Mesmo assim não era tão fácil. Getulio e a comitiva chegaram a Poços de Caldas no dia 26 e, já no dia seguinte, ele escreveu:

Estou inquieto e perturbado com a presença daquela que me despertou um sentimento mais forte do que eu poderia esperar. O local, a vigilância, as tentações que a rodeiam e assediam não permitem falar-lhe, esclarecer situações equívocas e perturbadoras. O caminho se bifurca — posso ser forçado a uma atitude inconveniente.

No dia 28, tudo se resolveu: "O encontro realizou-se. A bondade divina não me abandonou. Amanhã deverei novamente enfrentar o risco que a força incoercível de um sentimento me inspirou e impeliu". No dia 30, a glória:

Levanto-me cedo e vou ao rendez-vous [encontro, em francês] previamente combinado. O encontro deu-se em plena floresta, à margem de uma estrada. Para que um homem de minha idade e da minha posição corresse esse risco, seria preciso que um sentimento muito forte o impelisse. E assim aconteceu. Tudo correu bem. Regressei feliz e satisfeito, sentindo que ela valia esse risco e até maiores.

O encontro ocorrera na Cascata das Antas, belo recanto em Poços com um espesso bosque primitivo, a que se referiu Getulio, e altas quedas-d'água. A ação se deu provavelmente no banco traseiro do carro, o que, mesmo com o veículo camuflado entre as árvores, não deixava de ser um risco. Pelo tempo que durou, Fiuza deve ter tido tempo razoável para contemplar a natureza, enquanto, na cidade, dona Darcy se entregava às duchas nas termas sulfurosas e bebia água suficiente para abastecer vários camelos.

No dia 1º de abril, foram todos para São Lourenço e, no dia 8, Getulio regozijou-se:

Novo encontro feliz. A vida se regulariza, trabalho com satisfação. Uma trégua às inquietações provocadas por esta paixão alucinante e absorvente que, encontrando sua válvula normal de descarga, tranquiliza por momentos e constitui um motivo de exaltação para trabalhar e produzir. Sinto, porém, que não pode durar muito. Este segredo tem no seu bojo uma ameaça de temporal que pode desabar a cada instante.

Nos dias 13, 14 e 16, novos encontros. Mas o registro do dia 14 sugere nuvens: "Estou um tanto apreensivo com certos aspectos do caso sentimental". Com razão, porque o encontro do dia 17 ia lhe custando caro: "O desaparecimento de ambos e a busca que se fez despertaram suspeitas". Ou mais que isso, porque dona Darcy "caiu doente" e voltou para o Rio, indiferente ao aniversário de 56 anos de Getulio, no dia 19. No dia 21: "Novo rendez-vous, onde me despedi saudoso da bem-amada. O intenso prazer do encontro compensou o pesar da próxima ausência". No dia 29, a caminho do Rio, viram-se em Petrópolis, sob os auspícios de Fiuza.

Já de volta, no dia 6 de maio um reencontro feliz: "O primeiro no nosso ninho depois do regresso". Em 12, no dia seguinte a um evento político que podia ter lhe custado a vida (ver adiante), Getulio esteve com Aimée e justificou-se: "As emoções sofridas e recalcadas precisavam de uma descarga sentimental". No dia 23: "Fui ver a bem-amada. O regresso causou desconfiança e uma crise doméstica". E, de súbito, no dia 27, o último encontro: Aimée comunicou-lhe que, desquitada e sem perspectivas no Rio, ia morar em Paris com sua irmã Vera. Três dias depois, 30 de maio, Getulio registra: "Amanhã casa-se minha filha Jandira e parte a bem-amada". Para sempre.

Ao viajar em março para 32 dias de água fresca e encontros com a amada em Poços e São Lourenço, Getulio deixara para trás um país que acabara de desbaratar uma tentativa de golpe pela ex-AIB. Em janeiro, já de posse de informações, a polícia estourara os endereços dos integralistas no Rio e em Niterói, Petrópolis, São Paulo, Curitiba, Porto Alegre, Maceió, Fortaleza e Belém. Haviam sido feitas centenas de prisões, com a apreensão de armas identificadas como de origem militar, desviadas das casernas, e algumas dessas investidas enfrentaram resistência a tiros. Mas nem esse rombo no arsenal turvou os planos dos integralistas. Tinham agora com eles oficiais do Exército e da Marinha de Guerra, revoltados com Getulio pela medida contra a AIB. Um desses oficiais, o comandante Victor Pujol, sugeriu posicionar um vaso de guerra na baía, diante da rua Paissandu, e disparar obuses em linha reta contra o Palácio Guanabara, "reduzindo tudo aquilo a pó". Foi demovido dessa intenção por Gustavo Barroso.

Na noite de 10 de março, com os jornais e rádios sob censura, a polícia abortou uma conspiração cujo gatilho seria a ocupação da Rádio Mayrink Veiga. Os integralistas planejavam tomar a emissora e, pelo alcance nacional de suas ondas, transmitir a senha — três apitos em sequência — para as muitas cidades do país em que tinham sólida penetração. Estavam previstas, só no Rio, sublevações em quartéis do Exército e batalhões da PM para permitir a entrada dos civis, e a tomada do Ministério da Marinha. Um ataque à usina da Light, em Botafogo, poria a cidade às escuras e vários incêndios seriam ateados em lugares estratégicos. E, o mais importante, a captura de autoridades em suas casas e o assalto aos palácios Guanabara e do Catete. Tudo isso foi frustrado antes de ser posto em operação — quando chegaram à sede da rádio, na estreita rua Mayrink Veiga, no centro, viram-se encurralados pela polícia. As confissões dos presos nas semanas anteriores, arrancadas a bofetões, haviam revelado essa e as outras ações.

Somente no dia 17 tudo isso foi liberado para os jornais, além da descrição das batidas policiais nos endereços dos integralistas, começando pelo de Plinio Salgado, em Botafogo. O próprio Plinio não foi encontrado — na véspera da intentona, correra preventivamente para São Paulo. Mas, em seu porão, que não haviam revistado da outra vez, os policiais descobriram um radiotransmissor, uniformes militares, socos-ingleses, explosivos, pistolas, fuzis e metralhadoras, além de 3 mil punhais trazendo no cabo o sigma feito em esmalte. Parte desse armamento estava escondida no quintal. E documentos com o plano em detalhes, curiosamente lembrando o *Plano Cohen* — um deles, a execução sumária de Getulio, onde o encontrassem e com que armas tivessem à mão.

Quinze dias depois da intentona, quase que ainda ao som de "Touradas em Madri" e "Yes! Nós temos bananas", do Carnaval de 1938 —, Getulio partiu para os braços de Aimée nas estâncias hidrominerais. O poder cedia espaço ao prazer.

A canetada de Getulio em dezembro decretara o fim da Ação Integralista Brasileira. O dos integralistas, não. Sem alternativa, começaram a operar na clandestinidade. A traição de Getulio os revoltara, e o programa do movimento consistia agora em eliminá-lo. E não apenas ele, mas também Dutra, Goes Monteiro, Filinto e Francisco Campos, todos que tinham feito parte da conjura. Só desconfiavam que, para isso, não podiam contar com Plinio, que começavam a ver como um valente de palanque. A decepção se confirmou quando, dias depois da sedição abortada de 10 de março, articulada por ele, o líder publicou uma carta aberta alegando não ter mais "controle sobre a massa de seus adeptos" e atribuindo aos "mais exaltados membros da ex-Ação Integralista Brasileira os planos de subversão da ordem" — transferindo para eles a responsabilidade pela conspiração. O médico baiano Belmiro Valverde, um de seus primeiros aliados, não o perdoou: "Fôssemos vencedores, ele haveria de surgir como o grande Messias. Vencidos, nos põe de lado".

Com Plinio desmoralizado e Gustavo Barroso e Miguel Reale silentes e submersos — na verdade, escondidos —, o economista Raimundo Padilha apresentou-se como o herdeiro deles. Mas surgiram outras lideranças: profissionais liberais, empresários e industriais como Olbiano de Mello, Raimundo Barbosa Lima, Caruso Gomes, João Daré, Alexandre Braga e Luciano Crespi (irmão do piloto Nino Crespi, morto em acidente no Circuito da Gávea, em 1934). Tinham com eles também oficiais do Exército e da Marinha, como o capitão Floriano Saddock de Sá, comandante do Forte Duque de Caxias, e o capitão de mar e guerra Fernando Cochrane. À frente do grupo, o respeitado dr. Belmiro, 54 anos, urologista de grande clínica no Rio, membro da Academia Nacional de Medicina, cheio de títulos no exterior, livros publicados, membro do Conselho Supremo da ex-AIB e, mais do que integralista, antigetulista.

Belmiro decidiu por uma nova insurreição logo em seguida à tentativa abortada de 10 de março. Seria na madrugada de 11 de maio, uma quarta--feira. Na sua visão, o governo nunca esperaria tal audácia. E, desta vez, os integralistas não estariam sozinhos. Teriam na retaguarda uma ampla corrente de inimigos de Getulio: aliados do general Flores da Cunha, liberais ligados a Armando de Salles Oliveira, viúvos do ex-presidente Washington Luiz, como Otavio Mangabeira e Julio de Mesquita Filho, o inflamado coronel Euclydes Figueiredo e, esperava-se, o brigadeiro Eduardo Gomes. Quase todos participaram da reunião em que se decidiu o levante, num salão fechado do Hotel Glória, transformado em anexo de luxo dos integralistas. De seu esconderijo em São Paulo, Plinio Salgado, impondo-se pela última vez como líder, escalou-se como coordenador das várias correntes civis. O chefe militar seria o general José Maria de Castro Junior. Esperava-se que cada uma dessas facções fornecesse um contingente de patriotas, como eles se intitulavam, mas, para Valverde, o cerne da operação — o ataque ao Palácio Guanabara — deveria estar em mãos experientes.

Para isso, Valverde contratou Severo Fournier, tenente da reserva e antigo ajudante de ordens do coronel Figueiredo. Fournier — trinta anos, jovial, carismático e bigode à John Gilbert, galã de Greta Garbo — não era integralista, mas, como os outros, ardentemente anti-Getulio. Sua participação no golpe era um acordo profissional, em que ele aliciaria um grupo de mercenários, os quais seriam engrossados por camisas-verdes — uma exigência de Plinio para caracterizar o ato como integralista. A operação, repetindo vários objetivos do golpe anterior, teria como alvo principal a invasão do Palácio Guanabara e a captura de Getulio e de sua família, se possível, vivos — se possível.

Fournier chegou ao Guanabara à uma e vinte da manhã, num caminhão coberto, repleto de patriotas armados. O portão se abriu como combinado — era o dia de guarda de um tenente integralista. Entraram e saltaram do veículo, pensando neutralizar os sentinelas sem disparar tiros, para não alertar Getulio. Mas os sentinelas suspeitaram e os receberam à bala. Foi uma cena de cinema, digna de um filme de gângster da Warner, com correrias por um jardim às escuras, entre arbustos e chafarizes, pistolas e metralhadoras disparando contra as janelas, lustres e vidraças explodindo, gente deitada no chão e a sensação de massacre iminente. No palácio, Getulio assistia a um filme com a família. Campainhas foram acionadas, alertando o corpo da guarda, aquartelado num pavilhão dos fundos. Quando este chegou com seus homens, Fournier viu-se inferiorizado e passou a gritar: "Não derramem seu sangue por um governo deposto!" — em vão. O governo não estava deposto, e ele sabia.

Às vezes, seguiam-se longos intervalos de silêncio, como se as partes se estudassem. Quando se ouviam ruídos nos arbustos, o tiroteio era retomado. Com uma hora de combate, Fournier temeu que a munição de seus homens começasse a escassear — na pressa, tinham deixado bombas, machadinhas e duas metralhadoras no caminhão. E, contrariando suas ordens, o caminhão fora embora. Mesmo assim, guardas eram rendidos e tinham as metralhadoras apreendidas. Mas eram de modelo diferente, e os homens de Fournier não sabiam manejá-las.

A resistência impediu o assalto final ao palácio, dando tempo à guarda pessoal para reagir. A troca de tiros atingiu as vidraças do segundo andar, onde estavam Getulio, dona Darcy e as filhas Alzira e Jandira — as mulheres, deitadas no chão, e Getulio, de pé, arma na mão, pronto a atirar contra quem irrompesse no quarto. Os telefones da Light tinham sido cortados, mas, arriscando-se a ser baleado, ele conseguira chegar ao aposento onde ficava uma linha especial da Presidência e ligara para Filinto Müller.

Bejo Vargas, irmão de Getulio, que também morava no Guanabara, estava visitando um amigo em Laranjeiras, perto dali. Ouviu tiros vindos do palácio, rumou com seu carro para lá e, incrivelmente, entrou com ele pelo portão principal, aberto e desguarnecido pelos patriotas. Subiu ao segundo andar, anunciando-se aos gritos, e encontrou Getulio tranquilo, num corredor, a salvo dos tiros. Dutra chegou em seguida ao portão com os doze praças e anunciou-se como ministro da Guerra. Mas, sem a farda, não o reconheceram. Rechaçaram-no a tiros e ele foi ferido de raspão na orelha. O equívoco foi corrigido pelos praças e Dutra adentrou. Por uma entrada pelo vizinho estádio do Fluminense, o general Cordeiro de Farias também chegou com uma tropa, fechando a saída lateral. E, em seguida, ouviram-se as sirenes da polícia de Filinto. Com isso, enquanto ainda era possível, os patriotas debandaram.

Fournier se viu sozinho. Deixou as armas para trás, saltou um muro nos fundos do palácio e chegou a um platô no alto do morro Mundo Novo. Embrenhou-se pela mata e, às cinco da manhã, começou a descida em direção à casa de um amigo no Rio Comprido. Estava imundo, com as roupas rasgadas, difícil de passar despercebido nas ruas infestadas de carros da polícia. Mas conseguiu e foi recebido pelo amigo. Tomou banho, este lhe emprestou roupas limpas e o levou de carro a um endereço onde, durante mais de um mês, Fournier ficaria a salvo dos investigadores que reviravam a cidade à sua procura.

Desde a primeira reunião no QG integralista — a casa na avenida Niemeyer, 550, numa elevação que eles próprios chamavam de "Ninho da Águia", referindo-se ao retiro de Hitler em Berchtesgaden, nos Alpes —, Severo Fournier pressentiu a possibilidade da derrota. Comentou isso com o general Castro Junior, que concordou, mas era de opinião de que deviam tentar de qualquer maneira. O general discordava apenas quanto à data combinada, 11 de maio. Achava-a prematura; precisariam de, pelo menos, mais um mês de planejamento. Mas Severo argumentou que 11 de maio era o dia de guarda do tenente integralista que lhes abriria o portão. O plano, na teoria, parecia razoável. A planta do Palácio Guanabara e o esboço do jardim em volta, árvore por árvore, eram perfeitos. Eles teriam armas vindas de São Paulo, caminhões para transporte e homens de sobra para cada objetivo. Além dos aviões que lhes foram prometidos pelo brigadeiro Eduardo Gomes.

Mas Eduardo Gomes abandonou-os dois dias antes da data marcada, com o que não podiam contar com os aviões. As armas, os caminhões e os homens nunca chegaram. E os 150 mercenários prometidos a Fournier não passaram de cinquenta, sendo que os outros — os ditos patriotas escalados por Plinio — eram dentistas, advogados, comerciantes, gente sem formação de combate e apresentados a uma arma de fogo naquele dia. Muitos se apavoraram assim que as balas começaram a voar. Belmiro Valverde definiu-os depois: "Valentes, quando das discussões e do planejamento, mas sumiram no momento do perigo". Fournier conseguira cortar os telefones da Light, mas não previu que o palácio teria uma linha especial, para emergências. E algumas providências denunciavam o amadorismo da operação. A guarda do palácio era feita pelos fuzileiros navais. Para os confundirem, os patriotas também se fantasiariam de fuzileiros, com fardas confeccionadas por costureiras integralistas. Mas nem todas ficaram prontas a tempo e, quando ficaram, só serviriam para o Carnaval.

Foi uma noite de trapalhadas. Um dos algozes do integralismo a serem justiçados era o ministro Francisco Campos, em sua casa, na rua Bolívar, em Copacabana. Um grupo foi destacado para isso, com a recomendação de não agir enquanto não recebesse ordem do comando. Essa ordem não veio, porque quem devia ir até lá para dá-la desapareceu. Às duas da manhã, cansado de esperar, o chefe do grupo dispensou a turma. Outro alvo, muito mais importante, era o general Dutra — tinham ordem para matá-lo. Dutra morava na rua Gustavo Sampaio, no Leme, e o grupo encarregado da missão concentrou-se nos fundos do restaurante Alpino, vizinho do ministro. Sabiam que, dormindo àquela hora, Dutra seria acordado por um telefonema avisando-o do ataque ao palácio, sairia para comandar a repressão e eles o fuzilariam na rua. Quase deu certo: Dutra despertou com o telefonema, tirou o pijama, vestiu-se e saiu. Passou a pé em frente ao grupo e seguiu na direção do Forte do Leme, ali perto, sem ser incomodado. Eles também não o reconheceram. Esperavam por um homem fardado, de quepe, e Dutra saíra de terno e de cabeça descoberta — e desarmado. Dali a pouco, doze praças, à sua ordem, partiriam com ele do Forte do Leme em direção ao Guanabara.

Mais incrível ainda foi o ataque ao apartamento do general Goes Monteiro, na rua Joaquim Nabuco. Dez patriotas subiram ao seu andar e tocaram a campainha. Goes e esposa estavam dormindo e não a escutaram. Os homens começaram então a bater na porta. Como ninguém viesse abri-la, tentaram arrombá-la a pontapés. Goes finalmente acordou. Farejou o perigo e telefonou para Filinto Müller. Este o informou sobre o que se passava no palácio e prometeu mandar gente. A polícia logo chegou, e a turba fugiu. Goes então decidiu ir para o Ministério da Guerra, na praça da República, e um motorista, num carro da polícia, ofereceu-se para levá-lo. A caminho, Goes estranhou que o homem seguisse pela avenida Beira-Mar, e não pela Lapa, como seria o correto. Ordenou-lhe tomar o caminho certo e, ao chegarem, constatou-se que o motorista era um integralista, plantado ali para sequestrá-lo. Dutra e Goes cumpriram seu papel de socorrer Getulio, mas, pelo fato de os três estarem de pijama quando foram atacados, o carioca batizou o putsch de "golpe do pijama".

Filinto Müller, muito próximo de Plinio Salgado, não pareceu tão expedito para mandar seus homens ao Guanabara. Mas, por fim, fez isso e, depois, desencadeou uma perseguição tão violenta aos integralistas quanto a que fizera com os comunistas. A polícia apreendeu mais de 10 mil armas nos núcleos integralistas — fuzis e metralhadoras de procedência alemã, caixas de dinamite, facões, estações de radiotransmissão, megafones, discos com hinos e discursos, mimeógrafos, panfletos, bandeiras, galhardetes — um arsenal de combate e propaganda. Houve muitos excessos: casas de integralistas foram invadidas, saqueadas, até incendiadas; retratos e livros de Plinio, Reale e Barroso, arrebatados às estantes das sedes e amontoados em praças para alimentar fogueiras. E, no rescaldo do ataque ao Guanabara, já com dia alto e ânimos serenados, Bejo Vargas e seu sobrinho Serafim surpreenderam nos fundos do palácio oito integralistas que não tinham conseguido fugir. Apesar de desarmados e rendidos, foram fuzilados a sangue-frio. No total, quinze pessoas morreram na operação (nenhum entre os legalistas). Era o Estado Novo dando a primeira lição aos seus possíveis opositores.

Os 800 mil integralistas — ou, àquela altura, o milhão e meio de que se gabava Plinio — volatizaram-se. Os que rezavam pela violenta cartilha extremista eram minoria diante dos homens simplórios e provincianos que faziam o grosso da operação. Mas todos correram. Belmiro Valverde foi condenado a dezesseis anos e meio. Dez generais foram expulsos do Exército. Quinhentos militantes, inclusive os inexpressivos, também amargaram cadeia e tortura, esta tão brutal quanto a imposta dois anos antes aos comunistas. No quesito inimigo, Getulio não fazia distinções — todos os que se opusessem ao seu projeto pessoal tinham de ser eliminados.

Exceto, surpreendentemente, Plinio, por quem Getulio guardava certa simpatia pessoal. Plinio foi preso, mas, ao garantir, como sempre, que não tivera nada a ver com a rebelião, libertaram-no. Sua presença no Brasil, no entanto, poderia realimentar antigas devoções. Foi mandado para Portugal, com uma discreta mesada do governo, as bênçãos do ditador Salazar e o direito de conspirar à vontade, desde que platonicamente. O quase italiano Miguel Reale preferiu ir para Roma, onde tinha parentes. Também preso, mas libertado dias depois por falta de provas de que participara do ataque, Gustavo Barroso ficou aqui. Após curto ostracismo, voltou à tona, engavetou suas camisas verdes e se aliou a Getulio. Pensando bem, não havia por que se opor ao Estado Novo — em política e economia, o regime cobria perfeitamente as expectativas dos integralistas.

Quanto a Severo Fournier, não haveria contemplação. Era um oficial do Exército e tinha de ser encontrado. Tornou-se o homem mais procurado do Rio. Mas, enquanto a polícia de Filinto varria a Zona Norte em sua busca, Severo deixava-se ficar tranquilamente, de cueca e com as janelas abertas, num apartamento de quarto andar na avenida Calógeras, a vinte passos da Academia Brasileira de Letras e da embaixada americana — esta, guardada pela Polícia Especial, a mesma que o caçava pela cidade. Sem poder sair, alimentava-se de salsicha, pêssegos em calda e outros enlatados que lhe eram levados por três amigos: dois tenentes e o capitão Manuel Aranha, irmão de nada menos que o novo ministro das Relações Exteriores, Oswaldo Aranha. Todos gostavam de Severo. De farda, era querido no meio militar; à paisana, era boêmio, gostava de samba e Carnaval. Detestava Getulio, mas seu envolvimento na trama tivera mais espírito de aventura do que ideologia.

Quarenta e cinco dias depois, ao acharem que era o momento, seus amigos executaram um plano. De carro e fardados, entraram com facilidade pelo portão da Embaixada da Itália, na rua das Laranjeiras. No pátio, diante da chancelaria, de dentro do porta-malas saltou Severo, pedindo asilo. Em condições normais, estaria a salvo — a Itália, pelas convenções internacionais, o receberia. Severo foi admitido no prédio, mas por pouco tempo. O embaixador Vicenzo Lojacono não queria problemas com Getulio por proteger um terrorista. Mussolini autorizou-o a entregar o asilado à polícia brasileira, em troca do cancelamento de uma dívida em dinheiro que tinha para com o Brasil. Vendido por Mussolini, Fournier recusou-se a ser moeda de troca. Preferiu se entregar, confiante de que, como oficial do Exército, seria tratado com respeito. Mas, no Brasil de Filinto Müller, isso não existia. Severo foi levado para a Fortaleza da Laje e, depois, para a Casa de Correção. Foi torturado nos dois cárceres e passou sete anos preso, em condições animais. Anistiado em 1945, morreu dois anos depois, aos 37 anos, de tuberculose contraída na cela.

Para Getulio, o putsch integralista fora uma bênção — um ato extremista que, esmagado, avalizava o Estado Novo e o ajudava a se livrar da suspeita de pró-fascista. Na tarde do próprio dia 11, foi a pé de Laranjeiras ao Catete, sendo aclamado pelo povo no largo do Machado. Com a esquerda eliminada desde 1935 e, agora, com o fim do último grupo político do país, podia governar sozinho. Seus novos poderes compreendiam deter, aposentar, demitir, reformar, invadir domicílios, exilar, abrir cartas, suspender a liberdade de reunião e censurar jornais e livros. E, embora escrito com tinta invisível, torturar.

No dia seguinte, 12 de maio, como sabemos, Getulio se encontrou com a amada e se justificou em seu diário: "As emoções sofridas e recalcadas precisavam de uma descarga sentimental". O balanço de tudo aparece na gélida entrada de 31 de dezembro daquele ano: "Assim passou-se para mim o ano de 1938, tendo uma ponta de amargura por alguma coisa longínqua que era a minha fina razão de viver".

Fina razão de viver, mas já longínqua. Na Europa e nos Estados Unidos, a deslumbrante Aimée viveria uma carreira que entraria para os *carnets* internacionais, nos braços de alguns dos homens mais poderosos do mundo. Mas nem ela podia concorrer com o que, para Getulio, era a verdadeira razão de viver: o poder.

7

À mercê das Instruções Secretas

No Carnaval de 1939, Carmen Miranda lançou a marchinha "Salada mista", de Ary Barroso. A letra só é compreensível hoje com bula, mas, na época, todos a entendiam e cantavam nos salões: "Uma pitada de massa de tomate / All right, all right / E três gotinhas de molho inglês / Só três, só três / Algumas gramas de petit-pois / François, François // E ficou pronto o pirão do chanceler / Que papou de colher / Que papou de colher. // Disse o francês: Oui, oui, oui! / Disse o inglês: Yes, yes, yes / Quem não gostou foi o tchecoslovaco / Que deu o cavaco / E o italiano então entrou na salada / E não sobrou nada". A massa de tomate era Mussolini; o molho inglês, o primeiro-ministro britânico Neville Chamberlain; o francês, seu colega Édouard Daladier; e o chanceler, naturalmente, Adolf Hitler. "Dar o cavaco" significava não gostar nem um pouco.

A salada referia-se à reunião entre Hitler, Chamberlain, Daladier e Mussolini no dia 29 de setembro de 1938, em Munique, para decidir a sorte do País dos Sudetos, uma região da Tchecoslováquia na fronteira com a Alemanha em que 30% da população era de germanófonos — contra os 70% de eslavos que moravam lá havia mil anos. Os tchecos não foram convidados para a reunião. Os equivocados Chamberlain e Daladier deram a Hitler o direito de anexar os Sudetos, na presunção de que ele deixaria o restante da Tchecoslováquia e o mundo em paz. "Não haverá guerra!", gabou-se Chamberlain ao voltar para Londres, girando seu famoso guarda-chuva. A realidade provaria o contrário — em 15 de outubro, Hitler mandou as tropas e a Tchecoslováquia deixou de existir.

Não era o primeiro nem seria o último estupro por Hitler das nações vizinhas. Em março daquele ano e sob a complacência dos mesmos Chamberlain e Daladier, anexara a Áustria, com valsas, bombons e tudo, reduzindo-a a uma província do Reich — ao ouvir a notícia, Murilo Mendes, poeta surrealista brasileiro, passou um telegrama a Hitler protestando "em nome de Wolfgang Amadeus Mozart" (o Führer não respondeu). Em

1937, a Alemanha apoiara materialmente a Itália na invasão da Abissínia, e, em 1936, instalara seus canhões na Renânia, às margens do rio Reno, rasgando os tratados internacionais que proibiam a militarização da região. Tudo isso era Hitler apresentando ao mundo seu cartão de visitas. Mas o verdadeiro teste de força era a Guerra Civil Espanhola. Seu apoio ao general golpista Francisco Franco estava sendo decisivo para derrotar o governo eleito da República. Era uma luta entre as milícias de Franco, os falangistas, reforçados por monarquistas e católicos, contra a coligação de socialistas, comunistas e liberais que vencera as eleições.

De julho de 1936 a abril de 1939, tempo de duração da guerra na Espanha, a Alemanha abasteceu Franco com 500 milhões de marcos (90 milhões de libras esterlinas, muito dinheiro), 16 mil soldados, aviões, pilotos, bombas, navios, tanques, canhões, armas automáticas, munição, gasolina e alimentos. Das centenas de bombardeios que a Luftwaffe, sua força aérea, despejou sobre as regiões ainda ocupadas pelos republicanos, o maior foi o arrasamento de Guernica, cidade do País Basco, no dia 27 de abril de 1937. Não que Hitler tivesse tanto interesse pela Espanha — era apenas um ensaio para seus Messerschmitts e Focke-Wulfs, aviões destinados a combates mais sérios.

Franco recebeu também ajuda da Itália em dinheiro e armas, quase nos moldes da Alemanha. Portugal, por ordem do ditador António Salazar, mandava-lhe todas as manhãs camionetas repletas de pão fresco, que os falangistas recolhiam na fronteira. Já os republicanos tiveram na URSS seu principal aliado — a Inglaterra e a França haviam se declarado neutras, deixando os republicanos à mercê de Hitler. E, mesmo assim, mais da metade do armamento que os soviéticos lhes venderam era antiquada, defeituosa ou imprestável. O que catalisou o interesse mundial pelos republicanos foram as Brigadas Internacionais, formadas por cerca de 32 mil voluntários que se apresentaram para combater com eles. Isso incluiu, além de italianos, alemães e austríacos de esquerda, antifascistas vindos de 53 países — um deles, o Brasil.

A Guerra Civil era o grande assunto nos bares politizados do Rio, um deles o Amarelinho, na Cinelândia. Assim que chegou por aqui, a frase de Dolores Ibárruri, a *Pasionaria* e ex-colega de Prestes no Comintern em 1934, *"No passarán!"* — "Não passarão!" —, começou a ser citada a respeito de qualquer manobra da direita. Outra expressão que circulava e resumia o desejo de muitos jovens era "Morrer em Madri", a prova fatal de que se queria lutar pelo "lado certo".

Os jornais cariocas dedicavam farto espaço à guerra na Espanha, com noticiário fornecido pelas agências, mas, por elas, Franco ganhava todas as batalhas — a censura, por ordem de Getulio, proibia noticiar as vitórias dos republicanos. Já o jornal *España Libre*, editado no Rio por Vicente Paya, jornalista ligado à embaixada alemã, circulava sem maior dificuldade. Os cinejornais exibidos no Cineac Trianon também torciam pelo general, omitindo os feitos dos republicanos. Tentando equilibrar o jogo, o repórter Edmar Morel fundou, em julho de 1937, a Associação de Amigos do Povo Espanhol, imprimindo panfletos pró-republicanos, que eram distribuídos de mão em mão no centro do Rio. Em agosto, lançou-se o manifesto "Os intelectuais brasileiros e a democracia espanhola", assinado por escritores, jornalistas, políticos, atores e artistas plásticos. Em represália, a embaixada espanhola, já com Franco vencedor e declarado chefe de Estado, reconhecido pelo Vaticano, passou a monitorar os antifranquistas brasileiros para proibir sua entrada na Espanha.

O que só conseguiria se eles tentassem entrar legalmente no país, com foto e passaporte. Mas não podia impedir que o PCB, ou o que restava dele, usasse seus canais clandestinos para mandar para lá um punhado de brasileiros a fim de se juntarem às Brigadas Internacionais. Era uma viagem longa e tortuosa. O partido fornecia ao viajante papéis falsos, a passagem de navio em terceira classe e as despesas estritamente básicas de bordo até um porto francês — de preferência, Marselha, próxima da Catalunha, dominada pelos republicanos. Quando o voluntário chegava, a Marselha ou aonde fosse, o Partido Comunista Francês o recebia e o transportava até a fronteira com a Espanha, com uma carta de recomendação para uma das brigadas.

Quase todos os brasileiros foram encaminhados à Brigada Garibaldi, comandada pelos brigadistas italianos. Recebiam instrução militar e ganhavam atribuições de acordo com suas habilidades, que podiam ir do trabalho em jornais republicanos, como a *Frente Roja*, até o manejo da metralhadora. O PCB planejara mandar cerca de cem militantes, mas só dezessete conseguiram embarcar: Roberto Morena, Apolonio de Carvalho, Carlos Costa Leite (aquele que dissera a Lacerda para indicar Prestes à presidência simbólica da ANL), Dinarco Reis, Carlos França, Alberto Besouchet, Eneas Jorge de Andrade, José Gay da Cunha, Nelson de Souza Alves, Delcy Silveira, Homero Jobim, José Corrêa de Sá, David Capistrano, Nemo Canabarro Lucas, Hermenegildo de Assis Brasil, Eny Silveira e Joaquim Silveira dos Santos, quase todos militares, implicados no levante de 1935 e expulsos do Exército. Alguns tinham sido presos e processados e estavam em liberdade provisória — lutar na Espanha parecia menos arriscado do que ficar sujeito a Filinto Müller. Viajou um de cada vez, saindo de portos diferentes no Brasil e munidos apenas do voluntarismo. Outros cinco, estrangeiros residentes no Brasil, também zarparam por conta do PCB.

Perto ou longe do front, eles viveram os bombardeios aéreos, navais e terrestres, os fuzilamentos sumários nos dois lados, o massacre de civis e os perto de 1 milhão de mortos no total. Talvez tenham esbarrado sem querer com George Orwell, André Malraux, John Dos Passos, Arthur Koestler e Ernest Hemingway, que também estavam lá, e, se soubessem de quem se tratava, lhes pedido autógrafo. Um não voltou: Alberto Besouchet, 27 anos, morto pelos próprios comunistas, acusado de adesão ao trotskismo. Com o fim da guerra, foram repatriados ao Brasil via França pelo Partido Comunista Espanhol. E, por um ato de Getulio, todos de cuja participação se ficou sabendo (e se sabia de muitos) perderam a nacionalidade brasileira.

Os voluntários não foram a única contribuição brasileira à Guerra Civil. Enquanto os países solidários mandavam armas, alimentos e gasolina para os republicanos, o Brasil de Getulio, declaradamente "neutro" ante o conflito, mandava café e açúcar — mas para os homens de Franco. Era a solidariedade ao contrário.

Pela vertigem de acontecimentos na Europa, os cinejornais, exibidos como complemento nas sessões de cinema, competiam na tela com os beijos entre Clark Gable e Joan Crawford. O cinejornal americano Fox Movietone, dublado em português no estúdio da Cinédia, em São Cristóvão, mostrava 750 mil soldados alemães marchando sobre a Europa, chutando o ar a passos largos sem dobrar o joelho, os caminhões de tropas, as lagartas dos tanques rolando pelas estradas, os mares coalhados de U-boats — os submarinos de Hitler — e os pequenos países caindo um a um para o nazismo. Nada podia ser pior do que ter a Alemanha como vizinha, como sabiam muito bem a Áustria, a Tchecoslováquia, os Países Baixos, a Dinamarca, a Polônia, a Bélgica, a França e a Suíça. Pelo que as imagens mostravam, seu Exército era invencível. A reação nos cinemas era de admiração ou medo.

Mais assustado ainda — ou deslumbrado — terá ficado quem assistiu na época a *Triunfo da vontade*, o documentário da cineasta Leni Riefenstahl, de 1935, sobre o VI Congresso do Partido Nazista, em Nuremberg, no ano anterior. Era um arrebatamento visual: enormes espaços tomados pelas formações fardadas, marchas coreografadas, bandeiras cobrindo cinco andares dos prédios, canções bélicas entoadas pela multidão e todos os olhos fixos no palanque, onde Hitler anunciava o "Reich de Mil Anos". Comandando uma equipe de 150 técnicos e dezesseis cinegrafistas, Riefenstahl produziu tomadas nunca vistas. O filme, com duas horas de projeção, sintetizou mais de cem horas de material rodado. Era o maior documentário feito até então e, assistido por 180 mil pessoas só na primeira semana em Berlim, ajudou a convencer os alemães ainda resistentes à pregação nazista — entre os quais a própria Leni, até então alienada em política. Mas o alcance internacional de *Triunfo da vontade* foi limitado, porque os documentários não eram um gênero de filme exportável. As únicas cidades a que ele chegou fora da Alemanha foram Roma, no próprio ano de 1935, Paris, em 1937, num festival de cinema, e Nova York, em julho de 1939, numa sessão especial — esta, a dois meses do estouro da guerra. A partir daí, com os céus e mares tomados pelo conflito, os filmes tiveram sua exportação prejudicada.

Pessoas de várias nacionalidades em visita a Berlim a partir de 1933, a trabalho ou a turismo, deixaram relatos em que falavam dos desfiles quase diários de gente fardada e armada, bandeiras pendendo dos telhados e a música de Wagner onipresente nos ares. Para os que conheciam a Alemanha dos anos 1920, a população ficara mais loura — não se sabia que os rapazes, preocupados em parecer mais arianos, esgotavam os estoques de descolorantes nas farmácias. Jovens ou velhos, todos se saudavam nas ruas com *"Heil Hitler!"*, e os estrangeiros, ciosos do protocolo, devolviam a saudação sem pensar. Nos parques, crianças de uniforme — e uniformemente louras — brincavam de clicar os calcanhares e trocar *"Heil Hitlers!"* de braço esticado.

O tabloide semanal *Der Stürmer*, de Julius Streicher, vendia centenas de milhares, com seus artigos, manchetes e caricaturas violentamente antissemitas. Não se viam jornais e revistas estrangeiros nas bancas da Unter den Linden. Cartazes com a chamada *"Juden verboten"* — "Proibido para judeus" — estavam em toda parte, desde que, em 1935, Hitler os despojara de sua cidadania alemã. Significava que, sem direitos políticos e civis, eles não podiam escolher onde morar, medida tomada por Hitler para condená-los aos guetos de higiene precária. Em pouco tempo, outras minorias também começariam a ser perseguidas. Andar por Berlim à noite podia ser perigoso — grupos paramilitares armados sentiam-se no direito de abordar qualquer um, com violência, para avaliar seu grau de "pureza racial". Sabia-se de diplomatas que, por causa da tez fora dos padrões, haviam passado por constrangimentos.

Mas, para os visitantes, aqueles eram assuntos internos, da conta só dos alemães e possivelmente secundários diante da flagrante prosperidade do país. Talvez por isso, nenhum dos escritores que estiveram na Alemanha entre 1933 e 1938, como os britânicos Somerset Maugham, Virginia Woolf e Graham Greene, os franceses André Gide, Jean-Paul Sartre e Simone de Beauvoir, o belga Georges Simenon, o americano Thomas Wolfe e a dinamarquesa Karen Blixen, tenha deixado relatos significativos sobre suas passagens pelo país — pelo menos, nenhum se indignou com o que viu. O mesmo quanto aos ativistas afro-americanos W.E.B. Du Bois e Michael King, este, pai de Martin Luther King Jr. (Michael mudou legalmente seu nome e o do filho para Martin Luther King e Martin Luther King Junior ao voltar da Alemanha em 1934). O jornalista brasileiro Moacir Werneck de Castro, vinte anos, em Berlim a passeio por vários meses de 1935, tentava manter-se alheio às iniquidades que observava. Mas não conseguiu: entrando sem querer numa passeata de membros das SA, tropas nazistas de assalto, em cerca de mil, à paisana, Moacir Werneck não percebeu que as pessoas na rua lhes abriam caminho, assustadas. Foi tido como judeu e agredido a socos, no olho e na boca. Salvaram-no seu passaporte e seu pequeno conhecimento de alemão, que lhe permitiu gritar *Ich bin Ausländer, ich bin Ausländer!* — "Sou estrangeiro!".

Visitantes explícitos em sua admiração pelo regime do Führer foram a atriz e patinadora norueguesa Sonja Henie, recebida por Hitler no Ninho da Águia; o escritor Knut Hamson, também norueguês, que presenteou Goebbels com a medalha de seu prêmio Nobel de literatura ("Sei que não lhe será de nenhuma valia", escreveu, "mas é só o que tenho a lhe oferecer."); e, em 1937, o duque de Windsor, ex-rei da Inglaterra, que abdicara do trono poucos meses antes. De braços com a duquesa, ele passou lá duas semanas de êxtase com as realizações alemãs. Aliás, a Família Real britânica tinha raízes germânicas.

Mais extáticos ainda ficaram atletas da Olimpíada de 1936, em Berlim, e os milhares de torcedores estrangeiros. A cidade foi maquiada de alto a baixo para recebê-los. Durante as duas semanas de duração dos Jogos, em agosto, desapareceram das ruas os cartazes que mostravam os judeus como seres deformados ou como ratazanas asquerosas. O *Der Stürmer* interrompeu sua publicação, e jornais como o *Times* de Londres, o *Herald Tri-*

bune e o *Paris-Soir* voltaram às bancas da cidade. Os tanques e paradas militares sumiram, assim como os grupos de assalto, e Berlim, já originalmente fascinante, tornou-se um paraíso de convivência e trato. O comércio recebeu ordens de tratar os visitantes com o máximo de correção e hospitalidade. Eles se impressionaram com a limpeza das ruas, a arquitetura monumental, recém-construída, e uma novidade tecnológica que não esperavam ver em dias de suas vidas: a televisão. As imagens dos Jogos, geradas pela Telefunken e transmitidas ao vivo, surgiam em aparelhos nas vitrines das lojas. E, sem saber que a economia alemã estava toda voltada para o rearmamento, acreditavam na propaganda de que a Alemanha "queria a paz e a compreensão mútua entre as nações".

A Olimpíada de Berlim superou todas as anteriores e apresentou importantes inovações, como a cerimônia de abertura no Estádio Olímpico. Começou com o bimbalho do sino de 2,80 metros de diâmetro, 4,28 de altura e dez toneladas, em cuja boca se lia "Eu convoco a mocidade do mundo". Seguiu-se o desfile dos 4500 atletas dos 52 países em trajes "típicos" — os italianos, com o rosto voltado para o balcão onde estava Hitler. Ao som do Hino Olímpico, composto por Richard Strauss e executado pela Sinfônica de Berlim, houve o hasteio das bandeiras (com a de Portugal desgraçadamente de cabeça para baixo). Veio então o clímax do revezamento da tocha, que durante meses cruzara 3075 quilômetros da Europa passando de mão em mão por 3 mil corredores. Abriram-se os portões e o último deles chegou ao estádio. Aos lenços acenados da arquibancada, deu a volta olímpica e subiu a grande escada em direção à pira. Quando esta foi acesa pela tocha, ouviu-se a salva dos canhões. Oitenta mil pombos em revoada escureceram o céu e espera-se que nenhum deles tenha colidido com o *Hindenburg*, que, naquele momento, sobrevoava com soberba e vanglória o estádio. Na tribuna, Hitler se levantou, proclamou abertos os Jogos e os classificou de "a maior Olimpíada da era moderna". E era mesmo, principalmente para a Alemanha, que se pretendia o país inaugural dessa nova era. O fato de o país ter apenas um judeu entre seus atletas, a esgrimista Helene Mayer, e mesmo assim por falta de similares arianos, não foi discutido — havia muito os judeus já tinham sido expulsos do esporte.

O Brasil compareceu com uma delegação de 94 componentes — 88 homens de várias modalidades e as seis moças da equipe de natação. Sem o futebol, que o Brasil não costumava disputar nos Jogos, as chances de medalha eram mínimas. O navio que os levara, o cargueiro *General Artigas*, da linha Hamburg-Südamerikanische Dampfschiffahrts-Gesellschaft, não tinha instalações para treinamento, o que era um problema para atletas numa longa viagem. A travessia levou um mês, o dobro do tempo normal, devido ao constante descarrego de mercadorias nos portos — afinal, era um cargueiro. Como cortesia às nadadoras, o comandante improvisou uma "piscina" de madeira, com paredes e piso cobertos por uma lona, cheia com água do mar. Mal dava para duas braçadas e, quando o navio jogava, como um barco ébrio, elas eram atiradas contra as paredes. Os fundistas só tinham o convés para correr, tropeçando em rolos de cordas. O pessoal dos saltos, nem isso. Em compensação, a cozinha era generosa: servia café da manhã, lanche matutino, almoço, lanche vespertino, jantar e ceia. Não era uma dieta aconselhável a atletas ociosos.

As únicas esperanças brasileiras de bom desempenho estavam na esgrimista, Hilda von Puttkammer, e nas nadadoras mais experientes, irmãs Sieglind e Maria Lenk, todas de origem alemã. Maria surpreendeu ao introduzir nas Olimpíadas o nado borboleta, mas quem fez bonito na piscina foi a pequena Piedade Coutinho, dezesseis anos e nadadora do Flamengo. Seu quinto lugar nos quatrocentos metros nado livre rendeu-lhe o recorde sul-americano, que ela conservou por sete décadas — e, ao *Globo*, a primeira telefoto publicada na imprensa brasileira.

Um único negro fazia parte da delegação: o velocista e saltador Bento de Assis, 22 anos, do Vasco da Gama. Competiu em várias provas contra o preto americano Jesse Owens e não ganhou medalha, mas sua simples presença foi significativa. Os brasileiros não sofreram nenhum constrangimento oficial, mas nem todos os atletas ficaram a salvo de agressões pessoais. Outro velocista, o niteroiense Sylvio Padilha, 27 anos, soube que seu colega húngaro József Kovacs teria resmungado na pista de aquecimento ao ouvir que, nas semifinais da prova dos quatrocentos metros, iria competir com um brasileiro: "Sou europeu, recordista dos 110 metros com barreiras, e vou ter de concorrer com o representante de um país de macacos". Na prova, Padilha, por sinal branco, chegou em quarto lugar e foi para as finais, desclassificando Kovacs, que ficou em quinto.

Outro brasileiro, o nadador do Fluminense João Havelange, vinte anos — filho de belgas e, no registro civil, Jean-Marie Faustin Goedefroid Havelange —, diria depois que, como estava lá para competir, não sentiu o peso do regime. Disputou, sem se classificar, os 1800 metros nado livre. Sem o maiô e a touca, foi aos museus, à ópera e aos monumentos de Berlim e maravilhou-se com a organização da cidade. Quanto a Maria Lenk, encerrada sua participação, passou mais dois meses no país, fazendo um curso na Academia de Educação Física do Reich, em Leipzig. Um produtor de rádio, ao ouvir Maria falando em perfeito alemão (que aprendera com a mãe), convidou-a a se fixar em Berlim, como locutora de programas dirigidos aos alemães no Brasil. Maria, preferindo continuar na natação, recusou e voltou para o Rio.

O que o mundo viu foi a cidade, o país e o povo que Hitler queria mostrar. Ele injetara dinheiro estatal na economia, reativara o poder industrial, estava fazendo grandes obras públicas e, em tempo recorde, robustecera as finanças do país. Todo mundo parecia bronzeado e feliz. Nos anúncios da propaganda, as mulheres alemãs eram louras, peitudas e de tranças, vendendo beleza e saúde, dedicadas a cuidar do lar e gerar o máximo possível de arianinhos. Para muitos cidadãos, o importante era que, depois de anos de penúria, tinham agora chucrute no prato, emprego para todos e uma sensação de orgulho e virilidade nacional, como nos tempos do kaiser. Criou-se o mito do "poder criador ariano" em contraposição ao "parasitismo dos capitalistas judeus". Era o que os números da Olimpíada aparentemente demonstravam: a Alemanha superara até os Estados Unidos — 101 medalhas contra 57 dos americanos. Mas isso só aconteceu porque, na última hora, o COI foi obrigado a mudar o sistema de contagem. Em vez da soma dos ouros, contava-se agora o total de medalhas — talvez porque os americanos tivessem conquistado 38 ouros contra 24 dos alemães. E, desses 38, quatro pertenciam ao corredor preto Jesse Owens, derrotando o campeão alemão Luz Long no salto em distância. Owens foi notícia mundial, mas Hitler, que não o cumprimentou como seria a praxe, encarregou-se de fazer com que sua façanha não repercutisse dentro da Alemanha.

Quando o último atleta estrangeiro embarcou para ir embora, tudo em Berlim voltou atrás. Ressurgiram os cartazes antissemitas e a perseguição contra as minorias. O *Der Stürmer* reapareceu nas bancas, sumiram os jornais estrangeiros e retomou-se a propaganda maciça. A maioria do povo alemão ou não percebia ou não se importava com isso.

Para certos visitantes do país, no entanto, antes e depois das Olimpíadas, a programação era dirigida. Nada de olerês no Tirol ou patuscadas em cervejarias. Estavam ali, a convite do Reich, para trocar informações. Em 1937, como se sabe, o capitão Affonso Henrique de Miranda Corrêa, chefe do Dops do Rio de Janeiro, faria um estágio na Gestapo. Iria conhecer os modernos métodos de combate à infiltração comunista na imprensa, nas Forças Armadas e no sistema de ensino, a partir da bem-sucedida experiência alemã. Em troca, ele lhes descreveu os bastidores da política brasileira, as providências contra a entrada de judeus no país e as inclinações ideológicas de governantes argentinos, uruguaios e chilenos. Mais importante, forneceu um fichário listando os principais antinazistas do Brasil. Em 1939, seria a vez de outros dois notáveis do Estado Novo pisarem em solo alemão: o chefe do Estado-Maior, general Goes Monteiro, como observador das manobras da Wehrmacht — na época da ocupação da Tchecoslováquia —, e Luthero Vargas, filho de Getulio, para uma temporada possivelmente longa cursando a Universidade de Medicina do Reich.

O próprio embaixador do Brasil em Berlim, José Joaquim de Lima e Silva Moniz de Aragão, a bordo de seus sobrenomes com penacho (Lima e Silva, por ser sobrinho-neto do duque de Caxias, e Moniz de Aragão, de ricos escravagistas baianos), atuava além dos limites do dever. Como entusiasta do Pacto Anti-Comintern assinado em 1936 por Alemanha e Itália, Aragão tornou o Brasil uma espécie de membro correspondente do pacto. Foi o que determinou, entre outras, a entrega por Vicente Rao de Olga Benario e Sabo Ewert à Gestapo — com seu trânsito internacional, o que elas teriam a revelar era mais importante para a Alemanha do que para o Brasil. Por intermédio de Aragão, cresceu também a participação alemã na modernização do Exército brasileiro, pela compra de canhões da siderúrgica Krupp em troca do envio de grãos e matéria-prima para Berlim. O incremento no comércio com a Krupp era uma reivindicação de Dutra e Goes Monteiro, admiradores da história militar germânica, de Átila, o Huno, a Otto von Bismarck, o Chanceler de Ferro.

O diplomata, poeta e médico João Guimarães Rosa, ao descer em Hamburgo como cônsul adjunto em julho de 1938, maravilhou-se com o que viu: "A Alemanha é qualquer coisa de formidável!", ele escreveu à família.

Belezas naturais, ordem, limpeza, trabalho, vida, alegria. Aqui todos se divertem. Ninguém se incomoda com os atos ou vestimentas dos demais. Ninguém receia o ridículo. Em cada quarteirão, há três, quatro, cinco cabarés, cassinos, salões de dança, restaurantes com música etc. De vários preços, desde os frequentados por criadas de serviço até os ultrachiques. Todos cantam, dançam (até em cima das mesas em determinadas cervejarias bávaras) e dirigem a palavra amigavelmente aos desconhecidos, estabelecendo a cordialidade e a comunicabilidade instantâneas.

Bem, esta era a Alemanha que o recém-chegado Guimarães Rosa enxergou. A que lhe passou despercebida não era tão hospitaleira. Nem todo mundo se divertia. Belezas naturais, ordem e limpeza, sim, havia. Mas o trabalho era vedado aos judeus, demitidos de todas as empresas, inclusive as universidades em que lecionavam, e proibidos de prestar serviços aos arianos. Eram identificados pelas roupas e obrigados a costurar um "J" amarelo no bolso do casaco e a estrela de davi no ombro. Também não podiam frequentar os cabarés, cassinos, salões de dança e restaurantes com música que entusiasmaram Rosa. E se havia um lugar em que nem sonhavam em pôr os pés eram as cervejarias bávaras, redutos dos nazistas. Os quais não dirigiam a palavra a pessoas de certo tipo físico, a não ser para insultá-las ou ameaçá-las.

Mas Rosa logo iria enxergar o país real, ao receber um brasileiro em visita a Hamburgo, o advogado mineiro Daniel Carvalho. No setor de imigração do porto, controlado pela Gestapo, as autoridades alemãs suspeitaram de que, pelo nome e sobrenome, Carvalho fosse judeu. Ele foi apreendido e, apesar dos protestos de Rosa, levado para uma repartição interna no porto, onde o interrogaram, fotografaram-no de frente e de perfil e mediram seu crânio com um antropômetro. Ao se convencerem de que era "ariano", liberaram-no. Esse tipo de humilhação não podia ser evitado pelas autoridades diplomáticas estrangeiras — nem mesmo por Moniz de Aragão, tão bem relacionado com o Reich, porque a Gestapo estava acima da lei. E Rosa não demoraria a escrever que se chocava com o "J" amarelo nos casacos e com a placa nos playgrounds públicos dizendo "Exclusivo para crianças arianas".

Isso atenuou sua ingenuidade política. Rosa era adepto da astrologia e acreditava em horóscopos. Marcou consulta e foi atendido por Frau Heelts, famosa como horoscopista de Hitler. Sondando-a sobre a situação política, tendo em vista as informações que deveria passar para a chancelaria brasileira, Rosa registrou a afirmação de Frau Heelts: "não haverá guerra".

O braço do arianismo era capaz de atravessar oceanos. Em 1929, o então jornalista Sergio Buarque de Hollanda foi para Berlim como correspondente dos Diários Associados. Fazendo jus ao apelido que ganhara do colega Orestes Barbosa, de "Sergio Buarque dos Países Baixos" — por sua ativa militância amorosa no Rio —, Sergio Buarque, sem saber, deixara um presente para uma jovem alemã que conhecera pouco antes de voltar para o Brasil, no ano anterior: uma gravidez. A garota, Anne Ernst, teve o filho a quem deu o nome do pai — o dele. Mas Sergio Buarque só teve essa informação em 1932, quando a Secretaria da Infância e da Juventude, de Berlim, a quem fora confiado o menino, lhe escreveu no Rio. Ele se ofereceu para criar o garoto no Brasil ou ajudar de alguma forma na sua educação, mas não teve resposta. Em 1934, em outra carta, os alemães lhe disseram que o pequeno Sergio estava para ser adotado por um casal em Berlim, mas, para isso, precisavam certificar-se de que o menino era ariano. E a maneira de Sergio comprovar isso seria pelo envio da certidão de nascimento de seus quatro avós, dos pais e a dele próprio.

Esses documentos não eram fáceis de encontrar. No Brasil de fins do século xix, quando tinham nascido os pais e avós de Sergio Buarque, não se ligava muito para registros. A custo encontrou alguma coisa e mandou para Berlim. Os papéis, pelo visto, foram satisfatórios, porque o menino Sergio foi adotado e ganhou o sobrenome do casal — Günther.

Outro jornalista, José Jobim, menos airoso, teve uma visão mais acurada da Alemanha que conheceu entre 1930 e 1936. Correspondente do *Globo* e da Agência Meridional, era baseado em Paris, com trânsito por toda a Europa. Jobim assistiu à posse de Hitler como primeiro-ministro em 1932, mas antes disso já o vira em pessoa, em campanha, e se assustara com a sua oratória. Os oito microfones no púlpito pareciam tremer à voz daquele homem. Jobim estava tão perto do palanque de Hitler que, ao vê-lo abrir exageradamente a boca, percebeu que seu canino superior esquerdo era um dente de ouro. Ao lado de Hitler, estava o futuro ministro da Propaganda, Joseph Goebbels, um tampinha, mas também grande orador.

Em suas idas a Berlim, Jobim acompanhou a crescente caçada do nazismo à inteligência, à ciência e à cultura. Um a um, ele assistiu ao exílio, aposentadoria ou demissão de físicos, químicos e matemáticos, vários deles premiados com o Nobel, por serem judeus ou comunistas. Um deles, Albert Einstein. Ao se sentir cercado por gente tão raivosa, Einstein se mudou para a Bélgica. A Alemanha pressionou o governo belga a lhe negar proteção, e ele teve de se mudar de novo, agora para a Inglaterra. O ódio já extrapolava as fronteiras. Outros que acharam mais prudente ir embora da Alemanha foram os escritores Jakob Wassermann, Erich Maria Remarque, Max Brod, Hannah Arendt e os irmãos Heinrich e Thomas Mann, o maestro Bruno Walter, os compositores Kurt Weill e Oscar Straus, o cantor Richard Tauber, os teatrólogos Max Reinhardt e Bertolt Brecht, o artista plástico Wassily Kandinsky, os cineastas Fritz Lang, Billy Wilder e Robert Siodmak e os atores Peter Lorre, Conrad Veidt e Paul Henreid — estes três, no futuro, e não por acaso, seriam reunidos no elenco de um famoso filme antinazista: *Casablanca* (1942).

Jobim assistiu assombrado à redução da mulher alemã, antes ativa, altiva e tentadora, às funções subalternas dos três kk: "Küche, Kirche, Kinder" — cozinha, igreja e filhos. A mesma mulher que, até 1931, escutava jazz desacompanhada nos cabarés de Berlim, cheirava cocaína e passava o verão num campo de nudismo estava agora proibida de fumar em público e usar cabelo curto. Trabalhar fora tornara-se quase impossível. Suas novas funções eram as de se casar, cuidar do marido e produzir filhos bonitos. Do resto — prover trabalho ao marido e saúde, educação e esporte aos seus filhos — o Estado se encarregava.

Mas nada chocou tanto Jobim quanto as primeiras perseguições aos judeus. Quando o mundo ainda não acordara para o problema, Jobim observava as condições a que, em 1933, eles começavam a ser submetidos. Eram cuspidos nas ruas. Foram demitidos de todos os empregos públicos, até mesmo o de lixeiros. Por coação das autoridades, as empresas particulares também os mandaram embora — professores foram expulsos das universidades, médicos dos hospitais, jornalistas das redações. Aos escritores já não se permitia escrever em alemão, só em iídiche. Arianos que comprassem em lojas de judeus arriscavam-se a ir presos. Jobim escreveu sobre tudo isso e mandou para o Brasil. Nada foi publicado — já então a imprensa brasileira estava sob controle quanto à Alemanha. Em 1934, Jobim foi ao Rio e publicou por conta própria um livro: *Hitler e seus comediantes na tragicomédia: O despertar da Alemanha*. Tirou duas edições, lidas quase em segredo. Voltou para a Europa, mas já não podia entrar na Alemanha — a embaixada no Rio alertara Berlim sobre ele.

Na noite de 9 para 10 de novembro de 1938, o Führer deixou cair os últimos grampos de sua máscara de governante pacífico e tolerante. Forças paramilitares, milícias civis e a Juventude Hitlerista invadiram, atacaram, pilharam, depredaram e destruíram 7500 estabelecimentos judeus em todo o Reich. A ação ficou conhecida como a *Krystallnacht*, a "Noite dos Cristais", pelos cacos de vidro das vitrines das lojas, quebradas a coronhadas de fuzil e marretas, que forraram as ruas de Berlim, Viena e Praga. Seus proprietários foram humilhados, espancados ou fuzilados; cemitérios judaicos, profanados; e 267 sinagogas, incendiadas. Falou-se em 91 mortos, fora os casos de suicídio e insânia. Mais de 30 mil judeus foram detidos, acusados de "resistir", e mandados para os campos de concentração em Dachau e Buchenwald, que já estavam sendo concluídos. O governo ainda os obrigou a pagar pelos "danos produzidos".

O pretexto para tal foi o assassinato de um homem, Ernst von Rath, secretário da embaixada alemã em Paris, dois dias antes, por um judeu polonês, Herschel Grynszpan, dezessete anos, revoltado com a expulsão de seus pais e irmãos de Hannover. Pelos jornais, rádio e cinema, Goebbels transformou esse caso pessoal num complô judaico internacional. Deu-se o massacre, que ele classificou como uma "revolta espontânea do povo alemão", de que o governo "não tinha conhecimento", mas que não reprimira por considerá-la "justa".

A imprensa internacional abriu manchetes para a "Noite dos Cristais" e para a repulsa que ela despertou, principalmente na Inglaterra e nos Estados Unidos — Leni Riefenstahl, então em Nova York para uma exibição especial de seu novo documentário, *Olympia*, foi expulsa do país. Os jornais americanos traziam também as novas medidas do governo alemão contra os judeus em território germânico. Eles estavam agora proibidos de exercer funções públicas, possuir imóveis, reclamar indenizações, casar ou ter relações sexuais com arianos, prestar-lhes serviços médicos ou de advogados e sentar-se ao lado deles em restaurantes, cinemas, teatros, museus e escolas. Em certos itens, não era muito diferente das restrições aos negros nos Estados Unidos. Mas havia outras: os judeus ficavam também impedidos de possuir telefone, rádio, toca-discos, máquina fotográfica, fogão elétrico, plantas ornamentais e até peixes de aquário.

No Brasil, os jornais também registraram tudo isso, mas limitando-se às matérias das agências internacionais. Nenhum dos jornais, nem mesmo os mais progressistas, como o *Correio da Manhã* e o *Diário de Notícias*, ouviu brasileiros a respeito. No fundo, todos ecoavam o silêncio de Getulio, cujas anotações do dia 10 de novembro de 1938 em seu diário não traziam uma única palavra sobre a "Noite dos Cristais". Limitavam-se a lamentar a chuva que caíra naquele dia no Rio, que impedira as comemorações do primeiro aniversário do Estado Novo e o privara de jogar golfe.

Tal indiferença de Getulio podia denotar um velado antissemitismo. Ou não tão velado, já que continuava vigente a Instrução Secreta nº 1127 do Itamaraty, de 7 de junho de 1937 — anterior à implantação do Estado Novo —, barrando a entrada no Brasil de indivíduos de "origem semítica". Fazia parte da política pendular de Getulio: mantinha-se discreto e neutro em público, mas não escondia seu desapreço pelos judeus ao falar em off com os alemães.

E Hitler o inspirava de mais de uma maneira. Em 4 de maio de 1938, Getulio emitiu o Decreto-Lei nº 406, dispondo sobre estrangeiros no Brasil: "Art. 1º. Não será permitida a entrada de estrangeiros, de um ou de outro sexo, aleijados, mutilados, inválidos, cegos, surdos-mudos, indigentes, vagabundos, ciganos e congêneres, alcoolistas e toxicômanos; que apresentem afecção nervosa ou mental de qualquer natureza e lesões orgânicas com insuficiência funcional". E, para não restar dúvida, rezava o Art. 2º: "O Governo Federal reserva-se o direito de limitar ou suspender, por motivos econômicos ou sociais, a entrada de indivíduos de determinadas raças ou origens".

A Alemanha impunha a deportação em massa, porque não queria judeus dentro de suas fronteiras. E o Brasil só a custo entreabria as suas para recebê-los.

Em 1940, o matutino carioca *Meio-Dia* deu em manchete: SÓ NOS ÚLTIMOS SEIS MESES ENTRARAM NO PAÍS 150 MIL SEMITAS! Era mentira — mais uma do jornal de propriedade do pró-fascista Joaquim Inojosa e financiado pelos alemães. Os números verdadeiros eram mais modestos. De 1934 a 1937, entraram no Brasil 58 mil judeus, numa média de 14500 por ano. Dali, os números só decaíram. Em 1937, foram 9263; em 1938, 4900; e, em 1939, 2289.

Uma das razões desse decréscimo foi a citada Circular 1127, enviada a todas as missões diplomáticas e aos dezenove consulados brasileiros no exterior — quatro deles na Alemanha: em Berlim, Bremen, Colônia e Hamburgo. Determinava a recusa ao visto no passaporte de toda pessoa de que se soubesse, por evidente ou por declaração própria, "ser de origem étnica semítica". No caso de haver apenas suspeita, recomendava-se à autoridade consular "alegar empecilhos burocráticos para retardar ao máximo a concessão do visto". O ministro das Relações Exteriores, responsável pela circular, era o diplomata Mario de Pimentel Brandão, portador de um prussiano monóculo.

Muitos diplomatas brasileiros no exterior, impecáveis em seus punhos de renda, receberam essas diretivas com satisfação. O racismo no Itamaraty vinha de longe, controlando a entrada de orientais e especialmente judeus, sobre os quais havia uma fartura de motivos para serem considerados "indesejáveis". Na visão dos diplomatas, os judeus se recusavam a trabalhar no campo, e o que o Brasil "mais precisava" era de camponeses. Concentravam-se nas cidades, "disputando postos de trabalho com os brasileiros". Eram "inassimiláveis" — "infusíveis", na expressão do sociólogo Oliveira Vianna —, "não exerciam nenhuma atividade produtiva" e "só

operavam em função da usura e do lucro". Eram banqueiros e "propaga-
dores do comunismo". Temia-se que, ao se tornarem brasileiros, viessem a
"ter acesso às universidades, ingressar nas Forças Armadas e ocupar cargos na política e na administração pública". E, como expresso no livro *Os
protocolos dos sábios de Sião*, constituíam um império do mal, capaz de dominar Estados, influir em suas economias, fomentar crises internas e declarar a guerra ou a paz entre as nações de acordo com seus interesses —
um dr. Mabuse tentacular e mundial.

Eram argumentos contraditórios. Se os judeus não exerciam atividade
produtiva, como podiam disputar cargos de trabalho com os brasileiros?
Aliás, sendo inassimiláveis, como se tornariam brasileiros e teriam acesso
àquelas funções? E, se eram capazes de desbancar potentados e controlar
a economia global, por que, antes de emigrar, viviam em guetos paupér-
rimos em seus países, forçados a doenças e insetos? Além disso, se eram
banqueiros, acumuladores de riqueza, como podiam ser comunistas, que
só pensam em distribuí-la?

Aqueles diplomatas eram também infensos às razões humanitárias.
Conheciam bem o histórico de perseguições aos judeus e sabiam que sua
busca desesperada por abrigo era para escapar à morte, mas isso não os co-
movia. Para o embaixador Freitas Valle, o Brasil não tinha por que "pagar
o preço das perseguições praticadas contra essa gente pelo mundo afora".

Oswaldo Aranha, primo de Freitas Valle e ex-embaixador em Washington, sucedeu a Mario de Pimentel Brandão como chanceler em 15 de março de 1938. Em sua administração, também se emitiram circulares secretas sobre o problema judaico. Mas suas instruções, ao deixar espaço para
interpretações, reduziram o arbítrio com que o assunto era tratado. A Circular 1261, de 14 de novembro de 1938, decretava que seriam aceitos semitas "em viagens de turismo ou negócios, com regresso garantido pelo
país de origem"; "cônjuges ou parentes consanguíneos de imigrantes com
residência legal"; "agricultores, técnicos industriais e cientistas convidados pelo governo"; "artistas de prestígio reconhecido"; "casados com mulher brasileira ou que tenham filhos brasileiros"; "que possuam imóveis
no Brasil"; "capitalistas, dispostos à aplicação de tantos mil dólares [o valor
variava] à guisa de 'investimento'"; e, "no caso de o requerente alegar pro-
fessar a religião católica, apresentar certidão de batismo". Mesmo assim, todos receberiam, a princípio, apenas o visto temporário.

Eram muitas condições e, de propósito ou não, perfeitas para serem
burladas. Cada uma permitia uma saída. Os turistas tinham direito a no-

venta dias no Brasil, prorrogáveis por mais noventa. Isso significava seis meses de estadia legal, tempo em que poderiam encontrar algum pretexto para a permanência definitiva. Se não o encontrassem, ficavam sujeitos a expulsão ou expatriação — mas só se se provasse que eram "elementos nocivos à ordem pública". Já o imigrante era o estrangeiro que visava exercer atividade profissional lícita e lucrativa. Mas as autoridades se tornavam surpreendentemente flexíveis quando ele se mostrava capaz de abrir um negócio, oferecer emprego a brasileiros e pagar grandes impostos. Havia cotas para todas as categorias, mas, de repente, perdia-se a conta das já preenchidas. Tanto no Rio quanto nos consulados, o visto temporário podia se converter em permanente — com os serviços de um despachante e o pagamento de mais algumas quantias. O Comitê Judaico de Auxílio, funcionando em Botafogo, podia adiantar-lhes algum dinheiro na forma de empréstimo, suficiente para algumas diárias em pensões pela cidade, estas pertencentes também a refugiados judeus. No entanto, as portas estiveram fechadas a eles durante largo tempo.

As circulares enviadas pelo Itamaraty aos consulados comportavam interpretações contra ou a favor do requerente. Dependia da atitude pessoal dos cônsules. Os de Roma, Londres, Marselha, Antuérpia e Colônia as viam à sua maneira e concediam vistos acima da cota. Os de Budapeste, Lyon e Varsóvia os negavam sem nem sequer examinar seus papéis ou qualificações — embora, no caso de Varsóvia, houvesse funcionários que arriscavam a carreira fornecendo vistos secretamente. E, em outros consulados, como os de Gênova, Frankfurt e Berlim, os vistos eram possíveis, mas através de um intenso comércio clandestino.

Os negócios, para favorecer ou explorar os judeus, campeavam dentro e fora dos consulados. O mais comum era a venda pura e simples de vistos — à falta de dinheiro, aceitavam-se joias, objetos de arte, cristais e louças finas como forma de propina. Mas não era assim tão simples. Os vistos temporários custavam xis; os permanentes, o dobro. Uma profusão de carimbos, todos desnecessários, a cada novo documento ou papel que se exigia, aumentava ainda mais o preço. O "J" vermelho, carimbado na primeira página do passaporte, era obrigatório para identificá-los — sem o "J", o passaporte saía mais caro. Adulteravam-se documentos apondo o sobrenome Maria, símbolo da conversão religiosa, ao nome do titular, e, em conluio com padres, produziam-se certidões de batismo.

Os judeus não tinham escolha. Deixavam-se extorquir em troca da garantia de que, além de embarcar, conseguiriam chegar ao Brasil — e desembarcar. Sim, porque havia casos em que, apesar da documentação, eram impedidos de deixar o navio a não ser que abrissem mais uma vez a bolsa, dessa vez para os funcionários locais da imigração. Um último recurso era a entrada clandestina no país, também "facilitada" por esses funcionários.

Tudo era possível porque ninguém podia garantir quais eram as normas. Alguns chefes de missão que não se submetiam a elas e concediam vistos "em excesso" sofreram processos administrativos pelo Itamaraty, como o embaixador Luiz Martins de Souza Dantas, recordista de vistos em Paris e Vichy. Ao mesmo tempo, para desespero dos cônsules antissemitas, muitos a quem eles haviam negado o visto reapareciam no consulado com uma autorização por escrito da Secretaria de Estado do Itamaraty, no Rio, para que fossem aceitos — a que eles tinham de obedecer. Para os embaixadores, isso era coisa de Oswaldo Aranha, a quem atribuíam o amolecimento das circulares secretas.

E havia os cônsules que, por distração ou negligência, caíam nas artimanhas de seus auxiliares e assinavam vistos que nunca pensariam em conceder. Um dos truques consistia em levar-lhes uma pilha de papéis para assinar, entre os quais formulários com espaços em branco. Assinados automaticamente, esses formulários voltavam para a mesa do funcionário, recebiam os nomes dos beneficiados e se transformavam em vistos nos passaportes a serem assinados pelo cônsul adjunto.

Dois praticantes dessa tática eram o cônsul adjunto de Hamburgo, João Guimarães Rosa, e a encarregada da seção de passaportes do consulado, Aracy de Carvalho. Suas canetas salvaram mais de cem vidas.

Quando Guimarães Rosa, trinta anos, desembarcou em Hamburgo, em maio de 1938, para assumir seu cargo de cônsul adjunto, já encontrou no consulado a paranaense Aracy Moebius (ou, para os alemães, de que ela era descendente, Möbius) de Carvalho. Aracy, da mesma idade de Rosa, estava lá desde 1935. Fora contratada no Brasil por sua aptidão para línguas, principalmente o alemão, que aprendera em casa, e destacada para aquela cidade, onde tinha uma irmã. Sua principal atividade, a de preparação de documentos, podia ser subalterna, mas era fundamental — era Aracy quem os preenchia e os levava ao cônsul-geral para serem assinados. Mesmo antes da chegada de Rosa, já se arriscava a levar a seu superior formulários com linhas pontilhadas, que ela completava depois, formalizando o visto. Para todos os efeitos, eram vistos "legais".

Aracy não ficava nisso. Enquanto não conseguia ultimar seus vistos, escondeu em sua casa judeus que estavam sendo procurados. Com os passaportes em mãos, levava em pessoa os viajantes ao embarque e os acompanhava até a cabine do navio, para "não haver surpresas". E houve casos em que, não conseguindo fornecer-lhes o documento regular, transportou-os até a fronteira no porta-malas do carro do consulado. Como seu chefe imediato, Guimarães Rosa percebeu o que Aracy estava fazendo. Mas ficou do lado da funcionária, por cuja beleza e coragem se apaixonara e com quem passaria a viver. Rosa não escondia sua preocupação com os riscos que ela corria, mas acobertou sua atividade e se dedicou a dirimir possíveis suspeitas, elogiando-a profissionalmente para o cônsul-geral, o antissemita José Roberto de Souza Ribeiro.

Ninguém superou, no entanto, o embaixador em Paris e depois em Vichy, o carioca Luiz Martins de Souza Dantas. Aos 64 anos em 1940, já podia contemplar uma confortável aposentadoria. Mas, com a tomada de Paris pelos alemães, milhares de refugiados europeus na França tiveram de fugir de novo, só que em condições muito piores — a maior parte da Europa já fora tomada pelo nazismo e quase não havia mais para onde ir. Com as restrições também adotadas pelos Estados Unidos, a alternativa era a América do Sul. Isso só era possível através de Portugal ou da Espanha, "neutros" em relação a Hitler, mas nem tanto quanto a judeus — Salazar e Franco não gostavam deles. Some-se a isso o custo da salvação: precisavam ter dinheiro para as despesas da fuga, da viagem e, se atingido o destino, dos primeiros meses na terra estrangeira, sem emprego e sem renda. E todos tinham de vencer o primeiro e enorme obstáculo: a obtenção do visto. A partir de 1940, só os mais abonados conseguiriam escapar. À grande maioria, a de judeus pobres, coube o extermínio.

Souza Dantas tinha aguda consciência disso. Até então, fora o diplomata funcionalmente perfeito. Chegara muito jovem a embaixador, servira em várias capitais e, em todas, fora visto como o "príncipe da sedução". Em Paris desde 1922, tornara-se o decano do corpo diplomático — o de mais tempo em atividade na capital — e nem precisava mais ser tratado pelo nome. Referiam-se a ele como "l'Ambassadeur", o embaixador, e todos sabiam de quem se tratava. Seu poder de sedução também não declinara com a idade: era conhecido por sua "amizade" com as estrelas do music hall e da alta-costura, como Arletty, atriz dos filmes de Marcel Carné, e a estilista Coco Chanel.

A assinatura de vistos não competia normalmente aos embaixadores

— só se quisessem. Era função dos cônsules ou de funcionários do plantão diplomático. Mas Souza Dantas, prevendo encontrar pessoas desesperadas aonde quer que fosse, já andava com formulários e passaportes no bolso. Preenchia-os e os assinava à mão, ali mesmo, com caneta, sem perguntar se eram judeus, comunistas, ciganos, homossexuais, alcoólatras, mascates, cartomantes ou bufarinheiros, e muito menos sem lhes exigir dinheiro. Sabia que eram antifascistas e em perigo, e isso bastava.

No mesmo dia 10 de junho, poucas horas depois da Ocupação, o Quai d'Orsay, sede do Ministério dos Negócios Estrangeiros francês, ordenou às representações diplomáticas que deixassem Paris. O novo "governo" francês, permitido pelos alemães, iria para Vichy, famosa pelas águas, no centro do país, tendo como presidente formal o general Philippe Pétain, cuja aceitação do cargo mancharia a sua história de herói francês na Primeira Guerra. Souza Dantas, como de praxe, mandou queimar os arquivos e, com seus auxiliares mais chegados, marchou para lá. Nas várias escalas do caminho, assinou formulários e passaportes às centenas, mesmo que nem todos os beneficiados estivessem vindo para o Brasil. Sua assinatura bastava para que pudessem deixar a Europa, o que já era muito.

O acúmulo de vistos assinados por Souza Dantas desencadeou enorme pressão sobre o Itamaraty e obrigou Oswaldo Aranha a assinar a Circular 1498, de 6 de janeiro de 1941, determinando, a partir daquela data, a suspensão de quaisquer vistos aos judeus. Mas Souza Dantas continuou a emiti-los, forjando datas anteriores à da circular, e com isso salvou mais algumas dezenas de vidas. Até que foi comunicado pelo Itamaraty de que seus vistos, não importava a data, estavam sem efeito.

Em meados de 1941, saiu da Europa o último navio com refugiados para qualquer lugar. Ali se fechavam as portas. Hitler pediu a Reinhard Heydrich, general da ss, uma *"Endlösing der Judenfrage"* — "solução final para a questão judaica". Heydrich não lhe faltou. Um ano depois, em 23 campos que passaram a ser de extermínio na Alemanha, na Polônia e na Croácia, abriam-se as portas dos fornos crematórios.

8

Os dois pratos da balança

Era uma turma para quem as palavras não conheciam fronteiras. Não tinham oceanos a separá-las. As línguas eram irmãs, mesmo que de pais diferentes, e tinham canais de comunicação, lógicos e mágicos, como deveria ser também com as pessoas. Em 1936, em Budapeste, o judeu húngaro Paulo Rónai, linguista e tradutor, leu casualmente — em português — um poema do brasileiro Ribeiro Couto e se apaixonou pelos sons que pensou escutar. Passou a frequentar o consulado do Brasil e, em pouco tempo, com a ajuda de um dicionário alemão-português e do *Correio da Manhã*, que o consulado recebia com atraso, aprendeu a lê-lo. Falar era mais difícil, e Rónai, convidado a dar aulas diárias de francês para o cônsul Mario Moreira da Silva, aceitou fazer isso em troca de conversas com o diplomata para absorver a fala brasileira. Em 1938, quando a Hungria estreitou suas relações com Hitler e vieram as primeiras perseguições aos judeus, Rónai começou sua luta por um visto para o Brasil.

A essa altura, com seu domínio de outras línguas, já escrevia bem em português. Correspondia-se com escritores brasileiros, como Aurelio Buarque de Hollanda Ferreira, Carlos Drummond de Andrade, Dante Milano e Cecília Meirelles. Mandava artigos sobre literatura para o *Correio da Manhã* e, em 1939, lançou em Budapeste uma antologia da poesia brasileira em húngaro, traduzida por ele. Nem assim conseguia que o Itamaraty lhe atribuísse a "expressão cultural" que lhe possibilitaria o certificado. Rónai não sabia que a concessão de seu visto não estava empacada no Rio, mas lá mesmo, em Budapeste, na gaveta do homem a quem ele ensinava o verbo *aller* e com quem aprendia a fala brasileira: o cônsul Mario Moreira da Silva, silenciosamente antissemita, decidido a cumprir a Circular Secreta nº 1127 e não viabilizar vistos para judeus. Para sorte de Rónai, Moreira foi transferido de Budapeste em fins de 1939. Seu sucessor assinou o visto e, em 1940, aos 33 anos, três anos depois de ter pedido o documento e sido internado num campo de trabalhos forçados, Rónai enfim embarcou para o Rio. Outros 250 indivíduos de "origem declaradamente semita" a quem Mario Moreira da Silva recusou o abrigo brasileiro acabaram nos fornos coletivos.

Um ano antes, em 1939, outro refugiado europeu aportara por aqui, mas em condições diferentes: nunca lera um livro brasileiro, não falava português e não conhecia ninguém. Por essas deficiências, foi classificado pela imigração como "agricultor" e mandado a capinar em Rolândia, no interior do Paraná. Não se deu bem — nunca empunhara uma enxada na vida — e abandonou o campo. Foi para São Paulo, onde viveu de vender os livros e pequenas esculturas que trouxera no navio. Em 1941, também por seu conhecimento de nove ou dez línguas, entre as quais latim, já sabia ler e falar em português e começara a estudar o país. Veio para o Rio, procurou o crítico Alvaro Lins, editor do Suplemento Literário do *Correio da Manhã*, e lhe ofereceu um artigo — em francês, enquanto ainda não se sentia seguro para escrever na língua. Alvaro Lins se impressionou. Ofereceu-lhe uma colaboração fixa, semanal, e começou a celebrar, em pessoa e por escrito, a importante novidade para a cultura brasileira: a chegada do austríaco Otto Maria Carpeaux.

E, como sempre, a razão disso era a guerra. Carpeaux, de pai judeu, mãe católica e fé dividida, decidira-se formalmente pelo cristianismo em 1932, em Viena. Nascido Otto Karpfen, adotou primeiro o nome Otto Maria Fidelis, sendo o Maria uma constante entre os judeus convertidos. A troca de Fidelis por Carpeaux, mais internacional, viria em 1935. Não foi uma simples adesão de sua parte a uma novo credo, mas uma entrega radical. Para ele, o mundo, de repente, passara a se reger pelo pensamento católico. Aos 39 anos, em 1939, Carpeaux já tinha um agitado currículo intelectual, em Viena, Paris, Nápoles e Berlim, com dez livros publicados sobre matemática, física, química, teologia e religião. Tinha também uma agitada militância política, por sua proximidade com o chanceler austríaco Engelbert Dollfuss, praticante de um estranho fascismo antinazista, assassinado em 1934, e com o sucessor dele, Kurt Schuschnigg, líderes da resistência à anexação da Áustria pela Alemanha.

Em março de 1938, quando Hitler entrou triunfante em Viena em seu cabriolé 320-D conversível da Mercedes-Benz, Carpeaux e sua mulher, a cantora lírica Helène Silberherz, decidiram que era hora de partir. Foram para Antuérpia, na Bélgica, mas, convertido ou não e com sua ascendência judaica, nenhum lugar lhe era realmente seguro. Por sorte, tinha bons contatos no Vaticano. Em 1939, eles lhe conseguiram uma carta do novo papa, Pio xii, a Alceu Amoroso Lima, pedindo que o líder católico brasileiro o ajudasse a conseguir asilo no Brasil. Alceu, com seu prestígio no Estado Novo, não teve dificuldade. De posse do visto, em setembro de 1939, o casal tomou o navio belga *Copacabana* rumo ao Rio. Carpeaux deixava a Europa como judeu e ingressava no Brasil como católico — e não era sem tempo porque, assim que se viram a bordo, ele e Helène souberam que a guerra fora declarada.

No Rio, Aurelio Buarque de Hollanda apresentou Carpeaux a Paulo Rónai e eles passaram a se visitar em seus apartamentos, Carpeaux, no Leme, e Rónai, no Flamengo. Os dois tinham em comum a quase extinção de seus países pelo nazismo, a fuga da Europa e o imponderável no outro lado do Atlântico. Traziam também uma extensa vivência dos cafés literários dos anos 20 e 30, como o New York, em Budapeste, o Central, em Viena, e o Romanisches, em Berlim. Em comum entre eles, uma cultura enciclopédica e grande interesse pelo que não sabiam. Rónai passava o dia preparando e dando aulas, lendo, escrevendo, traduzindo, frequentando livrarias e descobrindo escritores brasileiros. Nos intervalos, ia à praia todos os dias, no Flamengo, e jogava xadrez com Marques Rebêlo nos fundos da José Olympio. Não sabia o que era tédio. E Carpeaux foi apresentado por Alvaro Lins aos editores dos suplementos literários — todos os jornais do Rio tinham um, semanal, com oito ou doze páginas —, que o cumularam de encomendas de críticas, artigos e ensaios. Durante o ano de 1941, ele ainda dependeu de Aurelio Buarque para traduzir seus textos em francês. Mas, um ano depois, já escrevia em português, com uma simplicidade a que os nativos não estavam habituados. Também o falava bem — na medida do possível, porque era absurdamente gago. E, segundo ele, às vezes até pensava em português.

Em 1942, Carpeaux conseguiu muito mais do que um visto de permanência. Ganhou a cidadania brasileira, sem precisar cumprir os cinco anos de permanência no Brasil exigidos por lei. Para isso, contou com um manifesto dirigido ao ministro da Justiça, Francisco Campos, assinado por uma galeria de intelectuais: Augusto Frederico Schmidt, Afonso Arinos de Mello Franco, Carlos Drummond de Andrade, Manuel Bandeira, José Lins do Rêgo e Austregésilo de Athayde. E com razão: já estava perfeitamente assimilado. Todo mandíbula e sobrancelhas e, no canto da boca, um cigarro dos quatro maços de Belmont que fumava por dia, era impossível não vislumbrar Carpeaux na multidão. Em pouco tempo, ele pagaria com sobras os braços que o Brasil lhe abrira.

O Brasil despertou em Carpeaux a veia literária. Na Europa, transitara com brilho por várias disciplinas sem se fixar em nenhuma. Aqui, converteu-se numa autoridade em literatura estrangeira. Seus artigos, escorados em anos de filosofia, história e sociologia, tinham o aroma da Viena germânica, latina e eslava. Falavam de Kafka, Hugo von Hofmannsthal, Walter Benjamin e outros autores de quem pouco se sabia aqui e que ele, sem querer humilhar ninguém, conhecera até pessoalmente. Pelos seus olhos, dia e noite, só passavam palavras — as dele e as dos outros.

Em 1939, a cena cultural do Rio se concentrava no centro da cidade. Ali ficavam o Ministério da Educação, a Biblioteca Nacional, a Academia Brasileira de Letras, o INL (Instituto Nacional do Livro) e a ABI (Associação Brasileira de Imprensa); as principais livrarias, como a Freitas Bastos, José Olympio, Kosmos, Francisco Alves, A Noite e a caçula São José; as grandes editoras, como a José Olympio, Civilização Brasileira, Agir, Vecchi, Pongetti, O Cruzeiro, Zelio Valverde, Editorial Conquista e Imprensa Oficial; as redações de jornais, como o *Correio da Manhã*, *Diário Carioca*, *Diário de Notícias*, *Diário da Noite*, *O Jornal*, *O Globo*, *A Notícia*, *Correio da Noite*, *Jornal do Brasil*, *Jornal do Commercio*, *Gazeta de Notícias*, *O Radical*, *O Imparcial*, *Vanguarda* e *Meio-Dia*; do semanário literário *Dom Casmurro* e de revistas como *O Cruzeiro*, *O Malho*, *Diretrizes*, *Carioca*, *Eu Sei Tudo*, *Fon Fon*, *A Noite Ilustrada*, *Vamos Ler!*, *Revista da Semana*, *Revista Acadêmica* e *Rio Magazine*; e as agências de notícias Nacional, Meridional, Associated Press, United Press, France-Presse e Transocean.

Todos esses órgãos e veículos distavam menos de dez minutos uns dos outros e da avenida Rio Branco — e todos trabalhavam com colaborações pagas. Um escritor, pulando de um para o outro, não passaria aperto. Dois ternos bastavam para o dia a dia. Morava-se em pensões e o veículo era o bonde. Comer também era barato. Na maioria dos restaurantes, duas pessoas almoçavam pelo preço de uma. E, em último caso, havia os "automáticos", máquinas que davam para a calçada e, por uma moeda, despejavam um sanduíche de mortadela.

Quem eram esses escritores? Gente de toda parte do Brasil, vinda para o Rio em gaiolas flutuantes ou em hidroaviões, com um pé no jornalismo e o outro nos diversos gêneros literários — ficcionistas, poetas, cronistas, historiadores, críticos, biógrafos ou penas de aluguel —, para competir com os nativos, já firmemente plantados aqui.

Seus talentos eram tão variados quanto suas plumagens políticas. Havia os de esquerda, como Jorge Amado, Rachel de Queiroz, Graciliano Ramos, Carlos Lacerda, Alvaro Moreyra, Anibal Machado, Hermes Lima, Nelson Werneck Sodré, Moacir Werneck de Castro, Apparicio Torelly, Dalcydio Jurandir, Oduvaldo Vianna, Astrojildo Pereira, Joel Silveira e, com o coração sob os severos braços cruzados, Carlos Drummond de Andrade. Os liberais, quase de esquerda, como José Lins do Rêgo, Agrippino Grieco, Dante Milano, Marques Rebêlo, Joracy Camargo, Anisio Teixeira, Gilberto Freyre, Amando Fontes, Rubem Braga. Os quase de direita como Manuel Bandeira, Affonso Arinos de Mello Franco, Jorge de Lima, Olegario Mariano, Murilo Mendes, Andrade Muricy, Tasso da Silveira, Lucio Cardoso. E os de direita assumidos, como Alceu Amoroso Lima, Augusto Frederico Schmidt, Octavio de Faria, Vinicius de Moraes, Candido Motta Filho, Cassiano Ricardo, Menotti del Picchia e outros que a história esqueceu. Bem à brasileira, quase todos se davam cordialmente e alguns dividiam a mesma bancada numa redação. As brigas, quando aconteciam, eram pelos motivos de sempre: uma dívida por dinheiro, uma disputa amorosa ou uma crítica mal assimilada de um livro recém-lançado.

Uns pelos outros, aqueles escritores estavam passando o rodo na vida literária do país. Os beletristas dos anos 1910 e 1920, tanto parnasianos quanto modernistas, foram avassalados por uma onda de ficcionistas de verdade, com seus romances realistas, em estilo seco, com personagens de carne e osso e tendo como cenário o Brasil. A onda começara com *A bagaceira* (1928), do paraibano José Americo de Almeida. A ele se seguiram, como numa ressaca, *O quinze* (1930), da cearense Rachel de Queiroz, *Menino de engenho* (1932), *Banguê* (1934) e *Moleque Ricardo* (1935), do também paraibano José Lins do Rêgo, *Os Corumbas* (1933), do sergipano Amando Fontes, *S. Bernardo* (1934), *Angústia* (1936) e *Vidas secas* (1938), do alagoano Graciliano Ramos, *Jubiabá* (1935), *Mar morto* (1936) e *Capitães de areia* (1937), do baiano Jorge Amado, *Caminhos cruzados* (1935), *Música ao longe* (1935) e *Olhai os lírios do campo* (1938), do gaúcho Erico Verissimo, *Os ratos* (1935), do também gaúcho Dyonelio Machado, *Salgueiro* (1935) e *A luz no subsolo* (1936), do mineiro Lucio Cardoso, *Mundos mortos* (1937), do carioca Octavio de Faria, e *Oscarina* (1931), *Marafa* (1935) e *A estrela sobe* (1938), do também carioca Marques Rebêlo. O autor, o narrador e o personagem tornavam-se uma só pessoa, testemunha de uma realidade social áspera e injusta que, até então, a literatura brasileira ignorara. Exceto Verissimo e Dyonelio, cidadãos de Porto Alegre, todos moravam no Rio e seus livros saíam por editoras cariocas.

As escritoras, pela primeira vez, também circulavam em batalhões pelas editoras, livrarias e redações: as romancistas Rachel de Queiroz, Dinah Silveira de Queiroz e Carolina Nabuco, as poetas Cecília Meirelles, Gilka Machado, Adalgisa Nery, Béatrix Reynal, Lya Corrêa Dutra, Maria Eugenia Celso, Rosalina Coelho Lisboa e Yonne Stamato, a cronista Eneida de Moraes, a múltipla Lucia Miguel Pereira, as jornalistas Eugenia Alvaro Moreyra, Zora Seljan, Bluma Wainer, Sylvia Bittencourt e Niomar Moniz Sodré. Sentavam-se nos cafés com os colegas, tomavam conhaque e algumas fumavam — Odalisca, o cigarro predileto; Eugenia Moreyra fumava cigarrilhas, que acendia com um isqueiro em forma de pistola.

Não há notícia de assédios grosseiros a elas, embora duas ou três fossem notáveis pela beleza — mais do que todas, Yonne Stamato, 24 anos em 1939, que virava a cabeça de Jorge Amado e dos que conviviam com ela na redação de *Dom Casmurro*, na Cinelândia. Yonne era competente como poeta, autora de *Sinfonia da dor*, de 1938, e *Porque falta uma estrela no céu*, de 1939, editados por ela mesma e com vestígios de Cecília e Adalgisa. Mas seu terceiro livro, *A imagem afogada*, sairia em 1942 pela editora de A Noite e com ricos aparatos: capa pelos refugiados Maria Helena Vieira da Silva e Árpád Szenes e bico de pena de Yonne por Szenes na página 4, realçando os fartos cabelos claros que lhe iam até a cintura.

Assim como os homens, essas mulheres formavam um leque ideológico que ia da ultracomunista Eugenia à liberal Dinah e da trotskista Rachel à ultraconservadora Rosalina — esta última, progressista na defesa do divórcio e da participação da mulher na sociedade, mas, em política, quase à direita de seu amigo Plinio Salgado.

Essa pequena multidão de homens e mulheres se esbarrava durante o dia por vários pontos do centro, mas o principal era a José Olympio — Livraria José Olympio Editora —, na rua do Ouvidor, 110, de esquina com a avenida Rio Branco. E a José Olympio não se limitava à turma da escrita. Era onde os intelectuais discutiam política, os políticos discutiam literatura e havia um que praticava as duas águas: José Americo de Almeida, escritor bissexto e ex-candidato à Presidência da República em 1937. Mas, mais do que a política nacional, a iminência da guerra na Europa era o grande assunto. Já então era evidente que Hitler queria a *Weltherrschaft*, a conquista do mundo.

No começo, os escritores se reuniam em qualquer parte da livraria. Mas o contingente cresceu tanto que o proprietário, José Olympio transferiu seu escritório, nos fundos do térreo, para o segundo andar e cedeu esses fundos para os amigos. Nenhum outro lugar no Brasil reunia tantos talentos por metro quadrado.

A José Olympio era um território politicamente neutro. Seus habitués eram majoritariamente inimigos do Estado Novo, embora alguns, com a maior naturalidade, fossem funcionários desse mesmo Estado Novo — como Drummond, chefe de gabinete do Ministério da Educação, Zé Lins, fiscal de consumo, Graciliano, fiscal do ensino, Magalhães Junior e Vinicius, censores de cinema. Outros eram beneficiados com alguma sinecura oficial, a que compareciam de manhã para assinar o ponto, deixar o paletó na cadeira e voltar no fim da tarde para recolhê-lo. Para lhes facilitar a vida, todas as repartições públicas também ficavam no centro da cidade. Nos fins de tarde, o ponto de encontro era o café Amarelinho, na Cinelândia, com as mesas da calçada para chopes e mexericos e o salão interno para conspirações.

José Olympio conseguiu manter-se à tona das vagas políticas e não há registro de que algum título de sua editora tenha sido jamais proibido. Teve a audácia de publicar *Angústia*, de Graciliano Ramos, quando o autor estava preso na Ilha Grande por suposto envolvimento no levante de 1935. Jorge Amado, também preso em 1936, passou dois meses na Polícia Especial e, ao sair dela sem tostão, recebeu uma proposta de José Olympio: 500 mil-réis, soma considerável, por um novo romance que ele viesse a escrever. Jorge foi para a Bahia e, em duas semanas, escreveu *Mar morto*.

Um dos motivos para José Olympio fazer tudo isso e não ser incomodado pela ditadura era sua habilidade — não fosse ele grande jogador de pôquer, mestre na arte da dissimulação. Outro era o fato de o próprio ditador ser, desde 1938, um dos autores da sua editora — os livros de Getulio, oito volumes intitulados *A nova política do Brasil*, à base da compilação de seus discursos, passavam em branco pelas livrarias, mas, comprados pelo governo, escoavam em doações maciças aos estados e prefeituras. E, sem cerimônia, José Olympio fora também editor de Plinio Salgado, Gustavo Barroso e Miguel Reale, luminares do integralismo. Todos eram uma grande família.

O documentário de Leni Riefenstahl *Olympia*, sobre os Jogos Olímpicos de 1936, em duas partes de quase duas horas cada, 1. *Fest der Völker* (*Festival das nações*) e 2. *Fest der Schönheit* (*Festival da beleza*), estreara em Berlim em abril de 1938. Apenas oito meses depois, em dezembro, a primeira parte, intitulada aqui *Olimpíadas*, entrou em cartaz em quatro cinemas do Rio: Pathé-Palace, Ópera e Primor, no centro da cidade, e Haddock Lobo, na Tijuca. Na semana de estreia, competiu com pesos-pesados de bilheteria, como *Dance comigo*, com Fred Astaire e Ginger Rogers, e *Zola*, com Paul Muni, e ficou em cartaz por mais tempo do que eles. Foi sucedida nos mesmos cinemas pela segunda parte, aqui intitulada *Mocidade olímpica*, que ficou até março de 1939. Era uma carreira notável para a época. Ao contrário de *Triunfo da vontade*, que poucos haviam visto fora da Alemanha, *Olympia* teve carreira internacional, pelo apelo do assunto e pelo boca a boca de admiração das plateias.

Como cinema, era ainda mais impressionante do que *Triunfo da vontade*. Ao filmar as provas das 22 modalidades em disputa, Leni concentrou a primeira parte nas marcas e nos recordes e reservou a segunda para um formidável êxtase visual — um show de tórax, músculos e tendões em movimento. Para isso, além das câmeras em seis pontos diferentes do estádio, distribuiu-as por barcos, balões, planadores, carros, gruas, trilhos, patins e até um minielevador acoplado ao mastro da bandeira olímpica. À maneira do cineasta americano D.W. Griffith, abriu fossos onde colocava as câmeras para que atletas (contratados por ela) saltassem por cima. A grande sensação, no entanto, era a câmera subaquática, que seguia o mergulhador do trampolim ao fundo da piscina, mergulhando junto com ele. Além disso, acoplou câmeras menores ao peito de corredores fora da competição e, intercalando essas imagens com as das provas oficiais, criou a ilusão de que a pista estava sendo vista pelos olhos deles — o que depois se chamaria de "câmera subjetiva". Leni também explorou ao máximo o uso de recursos já clássicos como íris, cortinas, plongées, contre-plongées e claro-escuro, e usou o corte, a câmera lenta e a montagem reversa para criar balés aéreos com os saltos do trampolim.

Com tudo isso, Joseph Goebbels, ao assistir ao filme antes do lançamento, sentiu-se traído. Embora *Olympia* tivesse sido uma encomenda do Comitê Olímpico Internacional, o Reich é que bancara os custos da produção. Donde Goebbels esperava propaganda, não pirotecnia. Além disso, acusou o filme de contaminado pelas muitas cenas com a bandeira dos Estados Unidos no pódio, ao som do hino americano. Por ele, *Olympia* seria incinerado. Quem salvou o filme da destruição foi o cinéfilo Adolf Hitler, que admirava Leni e lhe era grato por *Triunfo da vontade*. Hitler não se abalou nem com as imagens do corredor Jesse Owens, ganhador de quatro medalhas de ouro, desde que se limitassem às versões do filme para o exterior e fossem minimizadas nas cópias em alemão. Ao contrário do que se pensava, Hitler e Leni não eram amantes. O caso amoroso de Leni durante a Olimpíada, segundo revelou em suas memórias, foi o americano Glenn Morris, medalhista de ouro do decatlo — logo depois, intérprete de Tarzan em um único filme, o marca barbante *A vingança de Tarzan* (1938).

Mussolini também sabia usar o esporte, no caso o futebol, como arma política. A seleção italiana, já campeã em 1934 na Copa do Mundo disputada em casa, fora campeã olímpica em Berlim e seria de novo vitoriosa na Copa do Mundo de 1938, na França. Ao término da partida final, contra a Hungria, ao receber a taça das mãos de Jules Rimet, presidente da Fifa, Meazza, capitão da seleção italiana, fez a saudação nazista. Foi aplaudido e vaiado em partes iguais pelo público no estádio de Colombes, perto de Paris. Para Meazza, o gesto podia ser de alívio — na véspera, Mussolini teria mandado um telegrama para a delegação, dizendo "Vitória ou morte". Para o *Duce*, valera a pena. Com mais esse título, ele agora era também o *Duce* do futebol mundial.

A Copa de 1938 foi igualmente importante para Getulio. A CBD declarou Alzira madrinha oficial da seleção e ela seguiu com a delegação pelo transatlântico *Arlanza*. O governo bancou também a ida do radialista Gagliano Neto para transmitir os jogos pela Rádio Clube — pela primeira vez ouvir-se-ia aqui a seleção jogar em outro continente. O povo viveu ao pé do rádio durante duas semanas de junho, com Gagliano fazendo de cada partida um evento patriótico, em que Getulio só faltava fazer tabelinha com os craques Patesko e Peracio.

O Brasil começou vencendo a Polônia por 6 a 5 nas oitavas de final. Empatou com a Tchecoslováquia por 1 a 1 nas quartas e derrotou-a por 2 a 1 num jogo-desempate. A decepção veio no jogo seguinte, o da semifinal, com a derrota para a Itália por 2 a 1. E, com isso, teve de se contentar com a disputa do terceiro lugar — que conquistou, derrotando a Suécia por 4 a 2. A seleção era forte, mas sofreu pela falta de preparo físico. A viagem para a França durara dezoito dias, num navio de luxo, mas sem espaço para ginástica ou treinamento — o atacante Romeu, do Fluminense, um dos craques do time, engordara nove quilos. Pelo menos, Leonidas, do Flamengo, fora o artilheiro da Copa com sete gols, um deles marcado descalço. Estava trocando de chuteira nas imediações da área da Tchecoslováquia quando o tiro de meta do goleiro adversário saiu mascado e a bola caiu perto dele. De meião azul e chuteira na mão, e com sua picardia de garoto da zona portuária, mandou a bola para dentro e valeu.

Ali mesmo, em Paris, o Brasil se candidatou a sediar a Copa seguinte, de 1942. A Fifa via a candidatura com simpatia, até porque as duas Copas anteriores tinham sido na Europa e era a vez da América do Sul. Em 1939, a CBD trouxe Jules Rimet ao Brasil, passeou-o pelos estádios e ele gostou. Mas não haveria Copa do Mundo em 1942. Nem em 1946.

A tentativa de Hitler de convencer o mundo de que queria a paz, quando estava se preparando para a guerra, era só um jogo de espelhos. Em fevereiro de 1939, a Alemanha lançou às águas o *Bismarck*, um couraçado de guerra de 251 metros de comprimento, tripulação de 2200 homens comandados por 103 oficiais, e equipado com vinte canhões de 150 e 380 milímetros, 44 metralhadoras antiaéreas, quatro hidroaviões, três radares e blindagem pesada. Era o navio militar mais poderoso da Europa e, naturalmente, não se destinava à pesca da tainha. Mas a simulação chegou ao fim no dia 23 de agosto, quando um sorridente Joachim von Ribbentrop, seu ministro do Exterior, e o soturno Viatcheslav Molotov, comissário do Povo para os Negócios Exteriores de Stálin, sentaram-se em Moscou para assinar um pacto de não agressão entre a Alemanha e a URSS. O acordo se deu na presença do próprio Stálin, em uniforme branco de gala e bigodes engraxados com cera de abelha. Os inimigos de sempre se tornavam os aliados de hoje.

Se o mundo foi surpreendido pelo acordo, tão improvável quanto inexplicável, os arraiais de esquerda o receberam como uma bomba, e ninguém mais perplexo do que os comunistas. Pelo acordo Berlim-Moscou, com duração de dez anos, os dois países prometiam abster-se de qualquer agressão militar mútua, individual ou em conjunto com outras potências. No caso de agressão de um terceiro, o outro não alinharia suas forças às do adversário. E cessava imediatamente a propaganda de um contra o outro. Isso significava que o comunismo se irmanava ao nazismo como fé e programa de vida, e que tudo que se dissera e se escrevera sobre Hitler não era para valer. A morte de milhares de republicanos e brigadistas na Guerra Civil Espanhola fora em vão e Guernica não existira. E, no Brasil, os mortos e feridos nas batalhas contra o integralismo, filial nacional do fascismo, não importavam.

O PCB, ao seu estilo, acusou a imprensa de fazer "confusão intencional" a respeito do pacto, mas até os comunistas mais cascudos, como Astrojildo Pereira, ficaram paralisados. Quando indagado a respeito, a resposta-

-padrão de Astrojildo era: "Vamos esperar". Um mal-estar correu pelas fileiras do partido, abafado pela disciplina partidária — ninguém se manifestou publicamente contra. Ao contrário, foram instruídos a dizer: "É uma estratégia", "Um golpe no imperialismo britânico" e "Stálin sabe o que faz". Este último argumento encerrava o assunto: para os comunistas, Stálin, "guia, mestre e pai", era "o maior estadista, o maior governante, o maior general, o maior pensador" e até "o maior cientista do mundo". Finalmente chegou-se à convicção de que, como era inevitável um futuro conflito entre a Alemanha e a URSS, o pacto permitiria a Stálin ganhar tempo para armar o país. Nesse sentido, era como se ele tivesse saído ganhando.

Mas foi o contrário. O pacto germano-soviético aconteceu no lugar de um esperado pacto anglo-franco-soviético para defender a Polônia, vista pelo nazismo como um corredor para sua expansão pelo que ainda lhe faltava do Leste Europeu. Isso significava que a URSS abandonara a Polônia à própria sorte. Oito dias depois do pacto, a Alemanha invadiu a Polônia e a dividiu com a URSS.

O lance mais absurdo do xadrez mundial não abalou a estratégia de Getulio. Num contexto em que o globo parecia se dividir entre as extremas direita e esquerda, e os líderes ocidentais sentiam-se obrigados a se definir por uma ou por outra, Getulio praticava a arte de se equilibrar entre os polos. Para isso, seu governo tinha um polo em cada prato da balança.

De um lado, pendia para o fascismo, nas pessoas de Dutra, Goes Monteiro, Filinto Müller, Francisco Campos, o ministro da Fazenda Arthur de Souza Costa, o da Educação Gustavo Capanema (criador em 1931 de uma milícia de "camisas-pardas", de moldes fascistas, em Belo Horizonte), e, em breve, Lourival Fontes, chefe da propaganda. Dutra e Goes Monteiro se diziam "prussianos tropicais" e não escondiam sua ojeriza aos ingleses. No outro prato, o da democracia, Getulio tinha o novo ministro das Relações Exteriores, Oswaldo Aranha, seu mais antigo amigo — dos poucos a chamá-lo de "tu" e dividir com ele um chimarrão, chupando da mesma bomba.

A balança podia parecer desigual, a favor dos primeiros, mas não era. Dutra, Goes, Filinto, Chico Campos, Souza Costa, Capanema ou Lourival, por mais germanófilos, não tinham acesso nem ao barbeiro de Hitler. Já Aranha, ex-embaixador nos Estados Unidos, tinha um canal aberto com Cordell Hull e Sumner Welles, respectivamente secretário e subsecretário de Estado, através dos quais chegava ao presidente Roosevelt, com quem, desde os tempos de Washington, conversava em francês. Em fevereiro de 1939, Roosevelt, acamado e de termômetro na boca, o receberia em seus aposentos na Casa Branca e lhe confidenciaria que, já se precavendo para uma possível guerra, os Estados Unidos estavam começando a se armar. E, ao lado de Aranha no governo, contavam-se também o general Cordeiro de Farias, interventor no Rio Grande do Sul e de grande liderança na tropa, e o embaixador Carlos Martins Pereira de Souza, novo titular nos Estados Unidos.

Assim que assumiu a embaixada, Carlos Martins, 55 anos, conseguiu um milagre: tornar-se tão popular em Washington quanto fora Oswaldo Aranha. Gordo, alto e imponente, Martins era um homem sagaz, atualizado e, para inveja dos americanos, recendendo aos velhos salões europeus em que servira antes da Grande Guerra — encarregado de negócios nas cortes do imperador Francisco José, em Viena, e do tsar Nicolau II, em São Petersburgo. A diplomacia exige fino trato social, e as festas de Carlos Martins na embaixada eram disputadas pelos secretários do governo Roosevelt. Ao piano, em dia com os últimos sucessos de Benny Goodman, o então senador Harry Truman.

E havia a mulher de Carlos Martins, Maria Martins, 45 anos (ou 39, como ela preferia), cuja classe ao se vestir e a exuberância ao dançar encantavam aqueles colarinhos duros. Por trás da embaixatriz, anfitriã perfeita, existia a escultora que se assinava apenas Maria, admirada pelos experts Nelson Rockefeller, ex-presidente do MOMA, e Peggy Guggenheim, socialite e colecionadora. Rockefeller e Guggenheim, convidados permanentes do casal, viam nela uma herdeira do surrealismo dos anos 20 e admiravam suas peças em metal e bronze. O que os fascinava, no entanto, era o trabalho de Maria em madeiras brasileiras: jacarandá, imbuia, mogno e peroba. Maria e Carlos Martins eram como que líderes da colônia diplomática em Washington, o que amenizava a desconfiança da Inteligência americana em relação a Getulio.

Mas nem o embaixador conseguia esconder a vocação de Getulio para o autoritarismo. Ela estava evidente na Constituição que o ditador encomendara a Francisco Campos e que lhe dava um punho de ferro para governar. Para Getulio, qualquer fresta nesse punho podia ser um risco, mesmo que se referisse ao país que ele admirava e que, em 1938, parecia destinado a dominar o mundo: a Alemanha — ou talvez por isso mesmo. De surpresa, alegando a defesa da soberania nacional, Getulio desfechou uma campanha nacionalista contra as colônias germânicas nos três estados do Sul, que se comportavam como enclaves da mãe-pátria no Brasil e assim eram vistas por ela.

Para Getulio, um enclave estrangeiro seria uma fração do território à margem do seu poder. E isso ele não podia tolerar.

Nenhum outro país tinha uma colônia alemã como a do Brasil — 1 milhão de indivíduos, contando os filhos e netos, também considerados alemães por Berlim. E nenhuma outra era tão ligada às origens. Do lazer à disciplina, do trabalho à vida social, da igreja à educação, era como se eles nunca tivessem deixado Lübeck ou Munique. Só se comunicavam em alemão, inclusive os já de segunda ou terceira geração no Brasil — muitos nunca aprenderam o português. Suas crianças iam a escolas alemãs, com suásticas na fachada, estudavam em livros alemães, tinham professores treinados na Alemanha e, mesmo fora da escola, vestiam-se de cáqui com gravata preta. Nos cultos religiosos, Deus, pela voz de seus pastores luteranos, falava alemão. Conservavam os hábitos alimentares de seu país, mantinham clubes esportivos exclusivos e tinham imprensa própria, com jornais e revistas em alemão. Assimilar-se aos nativos — *Untermenschen*, inferiores — era degradar-se. Como se concentravam mais nas cidades menores e na zona rural, não eram tão visíveis. E, como em absoluta maioria cultuavam Hitler, eram também a maior concentração de nazistas fora da Europa.

No Rio, o embaixador Karl Ritter tinha duzentos funcionários sob suas ordens — um deles, o jornalista Otto Oehlke, tão notório pela pregação nazista em voz alta nos cassinos cariocas que já não podia receber missões oficiais. Mas Ritter, com pouco mais de um ano no cargo, também se sentia à vontade para operar às claras. Tratava a Varig, a Renner e a Nestlé, empresas com interesses alemães, como subordinadas ao Reich. Promovia idas a Berlim dos "filhos perdidos da pátria", como Hitler chamava os descendentes de alemães — para "purificá-los". Cooptava brasileiros do serviço público para a causa e tinha aliados em toda parte. Um caso típico foi a autópsia de um cidadão alemão acidentalmente morto no Rio, efetuada pelo Instituto Médico Legal, a mando da embaixada e sem o conhecimento da autoridade brasileira.

Karl Ritter — os jornalistas o chamavam de Karl Hitler — era amigo pessoal de Filinto Müller e espetara condecorações do Reich em Dutra e Goes Monteiro. Ignorando o decoro diplomático, alardeava pelos salões do Rio sua filiação ao NSDAP, em Berlim. O braço brasileiro do partido, chefiado pelo adido cultural Hans Henning von Cossel, era afiliado ao

Auslandsorganisation der NSDAP, Partido Nacional-Socialista para o Exterior. Aquilo era um estorvo para Getulio porque, se ele dissolvera os partidos políticos brasileiros, não podia permitir o funcionamento de um partido estrangeiro. Além disso, conhecendo bem os alemães — fora criado entre eles no Rio Grande do Sul —, sabia de sua capacidade de mobilização. Eram uma ameaça à unidade nacional e, daí, à sua autoridade. Não seria surpresa se, a exemplo do que tinham feito nos Sudetos, planejassem medidas para proteger o elemento alemão no Sul. Uma delas, a secessão no Rio Grande do Sul, em Santa Catarina e no Paraná, seu desligamento do Brasil e submissão direta a Berlim. Documentos oficiais encontrados no futuro revelariam que isso se discutia em Berlim.

Com o interventor Cordeiro de Farias como executor, Getulio decretou o fechamento do partido no Sul. Ritter, habituado a se reunir com Getulio no Catete em encontros fora da agenda, protestou. "O NSDAP não é um partido como os outros. É um partido estatal, integrado ao governo alemão", disse. "A ordem para fechar sua seção brasileira é um ataque à Alemanha e a prova de que o Brasil está se curvando aos interesses dos Estados Unidos." Para Getulio, tratava-se apenas da defesa da "soberania nacional" — embora, para ele, tal soberania se limitasse ao seu trono no Catete. Não à toa, outro diplomata, Ernest Hambloch, secretário comercial da embaixada britânica no Rio, referiu-se a ele como "Sua Majestade, o Presidente do Brasil".

Getulio exerceu essa majestade: decretou a ilegalidade das escolas alemãs, ordenou a obrigatoriedade do ensino escolar em português, proibiu seus desfiles, passeatas e marchas, fechou os jornais e revistas e, para coroar sua autoridade, mandou prender seis alemães suspeitos de envolvimento no putsch integralista. Ritter exigiu a revogação dessas medidas e, em represália, ameaçou cancelar as transações econômicas em curso entre o Brasil e a Alemanha. Mas era um blefe, e Getulio sabia disso.

Era dito até pelos diplomatas alemães no Rio que o Brasil, "muito à frente dos outros", era o país mais importante para a Alemanha na América do Sul. A Alemanha dependia do algodão vendido pelo Brasil, pagando-o com produtos industrializados. Era um sistema de trocas, um escambo, altamente conveniente para ambos por dispensar a moeda internacional. Os Estados Unidos não tinham como estancar esse fluxo, já que produziam o seu próprio algodão e não podiam proibir o Brasil de vender o seu excedente. Em 1938, com compras maciças também de café, cacau, couro, laranja e tabaco, em troca dos mesmos produtos, a Alemanha tornou-se a maior parceira comercial do Brasil. Nessas condições, Getulio não precisaria tolerar a ofensa diplomática.

A impertinência de Ritter levou Oswaldo Aranha, sem sequer consultar Getulio, a declarar Ritter persona non grata e decretar sua expulsão. Berlim tentou manter Ritter, mas, mesmo com o conde Ciano se oferecendo para intermediar e apagar o incêndio, o chanceler Ribbentrop teve de trocar o embaixador. Pena que, como mandava o protocolo, Ribbentrop tivesse igualmente de expulsar da Alemanha o pobre Moniz de Aragão, tão ligado a ele. Durante alguns meses, as representações no Rio e em Berlim ficaram acéfalas. Apesar das arestas políticas, os escambos não foram afetados. Em 1939, as relações diplomáticas foram reatadas. Para Berlim, foi o embaixador Cyro de Freitas Valle, tão germanófilo quanto seu antecessor. Para o Rio, veio Curt Prüfer, com a orientação de instruir as colônias do Sul a respeitar taticamente o país hospedeiro, moderando o uso público dos *"Heil Hitler!"* e das *Hakenkreuzen*, as suásticas.

Getulio ficou satisfeito. Coerente com sua dubiedade, passou a manter correspondência secreta com Ritter e a receber também Prüfer no Catete pelas costas de Oswaldo Aranha. E, numa dessas reuniões, para agradar a Prüfer, falou de sua "aversão pela Grã-Bretanha e pelo sistema democrático".

Com ou sem Ritter, os agentes alemães nunca estiveram inativos. Em fevereiro de 1939, fizeram com que a censura brasileira interviesse num cinejornal contendo um discurso do presidente Roosevelt, em que ele denunciava as perseguições raciais na Alemanha. A nota da embaixada à polícia, acatada sem discussão por Filinto Müller, dizia: "Suprimir todas as cenas ofensivas à Alemanha". Meses depois, foram ainda mais longe ao conseguir a proibição de um filme comercial americano: o drama *Confissões de um espião nazista*, da Warner Bros., dirigido por Anatole Litvak e estrelado por Edward G. Robinson. Era uma denúncia da infiltração nazista nos Estados Unidos e, finalmente, com atraso de anos, o primeiro filme de Hollywood contra Hitler — talvez porque Litvak, Robinson e os irmãos Warner, todos judeus, achassem que era a hora de dispensarem o mercado alemão. Por intermédio do embaixador Jefferson Caffery, Harry Warner, chefão do estúdio, propôs a Getulio destinar à Cruz Vermelha a bilheteria do filme no Brasil em troca da sua liberação. Getulio não aceitou.

O jogo de Getulio, ao oscilar entre autoritarismo e democracia, e ao fazer a Alemanha e os Estados Unidos de malabares, tinha duas metas: a industrialização do país, com créditos e material para a construção de uma usina siderúrgica em Volta Redonda, e o reequipamento radical do Exército brasileiro, mumificado desde 1914, com a compra de moderno material bélico — aviões, navios, munição, veículos, acessórios, manutenção — e a assessoria de especialistas, técnicos e instrutores.

Os Estados Unidos não viam interesse no primeiro item. Para a bilionária United Steel, da família Rockefeller, não fazia sentido ajudar o Brasil a fabricar aço quando ela podia vendê-lo para o país. Nem no segundo, por causa da admiração dos generais de Getulio pela eficiência da máquina de guerra alemã — que uso dariam às armas que eles lhes forneceriam? A Alemanha, ao contrário, punha seu monumental conglomerado siderúrgico, a Krupp, à disposição do Brasil para uma usina e todo o armamento que quisesse — em troca de alimentos e matérias-primas, nos termos que o Brasil ditasse.

Caffery acompanhava essa movimentação com alarme. Uma guinada de Getulio para o Reich poderia cimentar uma aliança política desastrosa para os Estados Unidos. Pelo peso do Brasil, isso influiria no alinhamento das nações do continente, minando a liderança americana e, em caso de guerra, comprometendo a circulação comercial na rota do Atlântico.

Não que o Brasil fosse, de repente, o fiel da balança. Mas esta agora dependia do prato em que ele se assentasse.

9
Inimigos íntimos

Para a imprensa brasileira, a notícia de que a URSS tinha ido para a cama com a Alemanha foi um choque. Mas só como notícia. Não alterou o funcionamento das redações. Exceto em duas: a revista mensal *Diretrizes*, de Samuel Wainer, e o vespertino *Meio-Dia*, de Joaquim Inojosa. *Diretrizes*, de esquerda, teve de se converter ao nazismo; *Meio-Dia*, de direita, ao comunismo.

Os dois lados continuavam inimigos, mas agora íntimos e partilhando a mesma escova de dentes. No caso de Samuel, a situação não lhe era completamente estranha. Seu sócio na fundação de *Diretrizes*, em março de 1938, fora o escritor e ideólogo Antonio de Azevedo Amaral, nacionalista, corporativista, antiliberal, antissemita, adepto dos Estados totalitários, partidário da seleção eugênica na imigração e defensor de Getulio e do Estado Novo. Tudo, enfim, que o judeu Samuel não era. Mas Azevedo Amaral admirava Samuel como jornalista e o conhecia bem — sabia que ele nunca recusaria uma sociedade com quem injetasse dinheiro em sua publicação. E, com Amaral como sócio, o dinheiro que bancava *Diretrizes* vinha da Light, aliada de Getulio. Sete meses depois, em outubro, Samuel, julgando-se em condições de caminhar sozinho, aproveitou-se de uma distração de Amaral — que era cego — e registrou em seu nome a ainda pagã *Diretrizes*. Expelido, Azevedo Amaral retirou o dinheiro da Light e, com ele, abriu sua própria revista, *Novas Diretrizes*, de curta duração.

Já então *Diretrizes* se firmara comercialmente e, com colaboradores como Jorge Amado, Graciliano Ramos, Astrojildo Pereira, Nelson Werneck Sodré, Carlos Lacerda e Alvaro Moreyra, Samuel a aproximou do Partido Comunista. A existência de tal revista no Estado Novo podia ser esdrúxula, mas não exatamente uma façanha. Samuel mantinha boas relações com Lourival Fontes, que, em meados de 1939, já se preparava para ser o ditador da cultura, com a implantação do Departamento de Imprensa e Propaganda — o DIP. Mesmo para alguém de esquerda, não era difícil conviver com Lourival — bastava deixar-se cooptar por ele. E, para estreitar ainda mais as relações, Samuel convidou a escrever em *Diretrizes* a exuberante Adalgisa Nery, poeta, escritora e mulher de Lourival.

O pacto germano-soviético, anunciado no dia 23 de agosto de 1939, confundiu Samuel temporariamente. Com o nazismo e o comunismo em sintonia, era o fim das campanhas de um contra o outro. O inimigo comum passava a ser os imperialismos britânico e americano, e Samuel se adaptou. Para o embaixador Jefferson Caffery, tal flexibilidade era esperada — seu Serviço de Inteligência já lhe dissera que Samuel "podia ser comprado". Isso se confirmou quando, com a assinatura do pacto, o jornalista aceitou publicar o material distribuído pela agência alemã Transocean, consistindo em reportagens, análises e fotografias sobre assuntos de interesse da Alemanha. Samuel sabia que era catequese nazista, mas em linguagem sutil, sem slogans e clichês. E, melhor ainda para ele, os textos não só lhe eram fornecidos gratuitamente como a agência pagava pela publicação deles.

A Transocean era a operadora internacional da Deutsches Nachrichtenbüro, agência alemã de notícias, subordinada ao Ministério da Propaganda, comandado por Goebbels. De seu escritório carioca, na rua do Ouvidor, saíam os envelopes com os artigos, já traduzidos por profissionais, e também o dinheiro em espécie para as publicações amigas. O chefe da Transocean no Brasil era Johannes Geyer e o encarregado dos pagamentos, Heinz Ehlert, ambos alemães. O dinheiro vinha através do Banco Alemão-Sul América. O levantamento da contribuição era mensal.

Samuel não ia buscá-lo em pessoa. Mandava alguém em seu lugar. Um dos que fizeram isso certa vez, sem saber do que se tratava, foi o jovem repórter Joel Silveira — só descobriu que era dinheiro ao entregar o envelope no conjugado de quarto e sala na rua Senador Dantas, onde funcionava *Diretrizes*. No quarto de dormir, moravam Samuel e sua mulher, Bluma Chafir — na sala, ficava a redação. Bluma, judia como Samuel, era frontalmente antinazista e não gostava daquele arranjo. Mas, como a URSS e a Alemanha eram agora aliadas, não havia nada a fazer.

Os envelopes da rua do Ouvidor chegavam também à luxuosa redação de *Meio-Dia*, na rua da Constituição. A diferença é que Joaquim Inojosa, proprietário, diretor e principal editorialista do jornal, achava suaves demais os textos que recebia da Transocean. Como a tradição dos vespertinos era a das manchetes gritadas nas ruas pelos pequenos jornaleiros, ele não se continha — reescrevia os artigos até ficarem no ponto. Algumas das manchetes de *Meio-Dia* foram "O Reich e a URSS de mãos dadas!", "Moscou engalanada com bandeiras do Reich!", "Disse Hitler: 'A Alemanha viverá e vencerá!'". Pode-se imaginar o impacto dessas frases aos gritos pelos meninos ao meio-dia na avenida Rio Branco. Ouviam-se até os pontos de exclamação.

Inojosa era um jornalista pernambucano radicado no Rio. Em 1922, numa visita a São Paulo, conhecera Oswald de Andrade e Menotti del Picchia e admirara o jeito belicoso com que falavam de poesia e literatura — para eles, o Brasil era um atraso e eles iriam mudar tudo. De volta ao Recife, Inojosa tornou-se porta-voz do modernismo paulista e como tal reconhecido por Oswald e Menotti, de quem nunca se afastou. Em 1939, já no Rio e com o *Meio-Dia* no forno, contratou Oswald como seu representante comercial em São Paulo, com poderes para vender anúncios (levando 25% de comissão), levantar empréstimos bancários e assegurar a penetração do jornal no círculo quatrocentão, a que ele pertencia. O ex--antropófago cumpriu a tarefa. Durante os primeiros meses, Oswald produziu também uma coluna diária, intitulada "Banho de sol", sobre política, e outra, semanal, sobre literatura.

Meio-Dia era um jornal bem-feito, com projeto gráfico moderno, tipografia vistosa e bonita primeira página, a cargo do diretor de arte paraguaio Andrés Guevara. Mas Inojosa, com sua admiração por Hitler, aversão à democracia e ódio à "judiaria", como chamava os judeus, transformou-o num panfleto. O combate aos imperialismos ocidentais não era incompatível com os comunistas do jornal, como Jorge Amado, editor do suplemento cultural, e o próprio Oswald. O problema é que isso os obrigava a apoiar também as prisões e torturas do Estado Novo, as invasões alemãs, italianas e japonesas, a ditadura espanhola e a diáspora judaica. Jorge Amado, com seu espesso bigode preto que o tornava parecido com o jovem Stálin, ficou três meses no cargo e pediu demissão. Oswald licenciou-se publicamente das colunas, mas continuou representante comercial de Inojosa, ratificando a opinião do militante Leoncio Basbaum a seu respeito: "comunista no Rio e capitalista em São Paulo". No Rio, agitava por conta própria, com seu brilho de salão, sem riscos ou consequências. Em São Paulo, dedicava-se a transações imobiliárias e financeiras, tendo como advogado Vicente Rao, seu amigo de juventude e ministro da Justiça de Getulio em 1934-37 e que, em 1936, assinara a entrega de Olga Benario à Gestapo.

Aliás, enquanto tudo isso acontecia, em 1939, Olga continuava presa na Alemanha. Com o pacto germano-soviético em vigência, ela poderia ter sido libertada a pedido da URSS. Afinal, ao ser presa no Rio pelo levante comunista, era profissional do Comintern, que a mandara ao Brasil para cuidar de Prestes. Mas Olga nunca recebeu um apoio dos russos. Era prática do Comintern não recolher os caídos, para que suas atividades não fossem associadas ao governo soviético.

Em 1942, Olga foi transferida para o campo de extermínio de Bernburg, na Alta Saxônia, e levada à câmara de gás. Tinha 34 anos.

Em junho de 1939, Rio e Washington já tratavam a guerra na Europa como um fato quase consumado. Diante dessa certeza, Oswaldo Aranha enviou um relatório a Getulio propondo medidas urgentes para o fato de que, mesmo que o conflito não se estendesse às Américas, elas seriam afetadas. Entre os pontos sugeridos por Aranha estavam convencer a população brasileira da gravidade da situação, regularizar as obrigações internacionais a pagar e a receber, estocar trigo, combustível e outros produtos indispensáveis, proibir a exportação de ferro e planejar desde já o racionamento. Frisou também que, com o colapso do comércio internacional, o país poderia dar adeus às exportações maciças de café. Mas Getulio não se apressou a seguir as sugestões.

No dia 1º de setembro, teve de acordar para elas. Às 4h45 da madrugada, um encouraçado alemão abriu fogo contra as guarnições polonesas de Dantzig, o porto no Báltico que separava a Pomerânia da Prússia Oriental dividindo a Alemanha, e o ocuparam. Antes do nascer do sol, o Reino Unido e a França ordenaram que a Alemanha se retirasse de lá. Em resposta, o Primeiro Regimento Montado da Wehrmacht invadiu a Polônia — a cavalo. As tentativas diplomáticas de entendimento fracassaram e, no dia 3, o Reino Unido e a França declararam guerra à Alemanha. Como se só esperasse por essa senha, o submarino alemão *U-30* pôs a pique o navio britânico *Athenia*. Era o primeiro torpedo da Segunda Guerra. Solidários com a Grã-Bretanha, seus domínios Canadá, Austrália, Nova Zelândia, África do Sul e Nepal também declararam guerra à Alemanha. Em compensação, os Estados Unidos, o Brasil e as assustadas Bélgica, Espanha, Holanda, Iugoslávia e República da Irlanda declararam-se neutros. E, para surpresa geral, também a Itália, só que por outro motivo: invadir os vizinhos com a ajuda da Alemanha era uma coisa, mas meter-se numa guerra de grande porte era bem diferente. "Neste momento, só podemos declarar guerra ao Peru", disse Ciano.

Getulio preferiu ficar de fora, mas alguns de seus súditos tomaram partido. Mal iniciada a guerra, a embaixada britânica começou a receber cartas de brasileiros pondo-se "a serviço de Sua Majestade". Queriam se alistar para a luta, como acontecera com as Brigadas Internacionais na Guerra Civil Espanhola. Mas não foi possível. Um por um, esses missivistas receberam uma resposta assinada por R.C. Stephenson, cônsul-geral inglês no Rio, em que eram informados de que as leis brasileiras não permitiam que seus cidadãos lutassem por outros países. Uma forma delicada de dizer que os britânicos podiam dar conta do recado.

E não estava anulada a hipótese de os brasileiros terem de lutar por seu próprio país. Vinte dias depois de declarada a guerra na Europa, os Estados Unidos reuniram os ministros do Exterior dos 21 países americanos para um encontro no Panamá, a fim de traçarem uma estratégia para evitar que o conflito chegasse ao continente. A delegação brasileira foi chefiada pelo embaixador Carlos Martins; a dos Estados Unidos, pelo subsecretário de Estado, Sumner Welles. A principal medida, baseada na certeza de que a guerra seria decidida no mar, foi a de ampliar as águas territoriais de cada país, então de míseras três milhas, para trezentas milhas. Era o limite que se exigia dos países em conflito — que se abstivessem de vir trocar torpedos e tiros nas nossas praias. Redigiu-se a Declaração do Panamá, reafirmando a neutralidade dos países da América e que essa zona de segurança fosse respeitada pelos beligerantes. Não era uma pretensão irrealista — à Alemanha interessava tudo, menos que os Estados Unidos entrassem na guerra.

Que a Declaração do Panamá seria rasgada, não havia dúvida. Mas ninguém pensava que os primeiros a fazer isso fossem os britânicos. Como a Alemanha pretendesse manter seu fluxo comercial com os países neutros e a Grã-Bretanha lhe impusera um bloqueio naval, navios mercantes alemães começaram a ser apresados por navios britânicos em águas americanas. A acusação, sem provas, mas bem plausível, era a de estarem praticando contrabando de guerra por aqui. O Panamá protestou oficialmente em nome dos países americanos, mas a Grã-Bretanha retrucou que não podia aceitar o entra e sai de navios alemães transportando material que visava a sua destruição.

Os navios mercantes brasileiros também começaram a ser parados na Europa pelos ingleses e a ter apreendidas suas cargas compradas da Alemanha. Os casos mais notórios foram os do *Siqueira Campos* e do *Buarque*, contendo armamento alemão destinado ao Brasil. Parecia grave, mas, no caso, o Brasil era inocente. As partilhas de armas tinham sido compradas e pagas em 1938, muito antes do bloqueio, e só agora estavam sendo entregues. Mais importante, destinavam-se a algo que deveria ser do interesse inglês: a defesa do Atlântico Sul.

O caso rendeu uma interminável troca de mensagens entre o Rio e Londres. Mas o Itamaraty só conseguiu que os navios fossem liberados depois que seu representante, com as orelhas em fogo, apresentou aos ingleses as notas fiscais (revelando a troca de café por metralhadoras) entre os dois países. Não satisfeita, a Grã-Bretanha exigiu que o Brasil interrompesse o comércio com a Alemanha e apreendesse os navios alemães nos portos brasileiros. Era um acinte, e o sentimento antibritânico, já patente ao redor de Getulio, agravou-se. Oswaldo Aranha ameaçou a Grã-Bretanha com a desapropriação dos bancos, ferrovias e frigoríficos britânicos no país e o rompimento de relações diplomáticas. Seguiram-se concessões mútuas, com a intermediação dos Estados Unidos a favor do Brasil. Ficou estabelecido que o Brasil se comprometia a não transportar mais material bélico alemão sem o conhecimento da Grã-Bretanha, e esta acataria a passagem dos navios pelo bloqueio. O leão inglês sossegou.

Mas os britânicos tinham razão no bloqueio. A cada país que a Alemanha abocanhava, Hitler queria mais. Quando o mundo abriu os olhos, Áustria, Tchecoslováquia, Polônia, Romênia, Hungria, Iugoslávia, Noruega, Dinamarca, Bélgica, Holanda e Luxemburgo já estavam sob o domínio do Reich. Cada país conquistado era obrigado a lhe destinar seu trigo e petróleo. Alguns caíram sozinhos — a Tchecoslováquia sucumbira ao redor de uma mesa, e Viena saíra às ruas para aclamar o austríaco Hitler. Para os alemães, era o começo da realização de um sonho: a Grã-Germânia — o *Grossgermanisches Reich* —, compreendendo, além do que já fora conquistado, partes da Suíça, da França e da Rússia e todos os países nórdicos, a ser implantada até 1950 e tendo como capital a metrópole imperial, Berlim, renomeada Germânia.

Sabia-se que um país estava para ser invadido quando a Alemanha e a Itália removiam dele as esposas de seus embaixadores. Não que a Alemanha esperasse dificuldades a ponto de precisar protegê-las. Ninguém podia conter a blitzkrieg, o ataque-relâmpago, avassalador e brutal — primeiro, os aviões, depois os blindados e, por fim, a infantaria, numa sequência de golpes que sufocava qualquer resistência. Muitos dos países invadidos nem sequer tinham Exército; em outros, suas baterias antiaéreas limitavam-se a fuzis, pouco mais que espingardas de rolha contra os caças alemães.

Ninguém mais se lembrava do protocolo da Primeira Guerra, em que as nações ainda se davam ultimatos e os exércitos se enfrentavam em dia e hora marcados, batendo tambores, cada um num lado do campo. Em vez disso, navios transportando bananas eram agora afundados por inimigos invisíveis, aviões despejavam bombas incendiárias sobre as cidades, e as populações civis, com a cabeça a descoberto, não tinham para onde correr.

De janeiro a julho de 1940, o mapa ficara pequeno para Hitler. Com o pacto teuto-soviético, a URSS fora neutralizada. A aliada Itália, depois de tomadas a Abissínia e a Albânia, invadira o Egito, a Grécia e o sul da França. E, como o Führer bem sabia, a Espanha lhe devia favores; Portugal, cioso de suas ilhas no Atlântico, lhe mandava beijos; e a França estava por cair. Mais importante: a Grã-Bretanha, apesar de seu poder em aviões e navios, não teria como sustentar-se sozinha por muito tempo — e o povo americano não admitia que os Estados Unidos se metessem no bolo. No outro lado do globo, Hitler tinha o seu mais forte aliado militar: o Japão, que estava esmagando a China e iria tomar a Malásia, a Birmânia, Cingapura, Hong Kong, Java, Sumatra e as Filipinas. E a guerra chegara também aos desertos da Líbia e do Egito — a conquista do Norte da África, se consumada, daria à Alemanha acesso ao petróleo do Oriente Médio, ao extremo norte do Brasil e a todo o Atlântico Sul. O Eixo Berlim-Roma-Tóquio parecia inexpugnável.

A Alemanha brandia suas vitórias, reais ou ainda pressupostas, para convencer o mundo de que o futuro lhe pertencia e que ela queria partilhá-lo com as nações amigas. Era uma proposta atraente demais para ser ignorada — quem quer ficar com os perdedores? E, com a queda de Paris, em 14 de junho de 1940, esse futuro parecia cada vez mais próximo. Na véspera desse dia, um grupo de senhoras da sociedade carioca mandara rezar uma missa pela "salvação de Paris". Não se sabe se a missa fora pela salvação da cultura ou da costura francesa. Seja como for, de nada adiantou a missa. Os franceses não quiseram lutar, e a imagem dos pelotões da Wehrmacht marchando em triunfo pela Champs-Élysées compungiram o mundo. A França sob o domínio da Alemanha significava um canhão no canal da Mancha apontado para a Grã-Bretanha e a possibilidade de instalação de bases aéreas na África francesa, o que daria a Hitler uma vasta varanda de onde contemplar o litoral atlântico da América do Sul. O qual seria facílimo de atingir pelos seus bombardeiros — Natal e a ilha de Fernando de Noronha, os pontos extremos do Brasil, ficavam a oito horas de voo de Dakar, no Senegal.

E havia muito a contemplar. O Brasil abrigava uma enorme população de origem alemã, fiel às origens, loura como seus avós e capaz de, caso necessário, formar um exército de 100 mil homens. Era também um celeiro potencialmente inesgotável — em 1938, as exportações brasileiras para a Alemanha já haviam superado as vendas para os Estados Unidos. E o Brasil era um paraíso de matéria-prima — alumínio, cobre, zinco, estanho, níquel, bauxita, cromo, berilo, diamantes industriais, manganês, urânio — à espera de quem chegasse primeiro. O problema é que, a continuar o bloqueio britânico, essas riquezas ficariam inacessíveis e, a depender da duração da guerra, a Alemanha perderia seu poder de fogo. Donde o Brasil não tinha nada de secundário para Hitler.

Tudo isso era do conhecimento de Oswaldo Aranha e de seus colegas americanos no Departamento de Estado. Para os Estados Unidos, a cooperação militar com o Brasil começava a parecer inevitável, na forma da instalação de bases aeronavais no Nordeste. Mas não era uma negociação fácil. Getulio via em tudo um "ataque à soberania", e a presença maciça de "militares ianques" (muitos, espertamente, em trajes civis) em território nacional soaria como uma ocupação. Os americanos, por sua vez, também tinham dúvidas sobre Getulio. Aranha garantia por ele, mas o Serviço Secreto dos Estados Unidos no Rio informara a Cordell Hull que os generais brasileiros viviam aos pretzels e strudels com o adido militar alemão, o hidrófobo general Günther Niedenführ, e que Goes Monteiro e Dutra clicavam calcanhares a cada vitória do Reich. Como os Estados Unidos poderiam ter certeza de que o Brasil não cederia Natal ao Führer? Pouco antes, por instâncias de Freitas Valle, Getulio sugerira a um atônito Jefferson Caffery que, no caso da entrada dos Estados Unidos na guerra, eles não se aliassem à Grã-Bretanha, mas ao Eixo, para enfrentar o inimigo comum: os bolcheviques.

Os Estados Unidos, apesar da enorme pressão interna para que não se metessem num conflito que não lhes dizia respeito, estavam se preparando para o pior — e Aranha ouviu do próprio presidente Roosevelt que as prioridades americanas, a partir dali, eram a indústria armamentista, a estocagem de alimentos e matérias-primas e a criação de serviços de Inteligência. Roosevelt se preocupava com a unidade das Américas — o ataque a uma delas deveria ser respondido por todas, e alguns países sul-americanos pareciam hesitantes entre a democracia e os Estados totalitários. Aranha sabia muito bem a quem ele se referia: Argentina, Chile e, infelizmente, Brasil.

Era em meio a essas nuvens de chuva que Aranha e Caffery tinham de se debater. Caffery sugeriu que uma maneira de dissipá-las talvez fosse uma troca de visitas entre os chefes do Estado-Maior dos dois países — o general George Marshall viria ao Brasil para discutir a ideia e, na volta, levaria Goes Monteiro para uma excursão pelo poderio americano. A proposta foi aceita. Marshall veio em maio de 1939, visitou cada quartel e, inspecionando até os armários de vassouras, constatou nossa comovente fragilidade no céu e no mar — o Brasil não resistiria ao ataque de uma gaivota. Convenceu-se de que, se quisessem garantir aquela orla do Atlântico, os americanos deveriam oferecer financiamento e know-how para a construção das bases no Nordeste. Goes Monteiro, por sua vez, teve recepção de gala em Washington, tratado de igual para igual pelos altos-comandantes, e submetido a quase um programa de desnazificação. Como se não tivessem nada a esconder, levaram-no a circular pelas instalações militares, a conhecer as fábricas da indústria bélica e a almoçar com Roosevelt. E Goes demonstrou tanto interesse que, para muitos americanos, seu fascínio pelo colosso germânico tinha sofrido uma fissura. Eles não o conheciam muito bem.

Getulio, por seu lado, via na proposta americana uma moeda de troca para o armamento e a siderurgia. A questão siderúrgica era importante, porque o Brasil mal fabricava pregos, e não existe regime nacionalista sem aço e canhões que o tornem independente de outras potências. Os americanos consideravam fornecer os recursos para uma usina, mas não para armar o país. A questão dos armamentos, no entanto, era vital: o Brasil não estava livre de um levante da colônia alemã, apoiado por Berlim e até por Buenos Aires; de distúrbios na imensa imigração italiana caso a Itália entrasse na guerra; e, principalmente, da interrupção das comunicações marítimas num país sem estradas e ferrovias. Marshall e Caffery sabiam que esses eram os termos com que os Estados Unidos teriam de negociar as bases. Quando o impasse se arrastou até meados de 1940, Aranha alertou Caffery de que, se os Estados Unidos não facilitassem a compra dos armamentos, o Brasil teria de se voltar para a Alemanha. E, quando eles mandassem o equipamento bélico, viriam também os instrutores militares, com seus braços em riste, o que atrairia de vez o Brasil para a órbita do Reich.

Na primeira semana de junho, as tropas alemãs atravessaram a Linha Maginot, rota fortificada de proteção da França, como se ela tivesse a consistência de um brioche, e começaram a ocupação do país. Naquele momento, Hitler, para muitos, já era imbatível. No dia 10, com a França prostrada e a Grã-Bretanha sob fogo cerrado, a Itália, com súbita bravura, declarou guerra aos dois países. De sua varanda no Palazzo Venezia, Mussolini discursou para uma multidão de camisas-pretas. Como se fosse o líder do Eixo (incrivelmente acreditava nisso), disse que a entrada na luta contra "duas potências ocidentais" era a prova do "superior vigor do povo italiano".

Foi em meio a essa atmosfera carregada que, no dia seguinte, 11 de junho de 1940, a bordo do encouraçado *Minas Gerais*, no Rio, Getulio leu um discurso em que finalmente pareceu se definir por um dos lados — e levar com ele o Brasil.

Era um banquete no mar, em comemoração ao Dia da Marinha. Servidos os licores, Getulio levantou-se e falou para os generais e almirantes. Seu discurso começou pela reafirmação da solidariedade pan-americana — um aceno aos Estados Unidos —, mas enveredou por referências aos "povos vigorosos, aptos à vida", que "necessitam seguir os rumos de suas aspirações em vez de se deterem na contemplação do que se desmorona e tomba em ruínas". Falou dos "liberalismos imprevidentes e demagogias estéreis", em contraste com a "exacerbação dos nacionalismos, as nações fortes impondo-se pela organização baseada no sentimento da Pátria e sustentando-se pela convicção da própria superioridade". Era preciso "remover o entulho das ideias mortas e dos ideais estéreis". E, ao dizer que "os povos fortes tinham direito a buscar um lugar ao sol", parecia estar apoiando a fúria expansionista de Hitler. Como não ver nessas palavras as ruínas da França, o desmoronamento do Império Britânico, o fim das democracias e, por trás de tudo isso, o vulto do nazifascismo?

Nem o Catete nem o Itamaraty sabiam que haveria esse discurso. Na verdade, ninguém sabia, exceto Luiz Vergara, secretário da Presidência, que o lera em manuscrito e trocara um ou outro "x" por "ch", e dona Aída, datilógrafa do palácio, que o batera à máquina no Palácio do Catete. Mas, assim que pronunciado, a Associated Press disparou-o pelo sem-fio. No meio da tarde, sua repercussão já saltara da baía de Guanabara para o Atlântico Norte.

As rádios americanas anunciaram que o Brasil quebrara a neutralidade — pelo rumo que a guerra estava tomando, decidira-se pelo lado dos totalitários. Ignorando Carlos Martins, os irados Roosevelt, Cordell Hull e Sumner Welles bombardearam Jefferson Caffery com perguntas. Caffery, também apanhado de surpresa, repassou-as a Aranha, o qual, tão espantado quanto eles, foi a Getulio para saber as respostas.

Enquanto isso, Curt Prüfer, na embaixada alemã, exclamava: *"Wunderbar!"*. Por telegrama urgente, ofereceu a Getulio toda espécie de cooperação econômica, desde que "nenhuma mudança substancial ocorresse no estágio atual de neutralidade do Brasil". De Roma, também por telegrama, Mussolini parabenizou Getulio, classificando-o de "estadista que vê a realidade europeia como ela verdadeiramente é". Em Tóquio, um jornal abriu em manchete: "A defesa enérgica por Vargas das ditaduras europeias". Na imprensa americana, a reação foi diferente. O *Herald-Tribune* deplorou os louvores aos "países vigorosos, aptos à vida" — a ideia que a Alemanha fazia de si mesma — e o *New York Times* viu nele "o primeiro discurso francamente fascista feito por um presidente sul-americano". A Terra tremeu até no sul do continente — temendo um imperialismo brasileiro a cargo de Dutra e Goes, o Uruguai e a Argentina reforçaram as fronteiras.

Getulio, aparentando surpresa, disse a Aranha que não esperava essa repercussão nem autorizava a interpretação de que aderira ao fascismo. Seu discurso, alegou, referia-se apenas ao Estado Novo, responsável por "organizar as forças produtoras, para dar ao povo tudo quanto seja necessário ao seu engrandecimento como coletividade". Tanto que, no parágrafo final do texto, sublinhara: "Felizmente, no Brasil, criamos um regime adequado às nossas necessidades, sem imitar outros nem filiar-se a qualquer das correntes doutrinárias e ideológicas existentes".

Getulio conseguiu o que queria: piscar para os americanos e flertar com o nazismo, sem prometer casamento a nenhum. Seu discurso era um modelo de ambiguidade calculada. Como sempre, não estava do lado de ninguém, mas do seu próprio.

Em julho, um mês depois do discurso, ainda em meio ao triunfalismo que contagiara as hostes germanófilas no governo, uma brasileira, vinda de seu primeiro e vitorioso ano na América, desembarcou na praça Mauá: Carmen Miranda.

A cantora, levada para a Broadway em 1939 pelo empresário teatral Lee Shubert para o musical *Streets of Paris*, arrebatara a plateia de Nova

York já na noite de estreia e continuara a levantar o público, récita após récita, de segunda a segunda, com matinês aos sábados, quartas e quintas — dez récitas por semana. Mas ninguém faz sucesso impunemente em Nova York, e Carmen tivera de se multiplicar para atender às solicitações que não paravam: shows em night clubs, programas de rádio, gravação de discos, entrevistas à imprensa, sessões para os fotógrafos, aparições pessoais nas lojas que vendiam roupas inspiradas nela e, por fim, o cinema. Seu primeiro filme, *Serenata tropical* (*South American Way*), para a 20th Century Fox, ainda nem estreara, mas a Fox já a contratara para outros dois. O Rio, que nunca duvidara de que tudo isso aconteceria, foi esperar Carmen no porto, e um cortejo de carros e populares seguiu-a até a casa de sua família, na Urca. A massa que a recebera era a prova do amor de um povo pela sua estrela.

Carmen viera ao Rio para rever os amigos e descansar — Shubert e a Fox a esperavam de volta em outubro. Mas, mal beijou a mãe e os irmãos, foi procurada por um emissário de dona Darcy Vargas. Ela a convidava a fazer uma participação num espetáculo beneficente no Cassino da Urca, em prol da Cidade das Meninas, criação da primeira-dama, na noite do dia 15 — dali a pouco mais de 72 horas.

Não era um convite que se pudesse recusar. Carmen teve de aceitá-lo. Constaria de quatro ou cinco números, em que ela seria acompanhada pela orquestra de Carlos Machado, um decalque tropical das big bands americanas. Os arranjos foram escritos no dia do show e, quase sem ensaio, as cortinas se abriram. Carmen voltava ao palco que ela tornara o mais disputado do país.

Seu *"Hello, people!"*, dito de brincadeira em inglês ao entrar, foi respondido com sussurros e muxoxos. A primeira música, "South American Way", de Jimmy McHugh e Al Dubin, seu número de abertura em *Serenata tropical*, também em inglês, só encontrou o silêncio. Carmen não estava entendendo — não queriam saber que novidades trazia da América? Para a segunda música, mais uma vez em inglês, o mesmo silêncio — coibindo os poucos convidados que queriam aplaudi-la. Na terceira, "O que é que a baiana tem?", já se convencera de que não a queriam ali. Abandonou o palco e foi chorando para o camarim.

Por muitos anos depois disso, escreveu-se que a Urca vaiara Carmen (não houve vaia, mas um mortal silêncio) porque ela voltara "americanizada". Disse-se também que o povo se envergonhava dos turbantes de bananas que ela usava e da caricatura que fazia dos brasileiros no cinema.

Nada disso é verdade. Como explicar a recepção triunfal que ela tivera no cais do porto? Em julho de 1940, ninguém vira *Serenata tropical* — o filme ainda não fora lançado nem nos Estados Unidos, quanto mais no Brasil. E desde quando os frequentadores de cassinos — jogadores de pôquer, bacará e blackjack, traquejados no pano verde e papalvos das *slot machines* — eram ferozes nacionalistas?

A verdade era outra. Embora o convite tivesse partido da mulher de Getulio, que não ligava para a política, grande parte da Urca naquela noite era de germanófilos do governo, como Dutra, Goes Monteiro, Filinto Müller, Lourival Fontes, Gustavo Capanema, Aristides Guilhem, com suas famílias e seus assessores. Presente também a nata do empresariado brasileiro, então de mãos dadas com os alemães. Naquele dia, eles ainda saboreavam o discurso no *Minas Gerais*, em que Getulio parecera se voltar para o Eixo. E estes, sim, não podiam admitir que Carmen Miranda voltasse "americanizada".

Dois meses depois, Carmen subiu de novo ao palco da Urca, agora para um show de despedida, aberto ao público — ao seu público. Ali, teve a consagração a que estava habituada. E deixou de lembrança um samba de Vicente Paiva e Luiz Peixoto, "Disseram que eu voltei americanizada", em que, segundo ela, só dizia "eu te amo", nunca "*I love you*", e que, na hora das comidas, era do camarão ensopadinho com chuchu.

Dias antes do discurso de 11 de junho, Carlos Martins escrevera a Getulio para comunicar que Sumner Welles estava aberto a uma solução para a usina siderúrgica, mas que o desinteresse da United Steel provocara um impasse. Getulio então reagira à sua maneira: acendeu um charuto, informou a Martins que iria negociar com a Krupp e fez o discurso no *Minas Gerais*.

Em Washington, o Departamento de Estado sentiu o golpe. Com que então o chefe de Estado de um país aliado insinuava que os Estados Unidos eram uma "demagogia estéril", um "entulho de ideias mortas"? Mas, ao contrário do *Times* e do *Herald*, que não tinham por que contemporizar, a águia americana preferiu recolher as garras. Uma resposta dura de Roosevelt poderia ser interpretada como uma intromissão na política de um país soberano, agravada pela talvez não casual presença, por aqueles dias, de três navios de guerra de sua Marinha nas águas da Guanabara: o *Quincy*, o *O'Brien* e o *Wichita*, em visita de "cortesia".

Caffery, em reunião com Aranha no Itamaraty, na presença de Dutra e Goes Monteiro, disse que os Estados Unidos não sentiam "ódio ou repulsa" pelo discurso, mas "espanto", por terem pelo Brasil "a maior estima". E que, por eles, suas "relações de amizade e cooperação [com o Brasil] estavam mais fortes do que nunca". Aranha reafirmou que, apesar do discurso, o Brasil continuava leal ao pan-americanismo e que esperava seguir mantendo "relações privilegiadas" com os Estados Unidos.

Pois, justamente quando tudo parecia serenado, Getulio fez novo discurso no dia 29 de junho, agora na ilha do Viana, na Guanabara, numa cerimônia na Federação dos Marítimos. Neste, Getulio foi ainda mais longe na ambiguidade. Ao mesmo tempo que se punha contra o "cosmopolitismo financeiro", praticado pelos "sem pátria" — referência comumente ofensiva aos judeus —, reiterava sua "adesão aos compromissos pan-americanos".

Aranha sabia desse segundo discurso e tentara dissuadir Getulio de cometê-lo. Não conseguiu. A única forma de minimizar o estrago seria avisar Caffery antecipadamente, para que ele não fosse de novo apanhado no escuro. E Carlos Martins foi instruído a dizer ao governo americano que

> a atividade dos interesses alemães, contrastando com a apatia dos Estados Unidos, a lentidão e rigidez de seus métodos comerciais e a timidez de seus financiamentos ao Brasil, acentua a impressão de que, na concorrência entre os processos e métodos alemães e os dos norte-americanos, vencerão os primeiros.

O alerta deu resultado — as engrenagens se mexeram. Várias reuniões bilaterais aceleraram as tratativas de um acordo prometendo ajuda técnica e financeira dos Estados Unidos ao Brasil para o estabelecimento de um complexo siderúrgico. As pazes estavam feitas — e tanto que a revista *Time*, de Henry Luce, sempre bem municiada por suas fontes na Casa Branca, dedicou a Getulio, fotografado por John Phillips, a capa de sua edição de 12 de agosto. Em setembro, o empresário Guilherme Guinle, chefiando a comissão brasileira, e a Federal Loan Administration, carteira de empréstimos do governo americano, assinaram o acordo em Washington. O investimento inicial seria de 45 milhões de dólares, dos quais 25 milhões em empréstimos. Em troca, o Brasil concentraria no mercado americano sua exportação de algodão e café, reduzindo as vendas para a Alemanha, e reservaria todo o seu material estratégico para os Estados Unidos.

Em junho de 1941, assinou-se outro acordo, em que os Estados Unidos se comprometiam a fornecer equipamento militar ao Brasil no valor de até 100 milhões de dólares, a partir de uma lista de demandas do Exército brasileiro ao tenente-coronel Lehman Miller, chefe da missão militar americana no Rio. Os suspeitos de sempre, Dutra e Goes Monteiro, não gostavam dessa aliança explícita com os Estados Unidos — porque, na opinião deles e também na do embaixador Freitas Valle, em Berlim, a Alemanha iria ganhar a guerra.

Mas foi justamente a possibilidade de vitória final da Alemanha que fez Getulio finalmente tender para os americanos. Por Hitler estar investindo tudo na economia de guerra — e, em função disso, aplicando severo racionamento ao povo alemão —, seus favorecimentos comerciais oferecidos ao Brasil só poderiam ser cumpridos quando o conflito terminasse. E, com a vitória do Eixo, a Alemanha, dona do mundo, não precisaria mais do Brasil. Getulio sabia que sua força estava no jogo duplo que fazia, e foi este que o levou à promessa de ajuda americana — em dinheiro e armas.

Os Estados Unidos não venderam barato essa ajuda. O Brasil precisou franquear aos americanos o uso de seus portos, aeroportos, enseadas e estradas de ferro e de rodagem, assim como dos pontos vitais de sistemas de comunicação (rádio, telégrafo, telefones), energia elétrica e abastecimento de água e dos estoques de gasolina — no Rio e em Salvador, Maceió, Recife, Natal, Fortaleza, São Luís do Maranhão e Belém do Pará. Todos os recursos nacionais deveriam estar à disposição dos Estados Unidos em caso de ataque a "qualquer país americano".

Parecia a submissão do Brasil a um dos poderes em disputa. Mas, para Getulio, fora apenas uma aposta bem-sucedida. Seu governo teria o que ele queria: os recursos para industrializar o país e armas para se defender de qualquer ameaça, que ele sabia ser apenas contra ele próprio. E, agora, nem mais isso: os Estados Unidos condicionaram todos os convênios à certeza de que ele permanecesse no poder.

O que não o impediu de, no dia 20 de abril de 1941, mandar um telegrama de parabéns pelo aniversário de 52 anos do Führer.

Dois meses depois, a 22 de junho, como um presente de aniversário que guardasse para conceder-se na hora certa, Hitler iniciou a *Unterneh-*

men Barbarossa — Operação Barbarossa, a invasão da URSS pela Alemanha. O absurdo pacto de não agressão durara um ano e dez meses. No Brasil, como em todo o mundo, a esquerda e a direita vibraram com a notícia. Podiam voltar a odiar-se em voz alta.

10

Os mil olhos de Lourival

Desde que Getulio tomara seu assento no Catete, em 3 de novembro de 1930, o Brasil não vivera nem um minuto de plena democracia. Seu governo "provisório" não tivera nenhuma pressa para terminar e sempre se caracterizara pela repressão. No começo, Getulio ainda podia alegar a necessidade de se manter em alerta contra os que queriam a volta do antigo regime, culminando com a revolta paulista de 1932. Mas, mesmo com o esmagamento desta e a concessão de uma assembleia que, em 1934, produzira uma Constituição e o "elegera" presidente, a liberdade continuara ilusória. Os jornais viviam sujeitos a uma censura grosseira, cassetetes desfaziam piquetes e tropas a cavalo desbaratavam reuniões. A partir de 1935, com a ajuda de Vicente Rao, Getulio prostituiu sua própria Constituição com leis de exceção, estados de alerta, de sítio e de guerra e uma Lei e um Tribunal de Segurança Nacional, motivados por levantes reais ou fictícios. Por fim, impossibilitado de suceder a si mesmo em 1938, antecipou-se e, em 1937, dissolveu tudo para impor um regime garantido pela espada. Sua ideia de governo era um Estado autoritário, vigilante e nacionalista, sem disfarce nem contestação. E nem as negociações que, por causa da guerra, o fizeram aproximar-se dos Estados Unidos abalaram seu poder.

Tratava-se agora de consolidar esse poder. Para isso, havia muito a aprender com Hitler, Mussolini — e Salazar, de cuja pia Getulio já tomara emprestado o nome com que batizara sua ditadura: Estado Novo.

Até 1939, a censura à imprensa sob Getulio fora incipiente. Competia à polícia de Filinto Müller e era executada por ferrabrases plantados nas redações, nem todos familiarizados com o alfabeto. Em meados daquele ano, em carta a Getulio, os proprietários dos dezessete jornais diários do Rio protestaram contra o tacão exercido por essa polícia sem normas nem critérios. Os labregos passavam os olhos pelos originais e proibiam tre-

chos ou artigos inteiros, xizando-os em vermelho e apondo-lhes o carimbo
VETADO, em maiúsculas. Isso a cinco minutos da descida do material para
a oficina, sem dizer por que e sem possibilidade de argumentação.

Na carta, os jornalistas rogavam que Getulio "meditasse" sobre a situação da imprensa, "negada, perseguida e humilhada, reduzida a uma condição inferior de tutelada, sujeita a vexames, ameaças e iniquidades". Foi
um erro. Getulio "meditou" e se convenceu de que essa censura à base do
lápis vermelho só lhe resultava em prejuízo político. Dias depois, um censor instalado na redação de *O Globo*, de tanto atrasar o jornal pela dificuldade para ler as matérias, levou uma bofetada de Roberto Marinho. Desau-
torizando Filinto, Getulio não deixou que Marinho fosse preso. O censor
foi demitido.

Getulio achou que o serviço poderia ser aperfeiçoado e convocou o
ambicioso Lourival Fontes, sergipano de Riachão do Dantas, 41 anos, advogado, ex-jornalista, radicado no Rio desde 1920. Era funcionário dos vários serviços que, desde 1931, cuidaram de envernizar a imagem do governo sem muito sucesso. Mas Getulio admirava Lourival e lhe pediu um
projeto. Lourival não o decepcionou. Criou o DIP (Departamento de Imprensa e Propaganda), parido pelo Decreto Presidencial nº 1915, de 27 de
dezembro de 1939, com atribuições muito além de imprimir panegíricos
ou vetar parágrafos. Com carta branca de Getulio, Lourival fez do DIP a
maior máquina de propaganda e controle já vista no Brasil, à altura de
seus modelos europeus.

Seu quartel-general era o Palácio Tiradentes, no Castelo, antigo templo da Câmara dos Deputados, fechada pelo Estado Novo. Não bastava o
simbolismo de uma ex-casa do povo passar a abrigar o cérebro de uma ditadura. Só o Tiradentes poderia comportar os funcionários exigidos para
os vários serviços criados por Lourival: as divisões de controle do rádio,
imprensa, cinema, teatro e turismo. Ao DIP caberia a vigilância sobre todo o material impresso no país. Em outros endereços no centro do Rio ficariam a Agência Nacional, a Imprensa Nacional e a Editora Nacional, órgãos também recém-criados, incumbidos de produzir a propaganda do
governo. O DIP teria status de quase ministério, com verba equivalente ou
até maior que a de alguns deles, e Lourival, apesar de abaixo de Dutra e
Goes Monteiro na hierarquia, só responderia a Getulio.

O serviço de controle da imprensa se deu em duas etapas. A primeira, ainda como no velho sistema, mantinha os censores dentro dos jornais,
mas agora lendo os textos já saídos das linotipos. Se um artigo fosse veta-

do, outro do mesmo tamanho deveria substituí-lo — o espaço não poderia ser deixado em branco, como os jornalistas às vezes faziam. Alguns textos proibidos eram liberados, mas só dias depois, quando já haviam perdido os dentes. Outra diferença para os tempos de Filinto Müller é que os censores de Lourival eram agora muito "melhores": advogados deslocados do Ministério da Justiça, professores e até jornalistas — como Henrique Pongetti, admirador das ditaduras europeias e que não se envergonhava de sentar-se a uma redação e censurar os colegas.

Esse formato era provisório, mas, mesmo assim, Paulo Bittencourt, proprietário do *Correio da Manhã*, se rebelou. À falta de alternativa, submetia-se à censura, mas não admitia censores na redação. E tal era a força do *Correio* que, no seu caso, Lourival achou uma solução — os mensageiros do DIP recolhiam as páginas no saguão do jornal, ainda no largo da Carioca (logo se mudaria para a avenida Gomes Freire, na Lapa), levavam-nas ao Palácio Tiradentes para inspeção e as devolviam em tempo hábil, liberando-as com ou sem cortes. Enquanto isso, Lourival estava se preparando para um processo mais eficiente de censura prévia: em vez de cortar textos, fornecê-los; para evitar perda de tempo, vetar assuntos antes que eles se transformassem em notícia; e, para se certificar de que as ordens seriam seguidas, a possibilidade de punição com multa, suspensão de circulação, prisão do diretor responsável e mais contundente: a suspensão da cota de papel intermediada pelo DIP.

Lourival começou estabelecendo uma série de critérios gerais a serem observados todo o tempo. Não se podia escrever "União Soviética" — tinha de ser "Rússia". A palavra "ditadura" era proibida em qualquer contexto e em qualquer país. Ataques à Alemanha e à Itália, assim como artigos favoráveis à Grã-Bretanha, estavam fora de cogitação. Não era permitido se referir aos Estados Unidos como "a grande democracia do Norte" — para que não se inferisse que o Brasil não era a grande democracia do Sul. Uma foto do presidente Roosevelt deveria ser acompanhada de uma de Getulio, do mesmo tamanho. Os inimigos do regime, mesmo que no exílio e nem tão inimigos, como Plinio Salgado, deixavam de existir. E era obrigatória a publicação de todos os decretos, viagens e inaugurações presidenciais.

Mas a medida principal era o despacho para as redações de boletins mimeografados produzidos pela Agência Nacional, alertando para os assuntos que não poderiam sair ou determinando a maneira de abordá-los. Os despachos eram matinais e diários, mas, nas épocas de grande agitação, podiam ser horários. Se se somassem todas as publicações, a Agência

Nacional chegava a enviar 12 mil páginas de texto por semana. Nos casos de emergência, as ordens eram dadas por telefone para o redator-chefe ou para o secretário de redação, sempre em tom pastoso e cordial: "Bom dia, meu caro. Família? Saúde? Ótimo. É para avisar que não pode haver referência alguma a [seguia-se um fato do dia ou da véspera] e a [seguia-se outro]. Certo? Um abraço". Era uma censura antisséptica, sem derramamento de tinta. Era também reveladora: às vezes, os jornais só ficavam sabendo de uma história ao serem informados de que ela estava proibida.

O DIP fornecia textos já prontos, com títulos, fotos, intertítulos e instruções sobre a posição da matéria na página e em qual página. O material deveria ser publicado como se tivesse sido produzido pelo jornal ou revista, sem referência à origem. Para isso, a Agência Nacional, na rua Primeiro de Março, trabalhava em três turnos diários, empregando duzentos profissionais entre redatores, repórteres, tradutores e taquígrafos. Como todos tinham salários acima dos da praça — nenhum redator do *Correio da Manhã* ou do *Globo* ganhava nem perto do que eles —, a Agência Nacional podia contar com profissionais como Francisco de Assis Barbosa, Rosario Fusco, Genolino Amado, José Condé, Lucio Cardoso e, como tradutora de telegramas, a jovem Clarice Lispector. Com essa estrutura gigante, o DIP afetou duramente as agências noticiosas particulares e a imprensa profissional. O mercado de revistas também sofreu alterações. Pela abundância de material que despejava nas redações, bastavam agora quatro ou cinco jornalistas para botar nas bancas uma revista semanal de 64 páginas.

Em princípio, os jornais e revistas não podiam recusar o material do DIP. E, mesmo que quisessem, a maioria não fazia isso, porque recebia um "subsídio" mensal, variando segundo o tamanho da empresa ou seu grau de submissão ao governo. O valor mais alto, geralmente pago aos Diários Associados, a grande cadeia de Assis Chateaubriand, podia chegar a cinquenta contos de réis, equivalentes a então nada desprezíveis 5 mil dólares. A distribuição do dinheiro era feita em espécie, na reunião mensal do Conselho Nacional de Imprensa, no prédio da ABI, aos próprios donos dos jornais. Chateaubriand não comparecia pessoalmente — mandava um emissário, quase sempre Austregesilo de Athayde. Mas muitos proprietários, como Elmano Cardim, do *Jornal do Commercio*, Pires do Rio, do *Jornal do Brasil*, e Bricio de Abreu, de *Dom Casmurro*, submetiam-se à humilhação de ir até a mesa receber o envelope, na frente de todo mundo. Era uma forma de corrupção a que aqueles homens maduros e respeitados se sujeitavam. Principalmente porque o DIP conhecia a situação econômica de todos eles.

Dois dos poucos a conservar a dignidade eram Paulo Bittencourt, do *Correio da Manhã*, e Orlando Dantas, do *Diário de Notícias*. Bittencourt publicava as matérias que recebia, mas não aceitava o dinheiro. Dantas nem publicava nem aceitava. Sua desobediência atraiu a ira do capitão do Exército Amilcar Dutra de Menezes, executor das instruções de Lourival e protegido de Luthero Vargas. Amilcar, que cogitou "demitir Dantas da presidência do *Diário de Notícias*" — como se o jornal fosse do governo —, gabava-se de seu poder: "Um dia, se me der na telha, em 24 horas fecho todos os jornais do Rio e abro outros", dizia. Talvez pudesse fazer isso, porque os telefonemas dados para seu gabinete eram gravados, inclusive os de donos de jornais pedindo-lhe anúncios para suas folhas. Mas acima dele estava Lourival Fontes.

Lourival chamou Orlando Dantas ao Palácio Tiradentes para ouvir o seu lado. Dantas lhe informou que o *Diário de Notícias* podia dispensar o suborno, porque formara uma rede de pequenos anunciantes do comércio e dos serviços que se orgulhavam de ajudá-lo. Tal insolência, aos ouvidos de Amilcar Dutra de Menezes, resultaria em prisão. Mas Lourival não era homem de confrontos. Se Dantas não queria receber, muito bem. O DIP ficava dispensado de dar-lhe dinheiro e de brindá-lo com a publicidade dos institutos de aposentadoria e previdência, os IAPS, com que mimoseava a concorrência. Dantas que respirasse como pudesse.

As poucas publicações comparativamente rebeldes corriam o risco de estrangulamento econômico: suspensão do crédito no Banco do Brasil, corte da publicidade oficial e redução no fornecimento de papel — esta, a maior ameaça, já que o Estado detinha o monopólio da importação e o repassava às publicações a preço simbólico. Alguns proprietários de jornais, como Orlando Dantas, punidos com a redução, compravam papel contrabandeado do Canadá — as bobinas trazidas nos porões dos navios eram recolhidas por lanchas, de madrugada, no meio da baía, e levadas para galpões na Zona Norte. Outros, como Samuel Wainer, de *Diretrizes*, e Apparicio Torelly, de *A Manha*, cujas tiragens eram pequenas, compravam-no dos jornais mais simpáticos a Getulio, que o tinham de sobra. É provável que Lourival soubesse de tudo isso e fizesse vista grossa.

Herbert Moses, presidente da ABI, do alto de seu 1,56 metro e sempre às boas com todos os lados, achava que, com a entrega da censura ao DIP, as relações entre o governo e a imprensa tinham "despiorado" — palavra talvez criada por ele. Lourival gostou de ouvir isso e propôs a Moses instalar dentro da ABI o Instituto Nacional de Ciência Política, dedicado a ciclos de conferências sobre a "realidade brasileira" — o que, no fundo, significava um enclave do Estado Novo dentro da casa dos jornalistas. A conferência inicial foi proferida por um jovem cearense recém-chegado ao Rio, Armando Falcão. Em 1940, por sugestão de Lourival, Getulio visitou a nova e moderníssima sede da ABI. Foi recebido por uma falange de diretores e conselheiros da entidade, com direito a discursos e salgadinhos. Um artigo numa publicação da Imprensa Nacional chamou Getulio de "o reformador da imprensa brasileira" e, até aí, nada de mais. Mas Moses deu a Getulio o título de presidente de honra da ABI.

As revistas mensais mereciam particular atenção. Nenhuma poderia publicar menos de três ou quatro matérias sobre Getulio por edição e ele deveria ser citado em todas as outras, mesmo como importante coadjuvante. Com isso, Getulio estava presente até nas revistas dedicadas a receitas de bolo e fotos de casamento, como *Vida Doméstica* — elas o mostravam sorridente, de avental sobre o jaquetão, acionando um liquidificador ou batedeira, novidades na época, ou lambendo o dedo que passou nas fôrmas de bolo. Às vezes, outros figurões do regime deveriam ser agraciados com espaço na imprensa. Em junho de 1940, Filinto Müller ganhou quatro páginas na revista *Ilustração Brasileira*: "O chefe de Polícia na intimidade". Ela o descrevia como "um dos mais dedicados, corajosos e eficientes colaboradores do Governo Federal". Mostrava-o em sua casa na Tijuca, adornando sua biblioteca, regando as flores do jardim e, no quintal, amorosamente alimentando pintos. No texto, Filinto declarava que se orgulhava de seus ancestrais alemães e que mantinha correspondência com um general chamado Von Müller, seu parente. Não se ofendia, até se orgulhava, quando o chamavam de "*Gauleiter* da capital" — *Gauleiter*, um misto de administrador e xerife na nomenclatura nazista.

Havia também os colaboradores espontâneos, sempre dispostos a um agrado ao Estado Novo, que ofereciam seus textos ao DIP. Quando um desses textos era aprovado por Lourival, o DIP o comprava e o distribuía nacionalmente, com a "recomendação" de que fosse publicado. Como esperado, isso gerou uma grande quantidade de "estudiosos" do regime. No caso de artigos encomendados pelo DIP, sempre a intelectuais conhecidos, o cachê era mais que generoso — cerca de dez vezes maior do que o pago na praça. Corruptor declarado, Lourival era, pessoalmente, incorruptível. Mesmo os que tinham motivo para detestá-lo atestavam que era à prova de suborno e de bajulações, quase um corpo estranho num governo marcado por comissões, propinas e desvios tramados dentro do Catete por ministros e subalternos.

A abrangência do DIP sobre o jornalismo estava demonstrada no seu *Anuário da Imprensa Brasileira*, de 1941, uma revista de 192 páginas em formato gigante, 35 x 27 centímetros. O artigo de abertura, "Da liberdade teórica à efetiva liberdade de imprensa", comparava a dita liberdade como tratada nas Constituições de 1934 e 1937 para mostrar que esta última era mais adequada para "coibir o abuso que interesses inconfessáveis fazem da boa-fé dos jornalistas". Seguia-se a extensa legislação regulando a censura de tudo no Brasil que saísse de uma rotativa ou de uma máquina plana — livros, jornais, revistas, roteiros de rádio, de teatro e de cinema, anúncios de publicidade, folhetos de turismo, panfletos, volantes, dicionários, enciclopédias, partituras musicais, catálogos telefônicos, cartazes de cinema e talvez até avisos funerários, santinhos de missa de sétimo dia e as Estampas Eucalol. Completando o arrocho, era obrigatória a remessa à Biblioteca Nacional de um exemplar de qualquer material impresso.

Os mil olhos do DIP no *Anuário* eram as listas de jornais, revistas e jornalistas cadastrados em *cada* grotão do país, não importava quão remoto — todos sob o escrutínio de uma autoridade. O Rio, por exemplo, tinha 1987 jornalistas, 44 jornais e 264 revistas, com nome, título e ficha de cada um (razão social, capital declarado, data da fundação, endereço e nome do proprietário); o estado de São Paulo tinha 1055 jornalistas, 240 jornais e 152 revistas; o Acre, um jornalista, um jornal e zero revista. Como só os cadastrados podiam circular, isso tornava possível fiscalizar o dia a dia de cada um. O levantamento foi obra de Alfredo Pessoa, diretor da Divisão de Divulgação do DIP e defensor da teoria de que era possível a uma ditadura ser ditadura e, ao mesmo tempo, republicana, "como a Alemanha de Hitler".

A censura do DIP estendia-se também ao teatro e ao rádio, e não se limitava à política. Entre as palavras proibidas estava "amante", mesmo no sentido de alguém ser "amante da música". A poucas horas da estreia de sua peça *O amante de madame Vidal*, de Louis Verneuil, a atriz e produtora Dulcina de Moraes teve de mudar o título para *As loucuras de madame Vidal*. Já o teatro de revista da praça Tiradentes parecia gozar de legislação especial — mesmo porque, sem as virilhas de suas vedetes, as piadas de duplo sentido e as músicas com letras sugestivas, ele não teria razão para existir. Em troca, os produtores se encarregavam de popularizar a figura de Getulio, fazendo dele personagem de quadros que, mesmo parecendo satirizá-lo, realçavam sua simpatia e esperteza. Getulio tinha até um intérprete oficial, o comediante Pedro Dias, a quem ele foi visitar "de surpresa" no camarim do Teatro Recreio, no réveillon de 1940. A foto, produzida pelo DIP, com os dois lado a lado e muito parecidos, saiu em todos os jornais, mostrando o caráter benigno do governante com quem o "criticava".

Ali começou também o dilúvio de caricaturas de Getulio nas capas de revistas, todas enfatizando o seu sorriso e bonomia — mesmo porque as desfavoráveis não podiam sair. E, com o apoio e estímulo de Lourival, nenhum outro político foi tão personagem de anedotas. O mote das piadas era invariável: por mais que lhe atirassem cascas de banana, Getulio sempre se saía bem. Ele próprio gostava de contá-las. A principal fonte dessas anedotas era uma página dupla semanal na revista *Vamos Ler!*, de propriedade do Estado. Quem as inventava? Piadistas de esquina, que as submetiam à redação e depois eram aperfeiçoadas por Rosario Fusco e pelo poeta Bastos Tigre, ambos de veia cômica.

Getulio tinha também grande presença na literatura de cordel — "O doutor Getulio Vargas/ homem de bom coração/ fez tudo para evitar/ aquela revolução/ porque não achava bem/ brigar irmão com irmão.// As lutas de trinta e dois/ trinta e cinco e trinta e sete/ nas mãos de um homem tirano/ sangue virava confete/ mas o nosso presidente/ julga tudo humanamente/ ninguém nunca mais se mete". Os cantadores pareciam adorá-lo — fizeram-se centenas de cordéis a seu respeito. Mas, se algum se atrevesse a versejar contra Getulio, seu autor arriscava-se a ter de engolir a viola na feira de Caruaru.

O DIP era onipresente. Em 1941, havia 73 emissoras de rádio no Brasil, todas submetidas ao serviço de 24 horas de radioescuta da Agência Nacional, por profissionais que se revezavam. No caso de um escorregão pelo locutor, requisitava-se o roteiro. Como improvisos eram proibidos, alguém teria de pagar: o roteirista ou o locutor. Eram também obrigadas a transmitir *A Hora do Brasil*, o programa oficial do governo. Ia ao ar de segunda a sexta-feira, emitido do estúdio da Rádio Guanabara, na rua Primeiro de Março, e destinado às notícias sobre Getulio. O horário, oito da noite, não fora escolhido à toa — era a hora em que as ondas curtas atingiam o máximo de alcance. Naquele ano, o número de aparelhos receptores no Brasil se aproximava de 1 milhão. Para que não restasse dúvida quanto à audiência do programa, foram instalados alto-falantes na praça principal de dezenas de cidades. Mas isso não bastava para Lourival. Seu objetivo era uma rádio de alcance nacional, que fosse aonde a cartilha, o jornal e o livro não chegassem.

Sem exceção, os meios de expressão viviam sob controle. Pela importância do cinema na sociedade — muita gente ia ao cinema todos os dias —, o dos filmes era o mais rigoroso. O cinema brasileiro, de produção ínfima, não oferecia problema, mas os estrangeiros requeriam atenção. Depois de anos de indiferença quanto ao assunto, preocupada em não perder o mercado alemão, Hollywood começara a produzir filmes antinazistas, como *Tempestades d'alma*, de Frank Borzage, com James Stewart; *Quatro filhos*, de Archie Mayo, com Don Ameche; *Casei-me com um nazista*, de Irving Pichel, com Joan Bennett; e *O grande ditador*, de Charles Chaplin. Todos de 1940 — e, por imposição dos germanófilos do governo, todos proibidos por Lourival.

Para os mais íntimos, Lourival explicava que fazia essas concessões aos radicais, proibindo obras que admirava, para impedir o fechamento total. Sabia que Getulio o usava para equilibrar as forças internas, assim como fazia com Oswaldo Aranha em relação aos germanófilos. Além disso, Lourival, como chefe da propaganda, acreditava que melhor do que o confronto era a cooptação. Os militares, com Filinto Müller à frente, não gostavam dele — achavam-no leniente com a imprensa e com os intelectuais. Com sua habilidade, Lourival conseguiu convencê-los de que, quando se ganha um confronto, ganha-se também um inimigo. Já a cooptação consolida o seu lado e neutraliza o do adversário. Donde, em vez de perseguir os intelectuais de esquerda, o ideal era seduzi-los para uma convivência pacífica. Em última palavra, comprá-los. E o que não lhe faltava eram instrumentos para isso.

O DIP editava suas próprias revistas, como a volumosa *Cultura Política*, as populares *Brasil de Ontem, Hoje e Amanhã* e *Brasil Reportagem*, com mais fotos do que textos, e *Dos Jornais*, uma espécie de *Reader's Digest* do Estado Novo, com transcrições de matérias de jornais louvando Getulio. A mais importante era *Cultura Política*, "revista mensal de estudos brasileiros", lançada em março de 1941. Tirou 51 números, até outubro de 1945, e era dirigida por Almir de Andrade, catedrático da Faculdade Nacional de Filosofia e autoungido pensador laureado do Brasil. Tinha cerca de trezentas páginas, dispensava anúncios — privilégio com que suas concorrentes comerciais, como a *Revista Acadêmica*, dirigida por Murilo Miranda, e *Diretrizes*, nem podiam sonhar — e distribuía boa parte da tiragem para fundações, universidades e representações diplomáticas.

A função de *Cultura Política* era promover Getulio junto à elite intelectual, para que esta o avaliasse como o estadista que ele devia ser. Era feita por redatores contratados, temperada por colaboradores eruditos, aptos a produzir estudos demonstrando que, por contingências da história do Brasil, o Estado Novo era uma consequência positiva e inevitável. Uma seção permanente se intitulava "O pensamento político do chefe do governo" e se compunha dos discursos de Getulio analisados por colaboradores à luz da sociologia.

Esses colaboradores se distribuíam por todo o leque político. Iam de homens abertamente de direita, como Francisco Campos, Cassiano Ricardo, Helio Vianna, Alberto Torres, Azevedo Amaral, Rosario Fusco e o próprio Almir de Andrade, aos ideologicamente anfíbios, como Drummond, Gilberto Freyre, Marques Rebêlo, Josué Montello e o futuro historiador Helio Silva e até aos notoriamente de esquerda, como Edmar Morel, Alvaro Vieira Pinto e Nelson Werneck Sodré — este último, assinando um surpreendente artigo em que definiu Getulio como "alto pensador político", "notável doutrinador" e "de excepcional sagacidade". A presença de tais nomes em *Cultura Política* destinava-se também a insinuar que a liberdade de expressão reinava no Brasil.

Lourival lhes pedia os artigos, pagava à vista e não lhes exigia loas ao governo. Bastava que não escrevessem contra — o que, naturalmente, nem se cogitava. Se escrevessem críticas literárias, memórias de infância ou reflexões acadêmicas, ótimo, e tanto fazia. O importante eram seus nomes no sumário. Isso não impedia Lourival de, às vezes, convidar um liberal que sabia mais flexível para escrever e ler no rádio uma mensagem de parabéns ao presidente no dia de seu aniversário. Um dos que aceitaram foi José Lins do Rêgo.

Mas o maior troféu de Lourival era Graciliano Ramos. Durante dois anos, Graciliano assinou em *Cultura Política* uma série de artigos mensais sobre os costumes folclóricos do Nordeste. Eram textos inócuos, sem ligação com o que se publicava nas páginas à sua volta. Mas Graciliano não podia alegar que não sabia o que saía na revista. Na verdade, ninguém sabia mais do que ele, por ser obrigado a lê-la inteira. Era o revisor da revista.

Hoje parece estranho que Graciliano, vítima das prisões varguistas e próximo do Partido Comunista, aceitasse ver-se entre capas em tal companhia. Mas, morando com a mulher e quatro filhos (todos menores de dez anos) num quarto de pensão na rua Correia Dutra, no Catete — quase sem espaço para uma escrivaninha entre as camas —, ele não tinha escolha. Seus romances não lhe rendiam dinheiro. Vivia das traduções que fazia à noite, com caneta, à luz de um tíbio abajur e com um Selma, cigarro de dois tostões, no canto da boca. Sua mulher, Heloisa, controlava o orçamento — ele lhe entregava os ganhos e ela, toda manhã, dava-lhe o suficiente para o bonde e o cigarro, e administrava o resto. Só conseguiriam sair dali em 1943, quando se mudaram para um apartamento na rua Conde de Bonfim, na Tijuca. Já então Graciliano fora nomeado inspetor federal do ensino secundário, no Méier. E quem o nomeou? Gustavo Capanema via Carlos Drummond, mas a nomeação fora assinada pelo homem que o prendera: Getulio.

Graciliano era, portanto, como muitos, funcionário do Estado Novo. Mas não se podia censurá-lo por isso, porque ninguém estava a salvo desse funcionalismo. E, a partir do dia 8 de março de 1940, todos os contratados e colaboradores de *A Noite* e das revistas *A Noite Ilustrada*, *Carioca* e *Vamos Ler!*, assim como da Rádio Nacional, também passaram a trabalhar, mesmo sem saber, para o governo.

Naquele dia, Getulio encampara todas as propriedades da Brazil Railway Company, do magnata americano Percival Farquhar, mortalmente endividada junto à União. Era um senhor espólio, composto de redes ferroviárias, vastas extensões de terras à margem dos trilhos no Paraná e em Santa Catarina e altos depósitos bancários em São Paulo. Mas seu ativo mais precioso, em alcance e potencial, era a Sociedade A Noite, um complexo jornalístico que compreendia todos aqueles veículos e a catedral em que eles se instalavam: o edifício de A Noite, na praça Mauá, nº 7. No topo de seus 22 andares de concreto armado, de autoria do arquiteto francês Joseph Gire, o luminoso com o nome do jornal era um farol saudando quem entrasse à noite pela baía de Guanabara. O subsolo e os dois primeiros andares do edifício abrigavam o parque gráfico, com a rotativa Marinoni tomando quase um salão. Getulio englobou tudo no grupo Empresas Incorporadas ao Patrimônio da União, com o que ganhou de repente um holofote para se promover.

A Noite, segundo auditoria da agência internacional McAuliffe, Davis, Bell & Co., tinha a circulação diária de 207 mil exemplares, colossal para a população do Rio. Seu slogan, "Olha *A Noite*!!!", gritado pelos pequenos jornaleiros, fazia-se ouvir até quase de madrugada nas ruas movimentadas. Era o vespertino mais querido da cidade, deixando longe *O Globo* e o *Diário da Noite*. E, a um lance de escadas no edifício da Noite, como era chamado, ficavam as revistas, das quais a principal era *Vamos Ler!*, a meca dos candidatos à glória literária.

À *Vamos Ler!* acorriam jovens de todo o país com seus contos e poemas, para submetê-los ao diretor R. Magalhães Jr. Irascível, mas competente, Magalhães Jr. não os desapontava: publicava quase tudo que traziam, mesmo que tivesse ele próprio de reescrever o material. Só não precisou fazer isso com a menina que, em 1941, lhe ofereceu um conto. Magalhães o leu, olhou para ela e perguntou: "De onde você copiou isto, garota?". Ela respondeu: "Não copiei de ninguém". E ele, farejando qualquer coisa de Katherine Mansfield entre as palavras: "Traduziu de alguém?". Ela: "Não. Eu que escrevi". E ele: "Então vou publicar". A garota era Clarice Lispector, 21 anos, e "Trecho" foi o primeiro dos quatro contos que ela publicaria em *Vamos Ler!*. Em pouco tempo, Clarice ganhou o emprego como tradutora na Agência Nacional e, logo a seguir, passou para *A Noite*, como repórter — uma das primeiras da imprensa brasileira. Mas sua ambição era a literatura, e ela já tinha um romance na gaveta. Depois de vê-lo recusado por várias editoras, entre as quais a José Olympio, publicou-o, em 1943, pela mais óbvia de todas: a Editora de A Noite, também uma empresa do grupo. Chamava-se *Perto do coração selvagem*, título sugerido por Lucio Cardoso.

A joia da coroa do grupo A Noite, no entanto, era a Rádio Nacional. Ao ser fundada pela Brazil Railway, em 1936, espremendo-se num pequeno estúdio na rua Sacadura Cabral, no cais do porto, ela levaria os primeiros quatro anos longe de ameaçar a audiência da Rádio Mayrink Veiga. A Mayrink, sob a liderança de Cesar Ladeira, seu diretor artístico, produtor, locutor e o maior nome do rádio, era a grande emissora do país. Mas isso iria mudar. Com a incorporação ao governo, e comandada por Gilberto de Andrade, a Nacional empatou o jogo. Suas novas instalações, nos dois últimos andares do edifício da Noite, comportavam agora sete estúdios, um auditório de quinhentos lugares, palco sobre molas para protegê-lo das vibrações do edifício e tratamento acústico para isolá-lo dos apitos dos navios na praça Mauá. Com verba de sobra, ela foi contratando todos os cartazes. E, em 1941, passaria à frente da Mayrink ao roubar-lhe Cesar Ladeira.

Em 1942, a Nacional ganhou, em Parada de Lucas, na Zona Norte, uma estação de ondas curtas com cinquenta quilowatts de potência e oito antenas instaladas pela RCA Victor — duas voltadas para os Estados Unidos, duas para a Europa, uma para a Ásia e três para o Brasil. Com isso, estava realizado o sonho de Lourival Fontes: uma rádio literalmente nacional, tão ou mais essencial para a propaganda do governo do que a Agência Nacional e a Imprensa Nacional.

Mas Gilberto de Andrade convenceu-o de que ela não podia ficar nisso. Para garantir a audiência e melhor servir ao Estado Novo, a Nacional deveria ter um regime misto: ser propriedade do Estado, mas, ao mesmo tempo, funcionar como uma emissora comercial, de mercado, com programas patrocinados e disputando audiência. Para isso, já tinha sob contrato potentados como os supervisores José Mauro e Celso Guimarães, locutores como Ismênia dos Santos e o jovem Paulo Gracindo, cantores como Orlando Silva e Aracy de Almeida, maestros como Radamés Gnattali e Dante Santoro, o discotecário Haroldo Barbosa, o produtor Almirante, o comediante Silvino Neto e muitos mais. Nenhuma outra rádio tinha gente desse quilate.

De onde saiu o DIP? De um sombrio ménage à trois. Os pais podiam ser o italiano Ministero della Cultura Popolare, concebido por Galeazzo Ciano e implementado por Dino Alfieri — do qual o jornalista Licurgo Costa tirou proveitosas lições, na visita dos intelectuais brasileiros a Mussolini, em 1936 —, e o Reichsministerium für Volksaufklärung und Propaganda, Ministério para o Esclarecimento do Povo e a Propaganda, resumido para Ministério Alemão da Propaganda, o órgão de Goebbels.

Mas o pai foi mesmo o português SPN, Secretariado da Propaganda Nacional, criado em 1933 pelo jornalista e escritor António Ferro para o ditador Oliveira Salazar. Ferro, mussolinista de primeira água, era apologista da "ditadura dos brandos costumes" — consistindo em aliciar para o regime o máximo de intelectuais e artistas, seus inimigos potenciais, pagando bem e em dia, emasculando-os, ao mesmo tempo que aplicava o garrote na sociedade. Lourival Fontes herdou essa estratégia e elevou-a à categoria de arte.

Ferro conseguiu impor aos portugueses a ideia de que, para salvar a combalida e caótica República portuguesa, o homem era Salazar. Fez do azedo e obscuro professor de Coimbra um oráculo, onisciente, diligente e sério. Ferro fez mais: criou o salazarismo, quase uma seita religiosa, tendo como centro Salazar, quase a reencarnação de d. Sebastião. Para tanto, Ferro subornou escritores, reescreveu a história, falsificou informações, inventou tradições (uma delas, as estatuetas do galo de Barcelos, que não existiam como "símbolo nacional") e impôs ao país a imagem do povo pobre, mas resignado e feliz, dedicado a cantar o fado, dançar o gira e rezar para Santo Antônio. Ferro montou um mecanismo capaz de silenciar a imprensa, a educação e a cultura, de forma a tornar invisível a existência desse mecanismo. Era o estrangulamento sem dor. Em silêncio, seus contestadores iam parar nas masmorras quase medievais de Caxias, Peniche e Tarrafal, em solitárias de dois metros quadrados de onde seus gritos não podiam ser ouvidos.

Em agosto de 1941, António Ferro e Lourival Fontes assinaram no Catete, na presença de Getulio, o Acordo Cultural Luso-Brasileiro. Era um intercâmbio prevendo a coprodução de filmes, troca de programas de rádio e de exposições de arte, estudos de etnografia e folclore e congraçamento das duas comunidades. Mas o mais importante, e não registrado em letra de fôrma, era a cooperação — a espionagem — sobre elementos hostis aos dois regimes. Havia poucos brasileiros a vigiar em Lisboa, mas muitos portugueses antifascistas no Rio. O acordo visava também instruir as duas censuras a coibir a publicação de artigos e reportagens hostis. Daí nasceu uma revista de circulação binacional, *Atlântico*, com exaltação aos dois Estados Novos. Entre os colaboradores brasileiros, havia desde adeptos da ditadura salazarista, como Alceu Amoroso Lima, Vinicius de Moraes e San Thiago Dantas, até os que, em tese, deveriam repudiá-la, como Erico Verissimo, José Lins do Rêgo e Mario de Andrade.

Ferro não era estranho ao Brasil. Sua intimidade com o país vinha de 1922, quando, oriundo do modernismo português, se ligou por carta ao pessoal da Semana de Arte Moderna, em São Paulo, e participou dela à distância — seu texto "Nós" foi lido por Oswald de Andrade numa das noites no Theatro Municipal e depois publicado no nº 1 da revista *Klaxon*. No fim daquele ano, Ferro veio ao Brasil para conhecer a turma e teve o casal Oswald e Tarsila do Amaral como padrinhos de seu casamento por procuração — eles no Rio, ela em Lisboa — com a poeta portuguesa Fernanda de Castro. Suas ideias sobre estética e política encantaram os modernistas. "É preciso chamar António Ferro de gênio", escreveu Oswald.

Assim como Ferro convenceu o povo português de que Salazar tinha algo de divino, Lourival fez de Getulio o "pai dos brasileiros", severo, mas justo e benigno, numa campanha que não conhecia descanso. "Só uma pessoa pode ser elogiada pelo DIP: ele. Primeiro ele, depois ele e, por fim, ele", decretou Lourival, referindo-se a Getulio. A medida era seguida pela Divisão de Cinema, que filmava todas as participações de Getulio em solenidades, visitas e inaugurações, para inserção compulsória nos cinejornais da Cinédia e da Sonofilms. O DIP produzia também curtas "informais", dirigidos pelo fotógrafo e cinegrafista francês refugiado Jean Manzon, como os que mostravam Getulio "trabalhando", em seu escritório no Palácio do Catete, ou "relaxando", jogando golfe no Itanhangá — suas tacadas, graças à mágica do corte e da montagem, sempre acertavam o buraco.

Outra divisão decisiva do DIP era a dedicada à publicação de livros sobre Getulio. De 1939 a 1942, foram lançados pelo menos cinquenta, alguns assinados por gente conhecida, como Oswaldo Orico, João Neves da Fontoura e Carlos Maul; outros, por autores hoje inexistentes; e vários sem autoria. Os títulos já diziam tudo: *Getulio Vargas, estadista, orador, homem de coração; Getulio Vargas e o culto à nacionalidade; O presidente Getulio Vargas, um estadista como ainda não surgira no Brasil; Getulio Vargas, coerência nas atitudes; Getulio Vargas, sua vida e seu mandato histórico.*

Alguns eram mais específicos: *Ideário político de Getulio Vargas; Getulio Vargas, reformador social; O elogio proletário de Getulio Vargas; Getulio e o teatro; Vargas e a educação; Vargas e a nova legislação trabalhista.* Tinham cerca de oitenta páginas e pressupunham-se sérios e profundos. Outros, ricamente coloridos, eram voltados para os jovens: *Getulio Vargas para os escolares; Getulio Vargas para crianças; Getulio Vargas para a criança brasileira;* e o irresistível, quase disneyano, *História de um menino de São Borja: A vida do presidente Getulio Vargas contada por Tia Olga aos seus sobrinhos.*

Para possível consumo internacional, Lourival cooptou escritores estrangeiros refugiados para escrever "biografias" de Getulio ou panegíricos sobre o país. Dois deles foram o vienense Paul Frischauer, autor de *Presidente Vargas: uma biografia,* com 393 páginas, quase todas imaginárias, e o alemão W. Hoffmann-Harnisch, de *Getulio Vargas,* e o romeno Leopold Stern, de *Rio de Janeiro et moi,* este em francês. "Estudos" sobre o Estado Novo e o Brasil, indiretamente louvando Getulio, não paravam de sair das rotativas do DIP: *Estado Novo: cinco anos de unidade e ação; A força nacionalizadora do Estado Novo; A juventude no Estado Novo; Catecismo cívico do Brasil Novo; Subúrbios cariocas no regime do Estado Novo* e *O Brasil dos nossos dias.* Nenhum desses livros se destinava ao comércio — eram feitos para enriquecer graciosamente escolas, instituições e bibliotecas populares. Todos os livros impressos pelas gráficas oficiais, fossem compêndios estatísticos ou catálogos de botânica, eram obrigados a estampar a foto de Getulio na contracapa. Nem Salazar teve tanta propaganda em tão pouco tempo — era Lourival Fontes superando seu inspirador António Ferro.

E, assim como fez com os livros, Lourival se propôs a tornar inescapável a imagem de Getulio. Sua foto oficial, em tamanho grande, de faixa verde-amarela e pose presidencial, era obrigatória em repartições federais, estaduais e municipais, quartéis, escolas, creches, hospitais e também em bancos, cinemas, lojas, bares e botequins. O DIP já a fornecia emoldurada, com vidro e cordão. Era só pendurar. Alguns comerciantes a aceitavam constrangidos. Outros, por sabujice ou fé política, recebiam-na alegremente e a expunham com destaque. Ninguém a recusava.

Sob Lourival, ruas, praças e avenidas de todo o país ganharam o nome de Getulio. A maior de todas, a avenida Presidente Vargas, no Rio, começou a ser aberta, com quatro quilômetros de extensão, da Candelária à praça da Bandeira, e quatro pistas num total de oitenta metros de largura. Para construí-la, foram derrubados 525 imóveis, incluindo igrejas e sobrados do século XVII, e a praça Onze de Junho, reduto do samba nos anos 1910 e da imigração judaica. A nova avenida recebeu duas construções ao estilo da arquitetura monumental praticada nos Estados totalitários: o prédio da Central do Brasil e o do Ministério da Guerra. Separou o centro da cidade e o mar, isolou o porto e feriu de morte os bairros da Gamboa, da Saúde e do Santo Cristo, cenários do romance *Memórias de um sargento de milícias* (1852), de Manuel Antonio de Almeida.

Cidades mudaram de nome, passando a chamar-se Presidente Getulio Vargas — uma delas, Itabira (MG), quando Getulio instalou lá a empresa estatal Vale do Rio Doce (depois voltou a ser Itabira). Incontáveis ginásios, escolas e estádios também ganharam o seu nome. Seus bustos e estátuas pareciam onipresentes. No Rio, por iniciativa de Luiz Simões Lopes, ex-marido da bem-amada Aimée, criou-se a Fundação Getulio Vargas. O Jockey Club batizou o último páreo do Sweepstake como o Grande Prêmio Getulio Vargas. Getulio deu o nome até a uma pedra encontrada em Coromandel (também MG), considerada o maior diamante bruto do mundo — era o "Diamante Presidente Vargas", de 726 quilates, avaliado em 1 milhão de dólares pela joalheria Harry Winston, de Nova York. E, naqueles anos, os cartórios acusaram uma notável incidência de meninos registrados com o nome Getulio.

Em 1942, ao instituir como moeda o cruzeiro no lugar dos mil-réis, Getulio reservou sua foto para a nota de dez cruzeiros, de larga circulação entre as diversas classes, assim como sua efígie para as moedas de dez centavos — que o DIP chamou de "getulinhos" e os mais criativos usavam para fazer pulseiras ou abotoaduras. A imagem de Getulio estava também no selo de quatrocentos réis — suficiente para se mandar uma carta, donde essa imagem circulava em milhões de envelopes pelo país. Beabás, cartilhas, gramáticas, cadernos escolares, todos traziam a foto de Getulio em algum lugar. Getulio estava também em chaveiros, broches e espelhinhos de bolso.

A fábrica Plinio Linhares lançou os cigarros Gegê, com a foto do sorridente Getulio no maço. O rosto de Getulio estava nos bilhetes de loteria das datas especiais, e estas agora eram muitas: Dia da Pátria, do Trabalho, da Abolição, da República, da Bandeira e, as mais recentes, da Raça, a 4 de setembro, e da Juventude, no próprio dia 7. Em várias delas, promoviam-se manifestações cívicas gigantes no estádio de São Januário, do Vasco da Gama, em que sua presença no palanque era saudada por meninos e meninas de uniforme agitando bandeirinhas do Brasil (com Getulio dentro do círculo, no lugar da divisa e das estrelinhas). Essas crianças, regidas por Villa-Lobos, formavam coros de milhares cantando o Hino Nacional. As partituras do hino também traziam Getulio na capa.

Lourival fez do aniversário de Getulio, 19 de abril, feriado nacional. O DIP ordenava que ele fosse festejado nas escolas e repartições, com hino, bandeira e desfile. Dois livros, *O 19 de abril* e *Uma grande data*, celebraram a efeméride como se ela fosse a da chegada do messias. O flautista e compositor Benedito Lacerda, em parceria com Darci de Oliveira, deixou-se seduzir pela campanha e contribuiu com seu samba "19 de abril", cuja letra começava dizendo: "Se veio ao mundo/ Foi Deus quem quis/ O timoneiro que está com o leme do meu país// E pra que siga rumo certo o meu Brasil/ Deus que lhe dê muitos 19 de abril". O dia 10 de novembro, aniversário do Estado Novo, também passou a ser comemorado anualmente, em repartições, quartéis e entidades de classe — sem a presença de Getulio, por se tratar de "homenagens espontâneas". Mas ele não ficava ausente das comemorações. Comparecia às festas e recepções para os potentados estrangeiros, convidados pelo Itamaraty, e o desfile de fardas e casacas podia estender-se pelos salões do Itanhangá.

E, assim como o SPN em Portugal, Lourival fez o DIP centralizar as funções recreativas. A exemplo da Mocidade Portuguesa, inspirada na Hitlerjugend (a Juventude Hitlerista) e na Gioventù Italiana del Littorio (a Juventude Italiana do Fascismo), criou-se a Juventude Brasileira, para promover a educação cívica, moral e física de crianças e adolescentes. O autor da ideia era o ministro Gustavo Capanema. Seria administrada por um conselho integrado pelos Ministérios da Educação, da Guerra e da Marinha, e, por intermédio do DIP, subordinada à Presidência da República. A Juventude Brasileira patrocinaria desfiles estudantis, solenidades de formatura, gincanas, viagens, excursões e outros divertimentos, como se fossem dádivas pessoais de Getulio aos jovens.

Lourival se certificou de que o Estado Novo já não pudesse passar sem o DIP, o que, indiretamente, significava a dependência do chefe, que era Getulio, ao chefiado — que era ele. Para não deixar buracos, cuidou de estender seu poder à polícia. Para irritação de Filinto Müller, fez do Dops (Departamento de Ordem Política e Social) o braço armado do DIP, incumbido das prisões, campanas e apreensões na área cultural.

Para mostrar que não temia pesos-pesados, Lourival mandou o Dops às livrarias para apreender *Descoberta do mundo*, de Jorge Amado; *Em marcha para a democracia*, de Anisio Teixeira; *Novos caminhos e novos fins*, de Fernando de Azevedo; *As minhas aventuras pela Europa*, de Charles Chaplin; e todos os livros de Monteiro Lobato, tanto os adultos, sobre política, petróleo etc., quanto os infantis, como *Reinações de Narizinho*, e os de Tarzan e Emilio Salgari "traduzidos" por ele para a Coleção Terramarear, da Companhia Editora Nacional. A primeira edição, de 1939, da *História universal*, de H.G. Wells, em três volumes, teve o terceiro volume recolhido por causa do capítulo sobre a URSS, amplamente favorável a ela. A Companhia Editora Nacional sujeitou-se a suprimir o capítulo para poder reimprimir o livro. A editora favorita do DIP era a Vecchi, de propriedade de italianos e pródiga em lançamentos de autores queridos por Mussolini, como Giovanni Papini, Gabrielle D'Annunzio e Pitigrilli.

Para dar caráter nacional ao DIP, Lourival criou suas representações estaduais: os Deips, dirigidos por personalidades locais, íntimas de cada território. O principal Deip era o de São Paulo, que, em 1941, tinha como diretor o jurista Candido Motta Filho e, como chefe da Censura, o poeta Cassiano Ricardo. Mas, para que não restasse dúvida sobre quem mandava, os Deips não possuíam poder normativo — tinham de se submeter às diretivas do Palácio Tiradentes.

Em três anos, de 1939 a 1942, Lourival pôs o Brasil aos pés de Getulio. Fez dele o gigante, o mandante, maior que o país, como se fizera com Mussolini, Hitler e Salazar. O surpreendente é que fosse ele, Lourival, a fazê-lo.

O aspecto de Lourival — Louro, para os amigos — não o recomendava. Era baixo, estrábico (o olho direito fora de órbita), despenteado (uma rebelde mecha grisalha caía-lhe sobre o dito olho), dentes amarelados pelo fumo, terno branco sempre amarrotado como se tivesse dormido com ele, e, segundo os íntimos, não muito afeito à higiene (não dava a descarga no vaso que acabara de usar, não se limpava direito e desprendia um cheiro característico). Mas era de inteligência incomum, reconhecida até pelos inimigos. Lia em inglês, francês, alemão, espanhol e russo, principalmente filosofia, e gostava de ser chamado de "o nosso Goebbels". Em criança, em Aracaju, passara fome, chegara a esmolar na rua e fora tuberculoso. Tudo que sabia aprendera sozinho. Disso resultava um magnetismo que parecia impressionar as mulheres, de que era prova seu casamento com uma das mais disputadas do país: a poeta Adalgisa Nery.

Louro e Adalgisa se conheceram em 1938, numa recepção no Itamaraty. O DIP ainda não existia e Lourival era apenas um advogado do serviço de informações. Adalgisa, emergindo do casamento com o pintor, poeta e filósofo Ismael Nery, morto em 1934, acabara de publicar pela José Olympio seu livro de estreia, *Poemas*, sob as bênçãos de Murilo Mendes e Jorge de Lima. Nascia uma poeta já madura, capaz de dizer coisas como "Se te amo é porque me amo/ Se quando erras perdoo/ É porque me absolvo" e adepta de um penumbrismo corpóreo e sensual: "Sinto que não moro/ Sou morada pelas coisas como a terra das sepulturas/ É habitada pelos corpos".

Os homens não viam nela apenas o talento. Adalgisa era admirada pela beleza e desejada como mulher — alta, magra, pescoço longo, os vestidos compridos que a tornavam ainda mais esguia, agressivas ombreiras, echarpes até o chão e chapéus criados por ela com orquídeas encomendadas à Casa Catleya. Acreditava-se que, se pegasse uma toalha de mesa e se enrolasse nela, pareceria chegada de Paris. Carlos Drummond de Andrade a definiu como "a obra de arte viva". O próprio Murilo Mendes, melhor amigo de Ismael Nery, candidatou-se a sucessor de Ismael na vida de Adalgisa no dia seguinte à morte dele — em vão. Dizia-se que Graciliano Ramos, também sabendo-se sem chances, arrastava uma amarga asa por ela. E todos morreram um pouco quando a viram de braço dado com Lourival Fontes.

Ninguém mais antípoda de Adalgisa do que Lourival. Enquanto, em jovem, ele estudava sozinho e à luz de velas em quartos de pensão em Aracaju, ela recebia em sua casa com Ismael, na rua São Clemente, em Botafogo, os amigos do marido — intelectuais e poetas como Mario Pedrosa, Dante Milano, Pedro Nava, Anibal Machado, Eugenia e Alvaro Moreyra. E os matemáticos, arquitetos, filósofos, bispos católicos, homens tão brilhantes que ela se limitava a servir o café e observar, silente — mas ninguém podia impedi-la de aprender. Eram talvez os saraus mais sofisticados do Rio, em que se discutiam surrealismo, teoremas e lógica, sendo

Ismael o criador de um sistema religioso, o essencialismo, que ele nunca escreveu e não se sabe se, de tão complexo, os amigos o entendiam. Uma roda em que, com certeza, Lourival, àquela altura, não seria admitido.

Desimpedida e independente, Adalgisa enxergou em Lourival um brilhante futuro político para ambos. Casaram-se em 1940 — ela, 35 anos; ele, 41 —, em cerimônia na mansão do ministro Oswaldo Aranha, no Cosme Velho. Para o registro civil, Adalgisa tornou-se Adalgisa Lourival Fontes. Foram morar no Leme. Lourival comprou um Boston terrier, cachorro raro no Brasil, a que deu o sugestivo nome de Blitz, em referência às blitzkriegs de Hitler. Em pouco tempo, com Lourival já empalmando a imprensa e a propaganda no Brasil, Adalgisa tornou-se, na prática, a terceira-dama do país, atrás apenas de dona Darcy e de Alzira.

Naturalmente, um terceiro lugar bem à distância dos dois primeiros. A família Vargas era dona do país. Alzira, tão moça, auxiliar de gabinete da Presidência, era uma poderosa influência sobre o pai, que a chamava de "rapariguinha". E todos admiravam dona Darcy por suas obras assistenciais, como a Cidade das Meninas, o Lar do Pequeno Jornaleiro e, em breve, a Legião Brasileira de Assistência. O esperto Joaquim Rolla, dono do Cassino da Urca, não se contentava em destinar a essas instituições três quartos da receita dos ingressos ao cassino e 10% dos valores apostados. Com frequência, cedia o cassino a dona Darcy para eventos em prol de suas obras e lhes destinava o lucro líquido daquela noite. Não que Rolla fosse um filantropo. O dinheiro dos ingressos era irrelevante em relação ao volume das apostas e, deste, não lhe custava retirar 10%. Era a sua garantia de ficar bem com um governo que, se quisesse, podia cassar-lhe a licença com uma penada.

Getulio não frequentava o cassino, mas seu governo fazia dele um playground noturno, ao som da Brazilian Serenaders, a orquestra de Carlos Machado. Lourival e Adalgisa dominavam o grill, com Lourival entretendo personalidades estrangeiras, inclusive da área da inteligência, e Adalgisa iluminando a pista ao dançar com homens de *summer* e smoking. Os solenes Goes Monteiro e Filinto Müller também o frequentavam, mas, mais rudes, confinavam-se em seus próprios séquitos. E Bejo Vargas não se contentava com um emprego fictício no governo, de "assessor especial", que já lhe garantia um belo salário. Concedera-se regalias especiais na Urca ao apostar, como não pagar quando perdia e, às vezes, "ganhar" sem precisar apostar. Bejo era temido também por dar tiros para o alto no grill e assediar qualquer mulher que o interessasse, mesmo que acompanhada do namorado ou marido — se um deles protestasse, era levado para a praia em frente ao cassino e surrado por capangas. Dizia-se que Getulio ria muito das façanhas do irmão.

Nem tudo era para rir. Getulio evitava falar ao telefone — temia ser alvo de escuta. E, em todos os banquetes e quitutes a que comparecia, apenas fingia que comia. Não queria se arriscar a ser envenenado.

11

A salvo na cidade atlântica

Em janeiro de 1940, as novidades no front dadas pelos jornais eram assustadoras. Hermann Goering, chefe da Luftwaffe, ordenou que a indústria de guerra alemã intensificasse sua fabricação de aviões. Em fevereiro, descobriu-se que o Japão estava destinando metade de seu orçamento à escalada militar. Em março, Mussolini comunicou a Hitler que a Itália finalmente se achava pronta para entrar na guerra ao seu lado. Em abril, Heinrich Himmler, chefe da ss, declarou aberto o campo de concentração em Auschwitz. Em maio, Winston Churchill foi nomeado primeiro-ministro britânico e anunciou que todos os ingleses entre vinte e 26 anos poderiam ser convocados. Semana após semana, as tropas alemãs tomaram a Noruega, a Dinamarca, a Bélgica, Luxemburgo, os Países Baixos e, no dia 14 de junho, entraram em Paris. No dia 25, a França consternou o mundo ao se render oficialmente, aceitar a ocupação e reduzir-se a um governo fantoche em Vichy. Em julho, Hitler ordenou o início da Batalha da Inglaterra e, em agosto, caíram as primeiras bombas sobre o Covent Garden, o Strand e Piccadilly Circus — o coração de Londres.

Nada disso parecia afetar o Rio. Ao contrário, a cidade de torres bicentenárias (das igrejas da Candelária, do Carmo, de São José, do Rosário e da catedral) começava a ser suplantada pela dos arranha-céus. Em Copacabana, que se urbanizava vertiginosamente, os bangalôs à beira-mar deram lugar à paliçada de edifícios da avenida Atlântica. O bairro mais ensolarado da cidade chegara a 75 mil habitantes, mais gente do que em 90% dos municípios brasileiros. Em seus bares de calçada, como o Alcazar, o Wonder e o Alpino, a duas pistas da areia, solidificava-se a cultura da praia. E não se estranhava que um deles, o OK, na esquina da rua Ronald de Carvalho, concentrasse de repente tantos marinheiros americanos, craques na dança do swing.

Com 1,8 milhão de habitantes, pouco mais que Roma e pouco menos que Viena, o Rio conciliava as sensações das metrópoles com o conforto das províncias. E tinha outra importante diferença em relação àquelas cidades — não era um palco de guerra. Em breve, Roma e Viena, assim como Berlim e Londres, viveriam sob a tensão de voos rasantes, pânico nas ruas, corrida aos abrigos, blecautes, sirenes, prateleiras vazias. Para seus 215 mil estrangeiros, o Rio estava a salvo disso. O sol só se punha a contragosto e a noite tinha muito a oferecer — três cassinos de luxo (e muitos outros menores, legalizados ou não), 108 cinemas, quinze teatros, 22 emissoras de rádio, oito cabarés, 33 lugares para dançar (o maior e melhor era o Pavilhão do Lido, em Copacabana, aberto até de manhã) e incontáveis ninhos de amor.

Na praça Tiradentes, ferviam os teatros, dancings e gafieiras. Na praça Mauá e seu entorno ficavam as principais rádios, Mayrink Veiga, Tupi e Nacional, com seus auditórios lotados. Na Cinelândia, além de dez cinemas com cinco sessões diárias, havia choperias, bonbonnières, sorveterias e intenso footing. Adjacente a ela, a Lapa, reduto de cabarés, casas de pasto e bordéis, a "Montmartre carioca", como a chamara o lapeano Luís Martins. Na avenida Rio Branco, o estirão de cafés com mesas na calçada, como o Nice, o Brahma, o Rio Branco, o Belas Artes e o Simpatia, com sua clientela de uísques, sorvetes e frapês. E, espalhados pela cidade, seis grandes hotéis: o Avenida e o Palace, na Rio Branco; o Glória, na Praia do Russell; o Central, na Praia do Flamengo; o dos Estrangeiros, na praça José de Alencar; e, na avenida Atlântica, o Copacabana Palace.

Os produtos europeus estavam em falta no mercado por causa da guerra, mas, com as rotas marítimas intactas entre o Brasil e os Estados Unidos, o comércio não se apertava. Os carros, eletrodomésticos e brinquedos, ainda fabricados pelos americanos, continuavam a chegar. Com atraso de um ano, normal para a época, ...*E o vento levou*, *A mulher faz o homem* e *O mágico de Oz*, os grandes filmes de 1939, ocupavam as telas. Revistas como *Cinearte* e *A Cena Muda* traziam as últimas de Hollywood — Clark Gable estava "saindo" com Carole Lombard, a dura verdade sobre Fred e Ginger (eles não se davam), Judy Garland ia fazer dezoito anos. Os garotos seguiam as peripécias de Tarzan, Buck Rogers e Superman pelas tiras nos jornais. E a Casa Pinguim, na rua Gonçalves Dias, já tinha à venda "Tuxedo Junction", com Glenn Miller, e "Yes, Indeed!", com Tommy Dorsey — os discos, em 78 r.p.m., eram importados regularmente ou, numa ação entre amigos, trazidos de Nova York, na cabine, pelos comissários da Panair.

A orla marítima ostentava o Cassino Atlântico, no Posto 6 de Copacabana, com sua vista panorâmica da areia. Mas nada superava o cassino do Copacabana Palace, com o luxo do qual os Guinle, seus proprietários, não abriam mão. Suas atrações musicais eram os arranjos de "Rhapsody in Blue", "Stardust" e "Stormy Weather" em ritmo de samba pela Orquestra Tabajara, do clarinetista Severino Araújo, discípulo de Artie Shaw. Já no Meia-Noite, a boate do hotel, fazia-se o contrário: o repertório era brasileiro, com sucessos como "Aquarela do Brasil" e "Tico-tico no fubá", mas com sotaque americano nos arranjos. A orquestra era a The Midnighters, dirigida pelo também clarinetista Zaccarias, este, discípulo de Benny Goodman. A cena noturna carioca pendia decididamente para a música americana — a ninguém ocorreria tocar "Erika", de Herms Niel, marcha militar que fazia grande sucesso em Berlim.

Mas quem imperava sobre a madrugada era o Cassino da Urca. Tinha dois palcos-elevadores, com uma orquestra que descia, a de Vicente Paiva, e outra que subia, a de Carlos Machado, ou vice-versa, mas com as duas por um instante tocando ao mesmo tempo. Eram orquestras em dia com os vários idiomas — sambas, foxes, tangos, rumbas e a grande novidade, os boleros, mas a principal era a de Carlos Machado, dedicada à música americana. Tinha dezesseis membros, entre os quais Dick Farney ao piano, Fafá Lemos ao violino, Laurindo de Almeida ao violão e Russo ao pandeiro. Como crooners, Linda Baptista, Emilinha (então ainda Emilia) Borba e, cantando em francês, Virginia Lane. Nos grandes shows estrelavam Aurora Miranda, sucessora da irmã Carmen, e Grande Otelo. Eram atrações que faziam da Urca uma extensão dos escritórios de ministros, banqueiros e graúdos em geral. Muitos negócios, até mesmo lícitos, eram fechados em suas mesas.

Seu proprietário, Joaquim Rolla, nunca saíra do Brasil, nunca lera um livro e não falava uma palavra de inglês — dez anos antes era tropeiro, condutor de mulas, em Minas Gerais. Mas, ao giro da roleta, Rolla estava construindo um império. Era dele também o Cassino de Icaraí, em Niterói, no outro lado da baía, com os mesmos cartazes da Urca. Os turistas estrangeiros eram levados de barco da Urca ao Icaraí, à noite, ida e volta. Na travessia da baía de Guanabara, extasiavam-se com as luzes de Flamengo e Botafogo à distância, e mais ainda por saber que não seriam atacados por um submarino alemão.

Para garantir a clientela internacional, Rolla lhe oferecia os grandes nomes de Nova York, Paris ou Buenos Aires. Como não ia a lugar nenhum além de Cambuquira, dependia dos amigos viajados, como o empresário Nelsinho Baptista, para saber quem deveria trazer. Foi este quem o fez contratar Josephine Baker, a cantora de "Je cherche un millionaire", os Mills Brothers, estupendo conjunto vocal, e os Nicholas Brothers, famosos dançarinos acrobáticos. E foi Baptista quem lhe soprou que, dali a dias, Bing Crosby, a caminho de Buenos Aires para comprar cavalos, faria uma escala de uma noite no porto do Rio, sem descer do navio. Nesse dia, mais cedo, Rolla foi a bordo, falou com Crosby — em que língua? — e o convidou a ir à Urca naquela noite. Ele seria "identificado" na plateia por Carlos Machado e convidado a dar uma canja. Bing, que havia anos não se apresentava ao vivo nem em Nova York, topou! Chegou à Urca, foi levado discretamente a uma mesa, Machado fingiu surpresa ao vê-lo e o chamou ao palco. Bing fingiu não querer, subiu e, lubrificado por vários uísques, cantou "Dinah" e "Somebody Loves Me". Voltou ovacionado para sua mesa e, quando o salão se acendeu, já tinha saído à francesa. Os dois números podem ter lhe rendido um cavalo.

Ninguém no Rio sabia que o maior cantor do mundo iria cantar na Urca. Para quem estava no cassino, foi um presente e tanto. Para quem não estava, era um recado: veja o que você pode perder por não frequentar a Urca.

O Rio era uma cidade sem guetos. Não tinha prédios calcinados nem ruas em ruínas ou feridos ao relento. Com a decomposição do integralismo, homens fardados e de camisas com dísticos nas mangas não marchavam sobre seu asfalto. Não havia racionamento de carne, manteiga ou açúcar, nem casas de câmbio fazendo conversões absurdas. O dinheiro circulava livremente e os bancos funcionavam inclusive aos sábados. As praias viam passar iates, não navios de guerra. A guerra, aparentemente, só existia nas telas e nas manchetes.

Mas nem tudo era azul na cidade atlântica. Refugiados desciam de navios na praça Mauá, vindos de uma Europa onde ficara impossível viver. Eram franceses, italianos, húngaros, poloneses, austríacos, romenos e, claro, alemães — judeus ou apenas antifascistas, todos com a vida em perigo. Os judeus eram a maioria. O dinheiro de que dispunham era o que restara dos confiscos a que tinham sido submetidos, costurado no forro dos casacos e que sobrara da viagem de meses, com várias escalas, na terceira classe dos navios. Muitos trouxeram os livros e objetos de arte que haviam conseguido salvar, para vender aos sebos e antiquários e tentar fazer frente às primeiras despesas. Mas seu verdadeiro capital consistia em suas capacidades e nas oportunidades que tivessem para desempenhá-las. Poucos tinham amigos ou parentes à espera no cais. Nas ruas, eram fáceis de reconhecer por suas roupas europeias. Ao falar em iídiche, temiam ser confundidos com alemães. Ninguém falava português.

Mas alguns falavam francês, a segunda língua do Rio, o que lhes permitia comunicar-se minimamente e até dar aulas particulares de piano, desenho ou dança. Quase todos iam morar em Nilópolis, em Madureira ou na praça Onze. Os mais abonados, em pensões no Flamengo, na Glória e na Tijuca. Um pequeno grupo radicou-se na amável Petrópolis — pena que tivessem de dividi-la com a célula nazista na cidade. Como refugiados, eram obrigados a comparecer periodicamente ao Serviço de Registro de Estrangeiros, na rua do Lavradio. Os mais intelectualizados, por seu domínio de línguas, logo aprenderam português, conheceram seus pares por aqui e se impuseram por si.

Alguns não esperaram o cerco se fechar na Europa para embarcar. O alemão Hans-Joachim Koellreutter, 22 anos em 1937, tinha sólida formação musical e um futuro à vista nas salas de concerto de Berlim. Mas suas convicções políticas contrariavam as da família, ferozmente nazista. Quando seu pai denunciou sua noiva à Gestapo como judia, Koellreutter rompeu com ele e partiu. Veio para o Rio e, em menos de um ano, já era professor no Conservatório de Música. Lá ficou amigo de Villa-Lobos e iniciou sua carreira de mestre de várias gerações de músicos brasileiros — um dos primeiros, em 1940, foi um garoto de treze anos, Tom Jobim. Outro que deixou seu país, a Itália, por se opor ao fascismo foi o jovem pintor Enrico Bianco. No Rio, também em 1937, Bianco conheceu Portinari, que o apresentou aos amigos, e, daí, bastou-lhe abrir a mala de pincéis. Tornou-se o retratista mais solicitado da cidade e autor de incontáveis capas de livros.

Ainda em 1937, o húngaro Dori (Izidor) Kürschner, treinador de futebol com vitoriosa carreira na Hungria, Inglaterra e Suíça, recebeu um convite para trabalhar num clube brasileiro. Não precisou pensar muito para aceitar. Tinha 51 anos e, por ser judeu, os estádios se fechavam para ele na Europa. O clube que o convidou era o Flamengo, presidido pelo administrador de empresas José Bastos Padilha. Kürschner — por alguma trapalhada ortográfica, rebatizado aqui Kruschner — introduziu um sistema de jogo nunca visto no país: o "wm", com as pontas do W indicando três zagueiros e dois meias recuados, e as do M, dois meias avançados e três atacantes.

O "wm" não rendeu títulos a Kruschner, mas ele revolucionou o futebol brasileiro. Até então, treinar, para os clubes, significava botar os rapazes para correr em volta do gramado, saltar obstáculos e subir e descer arquibancadas. Kruschner exigiu doze bolas em campo para os jogadores ensaiarem passes longos e curtos, piques com a bola dominada e repetição de jogadas. Proibiu os chutões e os dribles desnecessários. E criou o primeiro uniforme para jogos noturnos: a camisa branca do Flamengo, com as duas listras horizontais em vermelho e preto. Demitido em 1939, Kruschner treinou outros clubes do Rio e morreu de infarto, aqui mesmo, em 1941. Ironicamente, sem ele, o "wm" seria o esquema mais vitorioso do futebol brasileiro dos anos 40, no Flamengo e no Vasco, mas aplicado por seu discípulo Flavio Costa.

A chegada de refugiados brilhantes e com 2 mil anos de cultura nas costas trouxe progresso a muitas disciplinas no país. O teatro, por exemplo, recebeu quase ao mesmo tempo, em 1941, os diretores Zbigniew Ziembinski e Zygmunt Turkow e a atriz Irena Stypinska, todos vindos da Polônia.

Dois anos antes, em Varsóvia, Ziembinski estava encenando *Genebra*, de Bernard Shaw, uma sátira política com personagens chamados Herr Battler, signore Bombardone e o general Flanco — quem seriam? Por causa disso, entrou na mira dos invasores alemães e teve de fugir. Primeiro, para outros países da Europa, e, à medida que eles iam sendo tomados pelos nazistas, tinha de se mudar correndo. Até que, em 1941, na França, recebeu um visto (providencialmente irregular) do embaixador do Brasil em Vichy, Luiz Martins de Souza Dantas, que lhe garantiu a entrada no Rio.

Ziembinski chegou e viveu à custa da Cruz Vermelha nos primeiros tempos. Os Comediantes, um grupo amador de teatro composto de rapazes e moças de famílias abastadas, o descobriram. Impressionaram-se com a sua reputação e técnica, puseram-se em suas mãos e lhe deram um emprego, com salário pago por um deles, João Angelo Labanca. Com sua tarimba para decorar falas, Ziembinski, 35 anos, aprendeu a língua em tempo recorde, exceto pelo sotaque, em que, pronunciada por ele, até uma palavra como "banana" vinha carregada de "cz", "rz" e "zb" poloneses.

Ao discutir com Os Comediantes as possibilidades de encenação de algum texto, Ziembinski já lhes apresentava um projeto de cenário, luzes, marcações, distribuição de papéis, inflexões e gestos. Nos ensaios, coreografava cada dedo mindinho, obrigava que se dissessem as frases quase sílaba por sílaba e ditava quem deveria olhar para quem em todos os momentos. Impunha horas de ensaio, não perdoava erros e descompunha todo mundo — era tão exigente na obediência às suas instruções que, às vezes, os atores também falavam com sotaque polonês.

Em 1943, depois de mais de um ano de aulas técnicas, Ziembinski decidiu que estava na hora de Os Comediantes enfrentarem o público. Dedicaram-se a ensaiar três peças de uma vez: *Fim de jornada*, do britânico R.C. Sherriff, *Péleas e Melissanda*, do belga Maurice Maeterlinck, e um texto brasileiro de autor quase estreante, mas tão complexo que só ele, Ziembinski, seria capaz de pôr no palco: *Vestido de noiva*, de Nelson Rodrigues. As duas primeiras peças foram bem recebidas, mas o que aconteceu na noite de 28 de dezembro de 1943, no Theatro Municipal, é que entraria para a história: a estreia de *Vestido de noiva*. Ao fim do espetáculo, enquanto o elenco ia e vinha para os aplausos, Nelson Rodrigues, esmagado de emoção no fundo de um camarote, sentiu que, a partir dali, tudo seria diferente para sua vida e para o teatro brasileiro. Como escreveria depois, olhou para o teto e pensou ter uma visão: "Do alto, o lustre pingava diamantes". Fora Ziembinski quem tornara aquilo possível.

Irena Stypinska, estrela do Teatro Nacional de Varsóvia, fugira da Europa no mesmo local e época que seu amigo Ziembinski, apenas com um navio de diferença. Já chegou aqui como "Mme. Stypinska, a grande trágica polonesa" e, com sua especialidade de dividir cada sílaba em duas ou três letras, influenciou toda uma geração de jovens atrizes brasileiras. Ziembinski deu-lhe o papel de madame Clessy na segunda montagem de *Vestido de noiva*, em 1945, no Teatro Fênix — um papel de estrangeira, perfeito para o seu sotaque, também cheio de "cz", "rz" e "zb" —, e Stypinska definiu para sempre a personagem.

E Zygmunt Turkow, já diretor respeitado em seu país, também precisara fugir às pressas de Varsóvia. Tivera a má sorte de estrear *Sulamita*, opereta de Abraham Goldfaden, fundador do moderno teatro iídiche, justamente na noite de 1º de setembro de 1939 — poucas horas depois de a Alemanha invadir a Polônia. No dia seguinte, os nazistas jogaram uma bomba no palco do teatro, por sorte vazio, e Turkow achou mais aconselhável partir. Conseguiu um visto de trabalho para Buenos Aires, de onde cruzou para o Rio, que já havia conhecido em 1929, e também se integrou aos Comediantes. Sem os arroubos de Ziembinski, era um grande inovador: numa remontagem de *A mulher sem pecado*, também de Nelson Rodrigues, usou projeções de cinema no palco — o primeiro a fazer isso no Brasil. No pós-guerra, promoveu uma fusão entre os elencos mais avançados do país, o dos Comediantes com o do Teatro Experimental do Negro, de Abdias do Nascimento, e traduziu peças brasileiras para o iídiche. Todos no teatro o viam como um mestre.

Mas não tanto quanto a outro ator e diretor refugiado aqui na mesma época: Louis Jouvet, o maior nome do teatro francês. Jouvet chegou ao Rio em junho de 1941, com uma companhia composta de 25 pessoas entre atores e técnicos, todos com visto de entrada assinado em Vichy pelo embaixador Souza Dantas, e 34 toneladas de equipamento. Vinham para uma excursão que deveria durar alguns meses. Ficaram quatro anos, os dois primeiros, 1941 e 1942, concentrados no Rio.

Jouvet, 54 anos, não era judeu, mas a tomada de Paris tornara seu trabalho impossível. Os nazistas exigiam que ele substituísse seu repertório exclusivamente francês, do clássico Molière ao moderno Jean Giraudoux, pelo do teatro alemão — o que, com seu prestígio como diretor, daria a entender que a França apoiava a Ocupação. Jouvet teria se recusado a isso e sua situação ficara insustentável. Sua estreia no Rio, trinta dias depois da chegada, foi consagradora: ao longo do mês de julho de 1941, e começando com L'École des femmes, de Molière, Jouvet levou ao Theatro Municipal sete peças diferentes em francês, uma a cada quatro dias. Da plateia, entendessem ou não os diálogos, vinha uma torrente de aplausos e, ao fim das récitas, o público se levantava e cantava "A Marselhesa". Jouvet simbolizava ali a verdadeira França, a França que todos amavam e não admitiam ver ocupada. A elite carioca, revoltada com o governo-fantasma de Vichy, cortara suas relações com o mundo diplomático francês na cidade e ninguém mais aceitava os convites para as festas do embaixador, o conde de Saint-Quentin, de quem pessoalmente gostavam. (E com razão. Em 1942, declarada a guerra da França ao Brasil, os alemães exigiram que Saint-Quentin fechasse a embaixada no Rio e voltasse. O diplomata se rebelou, anunciou sua adesão ao movimento França Livre, comandado pelo general De Gaulle em Londres, e manteve a embaixada aberta.)

Na noite de 16 de junho de 1942, Jouvet protagonizou um momento inesquecível no Municipal. Foi a estreia mundial de L'Apollon de Marsac, a comédia em um ato que Jean Giraudoux escrevera em seu exílio na Suíça e mandara para seu amigo Jouvet no Rio. Descido o pano, Jouvet falou de como a arte podia ser o exercício da liberdade, não importavam as guerras e as fronteiras. Lágrimas jorraram de centenas de olhos.

Durante sua temporada no Rio, Jouvet publicou um livro pela Imprensa Nacional, Reflexions du comédien, em francês, e conviveu animadamente com os jovens brasileiros do teatro. Começou por convocar a seu apartamento, em Copacabana, os desenhistas e pintores cariocas para discutir com eles a execução de cenários. Sendo quem era, deu aulas particulares de representação e, por intermédio do ator Brutus Pedreira, do cenógrafo Thomaz Santa Rosa e do futuro crítico Gustavo Doria, ficou íntimo dos Comediantes — Ziembinski ainda não trabalhava com eles. Os Comediantes queriam se tornar uma versão nacional da companhia de Jouvet, e até o repertório que ensaiavam era parecido: *A escola de maridos*, de Molière, *Capricho*, de Alfred Musset, e *Péleas e Melissanda*, de Maeterlinck. Mas Jouvet exortou-os a, ao contrário, buscar jovens autores brasileiros. Os Comediantes seguiram o seu conselho e, em 1943, encontraram esse autor — Nelson Rodrigues.

Jouvet queria integrar os teatros francês e brasileiro. Ao conhecer Procopio Ferreira, viu nele o perfeito Sganarello do *Don Juan*, de Molière. Assim que a guerra acabasse, queria levá-lo para Paris, a fim de fazer Molière para o público francês, e convidou-o oficialmente por carta. Mas Procopio, assustado, adiou sua resposta por mais de um ano até recusar educadamente.

De repente, a grande decepção. Descobriu-se que Jouvet não era bem o que pensavam. Sua excursão era bancada pelo governo de Vichy. Os palcos cariocas não queriam acreditar, mas viram as provas e desabaram — o governo colaboracionista francês sustentara as duas primeiras temporadas de Jouvet no Rio e, no fim de 1942, constatando que o lucro político era insatisfatório, cortara o dinheiro. No Rio, havia um ativo grupo de militantes da França Livre. Sentindo-se enganados por Jouvet, eles ameaçaram ir vaiá-lo em cena aberta no Municipal.

Foi bom que não o tenham feito, porque a contribuição de Jouvet ao teatro era de tal monta que os comitês da Resistência Francesa na América Latina o defenderam e lhe ofereceram ajuda se quisesse continuar com sua companhia pelo continente. Jouvet aceitou e fizeram as malas. Foram para Buenos Aires e, de lá, saíram para onze países das Américas do Sul e Central, às vezes em condições inaceitáveis até por uma companhia mambembe. Em agosto de 1944, com a liberação de Paris, voltaram para a França, e Jouvet não foi cobrado. Ao contrário, reassumiu seu lugar: o centro do palco.

Nem todos os refugiados do teatro foram felizes aqui. O caso mais triste foi o de Maria Falconetti, estrela do filme *A paixão de Joana d'Arc*, de 1928, do dinamarquês Carl Theodor Dreyer e um dos primeiros clássicos instantâneos do cinema. A interpretação do papel-título por Falconetti marcou-a para sempre: o cabelo cortado em cena, de verdade, com violência, rente ao crânio; o esgar quase imperceptível, mas intenso, em grande close e sem maquiagem; e as lágrimas, reais, produzidas pelos suplícios físicos a que Dreyer a submetia de propósito na filmagem. Antes ou depois, ninguém jamais seria tão Joana d'Arc quanto Falconetti. Foi seu único filme, numa triunfal carreira teatral construída na Comédie-Française.

Mme. Falconetti, ou apenas Falconetti, como nos cartazes de *Joana d'Arc*, chegou ao Rio em 1942, com seu filho de doze anos. Fugira por causa dele — o menino, filho do milionário judeu Henri Goldstück, com quem ela tivera um caso, corria perigo em Paris. E por que o Rio? Porque ele lhe fora sugerido por seu amigo brasileiro, o cineasta e diretor de teatro Alberto Cavalcanti, radicado na Europa desde os anos 1920 e detentor de grande prestígio.

Falconetti chegou e, com sua aura de "a nova Duse", em homenagem à italiana Eleonora Duse, diva mundial do 1900, hospedou-se no Copacabana Palace e ficou à espera de convites para trabalhar. Mas esses convites não vieram. Por algum motivo, nem Louis Jouvet, que a conhecia, nem Ziembinski e Turkow a prestigiaram. Tinha cinquenta anos e talvez não houvesse papéis para o seu tipo. As únicas vezes em que se apresentou no Rio foram em 1943, em shows beneficentes para os soldados brasileiros que estavam sendo treinados para a guerra. Um de seus poucos amigos era o cinéfilo Vinicius de Moraes, "sempre trêmulo diante de Joana d'Arc", segundo ele próprio.

Já com as economias no fim, Falconetti mudou-se para Petrópolis, onde tentou dar aulas de canto e francês. Mas sofria de problemas de visão, que lhe tornavam difícil lecionar, e engordara tanto que tinha seus movimentos prejudicados. Em 1944, foi para Buenos Aires, onde também não conseguiu trabalho. Morreu lá, em 1946, aos 54 anos, aparentemente de fome, por uma dieta suicida a que se submeteu. A guerra não expulsava as pessoas apenas do seu habitat e destruía suas carreiras e esperanças. Podia expulsá-las também da vida.

Ou agraciá-las com uma carreira com que nem sonhavam. Em 1939, outro francês, Jean Manzon, 24 anos, filho de mãe judia, era cinegrafista da Marinha de seu país. No dia 14 de junho de 1940, estava a serviço em Londres quando Paris se entregou aos nazistas. A França morria ali. Dias depois, soube que sua família fora presa e mandada para um campo de internação em Le Vernet, na Alta Provença. Voltar para seu país seria suicídio, decidiu Manzon. Um amigo brasileiro, o mesmo Alberto Cavalcanti que auxiliara Falconetti, também a ele sugeriu que viesse para o Rio. Mas, no caso de Manzon, Cavalcanti fez melhor: deu-lhe uma carta de recomendação para quem de direito — Lourival Fontes.

A carta funcionou. Não apenas Manzon conseguiu sem dificuldade um visto de entrada como, ao chegar, foi contratado por Lourival para organizar os departamentos de fotografia e cinema do DIP. Enquanto fazia isso, Manzon observou que os fotógrafos brasileiros, entre os quais os contratados para abastecer a imprensa com fotos de Getulio, eram de uma revoltante falta de imaginação — em quatro de cinco fotos, Getulio estava cortando uma fita ou com um discurso na mão. Manzon propôs a Lourival fotografar Getulio como ele nunca fora fotografado — tirá-lo do palanque e trazê-lo à vida. Lourival concordou.

Com uma Leica e uma Rolleiflex, Manzon capturou expressões de Getulio que o mostravam como um homem de ação. Uma das fotos era um close de Getulio olhando por um binóculo. Representava o presidente enxergando longe, atento ao futuro da nação — embora, ao serem clicadas, as lentes daquele binóculo estivessem apenas acompanhando os cavalos no Sweepstake, no Hipódromo da Gávea. Manzon provou-se também indispensável ao distribuir as fotos de Getulio para agências estrangeiras e vê-las publicadas na imprensa americana. Prestigiado, sugeriu a Lourival fotografar a intimidade de Getulio, como as revistas *Life* e *Look* faziam com os artistas de cinema. Aprovada a ideia, Manzou retratou Getulio no Palácio Guanabara, com dona Darcy; em seu gabinete de trabalho no Catete, soterrado por papéis a despachar; e, em suas horas de lazer, jogando golfe no Itanhangá. Getulio gostou dele e, não se sabe como, Manzon ganhou um privilégio reservado até então apenas a Oswaldo Aranha: o de tratar o presidente por "tu".

Mas, pela familiaridade com que até os inimigos se referiam a "Getulio" — e não a "Vargas" ou "Getulio Vargas" —, era como se todo o Brasil tratasse o ditador por "tu".

12

O país do futuro

No dia 3 de setembro de 1939, o cantor francês Jean Sablon, jogando peteca com seus amigos cariocas na Praia do Arpoador, em Ipanema, ouviu que a Inglaterra e a França tinham acabado de declarar guerra à Alemanha. Sablon, que fazia uma temporada nos cassinos do Rio, jogou a raquete para o alto e correu à embaixada de seu país, na rua Paissandu. Queria tomar o primeiro vapor para Paris, a fim de se alistar e lutar pela França. Mas o embaixador o convenceu de que, sendo ele um artista, Sablon serviria melhor a França vestido de smoking, ao microfone, despejando charme, do que de capacete de aço num buraco gelado. Além disso, com os torpedeamentos no Atlântico Norte, já ficara arriscado viajar para lá.

Sablon deixou-se convencer e, de fato, sua presença nos cassinos Atlântico, Copacabana Palace, Urca e Icaraí, cantando "Vous qui passez sans me voir", "J'attendrai" e "Insensiblement", lembrava às plateias que havia uma França pela qual chorar. Muitos de seus shows eram em benefício da Cruz Vermelha e da resistência francesa. Sablon ia com frequência cantar em São Paulo e também em Buenos Aires, Montevidéu, Trinidad, Miami, Nova York, Chicago e Hollywood. Embora essas rotas marítimas ainda fossem relativamente seguras, os navios que as faziam eram escoltados por comboios americanos. Aonde quer que fosse, ele era a França.

Mas sua base era o Rio. Em 1942, antes de um jogo no estádio de São Januário, teve sua presença anunciada pelo alto-falante, e um coro improvisado de 30 mil bocas cantou "Vous qui passez sans me voir". Por complicados caminhos, Sablon conseguiu trazer de Paris sua mãe e foram morar num bangalô que alugou no Posto 6 de Copacabana. E, entre as muitas apresentações, em que sempre interrompia o show para exortar a França Livre, continuou se dedicando à peteca nas areias do então quase deserto Arpoador.

Em novembro de 1941, a cena musical do Rio foi enriquecida com a chegada de Ray Ventura et Ses Collégiens, uma orquestra francesa de swing.

Seu grande sucesso era a gravação de "Tout va très bien, Madame la Marquise", de 1935, do compositor, arranjador e pianista de Ventura, Paul Misraki. A letra, de um nonsense irresistível, contava a história de uma marquesa que, depois de doze dias fora de sua casa, um castelo no interior da França, telefona para seus empregados para perguntar como estão as coisas. Eles a informam de que sua mula morreu por causa de um incêndio no estábulo, incêndio este que aconteceu porque seu marido, o marquês, ateou fogo ao castelo ao saber que estava falido e, em seguida, se matou — mas, exceto por isso, estava tudo bem. Muitos viram em "Madame la Marquise" uma antecipação da França sob a ocupação nazista: o país, humilhado; os patriotas, presos; o Louvre, pilhado; e a produção de vinhos, interrompida — mas, para muitos franceses, estava tudo bem.

Ventura e Misraki eram judeus, assim como muitos membros da orquestra. Ao saberem que os alemães os impediriam de trabalhar, decidiram deixar a França. Um agente conseguiu-lhes uma temporada na América do Sul, começando pelo Rio. Depois de uma complicada operação para a emissão de 25 passaportes, embarcaram em Cádiz, num navio que não se sabia se resistiria à viagem. Resistiu e chegaram.

"Madame la Marquise" e outras composições de Misraki, como "Chez moi" e "Vous qui passez sans me voir", garantiram a Ventura um contrato de seis meses no Cassino da Urca. Com toda a musicalidade da orquestra e um repertório que incluía sucessos franceses e americanos, sua grande atração era o cômico, dançarino e, às vezes, cantor da orquestra, o guianense Henri Salvador, 24 anos. Noite após noite, ele levantava a plateia com sua imitação do marinheiro Popeye, uma sensação dos desenhos animados. Ventura se apaixonou pela música brasileira e enriqueceu o repertório da orquestra com os sambas e marchinhas que não paravam de surgir, como "Os quindins de Iaiá", de Ary Barroso, ou "Ave Maria no morro", de Herivelto Martins. Seu contrato de três meses foi estendido para três anos, durante os quais Ventura alternou o Rio com Buenos Aires. Foi aqui que Misraki compôs "Insensiblement", especialmente para Jean Sablon.

Também a música de concerto no Rio ganhou com a chegada, em 1939, do maestro Eugen Szenkar, judeu húngaro. Foi ele quem trouxe ao Municipal a obra de seu patrício Béla Bartók, do austríaco Gustav Mahler e do russo Aram Khachaturian, ainda pouco conhecidos aqui. Os compositores europeus veneravam Szenkar e lhe davam suas peças em primeira mão, donde poucos regeram tantas estreias quanto ele. Szenkar trabalhou em Budapeste, Praga, Viena, Düsseldorf, Frankfurt, Colônia e Moscou. Em todas essas cidades, teve sua vida atribulada pelo nazismo e, em Moscou, também pelo stalinismo. Em 1939, Szenkar estava em Paris quando foi convidado a se tornar o regente inaugural da recém-formada Orquestra Sinfônica Brasileira, no Rio. Cansado de fugir e antevendo o que esperava a França, aceitou. A comunidade musical do Rio abriu-lhe os braços e, com a guerra, ele resolveu ficar.

Foi Szenkar quem estabeleceu o que seria a OSB. Deu-lhe um repertório com ênfase nos clássicos, mas com espaço também para os novos talentos europeus. Botou-a para tocar mais de oitenta concertos por ano, sem contar as apresentações dominicais gratuitas no Teatro Rex, na Cinelândia. Formou um grande coral de amadores, criou os Concertos para a Juventude e trouxe a música erudita para as ruas, ajudando a educar o ouvido popular. Fazia isso porque acreditava que qualquer pessoa, se lhe dessem a oportunidade, seria capaz de apreciar a música de concerto.

Outros refugiados não tinham uma história tão coerente. O italiano Renzo Massarani, respeitado como compositor em seu país, mas vítima das leis antissemitas de Mussolini, também veio para cá em 1939. Tinha 41 anos. Começou como orquestrador na então secundária Rádio Nacional, dedicou-se à harmonização de peças do folclore brasileiro, ficou amigo de Villa-Lobos e deu muitas aulas particulares. Mas só se firmou quando se tornou crítico de música clássica do jornal *A Manhã*, um órgão do Estado Novo, e, depois, do *Jornal do Brasil*. Sua visão da música no Brasil era tão rigorosa que alguns o chamavam de "Massacrani".

De repente, soube-se que Massarani proibira a execução, a reedição e o simples acesso aos corais e óperas de sua autoria que deixara na Itália. Pensou-se que não quisesse ser executado por músicos fascistas. Descobriu-se depois que algumas dessas obras eram, ao contrário, favoráveis aos *camicie nere* — os camisas-pretas —, às saudações vocais entre os fascistas e à conquista da Abissínia por Mussolini. Uma contradição difícil de explicar, já que Massarani era judeu, mas que, pelo seu valor musical, não impediu que continuasse a ser admirado aqui e na Itália.

O Estado Novo, cioso de sua reputação junto ao Eixo, não dava aos refugiados o título de exilados ou refugiados. Chamava-os de imigrantes. E muitos, fora do radar do Dops por não serem artistas ou famosos, prefeririam se fazer passar por isso mesmo. Estavam nesse caso os antifascistas portugueses que, mesmo antes de 1940, aportavam no Rio com um respeitável histórico de militância na Europa: tráfico de armas, sabotagem, prisões, deportações e participação em levantes próprios e alheios, um deles a Guerra Civil Espanhola. Nos anos 1930, muitos haviam pertencido a um grupo armado sediado em Madri contra a ditadura de Salazar, chamado "Os Budas", cujo núcleo incluía o escritor Jaime Cortesão.

No Rio, esses portugueses iam morar em bairros da Zona Norte, onde ficavam imperceptíveis entre os seus milhares de patrícios na cidade. Como eram operários ou artesãos, empregavam-se nas fábricas de vidro ou de tijolos dos portugueses ricos e salazaristas instalados aqui, que não sabiam quem estavam contratando. O Brasil, para eles, deveria ser apenas um abrigo temporário — o objetivo era voltar para Portugal e derrubar Salazar. Mas a maioria nunca conseguiu voltar. Em 1940, o próprio Jaime Cortesão, 56 anos, deportado de Portugal, mas admirado como historiador por Lourival Fontes, entrou sem dificuldade no Brasil. Com ele vieram suas filhas Judith, médica sanitarista, e Maria da Saudade, poeta. Cortesão mantinha contato com seus colegas de clandestinidade na Zona Norte, mas considerava encerrada sua carreira política. Foi cuidar de sua vida literária, escreveu livros sobre a história do Brasil e a de Portugal, ajudou a organizar a mapoteca da Biblioteca Nacional e foi professor do Instituto Rio Branco, berço dos diplomatas brasileiros. Com sua estatura intelectual, nunca foi incomodado.

A vida não foi tão simples para outra portuguesa chegada aqui em 1940: a pintora Maria Helena Vieira da Silva, 29 anos, com seu marido, também pintor, o judeu húngaro Árpád Szenes, 43. Por causa da guerra e de políticas raciais, eles viveram um dos casos mais tocantes de *displaced persons* daquele tempo: não tinham condição legal em nenhum lugar em que estivessem, fosse Lisboa, Budapeste ou Paris — apátridas aqui, expatriados ali, viajando com papéis provisórios fornecidos pela Liga das Nações e à espera de vistos que lhes eram negados ou nunca chegavam. Era um exílio mutante, mas permanente, que resultou na vinda para o Rio — o que só foi possível porque Szenes se batizara em Lisboa e se tornara "cristão". Aqui, finalmente, experimentaram sete anos de inédita estabilidade.

Com os artistas e intelectuais refugiados que vinham para o Rio, e seus contatos com os nativos, formavam-se grupos excepcionais. O judeu romeno Emeric Marcier, pintor com formação nas academias de Milão e Paris, fugiu para Lisboa em 1940 e lá foi acolhido pelo casal Maria Helena e Árpád. Meses depois, Marcier chegou ao Rio e foi morar numa pensão no Flamengo, tendo como vizinho de quarto o poeta Murilo Mendes. Murilo namorava a poeta Yonne Stamato, que trabalhava no semanário *Dom Casmurro*. Yonne levou Marcier à redação do jornal, no prédio da Cinelândia

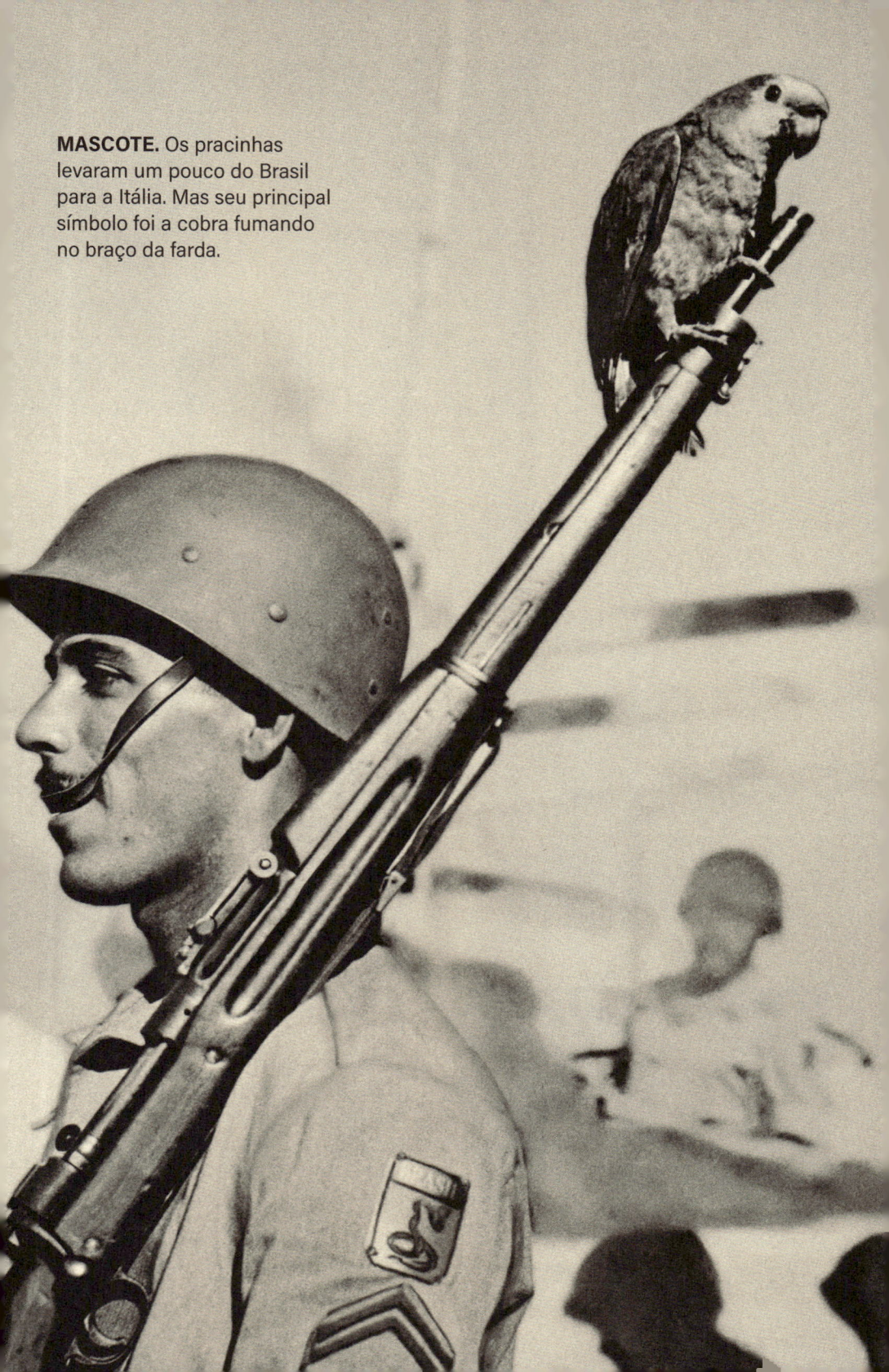

MASCOTE. Os pracinhas levaram um pouco do Brasil para a Itália. Mas seu principal símbolo foi a cobra fumando no braço da farda.

CARAS FECHADAS. Plinio Salgado, Gustavo Barroso e Miguel Reale, os líderes do integralism

ANAUÊ! A AIB enchia as ruas do Brasil com seus fiéis e as bancas de jornais com suas publicações. À esq., Carmella Salgado, arregimentadora de mulheres e crianças.

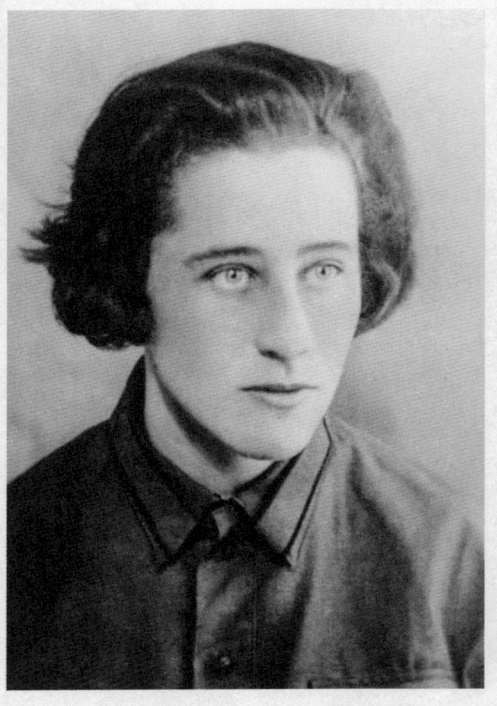

ILUSÃO. Olga Benario fo[i] designada pelo Cominter[n] para proteger Luiz Carlos Prestes (acima) com sua vid[a] no levante que "deflagraria a revolução no Brasil". Ambos pagaram caro.

CARRASCO. Major Filinto Müller, chefe de Polícia, responsável pela prisão de Prestes e pela entrega de Olga à Gestapo.

FRACASSO. Os jornais cobriram a tentativa de tomada do quartel do 1º Regimento de Infantaria, na Praia Vermelha, bombardeado e incendiado pelas tropas do governo.

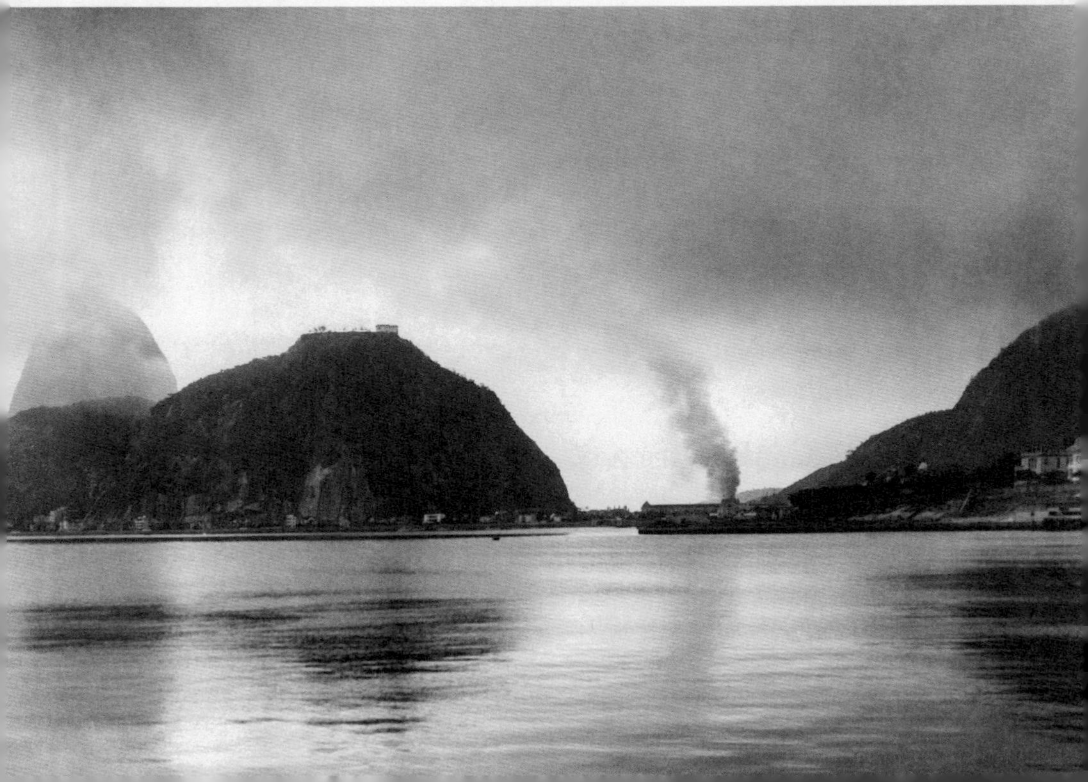

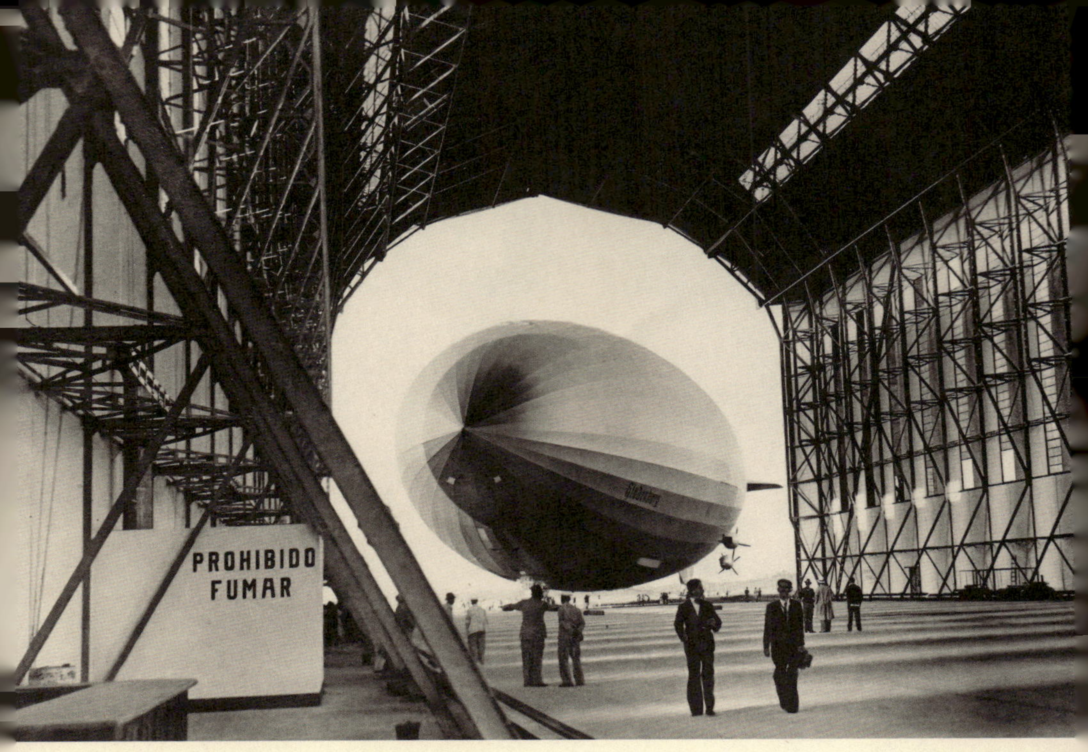

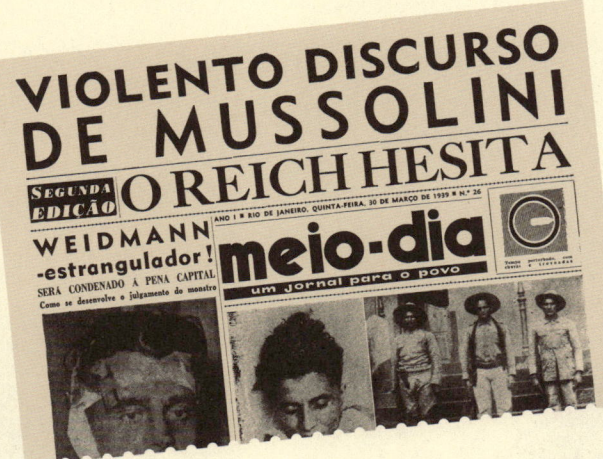

NAZISMO NOS ARES. O dirigível *Hindenburg* entra no hangar construído para ele em Santa Cruz, na Zona Oeste do Rio. Ao lado, a suástica na cauda de um avião da Condor-Lufthansa.

VIOLENTO DISCURSO
DE MUSSOLINI
O REICH HESITA

SEGUNDA EDIÇÃO

ANO I ■ RIO DE JANEIRO, QUINTA-FEIRA, 30 DE MARÇO DE 1939 ■ N.º 26

meio-dia
um jornal para o povo

WEIDMANN
-estrangulador!
SERÁ CONDENADO À PENA CAPITAL
Como se desenvolve o julgamento do monstro

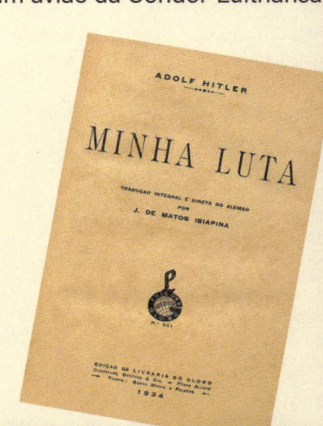

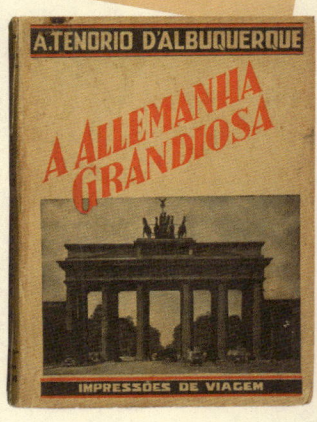

PRESENÇA DO REICH. O jornal *Meio-Dia* era subvencionado pelos alemães. À dir., a primeira edição brasileira de *Minha luta* e um dos muitos livros pró-nazistas escritos no Brasil.

200ª
TRAVESSIA AEREA
DO ATLANTICO SUL

VIA CONDOR - LUFTHANSA

BEM-AMADA. Ao lado da filha Alzira, Getulio contempla sua perigosa paixão, a bela Aimée. À dir., o hobby que passou a tomar-lhe os dias: o golfe.

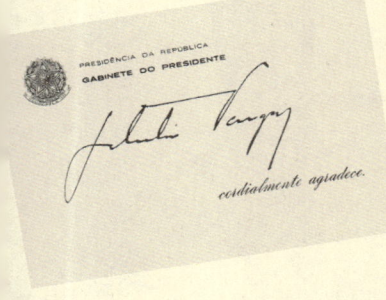

PIRA PATRIÓTICA. As bandeiras estaduais são queimadas em solene cerimônia na Praia do Russel. No Estado Novo, só a bandeira nacional poderia existir.

PRIMEIRO CASAL. Lourival Fontes, chefe do DIP, e sua mulher, a poeta Adalgisa Nery, ditavam as normas e modas na cultura brasileira sob Getulio.

FUME GEGÊ. O DIP tinha controle absoluto sobre tudo que se imprimia no Brasil e tornou Getulio onipresente na cena nacional, até como marca de cigarros.

CASA CHEIA. Convocados pelo governo, os estudantes lotavam o estádio de São Januário, o maior do Brasil, para louvar Getulio. Para o DIP, encarregado da censura, ele era o "reformador da imprensa nacional".

O REFORMADOR DA IMPRENSA NACIONAL

Presidente da República dos E. U. do Brasil, S. Excia. o Sr. Dr. Getulio Vargas.
United States of Brazil Republic's President

HUMOR CONSENTIDO.
Mesmo as charges "críticas",
como a do caricaturista
Theo, faziam Getulio
parecer simpático.

A BOLA DO DIA
espírito anônimo das ruas

SÃO PEDRO: — Olá, "seu" Getulio!

GETULIO: — Como é que Vossa Santidade me conhece?

SÃO PEDRO: — Ora essa; veja o que o DIP pregou na parede...

9-4-45

EXILADOS. Stefan Zweig
(com sua mulher, Lotte, no alto)
e Georges Bernanos (acima),
escritores internacionais, eram os
refugiados mais ilustres do Brasil.
Otto Maria Carpeaux e Paulo
Rónai (ao lado) trouxeram o
lastro da erudição europeia.

ALIANÇAS. Nelson Rockefeller (acima, à dir., com Getulio) criou a Política da Boa Vizinhança. O chanceler Oswaldo Aranha (abaixo) garantiu a presença do Brasil junto aos Aliados e ganhou a capa na revista *Time*.

INEBRIADO. Orson Welles veio ao Brasil para filmar o Carnaval e, por cinco meses, dedicou-se dia e noite ao projeto. Mas a RKO, seu estúdio, não gostou do resultado.

ALÔ, AMIGOS! Walt Disney (acima, em Copacabana) produziu dois filmes a serviço da Boa Vizinhança, um deles, *Você já foi à Bahia?*, com Aurora Miranda e Donald.

MÚLTIPLAS VITÓRIAS. A luta da Força Expedicionária Brasileira começou em casa, para nascer e para embarcar. E suas vitórias não se limitaram aos combates na Itália. Por sua causa, o Brasil se libertou do Estado Novo — a ditadura de Getulio Vargas (1937-45).

TURIM
2-5-945

SUSA
2-5-945

ALESSAN
30-4-945

MORTE NAS ÁGUAS DO ATLÂNTICO SUL. Não foram apenas os navios brasileiros. Mercantes ou de guerra, 548 navios e submarinos de dezessete países, incluindo a Alemanha, foram afundados entre o Brasil e a África durante a guerra.

LODI
29-4-945

34ª DIV.INF.
(EE.UU.)

CREMONA
29-4-945

PIACENZA
28-4-945

RIO PÓ

PARMA

FORMIGENE
23-4-945

COLECCHIO
26-4-945

ZOCCA
20-4-945

APENINOS

FORNOVO
28-4-945

MONTESE
14-4-945

TOLE

BOLONHA

CASTELNUOVO
5-3-945

10ª DIV. MT.
(EE.UU.)

MONTE CASTELLO
21-2-945

RIO RENO

1ª DIVISÃO
BLINDADA (EE.UU.)

LA
SPEZIA

92ª
DIV. INF.
(EE.UU.)

M.PRANO
26-9-944

GALICANO-BARGA
16-10-944

PORRETA
TERME
2-11-944

V CORPO DE
EXÉRCITO (EE.UU.)

CAMAIORE
18-9-944

FORNACI
6-9-944

PISTOIA

RIO SERCCHIO

STAFOLLI
(ACAMPAMENTO)

FLORENÇA
27-4-945

5º EXÉRCITO
(EE.UU.)

PISA
6-9-944

RIO ARNO

LIVORNO

COM A FEB NA ITÁLIA. Da chegada a Nápoles
e Livorno à celebração da vitória em Piacenza,
passando pelas batalhas de Monte Castello
e Montese, os pracinhas enfrentaram
temperaturas cruéis e inimigos
entrincheirados nos Apeninos
atirando de cima para baixo.
(Sob o nome de cada
localidade, a data
da luta da FEB.)

MAR TIRRENO

ROMA

N

O

L

S

NÁPOLES
DESEMBARQUE
DO 1º ESCALÃO
16-7-944

V DA VITÓRIA. Versão do DIP para o cartaz com os três "líderes mundiais": Churchill, Roosevelt e, no lugar de Stálin, Getulio. Os minúsculos Hiroito, Hitler e Mussolini os contemplam assustados. Ao lado, Super-Homem captura Hitler e o general Tojo, comandante japonês.

COBRA FUMANDO.
Duas versões do
símbolo: a da FEB,
adotada pelos
pracinhas (à dir.),
e a de Walt Disney,
mais adequada
a um faroeste.
O avestruz irado
com a legenda
"Senta a pua" era
a marca da FAB.

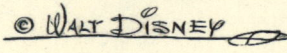

DANÚBIO AZULOU. Na dupla
seguinte, os discos com os
sambas e marchinhas que
cantaram o Brasil na guerra
e inundaram o mercado.

INDUSTRIA BRASILEIRA

A COBRA ESTÁ FUMANDO
MARCHA
(Benedicto Lacerda - Haroldo Lobo)
LINDA BAPTISTA
COM ORQUESTRA
(S - 070085)

D I P
1/G. N. - 1604   80-0248-B

RCA VICTOR RADIO S.A. - PCA. DA REPUBLICA, 17 RIO DE JANEIRO BRASIL

INDUSTRIA   BRASILEIRA
Odeon
7933
UM PRACINHA NA ITALIA
MARCHA
(Pedro Caetano - Claudionor Cruz)
ORLANDO SILVA
com ABEL E SUA ORQUESTRA
12662-A

INDUSTRIAS ELETRICAS E MUSICAIS FABRICA ODEON S.A. RUA JOÃO ALFREDO. INCLUSIVE PELO RADIO
DOS TODOS OS DIREITOS DE REPRODUÇÃO DESTE DISCO.

Odeon
INDUSTRIA   BRASILE
7840
D I P
3/G. N. - 1491
NEGRO ARTILHEIRO
SAMBA
(Sinval Silva - Herivelto Martins)
TRIO DE OURO (DALVA DE OLIVEIRA
DUPLA PRETO E BRANCO)
com Abel e sua Orquestra
12601-B

INDUSTRIAS ELETRICAS E MUSICAIS FABRICA ODEON S.A. RUA JOÃO ALFREDO SOLIS
DOS TODOS OS DIREITOS DE REPRODUÇÃO DESTE DISCO.

Odeon
INDUSTRIA   BRASILEIRA
750
D I P
3/G. N. - 1020
AS AMERICAS UNIDAS,
UNIDAS VENCERÃO!
SAMBA
(J. Casado - Henrique Gonçalez)
RUY DE ALMEIDA
com J. CASADO e sua Orquestra
12381-A

RESERVADOS TODOS OS DIREITOS DE REPRODUÇÃO DESTE DISCO INCLUSIVE FABRICA ODEON S.A. RUA JOÃO ALFREDO SOLDISTRITO FEDERAL
INDUSTRIAS ELETRICAS E MUSICAIS

INDUSTRIA BRASILEIRA
VICTOR
80-0048-A
D I P
1/G. N. - 1001   S - 052668
A CARA DO FUEHRER
MARCHA
(Oliver Wallace - Benedicto Lacerda - F. Correia da Silva)
ISAURA GARCIA
COM ORQUESTRA

RADIOTRANSMISSÃO. RESERVADA PELA RCA VICTOR BRASILEIRA, INC.
RCA VICTOR BRASILEIRA INC. PCA.DA REPUBLICA,17 RIO DE JANEIRO BRASIL.
DIREITO DE EXECUÇÃO PUBLICA E

Odeon
INDUSTRIA   BRASILE
7941
LILLI MARLENE
FOX
(Norbert Schultze-Hans Leip-Tomate Connor)
Versão brasileira: Nelson Trigueiro
GEORGE BRASS, (acordeon)
e seus "Rhythm Players"
Cantor Alcides (Gerardi)
12657-A

INDUSTRIAS ELETRICAS E MUSICAIS FABRICA ODEON S.A. RUA JOÃO ALFREDO SOLIS
RESERVADOS TODOS OS DIREITOS DE REPRODUÇÃO DESTE DISCO INCLUSIVE

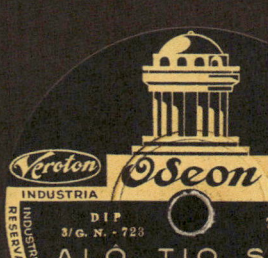

Odeon
INDUSTRIA   BRASILEIRA
7122
D I P
3/G. N. - 723
ALÔ, TIO SAM!
MARCHA
(Haroldo Lobo - David Nasser)
4 AZES e 1 CORINGA
12235-B

INDUSTRIAS ELETRICAS E MUSICAIS FABRICA ODEON S.A. RUA JOÃO ALFREDO SOLDISTRITO FEDERAL
RESERVADOS TODOS OS DIREITOS DE REPRODUÇÃO DESTE DISCO. INCLUSIVE

Odeon
INDUSTRIA   BRASILEIR
7160
D I P
3/G. N. - 767
SAI, QUINTA COLUNA
MARCHA
(Nássara - Frazão)
JOEL E GAUCHO
C/ FON - FON E SUA ORQUESTRA
12260-B

INDUSTRIAS ELETRICAS E MUSICAIS FABRICA ODEON S.A. RUA JOÃO ALFREDO SOLDISTRITO FEDERAL
RESERVADOS TODOS OS DIREITOS DE REPRODUÇÃO DESTE DISCO. INCLUSIVE

INDUSTRIA BRASILEIRA
VICTOR
34921-A
33436
D I P
1/G. N. - 720
SOU PATRIOTA
SAMBA
(José Gonçalves - Arthur Costa)
LINDA BAPTISTA
LUIZ AMERICANO e seu Regional

DIREITOS DE EXECUÇÃO PUBLICA E RADIOTRANSMISSÃO, RESERVADAS PELA RCA VICTOR
RCA VICTOR BRASILEIRA INC. PCA.DA REPUBLICA,17 RIO DE JANEIRO BRASIL.

VICTOR

INDUSTRIA BRASILEIRA

HIS MASTER'S VOICE
MARCA REGISTRADA

DIP
1/G. N. - 882
S - 052578
80-0000-A

DESPERTA, BRASIL
SAMBA
(Grande Othelo)
LINDA BAPTISTA
LUIZ AMERICANO e seu Regional

Odeon (Veroton)

INDUSTRIA BRASILEIRA

DIP
3/G. N. - 1382
7734

HAJA CARNAVAL OU NÃO
MARCHA
(Pedro Caetano - Claudionor Cruz)
FRANCISCO ALVES
acomp. por ABEL E SUA ORQUESTRA
12550-A

Odeon (Veroton)

INDUSTRIA BRASILEIRA

DIP
3/G. N. - 748
7138

TORPEDEAMENTO
MODA DE VIOLA
(Alvarenga - Ranchinho)
ALVARENGA E RANCHINHO
com Cachimbinho e seu Conjunto
12284-A

CASA OLIVEIRA
DISCOS
PIANOS e MUSICAS
TEL. 22-3539
RUA DA CARIOCA, 70

Odeon

INDUSTRIA

DIP
3/G. N. - 1298
7646

CANÇÃO DO EXPEDICIONARIO
(Spartaco Rossi - Guilherme de Almeida)
FRANCISCO ALVES
Com orquestra "Odeon"
dr.: FON-FON
12504-A

"Notas Magicas"
MARCA REGISTR.

Columbia

RESERVADOS OS DIREITOS DE IRRADIAÇÃO

592-1
55395-A

"ADOLFITO MATA-MOROS"
(A Los Toros)
MARCHA
—João De Barro - Alberto Ribeiro—
ORLANDO SILVA
Com Chiquinho E Seu Ritimo
(DIP-2-GN-552)

AVD. ESTADO, 35 - BYINGTON & Cª - S. PAULO-BRASIL

Odeon (Veroton)

INDUSTRIA BRASILEIRA

DIP
3/G. N. - 814
7202

BOMBARDEIO EM BERLIM
MARCHA
(Haroldo Lobo - David Nasser)
ALMIRANTE
c/ FON-FON E SUA ORQUESTRA
12282-A

Odeon (Veroton)

INDUSTRIA

DIP
3/G. N. - 766
7159

O DANUBIO... AZULOU!
MARCHA
(Nássara - Frazão)
JOEL E GAUCHO
c/ FON-FON E SUA ORQUESTRA
12260-A

Odeon

INDUSTRIA BRASILEIRA

DIP
3/G. N. - 677
7078

O V DA VITÓRIA
MARCHA CIVICA
(Lamartine - Babo)
FRANCISCO ALVES
com FON - FON e sua Orquestra
12225-A

VICTROLA

HIS MASTER'S VOICE

Industria
Brasileira
6581-A

Hymno dos Fascistas
(Giovinezza, Giovinezza)
(Marcello Manni - G. Gastoldi)
Giovanni Martinelli
Tenor com orchestra - em italiano

RCA VICTOR BRASILEIRA INC
Rio de Janeiro

VE

SOLDADOS DA CANETA.
Os correspondentes que cobriram a FEB na Itália. Acima, de pé, da esq. para a dir.: Rubem Braga, Frank Norall, Thassilo Mitke, Henry Bagley, Raul Brandão e Horacio Gusmão Coelho. Ajoelhados: Alan Fisher, Egydio Squeff e Fernando Stamato. Sentado: Joel Silveira. Ao lado, o radialista Francis Hallawell, o "Chico da BBC", com seu equipamento de gravação.

IMPRENSA NO FRONT. Pracinhas leem *O Globo Expedicionário*, feito no Rio e mandado semanalmente para a Itália. Acima, J. Carlos, capista da *Careta*, passa o rolo compressor sobre os inimigos. Abaixo, soldado brasileiro vigia prisioneiros alemães.

BELEZA ASSASSINA.
Mal agasalhados, os pracinhas avançam pela neve para uma tentativa de tomada de Monte Castello. Com quase vinte graus abaixo de zero, o inverno de 1944 foi o pior do século na região.

VOLTA PARA CASA.
Vitoriosa, a FEB retorna ao Brasil.
A chegada do primeiro escalão
mobilizou todo o Rio, à espera
de que o navio-transporte *General
Meigs* despontasse na baía.

EUFORIA. O transporte nacional *Mariposa* traz ao Rio o segundo escalão. Nas mãos de um pracinha, um despojo do inimigo vencido.

ARCO DO TRIUNFO.
A FEB desfila pela avenida
Rio Branco nos braços
da população agradecida.
Mas não contava com
o golpe que a esperava
nos gabinetes do poder.

CORES DA VITÓRIA. Com a rendição da Alemanha, a vibração pela vitória dos Aliados no pincel de um pracinha.

onde tinha consultório o médico e também poeta Jorge de Lima. No térreo do prédio ficava o Amarelinho, ponto dos jornalistas e escritores. Lá, Marcier se tornou amigo de José Lins do Rêgo, que, por sua vez, o apresentou a todo mundo na Livraria José Olympio. Em poucos dias, o romeno se sentia em casa. Quando Marcier soube que Maria Helena e Árpád já podiam deixar Portugal, sugeriu-lhes que viessem para o Rio. Semanas depois, foi recebê-los no porto. O casal se entrosaria rapidamente com o grupo em torno de Marcier.

Sendo portuguesa (e, por consequência, preenchendo os requisitos "branca-europeia-latina-católica"), Maria Helena não teria problema para entrar e ficar. Mas Árpád, "suspeito" por sua origem, só pôde transformar o visto temporário em permanente graças a cartas enviadas ao ministro da Justiça, Francisco Campos, por Gilberto Freyre, Anibal Machado, Murilo Mendes, Vinicius de Moraes e... Lourival Fontes. Com Árpád recebendo o surpreendente aval do chefe do DIP, nem Francisco Campos atribuiria alguma periculosidade ao imigrante. Mesmo assim, o casal nunca se assimilou integralmente ao Brasil. Mas foi assimilado pelo Brasil.

Ninguém a chamava de Maria Helena. Ela se assinava Vieira da Silva, e os conhecidos a tratavam por Vieira. Já Árpád e os amigos a chamavam de "Bicho", apelido que trouxera da Europa. Foram morar na Pensão Internacional, no Silvestre, em Santa Teresa, formada por vários chalés num grande terreno arborizado. Ao redor deles, reuniu-se o círculo mais sofisticado que se podia reunir: seus colegas das artes plásticas Carlos Scliar e Burle Marx, o historiador Jaime Cortesão, o romancista Lucio Cardoso, o tradutor Paulo Rónai, o ator Martim Gonçalves e os poetas Cecília Meirelles, Jorge de Lima, Vinicius de Moraes, Manuel Bandeira, Murilo Mendes, Yonne Stamato e Maria da Saudade Cortesão (que, ultrapassando Yonne, se casaria com Murilo). Vieira sofria com os pernilongos e borrachudos do Silvestre, que combatia passando água de coco nos braços e pernas. Em 1945, Scliar escreveria e dirigiria um curta-metragem sobre Vieira, Árpád e o grupo da Pensão Internacional, intitulado *Escadas*.

A presença no Rio de artistas como Vieira da Silva e Árpád expunha a triste situação da pintura brasileira — para Marcier, "25 anos atrasada em relação ao modernismo europeu". Em 1940, ela estava refém do nacionalismo de Getulio. A norma, estimulada pelo Estado Novo, era pintar operários, camponeses e indígenas, diligentes, mas cabisbaixos, em cenários bucólicos e pacificados. Não se permitiam desvios formais — nada de *entartete Kunst*, arte "degenerada", por aqui. O Estado Novo dominava tudo, tanto que Portinari, filiado ao Partido Comunista, mas identificado com a temática, era seu retratista oficial. Vieira, em vez disso, pintava delírios e pesadelos, misturava tempos e têmperas e criava um Rio exuberante, mas de azuis tristes e sombrios, como que às portas da guerra — o que se revelaria verdadeiro. Mario de Andrade viu esses quadros e fez pouco deles — "mero bordado", definiu-os. Mas Vieira se impôs. Ganhou uma exposição individual no Museu Nacional de Belas Artes, produziu capas de livros, desenhou para a imprensa, construiu painéis de azulejos e formou centenas de alunos — um deles, Djanira, costureira em Santa Teresa que aprendeu a pintar vendo-a trabalhar.

Marcier também se rebelou, mas à sua maneira. Descobriu um país escondido entre as montanhas de Minas Gerais e recuou 250 anos na história — logo ele, que deplorava o atraso da pintura brasileira. Ao conhecer Ouro Preto, entregou-se ao barroco mineiro. Transferiu seu ateliê para Barbacena, onde conviveu com o escritor francês Georges Bernanos, e concentrou sua obra nos murais e afrescos que passou a produzir para igrejas, santuários, vitrais, capelas e conventos da região. Foi o reinventor da pintura religiosa no Brasil — sem prejuízo por seu nada discreto fascínio pela nudez de Adão e Eva. Não contente, Marcier passou do ateísmo para o catolicismo e se batizou, tendo Lucio Cardoso como padrinho.

Havia muitos Brasis, um para cada exilado.

Em setembro de 1938, para surpresa dos meios intelectuais, a iminência da guerra na Europa trouxe ao Rio, vindo de Marselha, o romancista francês Georges Bernanos. Era um nome mundial, autor de *Sob o sol de Satã* (1926), *Diário de um pároco de aldeia* (1936) e, lançado naquele ano, *Os grandes cemitérios sob a Lua*. Tinha cinquenta anos. Vinha com a mulher, seis filhos, um sobrinho e um médico seu amigo, este também com mulher e filhos. Bernanos não era bem um refugiado político. Era um refugiado de si mesmo — sua revolta estava onde ele estivesse. Era ou tinha sido católico e anticlerical, monarquista e republicano, autoritário e anarquista, anticapitalista e anticomunista, antissemita e antifascista, às vezes tudo ao mesmo tempo. "Um ponto de vista não anula outro", dizia. Suas respostas quase sempre se embaralhavam com as perguntas, como ele achava que devia ser.

Por que então o exílio e por que o Rio? Porque a Europa não lhe servia mais. Bernanos estava revoltado com o clero europeu, cuja explícita bên-

ção às atrocidades de Franco ele presenciara na Espanha, e com a ingenuidade com que a Inglaterra e seu país negociavam uma aliança de paz com
a Alemanha — Chamberlain, com o ridículo guarda-chuva de que não se
separava; Daladier, com palavras ocas; e Hitler, com as armas. Não fora
para isso que ele lutara na Grande Guerra e sofrera os ferimentos que lhe
tinham inutilizado uma perna e o haviam condenado a se apoiar em duas
grossas bengalas, que usava como cajados bíblicos.

Sua ideia original de exílio não era o Brasil, mas o Paraguai, atraído
pela magia de um lugar que o fascinava desde criança e que, como constatou ao chegar lá, só existia na sua imaginação. O que ele buscava estava
no Brasil, onde vislumbrou a possibilidade de construir uma Nova França, como a França Antártica tentada no século XVI por seu patrício Villegai-
gnon. Impressionara-se com o Rio, porto em que fizera escala, uma cidade
"tão bela, tão prodigiosamente bela, tão bela e humilde" — para onde embarcou de volta, correndo, depois de cinco dias em Assunção. Era o começo de seus sete anos no Brasil.

Bernanos hospedou-se com a família no Hotel Majestic, em Botafogo,
e fez de Alceu Amoroso Lima, Augusto Frederico Schmidt e Jorge de Lima, intelectuais católicos, o seu primeiro círculo de relações. Via-os como
pessoas com quem poderia discutir os temas que o atormentavam, como
os defeitos e virtudes do demônio, os limites da heresia e da apostasia, a
santidade dos guerreiros e a belicosidade dos santos. E, acima de tudo, o
embate entre os católicos de direita, como ele fora, e os de esquerda, como
se tornara. O problema é que Alceu, Schmidt e Jorge de Lima eram firmemente de direita. Alceu dizia que estava atento aos "perigos do judaísmo,
da maçonaria, do espiritismo, do protestantismo e do comunismo". Acreditava sinceramente que Deus era brasileiro, "mas só para os católicos".
Pode-se imaginá-lo chocado ao escutar de Bernanos coisas como "A tristeza não é cristã. É um truque do demônio para se alojar em nossa alma"
ou "Não há fogo no inferno. O inferno é frio, gelado. O fogo, ao contrário,
é que pertence a Deus".

Alvaro Lins, crítico do *Correio da Manhã*, que se sentou com Bernanos
algumas vezes no Café Belas Artes, na avenida Rio Branco, descreveu-o
como "totalmente alheio à glória, ao poder, ao dinheiro, a tudo que o mundo oferece ao homem para mentir". Bernanos sonhava com uma França
tropical, uma espécie de paróquia rústica e inexpugnável, que fizesse jus
aos santos e heróis da história de seu país — sua mulher, Jehanne, era descendente de Joana d'Arc. Mas sua insatisfação não lhe dava sossego. Sem

nunca deixar completamente o Rio, tentou plantar essa França em Itaipava, Vassouras, Juiz de Fora e Pirapora. Queria um lugar ermo, para criar vacas — não se sabia por quê, já que nunca fora fazendeiro. Ficava semanas numa cidade, meses em outra, testava um sítio, desistia dele, comprava e vendia vacas para ter uma renda e ia abandonando, sem pesar, os livros que trouxera da França. Em Pirapora, deixou para trás uma banheira cheia de livros, todos autografados por seus amigos — dizia esperar que um jovem brasileiro os descobrisse e se apaixonasse pela língua francesa. Aonde chegasse fazia amigos — exceto entre os padres italianos, portugueses e espanhóis que infestavam o interior do Brasil. Sabiam quem ele era e não gostavam dele. Já tinham ouvido falar de *Os grandes cemitérios sob a Lua*, violento libelo contra a tendência dos padres a benzer ditadores.

Em todas aquelas cidades, Bernanos contemplou a possibilidade de uma plácida vida rural, numa casinha branca de batentes azuis, sem luz elétrica, em que pudesse dedicar-se a condenar a guerra e absolver o mundo de catastróficos pecados. Mas seu temperamento e compleição física contrastavam com essa placidez. Era enorme, de bastos bigodes, de ameaçadores olhos azuis, explosivo, às vezes violento. Era também um homem a cavalo — este, um puro-sangue inglês, que lhe foi presenteado por Oswaldo Aranha e que ele batizou de Oswaldo. Bernanos montava e desmontava com dificuldade, mas aquele era o seu meio de transporte. O poncho às costas, o chapéu de aba larga, o culote de montaria e as botas especiais faziam dele, por fora, um oriundo do cangaço ou do faroeste; por dentro, um monge medieval, armado de espada e escudo — o panfleto e a fé. O poeta francês Paul Claudel chamou-o de "o atleta de Deus".

À menor solicitação, Bernanos expelia trovejantes palavrões contra os franceses que tinham ajudado os alemães a violar a França e se referia à guerra como *"drôle de guerre"*, a não ser levada a sério. Bernanos "aceitava a derrota, mas não a desonra". Naquele momento, um francês estava denunciando outro francês e o levando à morte por ser judeu. Revoltava-se também contra os artistas franceses refugiados no Rio que se apresentavam nos cassinos frequentados pelos alemães e não aceitava que bebessem a água mineral de Vichy.

Em 1940, Bernanos conseguiu um empréstimo, avalizado pelo jornalista e político Virgilio de Mello Franco, e arrendou uma propriedade de 45 hectares em Barbacena, Minas Gerais. Ficava num bairro que ele escolheu pelo nome, perfeito para o martírio em que a Europa se debatia: Cruz das Almas — Croix des Âmes. De lá, acompanhou pela BBC a queda da

França (para ele inevitável, pela alienação de seu povo, que não abria mão de comer manteiga sob a ameaça de guerra) e a brava resistência da Inglaterra ("cuja vitória será um sonho de criança realizado por adultos"). Certa vez, ao ouvi-lo rir ao falar da Ocupação, seu amigo em Barbacena, o futuro escritor Geraldo França de Lima, perguntou-lhe como conseguia achar graça em algo que o feria tão profundamente. Respondeu: "Rio para não pecar contra a esperança".

Para Bernanos, Barbacena — que ele escrevia "Barbacena" e pronunciava "Barbacène" —, com seus 40 mil habitantes, não era um refúgio perdido, mas um front de onde cuspir fogo pela paz. Em 1941, a convite de Austregesilo de Athayde, tornou-se colaborador de *O Jornal*, para o qual, duas vezes por semana, escrevia sobre a guerra — pelos quatro anos seguintes, seriam mais de trezentos artigos. Escrevia em francês, em sua mesa no Café Colonial, entre fregueses barulhentos, em cadernos escolares com o retrato de Getulio obrigatoriamente impresso na última página. Mandava os artigos para o Rio, onde eram traduzidos por seus amigos, um deles Lucia Miguel Pereira, que não aceitavam pagamento pelo trabalho. Muitos desses artigos descreviam o desespero das pessoas em fuga na Europa — as únicas capazes de entender o valor de não ter mais de fugir.

Ao DIP não agradavam os ataques antifascistas de Bernanos. Os censores cortavam frases dos artigos, sem desfigurá-los demais e muito menos proibi-los — não se atreveriam a isso. Por não lê-los em português, Bernanos nem sempre percebia. Mas isso não o alterava, porque os textos completos e em francês iam também para Londres, onde chegavam a De Gaulle. De lá, eram transmitidos pela BBC e distribuídos para as dezenas de Comitês da França Livre no mundo, inclusive suas quatorze seções no Brasil. Assim como as trombetas, a voz de Bernanos ia longe. Os artigos lhe tomavam o tempo que deveria dedicar a escrever seus livros, mas ele estava conformado: "Os livros, como os homens, também morrem na guerra". Nem todos. Dois dele próprio, começados havia muito, foram finalizados em Barbacena e compostos e impressos no Rio — em francês — pela Editora Atlântica: *Lettre aux anglais*, em 1942, e o romance *Monsieur Ouine*, em 1943.

Os amigos e admiradores de Bernanos enfrentavam os 276 quilômetros que separavam o Rio de Barbacena e iam vê-lo em Cruz das Almas. Queriam absorver seu inconformismo e independência, endereçados "ao coração humano, ao homem em solidão", como disse Alvaro Lins. Alguns desses amigos eram Virgilio de Mello Franco, o ministro Oswaldo Aranha, o diplomata Raul Fernandes, o jurista Edgar Godoy da Matta Machado e o poeta e estudante de medicina Helio Pellegrino. Ao conversar com ele, não precisavam falar, nem isso era possível — Bernanos não lhes dava tempo. Quando disparava as perorações, não poupando o baixo calão nem em frente às senhoras, era como se discursasse para si mesmo. Eles entendiam isso e se contentavam em ouvi-lo, emocionados.

Enxergavam em Bernanos o drama inteiro do século XX, com suas tradições e contradições resumidas num só homem.

As mesmas contradições, só que profanas, estavam também em Frank Arnau, austríaco naturalizado alemão chegado ao Rio em 1939, aos 45 anos, com a reputação de refugiado mais rocambolesco de seu tempo. Em algum momento, nos países em que morara antes do Brasil — Áustria, Alemanha, Suíça, Hungria, Turquia, França, Holanda, Espanha —, Arnau fora marinheiro, cartógrafo, roteirista de cinema, consultor de empresas, repórter, proprietário de jornais, gráfico, desenhista, assessor de embaixadas e romancista policial. Entre uma e outra dessas funções, ganhara dinheiro, perdera-o, fora recebido com honras por um governo e expulso por outros, frequentara as altas-rodas e sofrera ameaças de morte, quase sempre pelo mesmo motivo: sua ambiguidade política — possivelmente como espião. Enquanto a Gestapo o perseguia por sua militância antinazista, os comunistas diziam ter provas de que ele era agente do Eixo. Essa é a típica descrição do agente duplo, mas Arnau estava mais para agente múltiplo — uma espécie de Pimpinela Escarlate, com identidades públicas e secretas, convicções variáveis e a capacidade de se dar bem (ou mal) com todos os lados.

Só o Rio lhe foi ameno como exílio. Em sete anos na cidade, somou o português ao leque de línguas europeias que falava, adaptou-se rapidamente e, pela primeira vez, passou ileso por todas as correntes. Circulava entre fascistas e antifascistas, era amigo de Lourival Fontes e, com seus contatos na Alemanha, dava informações úteis aos serviços secretos britânico e americano — embora estes suspeitassem de que ele conhecia alemães demais. Arnau montou no Rio uma gráfica de luxo e ganhou a concorrência para imprimir os selos do Correio brasileiro — perigoso privilégio para um filatelista de primeira ordem, como ele, capaz de produzir cópias perfeitas de qualquer coisa impressa.

Arnau escrevia e desenhava bem. Colaborou no *Correio da Manhã*, para o qual produziu mapas com os cenários da guerra, e escreveu sete romances, todos traduzidos aqui e lançados pela Editora Vecchi — o mais famoso, *À sombra do Corcovado*, de 1940, um coquetel de Sherlock Holmes com Arsène Lupin passado no Rio. Ao voltar para a Alemanha, em 1946, continuou sendo publicado no Brasil. Intermediou negócios entre brasileiros e alemães e está citado nas memórias de muitos dos exilados que o conheceram por onde andou.

Não foi só Arnau. Em 1941, o Rio recebeu vários refugiados ligados à indústria editorial, quase todos com uma história em comum: eram judeus alemães que, forçados a emigrar em 1933, foram para Paris, onde, em 1940, o braço nazista os alcançou e obrigou de novo a partir. Tendo escolhido o Rio como destino, esbarraram nas restrições à imigração judaica no Brasil e só conseguiram entrar com a ajuda do embaixador brasileiro em Vichy, Luiz Martins de Souza Dantas.

Um deles foi a livreira e filóloga Susanne Bach, 34 anos, formada em línguas românicas em Munique e querida entre os balcões e estantes do Quartier Latin. Os alemães a internaram num campo de prisioneiros na França, de que só saiu com uma certidão de batismo forjada por um grupo de católicos independentes. Susanne chegou ao Rio grávida de seis meses, de um francês que ficara para trás, e com trinta dólares na bolsa. Mas sua formação linguística fez com que conseguisse se comunicar, ter seu filho, sustentar-se e passar de servente de café a competente secretária de empresas. Assim que pôde, Susanne fundou em Botafogo uma livraria com seu nome e, quando a navegação se normalizou, começou a importar livros de autores pouco conhecidos no Brasil e mandar os dos brasileiros a bibliotecas e universidades estrangeiras. E foi também a primeira a especializar-se num gênero nunca bem explorado aqui: a literatura dos exilados, apátridas, expatriados, fugitivos e refugiados.

Outro aqui chegado em 1941, não tão insigne, foi o editor Max Fischer, 61 anos. Em Paris, ele era o diretor editorial da gigante Flammarion, e um de seus autores era Mussolini, cujos discursos até então completos ele publicou em 1935. Os alemães chegaram e não quiseram saber de sua estima pelo governante aliado — destituíram-no do cargo assim mesmo. Mas Fischer não se apertou. Veio para o Brasil e, no Rio, entendeu-se logo com o DIP, para quem produziu traduções em francês de "biografias" de Getulio. E aproveitou o bloqueio das rotas comerciais com a Europa para imprimir edições baratas em francês de André Gide, Paul Claudel, Colette e outros — sem lhes pedir autorização nem pagar direitos —, dirigidas aos brasileiros que liam a língua. A guerra era de quem soubesse aproveitá-la.

Já o jornalista alemão Ernst Feder, também chegado ao Rio naquele ano, era de outra categoria. Diretor de influentes publicações na Alemanha e correndo risco em seu exílio francês, Feder queria ir para os Estados Unidos. Os americanos lhe negaram o visto e, graças a Souza Dantas, ele veio para o Rio. Em menos de um ano dominou a língua, o que lhe permitiu manter uma coluna diária em *A Noite* e escrever sobre algo pouco sabido aqui: a paixão de Goethe pelo Brasil, país que o poeta só conhecia pelos livros dos botânicos e zoólogos que tinham vindo para cá. Feder, que via em Goethe a "verdadeira Alemanha", transferiu para si próprio a paixão do poeta, o que lhe rendeu muitos artigos e conferências. Mas sua principal realização foi o diário que escreveu durante seus anos de exílio no Rio e em Petrópolis. Nele, não se limitou a falar de si. Ao narrar os sentimentos e experiências dos exilados de fala alemã com quem conviveu, criou um comovente painel da solidão humana.

Um desses exilados, personagem importante de seu diário, e de quem Feder se tornou o melhor amigo em Petrópolis, era Stefan Zweig.

Nenhuma cidade sofrera maiores transformações nos anos 1930 do que Viena. Até então, pianos e violinos tocavam Mozart, Schubert e Strauss nas calçadas. Livrarias, bonbonnières e lojas de flores abundavam. Seus tenentes e capitães fardados pareciam mais dispostos a conquistas amorosas do que militares. Os cafés tinham um delicioso ranço de cem anos de charutos e café com rum, impregnado nas cortinas, com clientes que faziam de suas mesas, como Karl Kraus, um bastião da crítica mordaz. E, pela elegância de seus salões, era um dos postos mais cobiçados pela comunidade diplomática. Mas aquela era também a Viena de Arthur Schnitzler, Gustav Klimt, Egon Schiele, Gustav Mahler, Arnold Schoenberg, G.W. Pabst — para não falar de Freud — e outros que enxergavam o mundo pelo avesso, como se pressentissem a tragédia. O antissemitismo latente pesava sobre sua comunidade judaica, uma das maiores da Europa.

Em 1938, veio o *Anschluss*, a anexação da Áustria pela Alemanha nazista, e, pelo apoio em massa nas ruas — um plebiscito acusou 99% de votos a favor —, era como se Viena ansiasse por aquilo. As tropas tomaram as ruas, as marchas militares emudeceram as valsas, e o comércio dedicado à beleza e à delicadeza fechou. Os cafés foram arrancados aos proprietários, que eram judeus, e passaram a vender cerveja. Tudo que fosse judeu foi posto fora da lei. E, como Viena era agora apenas uma cidade alemã como outras, as embaixadas foram embora.

Com sua memória ancestral de perseguições, o judeu Stefan Zweig enxergou de longe o futuro no ar. E não quis esperar. Em 1934, aos 53 anos e já com todas as glórias possíveis na bagagem, deixou a amada Viena e foi para Londres, onde esperava encontrar abrigo, segurança e uma nova cidadania. Era um dos escritores mais publicados, vendidos e lidos do mundo, e qualquer cidade lhe estenderia tapetes — exceto, talvez, Londres. Enquanto não se tornou cidadão britânico, teve de cumprir os rituais da imigração, apresentar-se, entrar em filas, requerer documentos, como qualquer estrangeiro. Finalmente ganhou a cidadania, mas isso não o livrou de, por seu sotaque alemão, provocar mal-estar em quem não o conhecia. Sofria também porque os ingleses não conseguiam pronunciar direito o seu nome.

Em 1936, o ministro das Relações Exteriores, José Carlos de Macedo Soares, convidou-o oficialmente a visitar o país. Zweig, de espírito aberto e curioso, aceitou e, ao entrar na baía de Guanabara, o Rio pareceu-lhe abrir-se "como as varetas de um leque" — eram as cadeias de montanhas que saíam umas de detrás das outras. Foi hospedado no Copacabana Palace, recebido no palácio por Getulio, homenageado pela Academia Brasileira de Letras, agraciado com banquetes pela elite e convidado a falar em instituições. Levaram-no ao Corcovado, ao Pão de Açúcar, ao Jardim Botânico, à Floresta da Tijuca, à ilha de Paquetá, à rua do Ouvidor e até ao Mangue (onde conheceu as "sósias" de estrelas como Marlene Dietrich e Ginger Rogers). Por coincidência, exatamente naqueles dias começava a Guerra Civil Espanhola.

Zweig era um homem do mundo, viajado por vários continentes, mas pela primeira vez deparava com um país "íntegro e mestiço", com "total harmonia entre classes sociais, cores de pele — leite, chocolate, café — e credos religiosos". Enquanto a Europa se despedaçava, o Brasil era aos seus olhos um oásis de paz e tranquilidade. E, ao conhecer Petrópolis, com sua tradição imperial, temperatura europeia, bairros bávaros e tiroleses batizados com nomes alemães e a menos de duas horas do Rio, entregou-se por completo. Voltou para Londres, mas levou o Brasil com ele.

Declarada a guerra em 1939, Zweig tornou-se para os ingleses um estrangeiro. Cidadão ou não, falava a língua do inimigo e, como tal, deveria sujeitar-se aos constrangimentos de sua condição. Não tinha mais a liberdade de ir e vir sem a permissão de uma autoridade. Nem o fato de ter comprado uma casa em Bath, a delicada relíquia romana a uma hora e meia de Londres e reduto de Jane Austen, diminuiu o mal-estar. Os nazistas o tinham despojado de sua cidadania austríaca. Agora, os ingleses viam nele o alemão.

Em 1940, já com as bombas caindo sobre Londres, Zweig foi para Nova York, o maior reduto de exilados no planeta. E, lá, nova decepção. Nos restaurantes, ao jantar com conterrâneos e falarem em alemão, sentia o ódio nas mesas vizinhas. Só ficou um mês. Decidiu mudar-se para o Brasil e escrever um livro sobre o país em que, a um oceano de distância do ódio e da perseguição, 41 milhões de pessoas viviam em concórdia.

Zweig chegou ao Rio no dia 21 de agosto, pelo navio *Argentina*. Com ele, sua jovem mulher, Elisabeth Charlotte Altmann, Lotte, 32 anos, 27 anos mais nova. Zweig esperava reencontrar o Brasil que conhecera em 1936. Mas o ano era, então, 1940 — não mais 1936.

Já não foi recebido no porto por homens de casaca e cartola, nem lhe deram o Copacabana Palace para se hospedar. Ele próprio foi para o Hotel Central, enorme, mas sem muitos luxos, na Praia do Flamengo. Pouco depois, mudou-se para o vizinho Hotel Paysandu, muito menor e ainda com menos luxos. Rapidamente, Zweig começou a ressentir-se do vazio à sua volta. Era uma celebridade mundial, mas sua agenda não previa mais muitos compromissos. Ninguém o reconhecia na rua e as cartas do exterior ficavam cada vez mais raras. Lotte era amorosa, mas depressiva, asmática a um grau alarmante e dependente dele até para levar uma carta ao correio. Zweig jogava xadrez consigo mesmo, reproduzindo por um manual as partidas dos grandes mestres. No fim da tarde, acendia um charuto e ia, sozinho, contemplar as ondas que batiam contra a amurada da Praia do Flamengo.

Seus bens estavam perdidos — as propriedades em Viena, confiscadas, saqueadas e leiloadas; a casa em Bath, de que ele mal desfrutara, deixada para trás; e a venda de seus livros em muitos países, cancelada. Mas Zweig não tinha problemas materiais. Ainda recebia direitos autorais em língua inglesa e da Europa não nazista. Ao chegar ao Brasil, tinha nada menos que 25 livros editados aqui, quase todos pela Editora Guanabara, do russo-carioca Abrahão Koogan — alguns de grande vendagem, como a biografia de Maria Antonieta e a de Casanova e os romances *24 horas na vida de uma mulher* e *Amok*. A esses livros, viria juntar-se, em 1941, o que escrevera em poucos meses: *Brasilien, ein Land der Zukunft* — literalmente,

"Brasil, um país do futuro", aqui simplificado (com a sua anuência) para *Brasil, país do futuro*.

A edição original em alemão foi impressa na Suécia pela editora Bermann-Fischer, com edições simultâneas em sueco, inglês, francês, espanhol e português — esta, com tradução do escritor e psiquiatra Odilon Gallotti e prefácio do acadêmico Afranio Peixoto. Ninguém podia imaginar que a supressão de um simples artigo indefinido, o *ein* do título em alemão, fizesse diferença. O Brasil não era "um país do futuro". Era "o país".

Foi um estrondoso sucesso nas livrarias do Rio, mas parte do meio intelectual brasileiro recebeu-o com revolta. O país descrito em *Brasil, país do futuro* era paradisíaco demais. Tinha um passado invejável, exuberante paisagem natural e um povo alegre, bondoso e conciliador, que se abraçava nas ruas à menor solicitação. O atraso, o analfabetismo e a fome eram mazelas relativas, que seriam resolvidas. Não existia racismo — brancos, pardos e pretos frequentavam os mesmos ambientes, tratavam-se com respeito e se casavam entre si. A Guerra do Paraguai e o massacre de Canudos não haviam acontecido. O grande esporte nacional não era o futebol, mas os jogos de azar, como os cassinos, as loterias e o jogo do bicho. A passagem da monarquia para a República fora uma transição pacífica, sem levantes ou fuzilamentos. E, politicamente, não havia censura, perseguições, torturas, prisão de intelectuais nem dificuldades terríveis para o ingresso no país de judeus que não viessem de primeira classe e fossem famosos como ele.

Não era possível, diziam alguns leitores — Zweig não poderia estar tão desinformado. Em muitas passagens, era o livro de um estudioso. Sua narrativa da história do Brasil, desde o descobrimento, era a de quem lera tudo a respeito. Falava de economia, política, comportamento e transformações sociais com detalhes de entendido. Descrevia as riquezas da fauna, da flora e dos rios, o cheiro do mar e os horizontes sem fim como se tivesse nascido nesse habitat. Referia-se aos grandes vultos, como Mem de Sá, Anchieta, Mauricio de Nassau, o Aleijadinho, Tiradentes, José Bonifácio e os Bragança, com a familiaridade de um historiador brasileiro. Visitara São Paulo, Minas Gerais, Bahia, Pernambuco e a Amazônia e só enxergara maravilhas. E sua descrição do Rio, em 45 páginas, era uma declaração de amor como a cidade nunca vira.

Ao mesmo tempo, Zweig tratava de episódios cruciais com lente cor-de-rosa. O extermínio dos indígenas e a escravatura, por exemplo, tinham sido equívocos históricos, praticados pela maioria dos países, mas que, aqui, haviam chegado a uma solução. As favelas, a que ele dizia ter subido, eram redutos pitorescos, habitados por uma gente alegre, de onde se tinha uma vista deslumbrante e ninguém pagava aluguel. Falava com entusiasmo do Carnaval, a que ainda não assistira, e citava autores que não se sabe em que língua teria lido, como Machado de Assis, Joaquim Nabuco e Euclydes da Cunha. Seu livro também não se referia ao fato de que, enquanto ele escrevia, o Brasil podia aderir tanto à democracia quanto ao totalitarismo — e que o ditador que o governava era notoriamente simpático ao Eixo. Zweig talvez não soubesse que, em junho, apenas dois meses antes de sua chegada, Getulio piscara para os países totalitários no discurso a bordo do *Minas Gerais*. Mas não poderia ter ignorado os desfiles de 7 de setembro, que presenciara, com os escolares em marcha como a Juventude Hitlerista.

Foi o que bastou para que nomes como Jorge Amado, Gilberto Freyre, Rubem Braga, Carlos Drummond de Andrade e Joel Silveira o vissem como um vendido. Não podiam dizer isso por escrito, por causa da censura, mas, de boca em boca, acusaram-no de bajular Getulio para obter o visto de residência permanente — por sinal, concedido mais depressa do que aos imigrantes comuns que chegavam com o visto provisório. O ataque mais frontal, impresso, coube a Pedro da Costa Rêgo, poderoso redator-chefe do *Correio da Manhã*, que o atacou em artigos sucessivos, um deles intitulado "Os milhões de Stefan Zweig" — insinuando, sem provas, que Zweig fora pago para fazer o livro.

Zweig mortificou-se com toda essa reação. Era um autor best-seller, lido por milhares, mas nunca escrevera uma frase em que não acreditasse. Seu livro era um guia de viagem, com que esperava atrair visitantes para o país, uma confissão sincera de admiração. Não lhe cabia fazer comentários políticos sobre o Brasil — e, aliás, Bernanos, escrevendo num jornal brasileiro, também não tocava no assunto. Para quem vinha do horror europeu, com sua legião de apátridas, errantes e despossuídos, o Brasil era uma utopia feita realidade, um paraíso de harmonia, sem raças "puras" ou "impuras". Além disso, era um gigante. Qual outro teria recursos para, um dia, "sustentar 500 milhões de habitantes"? A Europa cumprira seu ciclo, dizia ele. O Brasil, com sua infindável riqueza, lhe tomaria o lugar — o futuro tomaria o passado.

Nada disso convenceu seus pares brasileiros. Os poucos que defenderam Zweig apenas o comprometeram ainda mais, como Lourival Fontes, suspeito de ter lhe encomendado o livro, e Claudio de Souza, canastrão literário, estado-novista e pessoa inconveniente. E como explicar seu prestígio junto aos Vargas (fotos com Alzira e irmãs) e as idas ao DIP para conferenciar com Lourival? É possível que muitos dos que o atacaram não tenham lido o livro — e só Jorge Amado, declaradamente, admitiu isso —, mas que diferença fazia? A mentira vencera.

Diante de tal reação, Zweig passou a evitar escritores. Ao contrário de Otto Maria Carpeaux e Paulo Rónai, que frequentavam a Taberna da Glória, as reuniões na José Olympio e os restaurantes de siris da Lapa, recolheu-se ao quarto de hotel. Sua única visita era ao escritório de seu editor, Abrahão Koogan, na travessa do Ouvidor. E, enquanto Carpeaux e Rónai rapidamente aprenderam tudo sobre a literatura brasileira, Zweig desistiu de tentar ler em português — aos sessenta anos, julgava-se muito velho para aprender uma língua que, fora daqui, não lhe teria serventia. Tomou aulas particulares com o filólogo Antenor Nascentes, mas apenas para melhorar sua pronúncia de palavras indispensáveis, como "Com licença", "Quanto custa?" e "Obrigado".

Não se sabia bem por que Zweig escrevera *País do futuro* se, ao mesmo tempo, estava mergulhado na preparação do que imaginava ser o seu maior livro: *O mundo que eu vi*. Era realmente um projeto ambicioso: um misto de memória íntima e história de seu tempo, os primeiros quarenta anos do século, abrangendo a glória, decadência e morte da Europa. Morte que o feria pessoalmente, porque sua obra tinha virado cinza nas piras nazistas, e esse novo livro, que ele via como seu testamento em vida, já nasceria proibido na Alemanha e na Áustria. Poderia ser impresso em alemão, mas na Suécia, e nunca chegaria às mãos de seus compatriotas. Para a poeta Gabriela Mistral, cônsul do Chile e sua futura amiga em Petrópolis, era o que desesperava Zweig: sua separação da língua materna. Sentia-se impedido de sonhar, suspirar e até respirar em alemão. E, para vergonha de Zweig, a língua de Goethe e Kant, berço da poesia e da filosofia, era agora o megafone do nazismo.

No mundo que ele conhecera, ia-se de navio a qualquer lugar sem passaporte. Agora até as línguas estavam isoladas por arames farpados. Onde quer que estivesse, tinha de falar em francês para se fazer entender. Os únicos no Rio com quem conversava em alemão eram outros exilados, como Ernst Feder, o polêmico Frank Arnau, o romeno Leopold Stern (um dos "biógrafos" de Getulio e que o próprio Zweig classificava como "um borra-botas") e o ex-banqueiro e mecenas alemão Hugo Simon — que Zweig conhecia de Berlim em 1931, quando Simon o recebia em sua mansão no bairro de Zehlendorf, juntamente com Jakob Wassermann, Erich Maria Remarque, os irmãos Heinrich e Thomas Mann, Bertolt Brecht, Ernst Cassirer, Albert Einstein. Nessas reuniões, não se falava em política, só em arte e literatura — o mundo ainda permitia isso. Agora, comparada à situação de Simon no exílio, a de Zweig era até confortável.

Hugo Simon era tão poderoso na Alemanha que Hitler, ao tomar o poder, o marcou como o primeiro banqueiro judeu a ser destruído. Mas Simon foi mais rápido e escapou com a família e grande parte de seus bens para Paris. Lá, fundou um banco que, até a queda da França, em 1940, financiou jornais antinazistas e instituições de auxílio que permitiram a centenas de refugiados conseguir asilo fora da Europa. Para sua surpresa, quando chegou a vez de ele próprio fugir da França — seu objetivo era os Estados Unidos —, as dificuldades se revelaram insuperáveis. Vichy não lhe dava o visto de saída e Washington, por considerá-lo comunista (era social-democrata), lhe negava o de entrada.

Escondidos em Marselha, Simon e sua mulher, Gertrude, tinham de mudar constantemente de endereço para não serem apanhados. Em Paris, os alemães confiscaram seus depósitos bancários, sua casa e uma coleção de arte repleta de Klees, Munchs (inclusive *O grito*) e Kokoschkas. Finalmente, com a ajuda de uma rede clandestina, Simon e Gertrude conseguiram deixar a França. Munidos de passaportes tchecos em nome de Hubert e Garina Studenic, atravessaram a pé até a Espanha — feito quase desumano para um casal por volta dos sessenta anos — e chegaram a Vigo para o embarque, com papéis falsos, num navio com destino ao Rio.

Ao chegarem, Simon e Gertrude foram recebidos por Ernst Feder, que os escondeu no Mosteiro de São Bento — um dos monges, dom Inácio Accioly, era filho do cônsul brasileiro em Roma, Hildebrando Accioly, grande benfeitor dos que lhe pediam asilo no Brasil. Por segurança, Feder instruiu-os a manter seus nomes falsos — ninguém estava a salvo dos contatos brasileiros com a Gestapo. Pelos mais improváveis intermediários, entre os quais a conta bancária do mosteiro, Simon conseguiu receber parte de seus depósitos nos Estados Unidos. Mudaram-se para um discreto apartamento alugado por Feder em Laranjeiras, do qual só saíam para visitar Zweig. Mas, com ou sem razão, pensando ver espiões por toda parte, não se sentiam seguros. E, por indicação de Zweig, foram morar em Barbacena — onde, inevitavelmente, encontraram Georges Bernanos.

Em setembro de 1941, Zweig e Lotte também buscaram um refúgio mais apropriado para um homem de luto — de luto pela Europa e, temia, pelo mundo. Mudaram-se para Petrópolis, a 64 quilômetros do Rio, onde alugaram por seis meses um bangalô na rua Gonçalves Dias, 34, quase à beira da estrada Rio-Petrópolis — sem saber que Gonçalves Dias era o autor de "Canção do exílio", o poema mais popular da língua? Abrahão Koogan e o advogado ucraniano Samuel Malamud iam vê-los com frequência. Por causa de Zweig, e para continuar perto dele, o leal Ernst Feder também se mudou para Petrópolis. Zweig tinha como vizinho Joaquim Rolla, o homem do Cassino da Urca, mas não há registro de que tenham se falado. Quando precisava ir ao Rio e pernoitar na cidade, Zweig ficava no Hotel Paysandu.

Zweig recebia calorosamente os que o procuravam, mas, exceto com os íntimos, não gostava de falar sobre a guerra. Estava convencido de que, fosse qual fosse o desfecho, ninguém estaria a salvo dela. Saíra de Viena, mas Viena não saíra dele — em vão, porque sua pátria agora era o passado.

Um passado de que ele seria arrancado poucos meses depois, quando os japoneses bombardearam Pearl Harbor. Os Estados Unidos entraram na guerra, os países americanos declararam-se solidários e os submarinos alemães emergiram nas costas do Brasil. O ódio vinha alcançar Zweig no paraíso.

13

A haste do pêndulo

Que futuro podia ter um jovem americano da terceira geração de uma família podre de rica envolvida em petróleo, ações, bancos, transporte aéreo, estradas de ferro, exploração de gás, aço, cobre e borracha, fundações, universidades, museus, bibliotecas, um estúdio de cinema, uma inigualável casa de espetáculos e outros investimentos? O que lhe restava para fazer? Como se realizar? Vide Nelson Rockefeller.

Em 1939, aos 31 anos, um contrafeito Nelson dava expediente em alguns negócios da família: a petroleira Standard Oil (cujas iniciais S e O liam-se em inglês *éss-ou* — Esso), o Chase Manhattan Bank, o Rockefeller Center. Mas seus interesses estavam longe desses mamutes fundados por seus maiores. Para não deixá-lo parado, a Standard Oil mandou-o à Venezuela inspecionar os poços de petróleo de sua subsidiária, a Creole Petroleum Corporation, em Maracaibo, parte dos quais era dele mesmo. Rockefeller viajou, inspecionou, foi chamado pelos nativos de "El príncipe de la gasolina" e aproveitou para estender sua viagem a outros países da região em busca de algo que o fascinava: o artesanato indígena latino-americano. Fez compras em todos eles e, de volta a Nova York, seu avião pousou no recém-inaugurado aeroporto LaGuardia lotado de cestas, potes, tapetes, cocares, flautas, flechas e as peças que ele via como o ponto alto de suas aquisições: duas múmias peruanas.

Mas Rockefeller constatou também o que não lhe tinham pedido que observasse: a miséria dos venezuelanos contratados por sua empresa para a exploração do petróleo. Malária e amarelão devastavam crianças e adultos. Não havia uma única escola em quilômetros. A agricultura quase inexistente, em função das torres, obrigava que os alimentos viessem de fora. E, nos dormitórios coletivos, ao acordarem, os peões tinham de sacudir as botas, antes de calçá-las, para se livrarem dos escorpiões. Enquanto isso, em condomínios de luxo guardados por homens armados, os executivos americanos se comportavam como colonizadores — arrogantes, indiferentes à situação e nenhum deles falando espanhol.

Era fácil perceber o risco de convulsão social que essa predação podia provocar. Ali, Rockefeller viu também a possibilidade de, sem ter de abandonar a família, exercer sua independência. Na reunião anual da empresa, falou da responsabilidade social do capitalismo em terras alheias como contraponto às riquezas que extraía delas. O futuro poderia depender dessa responsabilidade, afirmou. E, no que lhe competia, elaborara um programa de emergência na Venezuela. Despachara para Maracaibo uma equipe de assistentes sociais para atuar na solução pela Creole dos problemas da região, abrindo postos de saúde, escolas e quintais agrícolas para os nativos, e dez professores do Instituto Berlitz, para tornar os executivos fluentes em espanhol — no mínimo, tão fluentes quanto ele. A avaliação do aproveitamento de seus funcionários nessa matéria influiria nas promoções e mesmo na continuidade no emprego. Um dos diretores perguntou a Rockefeller se ele agora era comunista.

Rockefeller relatou ainda a mágoa dos latino-americanos pelo nariz empinado com que eram historicamente tratados pelos embaixadores bêbados e racistas que o grande irmão do Norte lhes mandava. Outro problema eram as tarifas quase impossíveis que o egoísmo americano lhes impunha para a venda de seus produtos. Em contrapartida, a Alemanha lhes abria os portos e portas, com resultados visíveis. O México nacionalizara a extração de petróleo e estava destinando quase metade dele a Berlim. O Chile, 25% de suas exportações totais. Na Argentina, a Esso produzia 60% do petróleo do país, mas os alemães já controlavam o comércio marítimo, as empresas de seguros, a construção militar e a civil e a produção química, elétrica e farmacêutica. Além disso, a Argentina era ligada à Alemanha pela secular querela de ambos contra os ingleses. No Brasil, era ainda mais grave: a balança comercial com a Alemanha já superara a com a Grã-Bretanha e se aproximava dos números com os Estados Unidos. E, mesmo na Venezuela, o petróleo não estava a salvo de ser estatizado e transferido para mãos inimigas.

Declarada a guerra na Europa, com o bloqueio inglês estrangulando as relações comerciais com o Atlântico Norte, Rockefeller se convenceu da necessidade de abertura de novas frentes. A América Latina, com seus 130 milhões de habitantes, era a óbvia solução. Mas, primeiro, seria preciso reconquistá-los — vaciná-los contra o poder sedutor da Alemanha. No Brasil, os alemães estavam investindo em transmissões de rádio (programação noturna diária em português pela Rádio Berlim), convites de visita ao Reich a empresários e militares amigos e financiamento de jornais, revistas e livros. Com a tomada de Paris, a Alemanha estava a cavaleiro na francesa África do Norte — com uma ponte aérea entre Dakar e o extremo nordeste do Brasil, o Atlântico Sul cairia sob o seu controle.

Rockefeller tinha bons contatos em Washington, cultivados nos salões de Nova York. Alguns eram o encarregado da política econômica internacional Harry Hopkins, muito ligado a Roosevelt e futuro hóspede de cama e mesa da Casa Branca; o secretário da Agricultura, Henry Wallace; e James Forrestal, especialista na política do hemisfério. Eles convenceram o democrata Roosevelt a receber o republicano Rockefeller no Salão Oval e ouvir o seu projeto para uma melhor aproximação cultural, científica e educacional com a América Latina.

Não era uma ideia nova. Em 1933, Roosevelt já havia formulado um vago conceito de "política da boa vizinhança", para aprofundar as relações pan-americanas. Já então se sabia que era importante convencer os americanos de que a América Latina não se resumia a rumbas, *sombreros* e bananas. E, mais urgente ainda, sustar as intervenções armadas dos Estados Unidos contra os surtos nacionalistas que ousavam desafiar a exploração americana, como, desde 1900, acontecera no Haiti, na República Dominicana, em Cuba, no Panamá, na Nicarágua e várias vezes no México. As intervenções pararam, mas a exploração continuou e o nariz empinado, idem. A política de Roosevelt para o sul do continente não se materializou, exceto pela criação, em 1938, de uma "Frota da Boa Vizinhança" pela empresa marítima Moore-McCormack. Constava de três transatlânticos, o *Uruguay*, o *Argentina* e o *Brazil*, e dez cargueiros, fazendo a rota Nova York-Buenos Aires, com escalas no Rio, em Santos e em Montevidéu. A "boa vizinhança" navegava em águas calmas. Mas, agora, o mundo estava em turbilhão.

Roosevelt aprovou as ideias de Rockefeller para blindar a América Latina da penetração alemã. Entendeu que o plano não se limitaria à surrada propaganda de mostrar os Estados Unidos como um paraíso nem à intensificação da prática de lhes comprar borracha e vender pneus. Consistiria, ao contrário, em criar a ilusão de um trabalho em conjunto e melhorar a curto prazo o nível de vida dos principais países do continente. Para isso, previa a criação de instituições binacionais, investimentos de infraestrutura, intercâmbios profissionais e permutas de interesse comercial, industrial e agrícola. O trabalho na área cultural, com a valorização dos intelectuais e artistas locais, geraria simpatias imediatas se fosse feito com interesse e sinceridade. E a compra de borracha até se intensificaria, mas não mais para lhes vender pneus — se os Estados Unidos entrassem na guerra, aquela borracha seria indispensável para os seus próprios pneus.

Levou meses de minutas e contratos, porque Rockefeller tinha de vencer a resistência interna. Sumner Welles e Cordell Hull, respectivamente subsecretário e secretário de Estado, ambos conhecedores das Américas Central e do Sul, combateram a ideia. Não que fossem contra ela — eram contra não tê-la tido primeiro. Não lhes agradava depositar tanto poder nas mãos de um amador, desprestigiando os diplomatas profissionais, e, se desse certo, promovendo alguém, como Rockefeller, que poderia competir com eles. Roosevelt sabia disso e a apoiou, justamente para manter Welles e Hull em seus lugares.

Por acaso, no mesmo dia em que os alemães entraram em Paris, 10 de junho de 1940, veio à luz em Washington o Birô de Coordenação das Relações Comerciais e Culturais entre as Repúblicas Americanas, logo simplificado para Birô de Assuntos Interamericanos — ou apenas Birô —, coordenado por Rockefeller. Para satisfação de Roosevelt, Rockefeller insistiu em trabalhar de graça, o que deve ter contribuído para que, com essa economia, a verba inicial do Birô, para clipes, papel-carbono e 75 funcionários, chegasse a 3,5 milhões de dólares. E Rockefeller não teria de dar satisfações ao Departamento de Estado. Trabalharia com os departamentos do Tesouro, Comércio e Agricultura e só responderia ao Salão Oval. Sua missão: ganhar o Brasil e a Argentina e, com eles, arrastar o resto do continente.

Era o verão americano de 1940. No Rio, Getulio acabara de fazer seu infame discurso a bordo do *Minas Gerais*. Carmen Miranda fora hostilizada por motivos políticos no Cassino da Urca. E Stefan Zweig chegava para seu refúgio. O Brasil não sabia, mas já era um cenário de guerra.

Mesmo antes de o Birô sair da gaveta para a realidade, iniciativas particulares demonstravam o potencial de uma cooperação oficial. A ida de Carmen Miranda para Nova York, por exemplo, valera por dez Itamaratys em termos de aproximação entre o Brasil e os Estados Unidos. Lee Shubert, poderoso empresário teatral de Nova York, vira Carmen no palco do Cassino da Urca em fevereiro de 1939. Em poucos minutos, convenceu-se de que, com seus turbantes e balangandãs e jeito vivo de cantar, ela seria perfeita para sua revista musical *Streets of Paris*, já em ensaio para estreia em julho. A Broadway era então uma operação exclusivamente local, nova-

-iorquina, e seus musicais, apenas uma opção divertida para homens de terno e chapéu matarem o tempo entre o fim do expediente em Manhattan e a volta de trem para os subúrbios. Shubert achava que Carmen agradaria pelo exotismo — se não desse certo, seria embarcada de volta assim que fechada a cortina.

Mas Carmen explodiu na própria noite de estreia. *Streets of Paris* se tornou o sucesso da temporada e o mundo desabou sobre ela. Todos a queriam, ao vivo, em fotos ou ao microfone, e Carmen se tornou a artista mais ocupada de Nova York. O dinheiro começou a entrar em enxurrada e, para Shubert, que tinha direito a 50% de tudo que ela rendia, ela se revelara uma mina de ouro. No fim do ano, quando ele a alugou à 20th Century Fox para um filme, Carmen já era um nome nacional e sinônimo de Brasil. Nada disso tivera a ver com qualquer política de boa vizinhança ou com a guerra — em maio de 1939, quando ela desembarcara em Nova York, não só os Estados Unidos não estavam em guerra como a própria guerra ainda não fora declarada nem na Europa.

As iniciativas individuais de intercâmbio cultural continuavam. Em agosto de 1940, o maestro britânico Leopold Stokowski, radicado nos Estados Unidos, veio ao Rio para se apresentar no Theatro Municipal. Entre dois concertos, propôs-se a gravar amostras da "autêntica" música popular brasileira, pela qual tinha curiosidade. Assim que desceu do *Uruguay*, Stokowski pediu a seu amigo Villa-Lobos que arregimentasse os intérpretes. Villa chamou Donga para ajudá-lo e este convocou Pixinguinha, João da Baiana, Carlos Cachaça, Cartola, Paulo da Portela, Jararaca e Ratinho, Zé Espinguela, Zé da Zilda, Augusto Calheiros, a cantora Janyr Martins (única mulher entre os participantes), o clarinetista Luiz Americano e uma seleção de ritmistas da Mangueira. A gravação se deu num salão a bordo do *Uruguay*, ancorado na praça Mauá, num pequeno estúdio a bordo para uso do próprio Stokowski. Do fim da tarde de 7 de agosto às seis da manhã seguinte, sob a condução de técnicos de som americanos, eles gravaram quarenta músicas, entre sambas, choros, batucadas, modinhas, maracatus e pontos de macumba. Nunca um navio jogou tanto ao ritmo de repiques, surdos e tamborins.

Stokowski levou os acetatos para os Estados Unidos, entregou-os à gravadora Columbia e, dali a um ano, dezesseis das quarenta faixas saíram em dois álbuns de 78 r.p.m., com quatro discos em cada, intitulados *Native Brazilian Music*. Foi o único registro gravado de Paulo da Portela e Zé Espinguela, além de mostrar pela primeira vez o jovem Cartola cantando. Os álbuns não foram lançados no Brasil e nenhum dos intérpretes foi pago nem se falou nisso. Mas ninguém aqui se incomodou em trabalhar de graça — o interesse de Stokowski pela música brasileira já fora paga suficiente. Além disso, segundo os jornais, ele fora amante de Greta Garbo.

Mas, a partir do Birô Rockefeller, tudo iria mudar. Ele se encarregaria de profissionalizar as iniciativas e se certificar de que elas cumpriam os protocolos da Política da Boa Vizinhança. Não que Rockefeller fosse tão rigoroso. Roosevelt lhe dissera que mantivesse as empresas de sua família longe da campanha. Pois a primeira a saltar na arena foi a Standard Oil. Ela pediu à McCann-Erickson, agência americana de publicidade instalada aqui desde 1935, que produzisse uma versão brasileira do noticiário *Your Esso Reporter*, de grande audiência no rádio americano pela NBC. E por que não? A McCann, que ocupava no Rio um andar de um belo edifício na avenida Beira-Mar, adornado com o luminoso da lua oval da Esso, era, ela própria, um braço da Standard.

O *Repórter Esso* estreou no dia 28 de agosto de 1941, às 12h55, pela Rádio Nacional e suas afiliadas pelo país. A exemplo dos noticiosos das outras emissoras, seu principal assunto era a guerra — cidades bombardeadas, navios afundados, países invadidos. Mas com uma importante diferença: o texto era enxuto, típico das rádios americanas, frases curtas, diretas, com palavras simples, mais adequadas à radiofonização, sem frases intercaladas ou pedregulhos verbais. Ia ao ar quatro vezes por dia e durava cinco minutos cravados, nem um segundo a mais — o rádio era a história às pressas.

Não era bem um programa da Rádio Nacional. Todo o material de concepção, tradução e texto, com supervisão da McCann, era produzido pela United Press, cuja redação ficava no prédio do *Jornal do Brasil*, na avenida Rio Branco. Apenas a locução e a transmissão saíam dos estúdios da Nacional, no edifício da Noite. Uma cláusula pétrea era a de só dar notícias cujas fontes pudessem ser comprovadas, como precaução para a possibilidade de boatos, informações falsas e contrainformações. Mas tudo era relativo — o *Repórter Esso* dava preferência às vitórias britânicas, enquanto Hitler e Mussolini eram tratados com os rigores da lei.

O programa nasceu com um slogan, "O primeiro a dar as últimas", substituído pouco depois pelo definitivo "Testemunha ocular da história", ambos criados pelo publicitário Emil Farhat. O prefixo, uma fanfarra composta pelo maestro Carioca com a colaboração de Haroldo Barbosa, ficou instantaneamente célebre. Quando se ouvia o rufar da bateria de Luciano

Perrone, seguido pelos trompetes de Francisco Sergi e Marino Pissiali e pelo trombone do próprio Carioca, já se sabia: era o *Repórter Esso* entrando no ar, onde se apuravam as orelhas. As lojas comerciais o sintonizavam em alto volume, provocando aglomerações em suas portas. Ia ao ar às 8h, 12h55, 20h25 e 22h30, com rígida pontualidade, e era o único programa com permissão para, em caso de edição extraordinária, interromper qualquer atração da Nacional, mesmo a novela durante uma cena de amor.

No começo, o *Repórter Esso* não tinha apresentador fixo. Era lido pelo titular do horário. As vozes podiam variar, mas o estilo de locução tinha de seguir as normas do modelo americano: citar a cidade de origem da informação, emitir as frases com ênfase, timbre e pontuação uniformes, atentar para a clareza das vogais, pronunciar com segurança os nomes estrangeiros e dar uma sensação de urgência na leitura de certas notícias. Em 1944, Heron Domingues se tornaria seu locutor exclusivo e, a partir dali, seria a voz oficial do *Repórter Esso*. E, como o noticiário entrava no ar quatro vezes por dia, em horários muito espaçados, Domingues cochilava entre uma irradiação e outra, numa cama de campanha no próprio estúdio, para manter a voz descansada. Quando ele começava uma notícia com "Londres, urgente!" ou "Atenção, Washington!", a guerra não estava no Philco de onde ela saía, mas na sala do ouvinte, e este fazia parte dela.

Em 1939, havia 358 mil aparelhos de rádio no Brasil. Em 1942, esse número saltara para 660 mil. O motivo eram a guerra e, também, a ascensão da Rádio Nacional, impulsionada pela entrada no país, um ano antes, dos novos anunciantes americanos — Kolynos Eucalol, Gessy Lever, Colgate-Palmolive, Johnson & Johnson, Lifebuoy, Ponds, Sidney Ross. Com eles, vieram para o Rio suas *house agencies*, as agências internas que produziam sua publicidade e moldavam a programação das emissoras às conveniências de sua veiculação. A chegada dessas marcas varreu da Nacional os anúncios do pequeno comércio carioca, como os bazares, mercadinhos e biroscas, que até então a sustentavam. Os comerciais, assim como a rádio, também tinham de ser de alcance nacional.

As agências criavam programas de acordo com os produtos mais adequados para patrociná-los. A maior delas era a IAS, ligada à Sidney Ross, fabricante do Talco Ross, do analgésico Melhoral, dos antiácidos Sonrisal e Sal de Frutas, do digestivo Leite de Magnésia de Phillips, do fixador de cabelo Glostora e das famosas Pílulas de Vida do Dr. Ross ("para o estômago, fígado e intestinos"). Cada marca foi associada a um programa. Pela força desses patrocinadores, a Nacional foi a primeira a adotar uma prática consagrada nos Estados Unidos: a grade de programação. Era dividida em gêneros — radioteatro, noticiário, musicais, humor e futebol —, de acordo com os horários e o perfil dos ouvintes. Nascia ali o rádio moderno no Brasil.

O carro-chefe do radioteatro eram as novelas, até então nunca produzidas no país. A primeira, naquele mesmo 1941, foi *Em busca da felicidade*, do cubano Leandro Blanco. Ia ao ar das 10h30 às 11h da manhã, com reprise à noite, e, durante dois anos, fez a cidade parar para escutá-la. Ao tomarem um café no balcão ou comprarem cigarros no botequim, seus atores eram reconhecidos pela voz e, se heróis ou vilões, respectivamente abraçados ou hostilizados como se fossem seus personagens. "Dr. Mendonça", o bondoso médico de *Em busca da felicidade*, era tão querido pelos ouvintes que senhoras humildes, acreditando que ele existia, subiam ao edifício da Noite insistindo em se consultar com ele. Em certo momento da trama, em que iria nascer uma criança, a rádio pediu ao público sugestões de um nome para o bebê, fosse menino ou menina — só se saberia o gênero quando "nascesse". Chegaram à praça Mauá quase 50 mil cartas e centenas de embalagens contendo chupetas, fraldas e babadores.

Assim como já faziam as rádios americanas, a Nacional substituiu a maioria dos programas transmitidos ao vivo pelos gravados no estúdio, em acetatos de dezesseis polegadas. A vantagem da gravação era indiscutível: nada ficava ao improviso, tudo era preparado. Em caso de erro, engasgo ou qualquer imperfeição ao microfone, era só parar e gravar de novo. As exceções eram os programas de cantores, comandados por Paulo Gracindo, Manuel Barcellos e Cesar de Alencar. Três vezes por semana, multidões lotavam o auditório — uma sala de quinhentos lugares no 21º andar, com o palco separado do público por uma parede de vidro duplo. As filas para assistir aos programas eram engolidas pelos elevadores do edifício da Noite, que, se não fossem tão grandes e rápidos, não dariam vazão à malta.

A programação da Rádio Nacional ficou inalcançável pela concorrência a começar pelo quadro de contratados, só possível pela verba oficial com que operava. Os atores e atrizes, cômicos ou dramáticos, cerca de cem, roubados às companhias de teatro da praça Tiradentes. Os locutores, mais de cinquenta, todos seguindo o padrão estabelecido por Paulo Gracindo, com os erres que obrigavam a língua a vibrar como se movida a motor. Os oitenta cantores e cantoras iam de sopranos líricos e barítonos impostados a vozes românticas e duplas sertanejas. E os 190 instrumentistas podiam ser agrupados em qualquer formação: sinfônicas, orquestras de dança, bandas de Carnaval, grupos de samba, duplas de violeiros e solistas de piano, de gaita de boca, de guitarra havaiana, o que se imaginasse — sua vitrine era o programa semanal *Um milhão de melodias*, patrocinado pela Coca-Cola. Os maestros eram oito, escolhidos por um concurso tão rigoroso quanto o do Theatro Municipal. Todos os outros departamentos da grade tinham igual gigantismo.

O Brasil fazia bem à Standard Oil. Comparativamente, o *Repórter Esso* tinha mais audiência do que sua matriz americana.

O acaso trabalhou a favor do Birô. No começo de 1941, o homem de cinema mais amado do mundo, Walt Disney, criador de Mickey Mouse e de *Branca de Neve e os sete anões*, estava em apuros com seu estúdio, o Buena Vista. Seus funcionários não o achavam tão amável — ao contrário, queriam servir-lhe um rato morto. Walt pagava mal, abaixo dos salários praticados pelos outros estúdios de animação. Proibia que seus empregados se filiassem aos recém-criados sindicatos do cinema, ameaçava com demissão quem fizesse isso, não reconhecia o direito de greve. E não lhes dava crédito na tela por seu trabalho, sendo eles os verdadeiros criadores de seus personagens, os que lhes deram a forma definitiva — a de Mickey fora Ub Iwerks; de Donald, Dick Lundy; de Pluto, Norm Ferguson. Ninguém podia saber que não era Walt quem os desenhava. Aliás, desde 1928 Disney só usava a caneta para assinar contratos — até sua famosa assinatura, com o W e o Y enroscados, fora uma criação do estúdio.

Em março daquele ano, diante da intolerância de Walt para negociar reivindicações trabalhistas, metade de seus seiscentos desenhistas e animadores entrou em greve. Walt contratou ferrabrases para desmontar os piquetes, mas não adiantou. Parte da produção do estúdio teve de ser paralisada — um desastre para ele, depois do fracasso de bilheteria de *Pinóquio*, em 1940, e das poucas perspectivas comerciais do sofisticado *Fantasia*, que estava para estrear. Mesmo assim, Walt reagiu à greve e da pior maneira — preferia fechar o estúdio a se curvar aos "comunistas". Os sindicatos o denunciaram e o ameaçaram de banimento da indústria do cinema se não se submetesse às normas legais.

E, então, deu-se o acaso. O distribuidor de seus filmes era a RKO Radio Pictures, um estúdio menor de Hollywood, tendo como acionista majoritário a família Rockefeller. O Departamento do Tesouro procurou-o com a proposta de mediar o seu caso junto aos sindicatos — desde que Walt se afastasse de cena enquanto tratavam do imbróglio. O Birô completou a proposta: que tal se aceitasse passar algum tempo com uma equipe na América do Sul, filmando curtas de animação que pudessem estimular um sentimento pan-americano? Eles lhe dariam uma ajuda de custo de 300 mil dólares e a garantia de exibição de tudo que fosse filmado. Walt, sem escolha, aceitou. O pai da ideia fora Rockefeller.

Disney não era só republicano e conservador. Os funcionários consideravam-no antissemita. Seu grande amigo, o aviador Charles Lindberg, herói nacional americano, seria acusado de ligações espúrias com a Alemanha. Em 1939, Walt fora o único em Hollywood a receber em estúdio Leni Riefenstahl, em visita à cidade para o lançamento de seu filme *Olympia*. Três anos antes, os poucos que haviam assistido a *Triunfo da vontade* nos Estados Unidos tinham feito vista grossa ao conteúdo do filme e se deslumbrado com a sua modernidade. Mas, dessa vez, Leni desembarcara em Los Angeles na semana da "Noite dos Cristais", e os artistas americanos ficaram contra tudo que fosse alemão. Os produtores e cineastas com quem ela agendara encontros cancelaram os convites. Lojas e restaurantes, no momento em que a reconheciam, faziam-na voltar da porta. Disney em contrapartida apresentou-a a Mickey Mouse. E agora ia excursionar pelo estrangeiro como embaixador da boa vontade.

Walt juntou uma equipe de dezoito desenhistas, compositores, roteiristas, cinegrafistas, fotógrafos e pessoal de imprensa, entre seus funcionários mais fiéis, e partiram para uma viagem de três meses, de agosto a outubro. Começaria pelo Rio, estendendo-se por Buenos Aires e Santiago, e, na volta, faria rápidas escalas em Montevidéu, Lima, Guayaquil, Panamá e Cidade do México. Era uma expedição de reconhecimento do território: um curso intensivo da cor local, um mergulho na fauna e na flora dos lugares, um ouvido atento aos ritmos nativos e a observação do povo tendo em vista a possibilidade de criar personagens locais. O projeto consistia em doze desenhos de um rolo cada, de cerca de oito minutos, que poderiam ser exibidos separadamente ou acoplados num filme de metragem normal, de uma hora e meia.

O grupo chegou ao Rio no dia 17 de agosto e, mal desceu da escadinha do avião, ninguém mais surpreso com sua popularidade do que o próprio Walt. As mais de mil crianças que o esperavam no aeroporto foram apenas a primeira das aglomerações que se formavam à sua presença em qualquer lugar. Getulio recebeu-o no Palácio Guanabara, condecorou-o com a

Ordem do Cruzeiro do Sul e adotou-o como hóspede oficial do governo brasileiro. Sob os auspícios de Lourival Fontes, Walt deu uma palestra no Palácio Tiradentes sobre a solidariedade continental. Esticou-se nas areias de Copacabana para fotografar os cariocas no seu habitat favorito. Compareceu a todos os banquetes e recepções a que o convidaram. E, tendo o desenhista Alceu Penna como intérprete, foi apresentado a escritores, jornalistas, cantores, compositores e desenhistas — entre os quais J. Carlos, de quem já ouvira falar por um de seus homens.

Walt e os mais íntimos ficaram hospedados no Copacabana Palace. Os demais, no Hotel Glória, que isolou um salão para a equipe e para o estoque de equipamento que ela trouxe — papel de todos os materiais, formatos e tamanhos, blocos de rascunho, cadernos, pranchetas, telas, lápis, estojos com 180 matizes, canetas de vários calibres, pincéis, tintas, pastéis, massa de modelar, cola, tesouras, aguarrás, borrachas. Qualquer borboleta que passasse por seus homens era capturada, estudada e tinha suas asas copiadas. As cores do Rio, o contorno dos morros, as calçadas de Copacabana e a beleza da baía forneceram vasto material pictórico à equipe. O cenário já vinha pronto — só faltava o protagonista. Walt foi apresentado à dupla Jararaca e Ratinho e viu neles potencial para um desenho envolvendo uma cobra e um rato.

Mas a busca por um personagem tipicamente "brasileiro" terminou assim que eles foram apresentados a um papagaio. A personalidade da ave, sua capacidade de "falar" e as incontáveis anedotas que o tinham como herói convenceram-nos dessa escolha. J. Carlos apresentou-lhes uma sugestão gráfica para o personagem, recusada, mas marotamente aproveitada em detalhes. Parques, feiras populares e aviários cariocas foram varejados em busca de papagaios. Um cinegrafista local, Herbert Richers, ajudou a equipe na tarefa de fotografar e filmar os protótipos daquele que se tornaria Zé Carioca.

Os filmes de Disney eram dublados na língua de cada país para atingir seu principal público, as crianças. No Brasil, o diretor dessa operação era o americano Wallace Downey, produtor musical e de cinema residente no Rio. Anos antes, para adaptar as letras das canções de *Branca de Neve e os sete anões*, compostas por Frank Churchill e Larry Morey, Downey escolhera o compositor e letrista João de Barro, Braguinha. Em cinco minutos, Braguinha transformara o *"Heigh ho, heigh ho"*, cantado pelos anões em sua mina de diamantes, em "Eu vou, eu vou [pra casa agora eu vou]" e fizera dela um sucesso nacional. Disney gostou de Braguinha e fez dele também responsável pela versão brasileira dos filmes seguintes, como *Dumbo* (1941) e *Bambi* (1942), este com a voz do herói dublada pelo menino Pery, de cinco anos, filho de Herivelto Martins e Dalva de Oliveira — o futuro Pery Ribeiro.

A temporada de Walt no Rio, programada para dez dias, prolongou-se por três semanas. John Hay "Jock" Whitney, milionário e aristocrata americano, responsável pela Divisão de Cinema do Birô, esteve na cidade durante parte da estadia de Walt e passou seu relato a Rockefeller. Disney era o mais perfeito "embaixador" que se poderia querer — disposto a qualquer solicitação e se deixar fotografar, incapaz de recusar autógrafos e com um discurso cativante e apolítico para qualquer situação. Apesar da agitada agenda, era presença quase diária na casa 20 do largo do Boticário, de Sylvia e Paulo Bittencourt, proprietários do *Correio da Manhã*. Mais conhecida como a Casa Rosa, tinha 1100 metros quadrados, era cercada por um jardim de espécies raras da Mata Atlântica, projetado por Roberto Burle Marx, e meca de pintores e escultores. Bittencourt era também amigo de Pixinguinha, sempre presente. E o uísque vinha em galões, não garrafas.

De volta aos Estados Unidos, Walt não ficou nada satisfeito. Descobriu que a solução encontrada pelo Tesouro para resolver seus problemas não lhe fora tão favorável. Muitos dos grevistas tinham sido demitidos e suas indenizações, pagas pelo governo, mas a dívida lhe fora repassada a longo prazo. Os outros puderam se sindicalizar e, a partir dali, isso se estenderia aos futuros funcionários. Walt achou que saíra perdendo. Mas a decisão de, em vez de rodar doze curtas, produzir dois filmes normais — *Alô, amigos* (1942), de 48 minutos, e *Você já foi à Bahia?* (1945), de 71 — não apenas salvou financeiramente seu estúdio como o tornou, para sempre, o embaixador cultural dos Estados Unidos. Por encomenda do Birô, seus animadores voltariam ao Brasil para produzir filmetes em que seus personagens apareciam fazendo serviços públicos, como os sete anões orientando como erradicar larvas de mosquitos. E seus cinegrafistas filmariam vários documentários, um deles *A Amazônia desperta*, sobre a vinda do industrial Henry Ford à região, em 1928, para fundar a Fordlândia, uma cidade dedicada à extração da borracha. O filme mostrava a luta do colonizador contra os rigores da floresta — que, embora ainda não se soubesse, acabaria vencendo.

Disney e o *Repórter Esso* foram dois casos bem-sucedidos no primeiro ano de funcionamento do Birô. Houve outros, como a vinda ao continente do coreógrafo George Balanchine com a American Ballet Company, do compositor Aaron Copland, que regeu na Escola Nacional de Música, na Lapa, o seu balé *Billy the Kid*, e de uma coleção de trezentos óleos e aquarelas do acervo do Museu de Arte Moderna de Nova York (MOMA) — também da família Rockefeller e que tinha Nelson como presidente de honra. Essas foram missões puramente culturais. O mesmo não se diria da visita, em 1941, do ator Douglas Fairbanks Jr., charmoso, elegantíssimo, ex-marido de Joan Crawford, de fácil penetração nas altas-rodas de cada país — e um espião de casaca. Sua missão no Rio, a serviço do FBI, era sondar as tendências dessas altas-rodas a respeito da Alemanha e da Itália. Doug Jr. era uma presença ainda mais significativa porque seu pai, o célebre Douglas Fairbanks, astro de *O ladrão de Bagdá*, de 1924, era amigo de Mussolini. No Rio, Doug Jr. foi escoltado por Theodore Xanthaky, chefe da Inteligência na embaixada americana, muito popular na comunidade diplomática e dedicado a identificar espiões como ele nas outras embaixadas.

Rockefeller era amigo de J. Edgar Hoover, déspota indisputado do FBI, a polícia federal americana. Ou, mais exatamente, Hoover era amigo de Rockefeller — privilégio que, cioso de seu poder, não dispensava a muitos. (Na verdade, Hoover não confiava em ninguém exceto sua mãe, com quem, solteiro e quase cinquentão, ainda morava.) Combinando informações do Birô com as do Serviço Secreto, seus homens identificaram mais de mil executivos de empresas americanas na América Latina colaborando com os alemães, inclusive o administrador-geral da General Motors no continente. Seguiram-se demissões e processos em massa. Hoover, como sempre, atribuiu-se crédito único pelo trabalho.

A provar que falava a sério sobre o intercâmbio, Rockefeller criou o Programa de Economia Básica, mandando ao Brasil técnicos em pecuária, agricultura e saúde pública para treinar servidores locais. Era importante fazer com que nada parecesse uma medida paternalista, donde o Birô cobria 80% dos custos sob a condição de que essa porcentagem diminuísse de acordo com os progressos dos treinamentos. Uma equipe de enfermeiras americanas, profissão negligenciada no Brasil, foi despachada para a Amazônia a fim de instalar sistemas de filtragem de água e reduzir o contágio de bactérias entre os trabalhadores na extração da borracha. Cerca de 1500 profissionais americanos em diversas disciplinas formaram 10 mil pessoas para que, ao fim da guerra, estivessem aptas a constituir suas próprias turmas.

Rockefeller induziu poderosos, com os quais falava de potência para potência, a colaborar com o Birô. Henry Luce, dono das revistas *Time* e *Life*, foi solicitado a ampliar a cobertura da América Latina em suas publicações. Luce aceitou, o que pode explicar a capa e bela matéria fotográfica na *Life* com a bailarina carioca Eros Volusia, em 1941, e as capas de *Time* com Getulio em 1941 e Oswaldo Aranha em 1942. Luce também se encarregou da publicação de *En Guardia* — no Brasil, *Em Guarda* —, bela revista no formato, qualidade e estilo gráfico da *Life*, cobrindo a parceria militar e civil entre os Estados Unidos e seus aliados continentais. Eram comuns as fotos mostrando Getulio e o embaixador Caffery tomando cafezinho, sacos de produtos brasileiros embarcando para a América e os aviões anfíbios Martin Mariners contornando um imponente Cristo Redentor. O Brasil era tratado como o melhor amigo dos Estados Unidos na América Latina.

Por sugestão de Rockefeller, Jack Runyon, chefe da Divisão de Rádio do Birô, organizou as primeiras transmissões semanais de rádio para o Brasil, geradas pelas cadeias CBS (Columbia Broadcast System), NBC (National Broadcast Company) e ABC (American Broadcast Company), com apresentadores brasileiros. Em Nova York, centro das operações, os locutores contratados para as transmissões em português eram Luiz Jatobá, Fernando Lobo, José Auto e Gaspar Coelho, grandes profissionais do rádio, mandados para os Estados Unidos pelo DIP. Os programas compreendiam noticiário, atrações musicais e entrevistas de interesse geral. Todas as noites, depois do trabalho, eles iam ao Colbie's, restaurante na Madison Avenue, para confraternizar com os radialistas americanos. Um desses, chamado Paul, gabou-se com Jatobá que sabia dizer *"Thank you!"* em muitas línguas e perguntou como era em português. Jatobá instruiu-o: *"Very simple. Just say:* 'Foda-se!'*"*. A brincadeira não teria consequências, exceto pelo fato de que a primeira (e única) pessoa a quem Paul disse isso foi o brigadeiro Eduardo Gomes, em visita a Nova York e levado pelo pessoal da CBS ao Colbie's para jantar. O irreprochável brigadeiro era virgem, mas sabia o significado.

Em Los Angeles, o apresentador era o poeta e diplomata Raul Bopp, cônsul do Brasil na cidade — que, em vez de estabelecer relações culturais entre brasileiros e americanos, se dedicava a deslumbradas entrevistas com as estrelas do cinema. Os diálogos, em inglês, eram escritos pelo próprio Bopp, que os traduzia para o ouvinte brasileiro, com os convidados falando algumas frases em português fonético. Entre os entrevistados estavam Marlene Dietrich, Bing Crosby, Edward G. Robinson, Ray Milland e Linda (*Sangue e areia*) Darnell.

Para se certificar de que os filmes americanos com personagens latinos não conteriam as ofensivas gafes de sempre, Rockefeller pôs a Divisão de Cinema do Birô nas mãos de seu amigo "Jock" Whitney, influente em Hollywood e financiador secreto do filme ...*E o vento levou*, em 1939. Whitney, por sua vez, convocou outro amigo, Jorginho Guinle, já residente na Califórnia, para auxiliá-lo quanto aos assuntos do Brasil. Seus salários eram de um dólar por ano — bilionários como Whitney e Guinle podiam ser assim, altruístas. Rockefeller sugeriu às agências de propaganda que estimulassem a formação de pessoal local em suas filiais na América Latina, para tornar as peças mais identificadas com cada mercado. Propôs também às empresas de alimentos que imprimissem seus rótulos na língua do país, em troca da possibilidade de isenções fiscais. E, soube-se depois, influiu também para que a Coca-Cola chegasse logo ao Brasil.

Mesmo antes de entrarem na guerra, quando os Estados Unidos criaram as primeiras bases militares no exterior, Robert Woodruff, presidente da Coca-Cola, prometeu a Roosevelt que, onde quer que estivessem, os soldados americanos teriam uma Coca-Cola à mão, a cinco centavos de dólar pela garrafinha de 185 mililitros — não importava o quanto ela custasse à companhia. Até então o único país latino-americano a ter Coca-Cola era o México. No Brasil, a produção começou pelo Recife, em fins de 1941, usando as instalações de uma pequena engarrafadora de água mineral, e apenas para os soldados baseados lá e em Natal. A primeira fábrica de verdade foi construída meses depois, em 1942, em São Cristóvão, polo industrial no Rio, e, em abril, começou a distribuição para todo o país.

O refrigerante não teve uma aceitação imediata. Para o brasileiro, habituado ao guaraná, o problema era o gosto, que para alguns lembrava o do sabão Aristolino. Dizia-se também que a Coca-Cola era à base do desinfetante Creolina, e por isso servia para branquear a ágata das pias e banheiras. A McCann-Erickson ganhou a conta da bebida e dedicou-se a apagar essas ideias. As campanhas americanas mostravam os astros de Hollywood tomando Coca-Cola pelo canudinho. Foram usadas no Brasil e funcionaram — se Mickey Rooney tomava Coca-Cola, por que não você? Outra tática, com duração limitada, consistiu em servi-la de graça às plateias nas salas de espera dos cinemas. Com a Coca-Cola, o Brasil conheceu também um novo conceito de propaganda, que visava não somente a vender um produto, mas a mudar hábitos. Um desses foi mostrar pessoas bebendo o refrigerante pelo gargalo, o que até então não se usava por aqui.

Por causa da Coca-Cola, o ato de arrotar, desde que discretamente, passou a ser aceito em sociedade — pelo gás contido no refrigerante, era quase impossível aos seus novos consumidores, ainda desabituados, não arrotar depois do primeiro gole. E dizia-se que os soldados americanos no Rio estavam usando o produto para fins de sedução, batizando com cantárida (uma beberagem natural para fins afrodisíacos) a garrafinha que serviam às moças que levavam para passear de carro, fazendo-as ir *"all the way"* — "até o fim".

As turmas do Leme, da Santa Clara e da Miguel Lemos, que até então reinavam em Copacabana, se lamentavam: "Quinze mil gringos invadiram nossas camas".

A neutralidade americana na guerra era, literalmente, para inglês ver. Os Estados Unidos apoiavam os britânicos com dinheiro, armas, suprimentos e informações, e já tinham convertido sua indústria de paz para indústria de guerra. As fábricas haviam se adaptado às novas necessidades — o metal usado na fabricação de grampos e tesourinhas de unha a geladeiras e Cadillacs foi desviado para a produção de canhões, tanques e metralhadoras. Os americanos só não entravam direto no combate porque o Congresso de maioria republicana, anti-Roosevelt, e 60% da população achavam que não deviam se meter numa guerra que só dizia respeito aos incorrigíveis europeus. O Japão veio corrigir essa miopia.

No dia 7 de dezembro de 1941, às 7h48 da manhã, hora local, a 1ª Frota Aérea do Império do Japão, comandada pelo almirante Isoroku Yamamoto, desfechou um ataque-surpresa, sem declaração de guerra, contra a frota americana no Pacífico baseada em Pearl Harbor, na ilha de Oahu, no Havaí. Em poucas horas, os Estados Unidos tiveram 188 aviões destruídos e 159 danificados, dezoito encouraçados, cruzadores e contratorpedeiros afundados, 2400 militares e setenta civis mortos e 1170 feridos. Pelos aviões japoneses abatidos, constatou-se que muitas aeronaves, munição e gasolina usadas no ataque lhes tinham sido vendidas pelos Estados Unidos.

Os Estados Unidos declararam imediatamente guerra ao Japão. Em represália, a Alemanha e a Itália, que compunham com ele o Eixo, declararam guerra aos Estados Unidos. E só então a guerra se tornou mundial, envolvendo a Europa, a Ásia e a América do Norte.

Getulio resignou-se com a ideia de que, agora, a América do Sul teria de ir à luta ao lado dos americanos. Mas sua mensagem de solidariedade aos Estados Unidos foi protocolar — "platônica", como a interpretaram os americanos. Talvez soubessem que, seis meses antes de Pearl Harbor, o embaixador do Japão no Rio, Itaro Ishii, consultara Getulio sobre qual seria a atitude do Brasil diante de um ataque japonês aos Estados Unidos. E que a resposta de Getulio o deixara contente: "Nem sempre quem ataca primeiro é o agressor".

Trinta e oito dias depois de Pearl Harbor, em 14 de janeiro de 1942, por pressão de Washington, o Rio recebeu a Terceira Reunião de Consulta dos Ministros das Relações Exteriores das Repúblicas Americanas — ou Conferência dos Chanceleres —, presidida por Oswaldo Aranha. Para os Estados Unidos, o Brasil era agora a haste do pêndulo. Na abertura dos trabalhos, no Palácio Tiradentes, a postura de Aranha à mesa, diante de dez microfones e tendo às suas costas as bandeiras dos 21 países americanos, sinalizava autoridade. A pauta do congresso, que teria a duração de duas semanas, era objetiva: garantir a segurança das Américas em caso de ataque contra qualquer país do continente e levá-los por unanimidade à quebra da neutralidade e à declaração de guerra contra o Eixo ou, pelo menos, ao rompimento de relações diplomáticas e comerciais. Dezenas de correspondentes estrangeiros, na maioria de jornais americanos, derretendo no plenário sem refrigeração e sob as luzes de seus refletores, também esperavam por isso.

O Brasil ainda estava neutro no conflito, Mas, por sediar a reunião e ter Aranha no comando, era evidente, pela primeira vez, que Getulio tendia a se aliar aos Estados Unidos. O congresso não poderia acontecer sem a sua permissão nem ser acionado o enorme esquema de segurança para os chanceleres. A delegação americana, formada pelo primeiro time, era chefiada por Sumner Welles e dela fazia parte o chefe do Estado-Maior, general George Marshall. O Copacabana Palace, onde as comitivas se hospedaram, foi cercado por tropas embaladas da rua Barata Ribeiro até à praia e interditadas as laterais Duvivier e Rodolfo Dantas.

Não havia nessas medidas nenhuma precipitação. Nos dias anteriores, os Serviços de Inteligência britânico e americano captaram indícios de planos de sabotagem por agentes do Eixo no Rio e pediram a vigilância de pouso dos aviões que trariam os chanceleres — suspeitava-se de avaria nas pistas. Uma informação nunca confirmada insinuou a possibilidade de um atentado alemão contra a vida de Oswaldo Aranha. As medidas de segurança deveriam se estender aos outros países, pela suspeita de arruaças nas principais capitais do continente para perturbar a conferência. Mas, no Rio, nada impediu que os delegados, inclusive os dos países menos conhecidos, fossem recebidos com palmas no Santos-Dumont. O pouso do Yankee Clipper no dique flutuante, trazendo Sumner Welles, foi aplaudido por uma multidão.

Dissipados os temores, os chanceleres com suas comitivas e os jornalistas internacionais tiveram a sua dose de prazer antes do começo dos trabalhos. Os cassinos Atlântico e da Urca decoraram suas paredes com as cores dos países, a fim de recebê-los para seus shows de Carnaval. O Country Club abriu-se aos visitantes para a prática de seus esportes favoritos. O prefeito Henrique Dodsworth ofereceu-lhes um almoço ao ar livre na Praia Vermelha, com as bandeiras quase cobrindo a muralha do morro da Urca. A organista americana Ethel Smith, por acaso se apresentando no Rio havia meses, era uma atração do cassino do Copacabana Palace com sua interpretação de "Tico-tico no fubá". E, inaugurado o Congresso, o povo cercou o Palácio Tiradentes para acompanhar os debates pelos alto-falantes. A adesão do carioca à solidariedade pan-americana era esmagadora.

Diante da provável ruptura entre o Brasil e o Eixo, Getulio ordenou a seus embaixadores em Berlim, Roma e Tóquio que fechassem as repartições brasileiras e queimassem os arquivos secretos. Os outros países pareciam prontos a segui-lo nessa atitude. Mas a declaração de guerra, como era de desejo dos Estados Unidos, não foi sequer considerada, e o rompimento de relações, que se esperava unânime, esbarrou na aberta oposição de dois deles: a Argentina, por sua proximidade com Hitler, e o Chile, porque temia despertar os navios de guerra japoneses para o seu litoral de 4 mil quilômetros na costa do Pacífico. Os dois países eram sensíveis às mensagens do Eixo, que os instavam a desafiar o Brasil e não se "subjugarem" aos Estados Unidos.

No dia 20, o alemão Prüfer, o italiano Sola e o japonês Ishii, embaixadores do Eixo no Rio, escreveram a Aranha atrevendo-se à ameaça de "consequências para o Brasil". Aranha respondeu que o Brasil seguiria as decisões pan-americanas. De Tóquio, o chanceler japonês solicitando ao Vaticano sua intervenção junto ao cardeal Sebastião Lemme, influente sobre Getulio, para que o Brasil não rompesse com seu país. Sabendo que não poderiam vencer, os chanceleres de Argentina e Chile se esmeraram em atrasar os trabalhos, insistindo em que o continente mantivesse a neutralidade. Apesar da irritação pela intransigência deles, os chanceleres sabiam que precisavam tratá-los com habilidade para que não passassem da neutralidade para o apoio direto ao inimigo.

No dia 22, Aranha disse, enfaticamente: "Senhores, estamos copulando, mas não fecundando". A crueza da expressão pode ter influído no espírito da sessão porque, por fim, se aprovou uma solução de meio-termo: os 21 países seriam unanimemente solidários com os Estados Unidos, mas a opção de rompimento ficaria a critério de cada um. No dia 28, último do congresso, considerando que a Alemanha, a Itália e o Japão formavam um bloco, Getulio escreveu aos três embaixadores comunicando o rompimento de relações entre o Brasil e seus países.

Dutra e Goes Monteiro tentaram impedi-lo, argumentando que, sem os caças, bombardeiros e torpedeiros prometidos pelos Estados Unidos e ainda não entregues, o Brasil não resistiria a um peteleco da Alemanha. Mas era exatamente por isso que Roosevelt estava protelando a entrega do armamento — por temer que Goes e Dutra depusessem Getulio e instaurassem uma ditadura pró-Eixo com armas americanas. Não que os Estados Unidos gostassem de Getulio, mas sabiam que, com sua sagacidade política, ele enxergava a conveniência de, a partir dali, acatar as decisões de Aranha.

O placar final, de 19 a 2, foi uma derrota para o Eixo. O corte no fornecimento de matéria-prima para seus exércitos era preocupante. É verdade que não representou uma vitória completa para os Estados Unidos, porque a Argentina e o Chile continuariam a manter relações com o inimigo e, com isso, os aviões, navios e submarinos do inimigo seguiriam tendo livre trânsito no Atlântico Sul. Mas, para Sumner Welles, estava claro que o Brasil não podia ser comparado às outras repúblicas americanas — merecia tratamento à parte.

A imprensa americana creditou a Aranha a quase unidade continental e ele ganhou uma capa na *Time*. As fotos o apresentavam em close, seguro de si, queixo firme e testa alta, à frente das 21 bandeiras. Era o líder do pan-americanismo e comandava a haste do pêndulo.

Duas semanas depois, o Rio saiu às ruas nas pegadas de outro líder, o rei Momo. O Carnaval chegara, ao som de "Ai que saudade da Amélia", de Ataulpho Alves e Mario Lago, mas, lá fora, nem tudo era alá-lá-ô. No dia 14 de fevereiro, véspera da folia, o navio brasileiro *Cabedelo* desapareceu no mar, ao largo das Pequenas Antilhas, com 54 pessoas entre tripulantes e passageiros — a suspeita era a de que fora posto a pique pelo submarino italiano *Leonardo da Vinci*, frequente naquela região. No dia 16, segunda de Carnaval, o mercante *Buarque* foi afundado pelo submarino alemão *U-432* na costa de Norfolk, nos Estados Unidos. Os jornais logo souberam do afundamento, mas o DIP só deixou que ele fosse noticiado três dias depois. No dia 18, Quarta de Cinzas, foi a vez do vapor *Olinda* pelo mesmo submarino, agora na costa da Virginia. Todos se salvaram nas baleeiras, mas, mais uma vez, o DIP só liberou a notícia dali a três dias.

Não por causa de Lourival Fontes. O entrave era Dutra, que jogou o peso de suas espadas sobre Lourival. Mas sem efeito, porque as notícias eram captadas por quem escutava as transmissões em português da BBC e logo chegavam às ruas. Dutra, pressionado por Oswaldo Aranha, admitiu que Lourival noticiasse os afundamentos, mas que os justificasse como sendo "por engano", pelo fato de os navios brasileiros estarem "muito perto de comboios aliados". Ninguém acreditaria nisso, e Lourival, bancado por Getulio, não obedeceu a Dutra.

Nem haveria como. Os ataques alemães se sucederam pelos meses seguintes, e, a cada navio e cada brasileiro no fundo do mar, o Brasil ficava mais perto do inevitável.

14

O vizinho espião

O afundamento dos cargueiros brasileiros nos dias 16 e 18 de fevereiro deixou dois mortos no mar. E, dias depois, outros dois em terra: Stefan Zweig e sua mulher, Lotte.

Às cinco da tarde de 23 de fevereiro, uma segunda-feira, Ana, Antonio e Dulce, empregados do casal em Petrópolis, estranhando que, àquela hora, os patrões ainda não tivessem saído do quarto, foram bater à porta. Não houve resposta. A porta não estava trancada. Encontraram Zweig e Lotte na cama, abraçados, mortos.

A polícia foi chamada. A notícia correu e, em poucos minutos, formou-se uma aglomeração em torno da casa da rua Gonçalves Dias. O primeiro a saber, e por acaso — estava descendo a estrada, de volta ao Rio, quando viu o ajuntamento e estranhou —, foi o arquiteto francês Alfred Agache, também refugiado. Chocado, Agache telefonou de lá mesmo para Claudio de Souza, que ele sabia residente em Petrópolis, e este avisou aos outros moradores da serra: Leopold Stern, Paul Frischauer, Ernst Feder, Gabriela Mistral. No Rio, Abrahão Koogan e Samuel Malamud foram comunicados e logo subiram.

Para a polícia, à evidência do quarto em ordem, tudo indicava suicídio. Deduziu-se que Zweig e Lotte tinham tomado formicida com água mineral, porque garrafas de Salutaris, a favorita de Zweig, estavam no criado-mudo. Falou-se também numa possível superdose de Veronal, mas não se encontrou nenhuma embalagem do sonífero. Como a autópsia foi apressadamente dispensada pela polícia, não se podia garantir nenhuma hipótese. A morte se dera na madrugada e, pela posição do casal na cama, Zweig fora o primeiro a morrer. Lotte lhe cruzara as mãos sobre o peito e se aconchegara a ele para esperar sua vez. Zweig parecia dormir, como se o sono o liberasse do drama ao ver seu mundo em escombros. Sua pregação pela paz resultara em nada, significando para ele que a vida perdera o sentido.

Envelopes foram encontrados sobre a cômoda. Um deles continha uma mensagem de despedida datada da véspera, escrita à tinta, em alemão, com letra firme e apenas duas correções. O título, "Declaração", estava em português, com til e tudo. O texto, entre palavras de gratidão e de amor pelo Brasil, terminava assim:

Depois que vi o país da minha língua soçobrando e minha pátria espiritual, a Europa, destruindo-se a si mesma, e quando chego aos sessenta anos de idade, seriam necessários esforços imensos para reconstruir minha vida, e minha energia está esgotada pelos longos anos de peregrinação como um sem-pátria. Assim, julgo melhor terminar a tempo uma vida que dediquei exclusivamente ao trabalho espiritual, considerando a liberdade humana e a minha própria como o maior bem da Terra. Deixo um adeus afetuoso a todos os meus amigos. Desejo que eles ainda possam ver a aurora que virá depois dessa longa noite. Eu, impaciente demais, vou antes disso.

Velhos amigos cuja opinião Zweig respeitava haviam contribuído sem querer para sua derrocada de espírito. O romancista francês Roger Martin du Gard, em carta que lhe enviara em 1940, dissera que o mundo "se encaminhava para uma nova ordem em que eles não teriam lugar". Du Gard, prêmio Nobel de literatura e autor do romance cíclico *Os Thibault*, tinha certa ascendência sobre ele. Outro amigo de Paris, o romancista Drieu la Rochelle, recém-convertido ao nazismo, deprimiu-o com sua certeza da invencibilidade da Alemanha. E, quando Zweig perguntou a Gabriela Mistral se via a possibilidade de um movimento nazista na América do Sul, ela respondeu que sim. Não se sabe qual era o grau de informação de Gabriela — seu país continuava "neutro" —, mas ela tinha razão. O Rio era o vértice da espionagem nazista na América Latina, com mais de oitocentos agentes em atividade, além de um grupo impossível de calcular: os quintas--colunas. Poucos sabiam dessa infestação e Zweig, muito menos. Mesmo em Petrópolis, é possível que, sem saber, ele tenha cruzado na rua com o alemão Ricardo Lodders, simpático, educado, à vontade nos círculos sociais e ex-orientador das milícias integralistas.

Para partir sem dar trabalho a ninguém, Zweig quitara o aluguel da casa, separara o salário de seus empregados (para os quais destinou suas roupas) e deixara quinze cartas em alemão, francês e inglês com instruções para seus editores internacionais sobre originais inéditos, reedições e royalties. Dois envelopes lacrados continham seus testamentos, dele e de

Lotte. Zweig queria ser sepultado em Petrópolis, para cujo prefeito gara-
tujou um bilhete. E, para sua ex-mulher, Friderike, em Nova York, e seus
familiares e os de Lotte na Europa, escreveu cartas despedindo-se e suplicando que não o lamentassem — ao contrário, agora que ele decidira seu
destino sentia-se muito feliz.

Não só por isso Zweig tomara tantas providências. Queria deixar claro
que seu gesto não fora movido pelo desespero, mas pela reflexão. Era um
ato político. Com o ataque a Pearl Harbor pelo Japão menos de três meses
antes, a guerra chegara à América do Norte. Uma coisa levaria à outra —
os países do continente se juntariam aos Aliados e a guerra chegaria também à América do Sul. Zweig viu tudo isso se confirmar. É possível que
tenha tomado sua decisão no dia 28 de janeiro, quando o Brasil rompera
com a Alemanha, e calculado que precisaria de mais ou menos um mês para acertar suas coisas.

Como se quisesse ajustar contas imaginárias com seus pares, em fins
de janeiro ou começo de fevereiro Zweig tomara a surpreendente decisão de ir a Barbacena para se encontrar com Georges Bernanos. Liam-se
um ao outro, com admiração e reservas, mas nunca tinham se falado, nem
mesmo na Europa. Um amigo comum, o ex-banqueiro Hugo Simon, fez
a aproximação. Simon também se mudara para Barbacena, onde aplicara
suas últimas economias no cultivo do bicho-da-seda. Zweig e Lotte foram
para lá de trem. Geraldo França de Lima os recebeu na estação e os levou
a Cruz das Almas, onde foram recebidos por Bernanos.

Eram quatro da tarde e ninguém poderia ter concebido tal cena. Dois
dos maiores escritores europeus finalmente se conheciam e se cumpri-
mentavam, no mais improvável dos cenários: um longínquo burgo rural
brasileiro, ausente dos mapas e desconhecido do mundo.

A diferença entre os dois era notável: Bernanos, ciclópico, estabana-
do, parecendo capaz de ir lá fora e mudar uma árvore de lugar, se quisesse; Zweig, franzino, educadíssimo, sem um gesto inadequado. Bernanos,
um palanque vivo e o seu próprio público; Zweig, sussurrante e tartamu-
do. Até os bigodes realçavam a diferença: o de Bernanos, louro, indomá-
vel, espalhando-se pelas bochechas vermelhas; o de Zweig, um tufo preto
entre o nariz e a boca. Mas o maior contraste estava no que tinham — ou
não — a dizer entre eles.

Ao ver a França de joelhos, Bernanos tornara-se mais francês do que
nunca; já Zweig aceitara a dupla expatriação que lhe fora imposta, como austríaco, porque a Áustria era agora província alemã, e como alemão, por ser

judeu. Bernanos queria a destruição de Hitler, não importava o que custasse; Zweig preferia que Hitler nunca tivesse existido e sofria até ao ler sobre Berlim bombardeada — "Quando sei de casas derrubadas, desmorono junto". Bernanos queria ver Zweig em protestos inflamados, inclusive sobre o martírio judaico; mas isso não fazia parte da personalidade de Zweig. O próprio Carnaval carioca, que Zweig finalmente conhecera com Lotte em 1942 (no de 1941, estavam a trabalho em Nova York), o deprimira — como era possível uma multidão ser tão feliz enquanto as nações se imolavam?

Bernanos e Zweig jantaram, tomaram vinho e se trataram urbanamente nas horas que passaram juntos. Às onze da noite, Bernanos levou Zweig à estação e, ao vê-lo zarpar no trem de volta para o Rio, comentou com Geraldo França de Lima: "Ele está morrendo".

Apesar de sua comiseração, Bernanos não deixou barata a efetiva morte de Zweig dali a alguns dias e nas circunstâncias em que ocorreu. "O suicídio do sr. Stefan Zweig não é um drama privado", ele escreveu em *O Jornal*.

Antes mesmo que a última pá de terra caísse sobre o seu caixão, as agências já transmitiam a notícia para o mundo. Milhares e milhares de homens que tinham o sr. Stefan Zweig como um mestre, honrando-o como tal, disseram para si próprios que o mestre desesperara da sua causa e que esta estava perdida. A cruel decepção desses homens é um fato ainda mais lamentável que o desaparecimento do sr. Stefan Zweig. A humanidade pode prescindir do sr. Stefan Zweig assim como de qualquer escritor, mas não pode ver sem amargura reduzir-se o número dos homens obscuros, anônimos, que não tendo jamais conhecido as honrarias nem os lucros da glória, se recusam a consentir na injustiça, vivendo do único bem que lhes resta: uma humilde e ardente esperança. Quem toca nesse bem sagrado, quem se arrisca a dissipar-lhe uma simples parcela, está desarmando a consciência do mundo.

Bernanos não foi o único intelectual a se recusar ao luto por Zweig. Thomas Mann, refugiado em Nova York e como se falasse por um megafone, foi ainda mais duro:

Será que ele não tinha consciência de sua responsabilidade perante centenas de milhares de pessoas, para as quais seu nome era importante, e de que sua capitulação teria um efeito deprimente? Principalmente entre os muitos refugiados para os quais o exílio era uma experiência muito mais difícil que a dele, celebrado como era e sem preocupações materiais.

Outros, mesmo que discordassem do ato, foram mais compreensivos, como Jules Romains, Roger Martin du Gard e Romain Rolland. E a imprensa carioca dedicou-lhe artigos respeitosos de Afonso Arinos de Mello Franco, Carolina Nabuco, Alvaro Moreyra, Tetrá de Teffé, Maria Eugenia Celso e até de homens que não o estimavam: Otto Maria Carpeaux, Rubem Braga e, para surpresa de todos, Costa Rêgo.

A morte de Zweig em Petrópolis, que considerava o último paraíso no mundo, abriu uma fenda no pensamento mundial: o que fazer diante de um poder avassalador que parecia às vésperas da vitória total? Abaixar os braços ou continuar lutando?

A realidade logo demonstraria que o inimigo não permitia a primeira opção — Hitler chamara o mundo para a briga e não admitia que se ficasse de fora dela.

De repente, o Brasil foi assombrado por uma letra do alfabeto: a letra U. Era como os alemães se referiam abreviadamente aos seus submarinos, os *Unterseeboote*. Ao U seguido de um hífen acoplava-se o número de fabricação, e, pelos números elevados, parecia uma frota colossal. No afundamento do *Buarque* e do *Olinda* durante o Carnaval, a sigla passara despercebida. O primeiro *U-boot* (pronuncia-se *u-bôote*) de que se tomou conhecimento foi o *U-155*, que, no dia 7 de março, afundou o mercante *Arabutan*, ao largo da costa da Carolina do Norte, nos Estados Unidos. Um tripulante morto. No dia seguinte, o navio cargueiro e de passageiros *Cayru* foi afundado pelo *U-94*, também na costa dos Estados Unidos — 53 mortos. No dia 1º de maio, o mercante *Parnahyba*, pelo *U-162*, nas proximidades de Trinidad e Tobago. Sete mortos.

No dia 18, o *Comandante Lira* foi torpedeado e canhoneado, dessa vez pelo submarino italiano *Barbarigo*, na costa do Ceará. Era o primeiro navio brasileiro atacado em águas nacionais. O *Lira* se incendiou, mas não afundou, e foi levado por rebocadores americanos até Fortaleza. Dois mortos. No dia 24, o *Gonçalves Dias* foi a pique, pelo *U-502*, no mar das Caraíbas, com seis mortos. A 7 de junho, o *Alegrete*, pelo *U-156*, entre as ilhas de Santa Lucia e São Vicente, no Caribe, sem mortos. No dia 26, o *Pedrinhas*, pelo *U-203*, na costa de Porto Rico, sem mortos, e, pouco depois, o *Tamandaré*, pelo *U-66*, perto de Trinidad e Tobago, com quatro mortos. No dia 28, o *Barbacena* e o *Piave*, pelo mesmo *U-66*, também em Trinidad e Tobago, com sete mortos entre os dois.

Todos esses navios eram cargueiros velhos e inofensivos, lentos, sem armas a bordo, sem radar e sem escolta. Para não haver dúvida, muitos tinham a bandeira brasileira pintada em cada lado do costado e numa lona sobre a casa de navegação, visível à noite pelas luzes acesas. E era a bandeira de um país neutro.

Nos primeiros afundamentos, o Itamaraty enviou cartas à Embaixada da Alemanha na deliciosa linguagem diplomática internacional: "Senhor Embaixador: Tenho a honra de levar ao conhecimento de Vossa Excelência que o Governo brasileiro está seguramente informado de que o navio nacional xxx [seguiam-se nome do navio, localização, coordenadas e data do torpedeamento] foi alcançado por torpedos lançados por um submarino de bandeira alemã. Não preciso acrescentar aqui, Senhor Embaixador, a impressão penosa causada ao Governo e ao Povo do Brasil pela notícia de tão injusto atentado. Tal procedimento é tão contrário a princípios reconhecidos do Direito das Nações que o Governo brasileiro tem dúvidas de que realmente corresponde à intenção do Governo alemão. Aproveito a oportunidade para renovar a Vossa Excelência os protestos de minha mais alta consideração. Oswaldo Aranha — Ministro das Relações Exteriores do Brasil". Prüfer acusava o recebimento da carta e informava protocolarmente que a remeteria a seus superiores na Wilhelmstrasse, em Berlim. Semanas depois, em resposta ao Itamaraty, informava que o governo alemão estava investigando a "veracidade" da acusação e que em breve daria conhecimento do resultado. Mas, até lá, outros afundamentos já haviam se sucedido. Com o rompimento de relações cessou a correspondência.

O rompimento não é uma declaração de guerra, mas o Eixo não viu a coisa assim. Seus diplomatas no Rio foram removidos pacificamente, mas os do Brasil em Berlim, Roma e Tóquio passaram por experiências desagradáveis, submetidos a atos de força e tratados com grosseria. Na Alemanha, foram confinados por nove meses em Baden-Baden, Aracy e Guimarães Rosa entre eles, enquanto se negociavam os termos da remoção — os alemães queriam a libertação de espiões presos no Brasil. Em Roma, o embaixador ficou limitado ao seu quarto no Hotel Excelsior, com os *carabinieri* à porta. E, em Tóquio, a embaixada teve os telefones cortados e passou sete meses cercada pela polícia.

A Alemanha não reconhecia a neutralidade do Brasil. Para ela, os mercantes brasileiros não apenas transportavam suprimentos e matéria-prima para os Estados Unidos, como o Brasil abrira aos americanos seus aeroportos e bases militares, e isso significava tomar partido. Daí, para ela, nenhum dos ataques ter sido fortuito. Graças aos espiões e quintas-colunas nos portos brasileiros, sua *Kriegsmarine*, Marinha de Guerra, sabia para onde ia cada navio e o que transportava e tinha como missão mandá-lo, e à sua carga, para as profundas. Oswaldo Aranha comunicou a Sumner Welles sua decepção pela incapacidade dos americanos de dar segurança aos navios brasileiros que lhes levavam grãos e minérios — o Brasil arriscava-se a perder sua frota da Marinha Mercante. E os protestos de Aranha ao Reich por intermédio de Portugal, país encarregado de tratar de seus assuntos junto ao governo alemão, não foram respondidos. O Brasil que começasse a contar seus mortos.

E, antes disso, teve que contar com o inesperado. No dia 1º de maio, ao sair do Palácio do Catete, na rua Silveira Martins, para seu tradicional comício do Dia do Trabalho no campo do Vasco, Getulio teve o Cadillac presidencial abalroado por um Packard que avançara o sinal do cruzamento na Praia do Flamengo. O motorista tentou se desviar, e o Cadillac chocou-se de frente contra um poste. Getulio foi atirado contra o banco dianteiro e contra as portas, fraturando o maxilar direito e a mão e o fêmur esquerdos. Instruídos por Lourival Fontes, os alto-falantes de São Januário anunciaram que o presidente sofrera um "pequeno acidente", mas "estava bem" e que a festa do Primeiro de Maio iria prosseguir sem ele.

Não estava tão bem. Getulio passaria os três meses seguintes de cama no Palácio Guanabara, engessado, com a perna para cima e com fios e aparelhos metálicos dentro da boca, para reconstituir o maxilar, que o impediam de falar. Só dona Darcy, Alzira e Dutra podiam vê-lo. O DIP pôs sua máquina em ação para evitar que certos detalhes chegassem às ruas. Segundo a versão oficial, o presidente estava em "franca recuperação" e feliz pelos milhares de telegramas que os trabalhadores, o povo e as crianças lhe mandavam "espontaneamente" — com o DIP contribuindo para essa correspondência.

De maio a agosto, o país ficou quase acéfalo. Sem vice-presidente — ditadores não costumam nomeá-los —, com o Congresso fechado desde 1937 e com um Poder Judiciário mocho e manietado, não havia ninguém para substituir Getulio. Nesse período, o Brasil teve quatorze navios afundados, o primeiro deles no próprio dia do acidente no Flamengo, e um total de 224 mortos. Foi também, dentro de suas fronteiras, um país em disputa por potências em luta: a facção de Goes e Dutra contra a de Oswaldo Aranha. Uma delas, finalmente, sairia vencedora.

* * *

Não era fácil para o brasileiro passar a detestar a Alemanha. Muitos produtos alemães, além da salsicha e da salada de batata, faziam parte do nosso cotidiano: rádios, câmeras fotográficas, pianos, carros, motos, motores, geradores, arame, pregos, pinos, prensas de impressão gráfica, transformadores, tintas. A própria cruz suástica — um símbolo místico de milhares de anos, usado por inúmeras civilizações — era familiar aos motoristas, por batizar um óleo lubrificante, Swastica, vendido no Brasil nos postos da Anglo-American Company, leia-se Shell. (Nome e símbolo foram suprimidos pela Shell quando Hitler se apossou dele.) A própria recuperação econômica da Alemanha depois de sua derrota na Primeira Guerra era admirada por muita gente. E havia a devoção do Rio pelo chope. Os afundamentos dos navios geraram tal ira popular contra tudo que viesse deles que, sem abandonar o chope, os cariocas trocaram os canecos pelas tulipas.

Os ataques dos submarinos provocaram, sem querer, algo muito importante: a volta às ruas da opinião pública brasileira. Grupos agora se formavam, promoviam reuniões, lançavam manifestos e discutiam política nos cafés, restaurantes, esquinas e no que se revelou o grande tambor nacional: a Galeria Cruzeiro. Ficara também difícil segurar os jornais — não se podia reprimi-los como antes porque, afinal, era o Brasil que eles defendiam. Getulio, sonado pelos remédios e à meia-luz de seus aposentos no Guanabara, percebeu essa mudança antes que os germanófilos de seu governo acordassem para ela.

No dia 11 de fevereiro, curvando-se a uma campanha que começara meses antes, Getulio assinara decreto institucionalizando a União Nacional dos Estudantes (UNE) como órgão representativo da categoria e autorizando a realização de eleições para sua diretoria. Com a divisão entre pró-Eixo e pró-Aliados nos altos poderes, a disputa estudantil se tornou política e do interesse desses poderes. O estudante Sebastião Pinheiro Chagas, da Faculdade de Direito de Belo Horizonte e de tradicional família mineira, era o candidato favorito de Dutra, dos colégios católicos e da Casa do Estudante do Brasil, presidida por Ana Amélia Carneiro de Mendonça e detentora de magnânima verba do governo. A campanha de Pinheiro Chagas foi articulada por rapazes da sociedade, que levavam grupos de eleitores a jantar no — para eles — inacessível Cassino da Urca. O outro candidato, o carioca Helio de Almeida, da Faculdade Nacional de Engenharia, era apoiado por Oswaldo Aranha, Alzira Vargas e pelos educadores liberais. Até então, a UNE tinha acesso às instalações da Casa do Estudante, na avenida Rui Barbosa, para ocasionais eventos. Ana Amélia, constatando a onda libertária, baniu-a de seus salões e concentrou a verba federal na candidatura de seu favorito

Não adiantou. A aversão dos estudantes ao governo deu a vitória a Helio de Almeida. A Casa do Estudante foi reduzida a uma instituição assistencialista, encarregada de acolher os estudantes pobres que chegavam ao Rio, e a UNE assumiu a condução política da juventude. Helio de Almeida instalou a sede em salas alugadas na rua Alvaro Alvim, na Cinelândia, e começou um trabalho de panfletagem para chamar os estudantes, os professores e o povo para as ruas. Os panfletos eram impressos no mimeógrafo do Colégio Piedade, de Luiz Gama Filho, no bairro de Piedade, na Zona Norte. Promoveu campanhas para a criação de restaurantes estudantis, doação de sangue e treinamento de moças laboratoristas como enfermeiras para uma eventual convocação. Um de seus programas mais concorridos eram os "sorvetes dançantes", bailes aos sábados à tarde organizados pela estudante Maria Yedda Linhares na sede da entidade. A música, à base dos últimos foxtrotes americanos, saía dos discos numa vitrola RCA presenteada por Nelson Rockefeller em sua vinda ao Rio. Era a quebra da narcose nacional imposta pelo Estado Novo.

Mas a UNE não contava com tanta simpatia no governo. Depois de ter mais de suas vinte petições de passeatas indeferidas por Filinto Müller, convocou um evento à prova de qualquer restrição: uma manifestação de apoio aos Aliados, da praça Mauá à embaixada americana, no Castelo, para 4 de julho, dia da Independência dos Estados Unidos. Entre as palavras de ordem, estavam o protesto contra as agressões nazistas e o pedido de declaração de guerra ao Eixo. Na véspera, consultado por envolver uma representação estrangeira, Oswaldo Aranha autorizara a passeata. Horas depois, Filinto Müller proibiu-a. Mas Vasco Leitão da Cunha, ministro da Justiça providencialmente interino em lugar do adoentado Francisco Campos, sustentou a autorização.

Filinto, furioso, foi a Vasco e lhe mostrou o revólver que trazia no cinto. Vasco, já promissor e corajoso diplomata, pôs a mão no ombro de Filinto e, para estupor deste, disse em voz meiga: "Sr. Filinto, o senhor está preso. Vá para casa e fique lá". Era uma simples prisão domiciliar por dois dias, mas Filinto urrou: "Não aceito essa prisão. Sou um oficial do Exército". Vasco, sempre tranquilo, comunicou-lhe: "Sr. Filinto, o senhor é major. Se quiser, vou chamar o coronel Odylio Denys para prendê-lo". Filinto, transtornado, foi para casa, com a certeza de que sua prisão seria revogada por Getulio. Mas Getulio, ainda de cama, mas atento aos novos ventos, acatou-a. Os estudantes saíram em comemoração pelas ruas, gritando: "Vasco um a zero! Vasco um a zero!", como se festejassem uma vitória do Vasco da Gama.

Dutra, protetor de Filinto, teve de engolir sua prisão, mas exigiu de Getulio a cabeça de Lourival Fontes, a quem não perdoara por ter noticiado os afundamentos, assim como a de Vasco Leitão da Cunha. Getulio também concordou porque, no fundo, tudo aquilo lhe convinha. No dia 17, Filinto e Lourival se "demitiram". Vasco foi afastado do Ministério da Justiça, mas Francisco Campos não voltou — foi nomeado o dúctil Marcondes Filho. E, no dia 25, Goes Monteiro, também subitamente doente, deixou a chefia do Estado-Maior. Os tempos eram outros. De sempre, só a capacidade de Getulio para largar os amigos no mar, manter-se à tona das crises e levar o poder de braçada. Além disso, com a entrada dos Estados Unidos na guerra e o automático alinhamento do Brasil, não havia mais lugar para germanófilos no governo.

Se a maioria do povo sempre fora a favor dos Aliados, a ofensiva de um único submarino contra o Brasil em meados de agosto acabou de convencer Getulio sobre por qual lado optar. Em menos de uma semana, o *U-507* torpedeou e afundou seis navios nacionais entre a costa da Bahia e a de Sergipe. No dia 15, foram ao fundo o *Baependy*, com 270 mortos, e o *Araraquara*, com 131; no dia 16, o *Annibal Benévolo*, com 150; no dia 17, o *Itagiba*, com 36, e o *Arará*, este sem baixas, mas impedido de recolher náufragos dos primeiros afundamentos; e, no dia 19, a tiros de canhão, o pequeno veleiro de carga *Jacira*, também sem baixas. Um total de 587 mortos só naqueles dias, na maioria mulheres, velhos, crianças e doentes —, que nem deviam estar viajando, pelo já evidente risco do trajeto. Quando os torpedos atingiram o navio, os passageiros tinham de correr para os escaleres ou se jogar ao mar. O submarino vinha então à superfície e fotografava os sobreviventes debatendo-se ou atracados aos botes. Os comandantes mais humanos lhes jogavam garrafas de água; outros, em flagrante crime de guerra, acabavam de fuzilá-los. Os náufragos que escapavam ao fogo eram devorados pelos cações. As águas baianas e sergipanas se tornaram um cemitério marinho, com as areias recebendo corpos aos pedaços.

O massacre ainda ia a meio quando, no dia 18, convocadas pela UNE para pedir a guerra, milhares de pessoas se concentraram na Cinelândia para uma marcha sobre o Palácio Guanabara. Ary Barroso, avisado, instalou o equipamento de suas transmissões esportivas na caçamba de um caminhão e irradiou o cortejo para a Rádio Tupi. Ao chegar à praça Paris, o número de manifestantes já dobrara. Das janelas do trajeto na Praia do Flamengo, ouviam-se o Hino Nacional e, a cada interrupção para um discurso, gritos de "Guerra! Guerra! Guerra!". Na rua Paissandu, em frente à embaixada alemã, fez-se o enterro simbólico de Hitler. Indo em frente, a turba tomou os jardins do Guanabara agitando bandeiras verde-amarelas e chamando Getulio. Este, já em condições de se locomover, vestiu-se e surgiu na sacada. Era sua primeira aparição pública desde o acidente. Frio e seguro, disse que "participava daquela exaltação patriótica", que os crimes dos alemães "não ficariam impunes" e que já convocara uma "reunião do ministério".

Nos dias seguintes, outra passeata foi ao Palácio Itamaraty, de cuja sacada Oswaldo Aranha fez um candente discurso. Dois filhos de Aranha, Vavau e Euclydes, ajudaram a organizá-la. Ao deixar o Itamaraty, já ao cair da noite, os participantes acenderam tochas e marcharam rumo à rua da Constituição. Lá, destruíram o luminoso na fachada do jornal *Meio-Dia* e obrigaram seu diretor, o pró-Eixo Joaquim Inojosa, a retirar uma bandeira do Brasil hasteada em seu mastro. Seguindo em frente, a metros dali, na rua Sete de Setembro, a *Gazeta de Notícias*, também a soldo do Eixo, teve sua oficina empastelada.

No dia 21, Aranha enviou circulares às missões diplomáticas nos Estados Unidos, Europa, Ásia e África conclamando ao alerta. E, no dia seguinte, Getulio convocou o ministério, como prometera, para anunciar que o Brasil instituía o estado de beligerância contra a Alemanha e a Itália (o Japão não fora agressor). A beligerância é um pórtico diplomático para a declaração aberta, e esta, no último dia de agosto, foi formalizada. Estávamos em guerra. Uma guerra a princípio defensiva, já que o Brasil mal tinha condições de disparar um tiro, mas para a qual podia contribuir muito — com seu território, rotas estratégicas e riquezas naturais.

Multidões haviam saído em passeata pelo Brasil, gritando e agitando cartazes pedindo a guerra. E, no fim das contas, quem levou o país a ela foi um alemão: o *Korvettenkapitän* Harro Schacht, 33 anos, cidadão de Hamburgo, leitor de Goethe e Hölderlin, agraciado pelo III Reich com a Cruz de Ferro e comandante do *U-507*.

Os americanos não precisavam mais fazer cerimônias quanto ao Brasil. Medidas longamente discutidas foram postas em ação. A Marinha brasileira, quase toda em operação no Nordeste, ficaria sob a supervisão do almirante Jonas Howard Ingram. Não era um acinte à soberania nacional nem fora uma imposição dos Estados Unidos — aproveitando uma distração de seus almirantes, Getulio a aceitara num encontro com Ingram em Poços de Caldas. A ideia era a de armar e adestrar minimamente a força naval brasileira para, em caso de ataque, ela resistir até a chegada do reforço. Qualquer ação inimiga, mesmo que em pequena escala, obrigaria a um deslocamento das forças de auxílio. Daí a necessidade de ancoradouros e bases aéreas, para reagrupamento rápido dos navios, e da presença no país de contingentes americanos para orientar a resistência. Não admira que Ingram fosse chamado de "o lorde do mar".

O Rio, porto-base da esquadra brasileira e sede do Arsenal da Marinha, tornou-se a base da IV Frota dos Estados Unidos. Com isso, ficou possível proteger o litoral e garantir a navegação de cabotagem, já desfalcada dos dezenove mercantes afundados pelos alemães. Criaram-se campos de pouso, projetados por engenheiros americanos, construídos pelo governo brasileiro para uso pelos Estados Unidos e, quando o conflito terminasse, revertidos ao Brasil. O mesmo quanto aos aeroportos, adaptados às pressas para permitir o pouso de voos internacionais — até então limitados aos dos hidroaviões descendo na baía de Guanabara. Pilotos brasileiros foram mandados a treinamento nos quartéis americanos. Na Artilharia, os velhos canhões de 75 milímetros, desmontáveis e transportados em lombo de burro, foram substituídos pelos de 150 milímetros, atrelados a caminhões. E as relações entre os praças e seus superiores também logo melhoraram — seguindo as novas orientações, estes já não os tratavam com a costumeira rispidez. O Exército brasileiro, de formação francesa, uma relíquia da Primeira Guerra, dava lugar aos métodos americanos, mais adequados à Segunda.

Os Estados Unidos não estavam fazendo nenhum favor ao Brasil. A defesa do Atlântico Sul, indispensável para a vitória dos Aliados, dependia da segurança em pontos estratégicos, como o canal do Panamá, o mar do Caribe, o Norte da África, o saliente nordeste brasileiro — Natal — e os 7637 quilômetros de litoral do país. Os alemães, revoltados contra o que consideravam a submissão do Brasil aos Estados Unidos, não se conformavam com a perda do território em que, apenas meses antes, viam grandes possibilidades para o seu *Lebensraum*, o "espaço vital" que ambicionavam e onde teriam "tudo de que precisavam".

Em 24 de agosto, dois dias depois da declaração de guerra, a Rádio Berlim transmitiu para o Brasil, em português, uma comunicação em que, invertendo os fatos, acusou os estropiados mercantes brasileiros de terem participado de ataques aos submarinos, provocando a reação destes "em legítima defesa". "O governo do Brasil tomou o suposto afundamento de navios brasileiros como pretexto para declarar guerra às potências do Eixo", disse o locutor,

e, sob ordens dos Estados Unidos, rompeu suas cordiais relações com a Alemanha. A conta por essa decisão será paga pelo povo brasileiro. Pois o Brasil, com esta guerra, solapa a sua própria liberdade política e econômica. O Brasil, a mando de Washington, coloca-se em oposição à Nova Europa, cujos imensos mercados estariam a seu dispor. O povo brasileiro, a partir de agora, será explorado sem escrúpulos pelo imperialismo norte-americano. Mas, ensinado pela dura experiência, fará um dia seu julgamento sobre aqueles que abriram mão da liberdade de seu país.

E, juntando a palavra à ação, retomaram os torpedeamentos. No dia 28 de setembro, o *U-514* explodiu os navios *Ozorio* e *Lajes* no litoral paraense, com oito mortes. No dia seguinte, 29, pelo *U-516*, o alvo foi o *Antonico*, na costa da Guiana Francesa — dezesseis tripulantes, agarrados aos botes salva-vidas, foram mortos a tiros de metralhadora. No dia 3 de novembro, o *Porto Alegre*, pelo *U-504*, ao largo de Port Elizabeth, na África do Sul, com um morto. No dia 22, o *Apa-Lloyd*, pelo *U-163*, com cinco mortos. Era o 24º navio brasileiro atacado desde março.

Nem podia ser de outra forma. O Rio estava infestado de agentes alemães cuja principal função era informar sobre a partida de navios mercantes para os Estados Unidos ou Grã-Bretanha. Os jornais, como de praxe na época, noticiavam as chegadas e saídas. Mas os agentes sabiam muito mais — tipo de carga, tonelagem, rotas, destino, armamento, se teriam escolta ou não e até o tipo de camuflagem que poderiam empregar. Seus principais informantes eram agentes alfandegários corruptos, mas eles tinham outros, involuntários, como os estivadores para quem pagavam uns tragos no porto ou as prostitutas namoradas dos marinheiros, com quem faziam camaradagem. Alguns espiões alugavam salas nos andares mais altos do edifício da Noite ou dos prédios da rua Visconde de Inhaúma, de onde tinham vista total da baía com seus binóculos e podiam observar o que estava sendo embarcado.

O famoso Bar do Zica, no andar térreo da Noite, reduto de marítimos e contrabandistas, era um ponto onde se falava abertamente sobre o movimento portuário. Falava-se também dos riscos que as viagens tinham passado a representar a ponto de as companhias de navegação encontrarem dificuldade para formar tripulações — que começaram a recusar-se a embarcar se as empresas não pagassem uma taxa de risco, como faziam as americanas. Sem alternativa, as empresas tiveram de pagar.

A espionagem que levava aos naufrágios não se limitava ao pessoal do cais. Num degrau bem mais acima, as mulheres dos diplomatas alemães, quando ainda no Rio, promoviam reuniões sociais tendo como convidadas as mulheres dos comandantes do Lloyd ou da Costeira. Entre uma taça e outra de Liebfraumilch, as esposas eram induzidas a falar das próximas viagens de seus maridos. Essas informações eram repassadas a rádio-operadores na embaixada, que as transmitiam para Hamburgo — e, de lá, chegavam às bases de onde saíam os submarinos.

Com a guerra, esse quisto iria estourar — e o que saiu dele não foi bonito de se ver.

Em 1942, a colônia alemã no Rio tinha cerca de 20 mil indivíduos. Eram relativamente poucos diante das centenas de milhares no Rio Grande do Sul, em Santa Catarina e São Paulo. Mas essas colônias se espalhavam pelo campo e em pequenas cidades do estado, e a maioria de seus membros eram velhos, mulheres e crianças. Os alemães do Rio estavam concentrados numa metrópole, misturados à multidão, adultos, profissionais, ideologicamente formados. Muitos eram verdadeiros imigrantes, dispostos a aprender a língua e a se integrar com os locais — como o casal Hans e Miriam Etz, em cuja casa, em Ipanema, passaram a concentrar-se jovens publicitários, artistas plásticos e até sambistas. Outros não eram tão inofensivos.

Agentes secretos do Reich já operavam no Rio desde 1938, valendo-se da vista grossa do governo brasileiro. Filinto Müller lhes dava proteção. Dutra era abertamente simpático aos alemães — seus parentes e amigos comemoraram com champanhe num restaurante de Copacabana a queda de Paris e, no dia seguinte, Dutra mandou sondar Prüfer sobre a possibilidade de o Brasil comprar o material do Exército francês. A consulta foi feita através de Olavo Egydio de Souza Aranha, representante no Brasil da Schroeder, empresa que intermediava a venda do café e do algodão brasileiros para a Alemanha — a proposta de Dutra não foi aceita, os alemães precisavam do armamento francês. Bejo Vargas, com ou sem conhecimento do irmão Getulio, também mantinha relações comerciais diretas com a embaixada. E nem a declaração de guerra e a suspensão das exportações impediram que o Brasil continuasse a vender trigo e borracha para a Alemanha — por intermédio da "neutra" Argentina, que os revendia à Alemanha. Dizia-se que essa triangulação era articulada por Bejo.

Mas, acima ou por trás de tudo isso, havia o trabalho do *Abwehr*, palavra alemã significando defesa ou contraespionagem. Antes de 1942, poucos no Brasil tinham ouvido falar dele. O *Abwehr* era o braço do Alto-Comando das Forças Armadas do Reich no exterior. Não se confundia com a Gestapo, que era a polícia voltada para a perseguição, captura e interrogatório de opositores do regime. O *Abwehr* era muito mais fino e abrangente. Além de centralizar a busca de informações de interesse da Wehrmacht, dedicava-se a ações como falsificar documentos, fotos e passaportes, plantar agentes dentro das representações diplomáticas, penetrar nos serviços secretos estrangeiros, disseminar informações falsas, executar sabotagens, cifrar e "quebrar" — decifrar — códigos e desenvolver formas de envio de mensagens. Sua sede ficava em Hamburgo, base das operações internacionais alemãs no rio Elba. Seu dirigente máximo era o almirante Wilhelm Canaris, 54 anos, multilíngue (inclusive em português), especialista em estratégia e, corria a lenda, amante da espiã Mata-Hari durante a Primeira Guerra.

Seu homem no Brasil era Albrecht Gustav Engels, cinquenta anos, codinome "Alfredo", engenheiro do setor de energia e eletricidade. Estava no país desde 1923, ganhara cidadania brasileira e tivera longas passagens profissionais por Belo Horizonte, Joinville e Rio. Uma simples viagem a Berlim em 1938, no entanto, fora suficiente para Engels se deixar cooptar pelo *Abwehr* e se tornar "Alfredo". O apelo da nova Alemanha era muito forte para quem a deixara na miséria a que a derrota na Grande Guerra a submetera — e, agora, era a vez da pujança e de ir à forra. Em suas escalas pelo Brasil, "Alfredo" conhecera todo mundo que importava na área política, militar e de negócios, o que lhe permitiu montar a melhor cadeia de informações com que Hamburgo poderia sonhar. E foi o que ele fez. Com o esquema sobre rodas e funcionando, o *Abwehr*, por segurança, transferiu-o para São Paulo.

Alguns dos resultados conseguidos por "Alfredo" eram impressionantes. Em 1941, o almirantado em Hamburgo tinha, em detalhes, o perfil de cada porto importante do Brasil — Pará, Natal, Recife, Bahia, Rio e Santos —, compreendendo importância operacional, extensão e condições de navegação de cada um, sugestões para ataque (fogo direto, minagem ou por submarino) e efeito moral pela tomada deste ou daquele porto junto à população — o do Rio seria o de maior impacto. Há tráfego aéreo sobre esses portos? — queriam saber. Quantos aviões o sobrevoavam por dia em média? A que distância ficava uma base militar? Com esses dados planejou-se uma *Operation Brasilien*, Operação Brasil, o bombardeio do Rio e um maciço ataque naval e aéreo aos outros portos e aeroportos. Uma espécie de Pearl Harbor brasileira, para dar uma eloquente demonstração de poder. Depois de equacionada, a operação foi cancelada temporariamente, por inoportuna, e, por fim, abandonada de vez, por custosa e desnecessária. O *Abwehr* tinha outros trunfos.

O *Abwehr* conhecia o âmago da economia brasileira, graças a seus agentes nas assembleias de acionistas das empresas e nas reuniões das associações comerciais. Os "empresários" alemães que trocavam informações com os brasileiros na Associação de Comércio Teuto-Brasileira eram homens do *Abwehr*. Havia quintas-colunas sentados às mesas de reuniões no Ministério da Fazenda e no da Agricultura. E muitos funcionários da embaixada, expulsos do país no rompimento de relações, apenas simularam embarcar para a Europa. Na verdade, não chegaram a passar nem uma noite no navio. Continuavam aqui, na clandestinidade.

Todas as grandes empresas alemãs no Brasil, como Bayer, Merck, Schering, Siemens e Telefunken, tinham agentes como "funcionários", alguns em altos cargos, de forma a justificar sua presença em certos círculos. A própria Brahma, nacional, mas ainda com interesses alemães, os acolhia. O Rio estava tomado por operadores simples ou duplos, falsos diplomatas, decodificadores, falsificadores, correios clandestinos, químicos, operadores de rádio e, se preciso, matadores. Para o povo, eles eram apenas o vizinho de porta de apartamento ou o morador da casa ao lado. Seus sotaques, ternos brancos amarfanhados e colarinhos ensopados não chamavam a atenção na cidade internacional. O financiamento das operações vinha dos bancos alemães no Rio, como o Deutsche Bank, o Banco Germânico da América do Sul e o Banco Alemão Transatlântico. A sede deste último, na rua da Alfândega, era um marco arquitetônico, de autoria do arquiteto Joseph Gire, o mesmo do Copacabana Palace. Tinha sete andares, hall com dez metros de pé-direito, colunas em estilo helênico revestidas de pedra-sabão e seu cofre fora construído pela Panzer, fabricante de tanques de guerra.

As mensagens reservadas dentro do país podiam ser escritas com tinta secreta, à base de comprimidos do analgésico Pyramidon dissolvidos em álcool, reversível com a aplicação de um revelador à venda em farmácias. Mas as comunicações de fato importantes, como as que traziam as chaves dos códigos, passavam obrigatoriamente por "Alfredo" e usavam a incrível técnica do *mikropunkt* — o microponto —, um método criado no Instituto de Tecnologia de Dresden, pelo qual o texto contido numa folha de papel era reduzido fotograficamente ao tamanho de um selo postal. Essa redução, por sua vez, era fotografada por um microscópio especialmente adaptado, até ficar do tamanho do ponto sobre a letra "i", exatamente como o que você acabou de ver. Esse microponto era transcrito no texto de uma carta comum, de assunto banal, enviada para um endereço neutro. E, de lá, partia para seu verdadeiro destinatário, que, para lê-lo, o ampliava usando o mesmo microscópio. Só os agentes mais categorizados tinham acesso ao microponto.

Mas todo esse esquema, de operadores e agentes incógnitos, dependia de Filinto Müller na chefia de Polícia. Filinto tinha ligação direta com o adido militar alemão no Rio e provavelmente com elementos do *Abwehr* na embaixada. Sem ele, substituído pelo tenente-coronel Alcides Etchegoyen e com a polícia ligada agora aos serviços secretos britânico e americano, os agentes começaram a cair. A prisão de cada um deles e sua confissão (sob tortura, obviamente) levavam a mais prisões. A tortura era o "Cristo Redentor": o preso, de pé, com os braços abertos durante horas e, se abaixados pela dor, alvos de borrachadas. Pouco depois de declarada a guerra, foram apanhados cerca de quinhentos suspeitos. O próprio "Alfredo" caiu, denunciado pelo sérvio Dusko Popov, o "Ivan", homem de confiança do *Abwehr*, mas que, por trás do alfinete de gravata com uma suástica estilizada, era informante para o FBI. Popov era tão competente que, com seus contatos no FBI em Miami, Lisboa e no Rio, era visto pelo *Abwehr* como, ao contrário, um agente alemão infiltrado na polícia americana. Graças a ele, boa parte da operação foi desmantelada e, só então, com a montagem das confissões, o Brasil teve ideia da extensão da penetração nazista.

Uma surpresa foi a descoberta de que as comunicações Rio-Hamburgo e Nova York-Rio pelos radiotransmissores eram mais intensas que as de Hamburgo-Nova York — por causa dos polos magnéticos, as transmissões no sentido norte-sul eram melhores do que no sentido leste-oeste. Com isso, Nova York e Hamburgo mandavam para o Rio as mensagens que queriam trocar entre si e, daqui, eram retransmitidas para ambos. Agentes que dominavam várias línguas eram valorizados, como Edward

Arnold, Erich Immers e Wolfgang Eberhard Neise. A captura deles levou a Hans Curt Werner Meyer-Clason.

Meyer-Clason, 31 anos em 1942, louro, bonitão, elegante — rigoroso em matéria de gravatas e sapatos —, 1,84 metro, exímio dançarino de salão (seu apelido era "Fred Astaire") e sócio do Germania e de clubes de tênis em Porto Alegre, São Paulo e no Rio, talvez fosse o alemão mais sofisticado do Brasil. Apresentava-se como exportador de algodão, estava sempre bem acompanhado por brasileiras e alemãs em seu conversível e parecia senhor de si em qualquer situação. Falava e escrevia em inglês, francês, espanhol e português, e, talvez por isso, lhe tivesse sido confiado um importante segredo: a técnica do microponto. Assim que começaram as delações, Meyer-Clason foi preso em Porto Alegre, trazido para o Rio, condenado a vinte anos e mandado para a Ilha Grande. Ninguém adivinharia que, libertado no pós-guerra e de volta ao seu país, ele ficaria famoso nos anos 1960 como o tradutor para o alemão de Guimarães Rosa: *Sagarana, Corpo de baile, Tutameia*, a novela "Meu tio, o iauaretê" e, principalmente, *Grande sertão: veredas*.

O Brasil estava minado com uma rede de radiotransmissores clandestinos, quase toda no Rio, da qual só se deu conta com os endereços estourados em sequência pela polícia. Alguns ficavam em casas nas ruas Barão de Jaguaripe e Redentor, em Ipanema, e João Lyra e General Artigas, no Leblon, mas aparelhos foram encontrados também em Santa Teresa, em Jacarepaguá e na ilha do Governador. O principal deles, pelo tamanho da antena no telhado, era o do prédio em estilo seminormando na rua Campos de Carvalho (atual General San Martin), 318, no Leblon. Seu aparelho, com alcance de 15 mil quilômetros, era um transreceptor, feito para transmitir e receber. Outra estação foi encontrada no porão da embaixada, no Flamengo. O equipamento para a montagem dos transmissores vinha da Europa como se fossem peças de reposição para a Telefunken, trazido pelas empresas aéreas alemãs em operação no Rio, a Lufthansa e sua subsidiária, o Sindicato Condor. O tráfico desse equipamento dentro do território nacional ficava a cargo da Varig ou da Vasp, com seus mecânicos e pilotos alemães.

Até o rompimento de relações, a sensação de inexpugnabilidade determinava o comportamento das autoridades alemãs no Rio. O embaixador, fosse Karl Ritter ou Curt Prüfer, tinha livre acesso aos palácios oficiais. Ritter sentia-se um mini-Führer, por sua capacidade de intervir no destino de quem chegasse da Europa, como ao ordenar a Filinto Müller que dificultasse a obtenção de documentos por refugiados. Através de seus serviços de informação, Ritter identificava os refratários ao nazismo entre os alemães residentes no Brasil e os ameaçava com retaliações contra seus parentes na Alemanha. Outra medida era afastá-los do círculo social da colônia, barrando sua entrada no Germania, orientando os bancos alemães a lhes negar crédito e infernizar-lhes a vida de modo geral.

Prüfer também era muito atuante. Ligado a Lourival Fontes, conseguiu até que uma notícia particularmente desagradável aos brasileiros ficasse desconhecida aqui, a da princesa Maria Carolina de Saxe-Coburgo, bisneta de d. Pedro II, vítima de "mal súbito" em 1941, aos 42 anos, no castelo de Hartheim, na Áustria. O castelo era uma casa de extermínio reservada aos prisioneiros com problemas mentais, caso de Carolina. Ela fora levada nua à câmara de gás e, antes de ir para o crematório, tivera extraídos seus dentes e obturações de ouro.

Quintas-colunas, principalmente ex-integralistas que prestavam serviços de espionagem para os alemães, estavam sendo identificados em toda parte. Descobriu-se que havia um no serviço de informações reservadas do Itamaraty e outro na embaixada brasileira em Berlim. Os dois, peritos em abrir e fechar envelopes, controlavam a mala diplomática e tinham acesso às cartas antes que fossem lidas pelos funcionários. No próprio Palácio do Ingá, em Niterói, residência do interventor Ernani do Amaral Peixoto, genro de Getulio, foi encontrada uma bandeira com a suástica atrás da cama no quarto do motorista — que transportava nada menos que sua mulher, Alzira, e sua sogra, dona Darcy, respectivamente filha e esposa de Getulio. O homem era casado com uma alemã de Santa Catarina.

Os cassinos, frequentados por empresários alemães e italianos e seus pares brasileiros, eram lugares seguros para fazer contatos, porque todos estavam muito interessados nos quadrinhos em vermelho e preto para perder tempo escutando as conversas dos outros. Os agentes alemães ficavam atentos a quem estava perdendo no jogo ou aparentando desequilíbrio etílico, e os abordavam simpaticamente para extrair informações. A Urca, sob o frêmito das coqueteleiras no grill e das roletas no salão, era o cenário ideal para a captura de segredos. O inimigo parecia onipresente. Andando pelas calçadas da Zona Sul, ouvia-se "Die Fahne hoch" saindo pelas janelas dos apartamentos térreos. A fonte podia ser a eletrola dos moradores ou uma transmissão da Deutsche Welle, emissora oficial alemã, irradiando para o Brasil. Ninguém escutava "Die Fahne hoch" por razões musicais.

Com o corte de relações e sua expulsão do país, Prüffer, antes de tomar o navio, armou uma rede de espionagem com cerca de vinte operadores brasileiros. A liderança coube a seu melhor homem aqui, o catarinense Tulio Regis do Nascimento, capitão do Exército na arma de Artilharia e vindo de uma família de militares. Prüffer já o admirava por ter se infiltrado numa fábrica de aviões nos Estados Unidos. No Brasil, Tulio, como militar, teria passe livre nos quartéis para converter colegas. Seus conhecimentos o tornavam também o herdeiro natural dos códigos e fórmulas de tintas usadas para a troca de mensagens secretas.

O segundo em comando passou a ser o poeta cearense Gerardo Mello Mourão, 25 anos, formado num seminário católico, fluente em latim e recrutado do integralismo. Em 1941, publicara um opúsculo, *Hitler e a Igreja católica*, em que enfatizava as "ótimas relações entre Hitler e o papa Pio XII". Afirmara possível "ser cristão e nazista ao mesmo tempo" e proclamava: "A César o que é de César e a Deus o que é de Deus. Mas, César e Deus estão do mesmo lado, contra o complô maçônico-judaico".

A serviço do então adido naval alemão Hermann Bohny, Mourão fora mais de uma vez a Buenos Aires como pombo-correio de mensagens entre nazistas brasileiros e argentinos. Sob Tulio, ficou responsável pela arregimentação de olheiros encarregados do fluxo de navios ingleses e americanos no porto do Rio. Na companhia de um militar reformado para instruí-lo, Mourão foi observar também a construção das bases aéreas e navais americanas no Nordeste e repassou essas informações a Hamburgo via Tulio. Outra de suas missões era a contratação de sabotadores para incendiar o *Winduck*, navio-orgulho da Marinha alemã, apreendido no porto do Rio e cedido aos americanos. O *Winduck* estava fundeado na ilha das Cobras e o mecanismo para a explosão chegara até a ser fabricado, mas o plano, por impraticável, foi abandonado às vésperas da execução.

O dinheiro para custear essas operações vinha da própria Alemanha, através de algum país neutro europeu e provavelmente em libras. Nisso incluíam-se os salários de Tulio e Mourão. Não que eles fossem mercenários, mas espionar custava dinheiro. Tulio e Mourão tiveram suas despesas consideravelmente reduzidas a partir de 1943, quando foram presos, julgados e condenados a trinta anos pelo Tribunal de Segurança Nacional.

Em março e abril de 1942, logo após os primeiros afundamentos de navios, o governo expedira portarias obrigando os súditos alemães, italianos e japoneses no Brasil, pessoas físicas e jurídicas, a "indenizar os prejuízos causados pelas agressões de seus países". Declarada a guerra, as portarias foram postas em ação. Alemães, italianos ou japoneses eram todos os inscritos no Registro de Estrangeiros e que tivessem entrado no Brasil com passaporte atribuindo-lhes tais nacionalidades. Não se aplicava aos que, mesmo nascidos naqueles países, possuíssem a nacionalidade brasileira e aos filhos de brasileiros em serviço no exterior. Os alemães naturalizados que estivessem fora do país ficavam proibidos de voltar. Os que estivessem fora havia cinco anos perdiam a nacionalidade brasileira.

Ficava proibida aos alemães, italianos e japoneses qualquer espécie de reunião, social, profissional ou mesmo particular, como festas de casamento ou de aniversário e até frequentar bailes de Carnaval. Não podiam filiar-se a sindicatos ou associações de classe nem frequentar suas sedes. Estavam proibidos de deixar o país e obrigados a declarar deslocamentos internos e mudanças de endereço. Não podiam possuir barcos, automóveis, aviões e motocicletas nem manter em casa máquinas fotográficas, binóculos, laboratório químico e aparelhos de rádio, e muito menos transmitir por radioamador. Não podiam comprar gasolina, e os postos que desobedecessem a essa norma estavam sujeitos à suspensão de seu fornecimento. Sua correspondência ficava sujeita à censura e estavam proibidos de escrever cartas em sua língua, só em inglês. Ficavam também proibidos de falar sua língua em público, cantar hinos, comemorar datas cívicas de seus países ou exibir cartazes com fotos de seus governantes. Clubes, escolas e sociedades cuja diretoria não fosse formada por dois terços de brasileiros eram ilegais. E, desnecessário dizer, a descoberta de armas, munição, pólvora ou qualquer explosivo em suas casas justificava prisão em flagrante.

As medidas econômicas eram duríssimas. Os alemães, italianos e japoneses no país eram obrigados a declarar todos os seus bens e a se submeter a tributos que variavam segundo as características dos valores, depósitos bancários e aplicações patrimoniais, como apólices, juros e hipotecas. Trinta por cento de seus ativos acima de dois contos de réis, cerca de cem dólares, eram confiscados. Isso incluía o sequestro de depósitos, seguros, imóveis, terrenos, bancos, fábricas e lojas. O dinheiro recolhido era depositado no Banco do Brasil ou em instituições do governo. Todos os bancos e companhias de seguros alemães foram estatizados e ganharam novos nomes. Empresas poderosas, como os laboratórios Schering, Bayer e Merck, foram desapropriadas, sem compensações. Indústrias alemãs de qualquer tamanho foram fechadas — uma fábrica de fósforos podia ser um paiol de explosivos.

O setor aéreo, dos mais importantes do esquema nazifascista, foi profundamente atingido. O Sindicato Condor, radicado no Brasil desde 1926 — quando inaugurou a aviação comercial brasileira com o anfíbio *Wal* —, e a Lufthansa tiveram de entregar seus aviões. A Condor tornou-se a Cruzeiro do Sul; a Varig passou do alemão Meyer para um de seus funcionários, o gaúcho (neto de alemães) Rubem Berta. Mas as principais linhas aéreas no país, nacionais e internacionais, foram herdadas pela PanAmerican, através de sua subsidiária brasileira, a Panair — não fazia sentido os Estados Unidos procederem a uma ampliação e modernização dos aeroportos nacionais em benefício de potências que lhes eram hostis. Além disso, descobriu-se que a Condor fazia espionagem aérea na costa atlântica, sobrevoando os cargueiros rumo à Europa e informando sobre suas rotas. Os bombardeiros, caças e helicópteros alemães recém-comprados pelo Brasil, como os Dornier, Junkers e Focke-Wulf, e ainda não de todo pagos, foram incorporados à frota nacional. O mesmo no mar: dezesseis navios do Eixo, estacionados em portos brasileiros, foram apreendidos pela Marinha e rebatizados com nomes indígenas.

Tudo isso foi uma avalanche de patriotismo, mas, em nome deste, cometeram-se equívocos e injustiças. Mal declarada a guerra, uma das primeiras capas da revista *O Cruzeiro* foi a de uma bonita jovem fardada e fazendo o V da vitória diante da bandeira brasileira. A foto, produzida no estúdio do fotógrafo Avila, foi ideia do cineasta português radicado no Brasil Fernando de Barros, e a modelo era uma estudante carioca chamada Zelma. Quando a revista foi para as ruas, paranoicos descobriram que, com a capa na horizontal, a letra M do "Ordem e progresso", em maiúscula na bandeira, tornava-se o sigma, símbolo da extinta Ação Integralista. Para eles, aquilo era uma mensagem nazista camuflada e, antes que os já suspeitos Diários Associados se explicassem, exemplares foram tomados das bancas e incendiados.

Ia-se à Light com os endereços de cidadãos alemães suspeitos apenas por serem alemães, para sugerir que tivessem a luz cortada e com isso não pudessem montar transmissores. Se a Light se recusasse, ameaçavam agir por conta própria e cortar com alicate os fios dos postes. Alemães residentes em imóveis alugados eram denunciados à polícia por seus próprios senhorios: "É nazista fanático. Fala com sotaque. Não cumprimenta ninguém no prédio. Seu filho estuda na Deutsche Schule e pertence à Juventude Hitlerista". Um alemão que morava numa vila na rua Montene-gro, em Ipanema, teve sua casa bombardeada com ovos. Alemães despeja-dos não conseguiam alugar um novo imóvel e tinham de ir para os hotéis que os aceitassem ou para a propriedade de outro alemão. Descendentes de alemães enraizados aqui havia décadas, mas chamados Hans, Fritz ou Wolfgang, pediam aos amigos que os chamassem por outros nomes, para não serem hostilizados.

Mas o Brasil era um país de imigrantes. Sabendo disso, as secretarias de Segurança estaduais emitiram editais exortando o povo a

em nenhuma hipótese adotar atitude agressiva para [com] os súditos do Eixo residentes no país, suas pessoas, seus bens, sua honra. Práticas de destruição e violência cometidas contra indivíduos desafinados [sic] são proibidas pelo Direito Internacional e indignas do bom nome de nossa pátria, além de reper-cutirem prejudicialmente na economia nacional.

Não adiantou — muitos teuto-brasileiros, que haviam adotado o Bra-sil para fugir da fome na Alemanha nos anos 1920, foram demitidos de seus empregos, estigmatizados em seus bairros e ofendidos por tran-seuntes.

Patrulhas saíam às ruas para quebrar estabelecimentos alemães na Zo-na Sul e no centro, principalmente bares e restaurantes. Uma delas era for-mada por João Saldanha e seu irmão Aristides, esportistas ligados ao Bota-fogo, o grã-fino José Nader, os jornalistas Paulo Silveira e Moacir Werneck de Castro, o funcionário público José Gomes Talarico e os jovens Sandro Moreyra, Sergio Porto, Carlinhos Niemeyer, Gastão Rosa e Gustavo Car-valho. Seus alvos foram os bares Rhenania, Berlim e Zeppelin, todos em Ipanema. Exceto Niemeyer, que, dois anos depois, se alistaria como piloto na FAB (Força Aérea Brasileira), nenhum deles jamais seria visto fardado — seu esforço de guerra consistiu em atirar açucareiros contra espelhos, virar mesas e varrer com cadeiras as garrafas nas prateleiras. O próprio Carlinhos Niemeyer nunca correria risco. Sua única proeza na guerra se daria em 1945, durante um estágio como aviador em Los Angeles, quando passaria um mês nos braços de Carmen Miranda.

Foram ataques injustos. O Rhenania nada tinha de nazista — ao con-trário, seu proprietário, o hoteleiro vienense Victor Fleischer, fugira da Áustria em 1938 quando esta foi anexada pela Alemanha. Viera para o Rio e abrira o Rhenania, na praça General Osório, com pratos típicos da Baviera. Em lágrimas, Fleischer viu seu restaurante ser depredado e cada copo e prato destruídos. Mas não desistiu. Acreditou no Rio, perdoou os agressores e reabriu o estabelecimento com um nome que marcaria época pelas quatro décadas seguintes: Jangadeiro. E o Bar Berlim, admirado por sua arquitetura art déco e pelos velhinhos do quarteto de cordas que tocavam valsas vienenses no mezzanino, levou dois anos para ser reconstruído e renasceu com o nome de Shangri-lá — logo depois, alterado para Bar Lagoa.

Já o Zeppelin, sim, talvez justificasse o ataque terrorista. Seu proprietário, o austríaco Oskar Geidel, chegara ao Brasil em 1933 com um circo italiano, o Sarrasani, do qual era trapezista. O circo foi embora e ele ficou. Foi garçom no clube Caiçaras e, em 1937, depois de anos amealhando gorjetas, abriu seu bar, o Zeppelin, na rua Visconde de Pirajá. Era um botequim tematicamente nazista. O nome era uma homenagem ao garboso dirigível do Reich. As paredes exibiam fotos de Hitler e as tampas dos empadões eram decoradas com camarões dispostos em forma de suástica. Tamanha adesão ao nazismo podia ser meramente patriótica, porque, afinal, Oskar jamais passara um dia na Alemanha sob Hitler. Mas seus clientes eram todos adeptos da causa. Iam de ex-integralistas e oficiais do Exército brasileiro a agentes alemães no Rio e ao *Gauleiter* Filinto Müller.

Saldanha e companhia puseram o bar abaixo e quase obrigaram Oskar a fechar as portas. Mas Oskar era de circo e não se abateu. Reformou-o, pintou as paredes de verde — para lembrar a bandeira nacional — e transferiu os camarões da tampa para o recheio do empadão. Corajosamente, conservou a placa na fachada com o nome do dirigível. Considerando-o desnazificado e fazendo justiça ao seu magnífico chope, o pessoal do cinema, teatro, jornal e literatura do Rio perdoou o Zeppelin e o adotou como um de seus pontos favoritos. Só depois, muito depois, se descobriria que Oskar nunca abdicara da admiração por Hitler — seu apartamento, em cima do Zeppelin, aonde ninguém subia, era quase um santuário nazista.

E houve o caso do Bar Adolf, na rua da Carioca, que esteve a ponto de ser arrasado por se chamar Adolf. Mas esse Adolf não era uma louvação a Hitler. Era apenas o nome do imigrante alemão Adolf Rumjaneck, que, no longínquo ano de 1887 — quando Hitler nem sequer tinha nascido —, viera para o Rio e fundara o restaurante. Chamou-o de Zum Alten Jacob — Ao Velho Jacob, em português. Com sua morte, em 1915, o novo proprietário, Ludwig Voit, reformou o estabelecimento e o renomeou como Bar Adolf, em homenagem ao antigo proprietário. Quando a turba chegou para vandalizá-lo, Ary Barroso, já autor de "Aquarela do Brasil" e por acaso almoçando ali, arrancou o guardanapo do pescoço, subiu a uma cadeira e, com sua marcante voz de palmípede, defendeu Ludwig Voit. Era "seu amigo e tão brasileiro quanto... quanto... " — e buscou na memória algo bem brasileiro para fazer a comparação. Depois de breve pausa, encontrou: "Tão brasileiro quanto 'Aquarela do Brasil'!". Graças a Ary, a destruição cessou ali. Mas Ludwig achou mais prudente mudar o nome do restaurante e escolheu Bar Luiz — versão de seu nome em português.

Em agosto, já com uma atitude mais pacífica, uma comitiva de estudantes encabeçada por Helio de Almeida encaminhou ao Ministério da Educação uma solicitação de posse do prédio e do terreno já desapropriados do Germania, que iam da Praia do Flamengo à rua do Catete. Requeriam sua entrega à UNE, que não tinha sede própria. A solicitação foi aceita, mas só depois das dificuldades interpostas pelo ministro Capanema, como a exigência de certificados e documentos imobiliários, recibos de pagamento de impostos, levantamento dos bens existentes no prédio e remoção deles para locais indicados por seus proprietários alemães. Em 14 de setembro, o prédio, já despojado de seus móveis, quadros, bronzes e cristais, foi finalmente entregue aos estudantes. Ali se instalaram, além da UNE, o DCE (Diretório Central dos Estudantes da Universidade do Brasil), a CBDU (Confederação Brasileira de Desporto Universitário), a Ubes (União Brasileira dos Estudantes Secundários) e o Quartel-General dos Estudantes contra a Quinta-Coluna no Brasil.

A contrapropaganda da quinta-coluna era um pesadelo, e mais ainda porque, ao contrário dos alemães e italianos natos, seus agentes não podiam ser identificados pelo sotaque. Muitos eram brasileiros de origem alemã ou italiana e, como se provou, nem assim tão brasileiros. E havia também os ex-integralistas — na verdade, nunca ex, apenas camuflados. Sua principal tática era a da guerra psicológica, a tentativa de minar o moral da população, propagar notícias falsas e alarmantes, provocar confusão e insegurança. Uma de suas pregações mais bem-sucedidas foi a de que o Brasil devia ter permanecido neutro na guerra, que Oswaldo Aranha vendera o país aos Estados Unidos e o povo iria se sacrificar para defender os interesses dos americanos.

Em contraponto a isso, surgiu no centro da cidade a imprensa mural, escrita por jornalistas anônimos — os principais, Joel Silveira e Edmar Morel — e impressa em gráficas de amigos. Suas folhas eram coladas de madrugada em postes, árvores, muros e paredes de lugares de grande movimento, como a Galeria Cruzeiro, o Tabuleiro da Baiana, no largo da Carioca, e a esquina da rua Primeiro de Março com a do Ouvidor. Continham caricaturas de Hitler e Mussolini, convocações a manifestações, charges, versos satíricos e desmentidos das notícias falsas. Alguns advertiam: "Fique atento! Quem arrancar este papel é quinta-coluna. Pau nele!". Panfletos antifascistas eram distribuídos na avenida Rio Branco, na Cinelândia, nos bondes e no estádio de São Januário em dia de jogo. Camelôs vendiam cartazes com o "V da vitória" lançado por Churchill. Bandeirinhas do Brasil eram distribuídas de graça.

Mas, como toda propaganda secreta, sempre havia quem acreditasse nos boatos da quinta-coluna. Como o de que muitos brasileiros a favor do Eixo estavam batizando seus filhos de "Roberto" — acrônimo de Roma, Berlim e Tóquio.

15

Ex-irmãos

Até então, poucas histórias de amor entre dois povos superariam a de brasileiros e italianos. Os *oriundi*, os milhões de ítalo-brasileiros no país, com os netos dos primeiros emigrados já ninando os próprios netos, despedindo-se com tchaus e comendo macarrão com farinha, eram a prova dessa paixão. Mas, agora, a Itália, nada amorosa, era a de Benito Mussolini, nome, por sinal, inspirado no do guerrilheiro mexicano Benito Juárez. Seus diplomatas no Rio não se contentavam com a simpatia com que a imprensa brasileira tratava tudo que fosse italiano. Queriam exigir dela uma declarada adesão ao fascismo, tendo em vista converter os *oriundi*.

Seus arrogantes embaixadores Vincenzo Lojacana, íntimo de Getulio e dos integralistas, e, a partir de 1939, Ugo Sola sentiam-se à vontade para plantar as notícias que quisessem e vetar as que lhes soassem negativas. Tinham no bolso os venais Diários Associados, de Assis Chateaubriand, com seu conglomerado de rádios, jornais e revistas. A chegada do DIP, em 1939, ampliou espontaneamente essa rede, com a tentacular Agência Nacional, dirigida por José Carvalho da Silva.

Nem tudo era tão espontâneo. A prodigalidade do Vaticano em conceder títulos de conde a empresários brasileiros sempre envolvia, por coincidência, a generosidade desses empresários para com Mussolini. Brasileiros de todas as extrações estavam indo à Itália a convite do chanceler Galeazzo Ciano, velho amigo do Brasil (vivera aqui em fins dos anos 1920) e ciente de como nos fazer agrados. A frenética troca de medalhas, comendas e condecorações entre os dignitários dos dois países podia ser atribuída tanto à exuberância latina quanto a interesses não tão nobres. E havia os brasileiros abertamente colaboradores do regime, como Antonio Larragoiti, presidente da Sul-América de Seguros, muito ligado a Ciano.

Mas, em dezembro de 1941, a Itália declarou guerra aos Estados Unidos e, na Conferência dos Chanceleres, um mês depois, em nome da solidariedade pan-americana, o Brasil rompeu relações com a pátria-irmã. Como resposta, em junho de 1942 um submarino italiano afundou um navio brasileiro e já se suspeitava que, em fevereiro, outro tivesse feito o mesmo — suspeita que nunca se confirmou, mas o fato é que, entre homens, mulheres e crianças, 56 brasileiros naqueles navios nunca voltaram para casa. Somando isso aos afundamentos pelos alemães, o Brasil declarou guerra aos dois países.

Em agosto, no comunicado que foi obrigado a fazer aos oficiais e praças do Exército, o ministro Dutra, contrário à entrada do país no conflito, declarou: "Nenhum filho do Brasil faltará ao seu dever, nesta hora sombria que exige a união de todos na defesa das nossas tradições e dos nossos direitos". Significava que os "filhos do Brasil" que fossem também filhos de italianos ficavam incólumes. As Indústrias Matarazzo, por exemplo, já estavam em nome do herdeiro Chiquinho Matarazzo, filho brasileiro do fundador Francesco, morto em 1937 e que nunca se naturalizara. Já os ainda cidadãos italianos aqui residentes tiveram os bens confiscados e sofreram os mesmos arrochos financeiros, comerciais, linguísticos, sociais e pessoais impostos aos alemães.

A principal atingida foi a italiana mais ilustre do Brasil: a cantora lírica Gabriella Besanzoni Lage. Era considerada a maior contralto do mundo, e a ópera brasileira lhe devia récitas imortais no Municipal. Besanzoni, como os críticos a chamavam, ficara viúva do empresário Henrique Lage, cuja fortuna era incalculável: a mais extensa rede de navegação marítima do país (os famosos *itas* que vinham do Norte), fábricas de navios e de aviões, frotas de cargueiros, docas, usinas de energia elétrica, metalúrgicas, siderúrgicas, minas de ouro, ilhas, imóveis, seguradoras, bancos e empresas de extração de carvão, sal e óleos minerais. Sem falar no Parque Lage, no Jardim Botânico, o jardim-palácio que ele construíra para Gabriella, como presente de casamento, em 1925. Durante anos, eles formaram o casal mais internacional do Brasil. Mas Lage morrera em 1941, legando a Gabriella grande parte do império. Um ano depois, com a declaração de guerra, constatou-se que uma cidadã de um país em guerra contra o Brasil não podia controlar empresas de tão importante valor — e Besanzoni, embora residente no Rio havia vinte anos, também nunca se naturalizara.

Não só isso. Por mais que adaptada ao Brasil e com uma enorme agenda de amigos cariocas, não escondia sua amizade com Mussolini. Tinha em casa, sobre os móveis, fotos com o *Duce* e com os principais homens do governo. E, assim como outros empresários brasileiros de origem italiana, Gabriella fazia contribuições em dinheiro para o regime. Para piorar, o espólio de Henrique Lage era uma barafunda: Gabriella não era a única testamenteira e os demais herdeiros, sobrinhos de Lage, brigavam com ela e entre si. E a holding tinha grandes dívidas para com o Banco do Brasil — dívidas que, graças à amizade com Getulio, Henrique Lage acreditava que iriam se vaporizar.

Lage era generoso. Pouco antes de morrer, doara à Marinha de Guerra do Brasil aviões de treinamento, corvetas e caça-submarinos que construíra expressamente para a eventualidade de uma guerra. Nas cerimônias de lançamento em seus estaleiros, cada nave era dedicada "Ao presidente Getulio Vargas, restaurador da grandeza nacional". Não adiantou. Morto Lage, Getulio, "em nome da defesa nacional", executou sua dívida para com a União e incorporou a esta as Organizações Lage. (A ideia fora de Bejo Vargas. E, sendo Bejo quem era, suspeitou-se de que lucrara com isso.) A Gabriella só restou o Parque Lage, que não fazia parte do espólio e que ela, tão generosa quanto o marido, transformou numa escola de canto para jovens talentos brasileiros.

As admiradas Casas d'Italia, com suas mais de vinte unidades no país, foram fechadas. Durante anos, acreditou-se que sua função era "promover a integração cultural ítalo-brasileira". Descobriu-se que, ao contrário, seu objetivo era impedir a desnacionalização dos imigrantes italianos. Todos os concertos, cursos, conferências, exposições e modalidades de esporte e recreação que promoviam tinham caráter de propaganda do regime. A própria vinda ao Rio em 1936 de Guglielmo Marconi, inventor do rádio e declaradamente fascista, tinha esse propósito — seduzir os cientistas brasileiros para a causa. Todas as suas unidades no país sofreram algum tipo de intervenção, mas a melhor coube à sua unidade mais importante: a do Rio. O Ministério da Justiça ocupou o prédio e cedeu os dois primeiros andares para a Faculdade Nacional de Filosofia (FNFi), que, pelos 25 anos seguintes, seria uma das instituições culturais mais respeitadas do país. Ironicamente, o primeiro catedrático de História do Brasil da FNFi trazia, cinco anos antes, o sigma na manga: Helio Vianna.

Os bens do Estado italiano no Brasil foram confiscados; os bancos e seguradoras, incorporados ao sistema bancário brasileiro; e sete navios italianos ancorados no porto, absorvidos pela Marinha. A Fiat e a Pirelli, que comercializavam aqui seus carros e pneus, tiveram de encerrar as operações e deixar seus estoques para trás. Jornais e revistas da colônia, impressos em italiano, foram fechados; e até o Edifício Martinelli, em São Paulo, tomado aos seus proprietários italianos. Clubes de futebol de origem italiana chamados Società Sportiva Palestra Italia tiveram de mudar de nome. O de São Paulo manteve a Sociedade Esportiva, mas tornou-se o Palmeiras; o de Belo Horizonte, depois de uma tentativa como Palestra Mineiro, considerada insuficiente, tornou-se o Cruzeiro Esporte Clube.

Em Roma, sob a alegação de que havia diplomatas italianos presos no Rio falsamente acusados de espionagem, a percepção sobre o Brasil mudou. O país, até então visto como o segundo lar dos italianos e merecedor de constantes rapapés na imprensa romana, passou a ser tratado na imprensa como "terra de macacos e cobras venenosas, raça de mestiços, analfabetos e ladrões", para tristeza de seu ex-embaixador no Vaticano, Carlos Magalhães de Azeredo, que continuara morando lá.

O empresário italiano Walter Mocchi, marido da cantora brasileira Bidú Sayão e responsável pela programação de ópera do Theatro Municipal do Rio, foi afastado. Revelou-se que suas idas regulares a Roma eram para avistar-se com Mussolini e tentar dar um caráter de propaganda à vinda de artistas italianos ao Brasil (o casamento terminou, mas Bidú só se divorciaria dele em 1946). E o próprio alfaiate particular de Getulio, o italiano José — Giuseppe — de Cicco, chegado ao Rio em 1930 e com ateliê na avenida Nossa Senhora de Copacabana, passou a ser visto com suspeita por gente do Catete. Mas Getulio, admirador do corte de seus jaquetões, garantiu por ele.

Um caso triste foi o dos jornaleiros do Rio, italianos natos ou de primeira geração. Com suas mais de cem bancas somente no centro da cidade, eles dominavam o mercado de venda de jornais e revistas. Ao primeiro navio afundado por um submarino italiano, falou-se em estatizar as bancas e passar o seu controle para a Casa do Pequeno Jornaleiro, instituição de dona Darcy Vargas. Declarada a guerra, a coisa saiu de controle. Grupos de manifestantes investiram contra as bancas, neutralizaram os jornaleiros com violência e atiraram seus estoques na rua. Muitas bancas foram desmontadas, arrastadas para o largo da Carioca e incendiadas.

O clima de guerra contra eles durou dias. A polícia não se empenhou em protegê-los, a prefeitura também não se mexeu e a ABI não podia fazer nada. Finalmente, o Sindicato dos Jornaleiros, em artigos nos jornais, convenceu os baderneiros de que os donos das bancas não eram responsáveis pelo que acontecia na Europa. Tinham vindo crianças para o Brasil ou até mesmo nascido aqui, eram casados com brasileiras, pais de brasileiros e, embora *oriundi*, sentiam-se tão brasileiros quanto os que agora os agrediam. Estes se acalmaram e os donos das bancas puderam reconstruir seu negócio e trabalhar em paz.

Os italianos antifascistas residentes no Brasil também se organizaram para não serem confundidos com quintas-colunas. Fundaram uma associação, os Italianos Livres, com representação em várias capitais, e seu líder, Paschoal Petraceone, escreveu um "Manifesto dos italianos livres", que Samuel Wainer publicou em *Diretrizes*. A luta dos italianos do Brasil para que não se confundisse a Itália com o fascismo foi bem-sucedida, ajudada pela identidade latina, católica, linguística e até gastronômica entre os dois povos. Os alemães não tinham essa facilidade.

Mas surpresas desagradáveis aconteciam. O radialista italiano Felicio Mastrangelo, radicado no Rio havia mais de vinte anos, um dos responsáveis pela ascensão da Rádio Mayrink Veiga e cheio de amigos no meio musical, decepcionou todo mundo ao voltar para a Europa em 1940 e se dedicar a transmissões de Milão para o Brasil incitando os ouvintes a apoiar o fascismo. Como falava perfeito português e sabia-se que sua mãe continuava morando na rua Correa Dutra, no Catete, ninguém queria acreditar que ele fosse um quinta-coluna. Mas a sequência e virulência das transmissões não deixavam dúvida. Mastrangelo não foi perdoado e nunca pôde voltar para o Brasil.

Em contrapartida, os moradores do Engenho Novo, na Zona Norte do Rio, não viam nada de errado num senhor aparentemente americano, morador numa casinha na rua Barão do Bom Retiro. Chamava-se Charles Ponzi — Carlo de origem, porque era italiano. Tinha sessenta anos e os serviços brasileiros de informação não o relacionavam ao homem que, em 1920, armara nos Estados Unidos um dos maiores golpes financeiros da história: o "Esquema Ponzi", precursor do que depois se conheceria como "pirâmide". No Rio desde 1939, Ponzi circulou livremente por aqui, antes, durante e depois da guerra, sem que se atentasse para sua identidade.

O crime de Ponzi nos Estados Unidos fora drenar para suas contas em Boston a então fábula de 5 milhões de dólares de ingênuos americanos que acreditaram nele e venderam tudo que tinham, na expectativa de lucros de até 100% nas aplicações que ele recomendava. Uma série de reportagens no *Boston Post* o denunciou. Ponzi foi preso pelo FBI, condenado e tomaram-lhe as mansões, os carros e os aviões. Mas, como devolveu parte do dinheiro, saiu livre e ainda com algum troco. Continuou nos Estados Unidos e, nos anos seguintes, confiante na vocação das pessoas para se deixarem tapear, armou outros esquemas de fraude, todos bem-sucedidos até serem abortados pelas autoridades. Em 1932, os americanos se cansaram de prendê-lo e o deportaram para a Itália.

Em seu país, Ponzi prestou serviços de consultoria a Mussolini, de cujo piloto particular era primo. Em 1939, o *Duce* o mandou para o Rio, a fim de comandar a gerência comercial da estatal italiana de aviação Ala Littoria — mais dedicada, a partir de 1941, ao transporte de agentes entre o Rio e Roma. Com o rompimento das relações, em 1942, a Littoria foi fechada pelo governo brasileiro. Seus técnicos e pilotos voltaram para a Europa, mas Ponzi, convencido de que a Itália perderia a guerra, preferiu ficar. Como poucos o conheciam, continuou no Rio e, entre outras empreitadas, tentou implantar aqui uma importação de batom, item em falta no país. Fracassou e só lhe restou dar aulas de inglês a colegiais para sobreviver. Doente e endividado, Ponzi decairia até morrer, em 1949, aos 66 anos, como indigente, no Pronto-Socorro.

A principal operação fascista no Brasil cabia à Lati — Linee Aeree Transcontinentali Italiane —, a enorme companhia aérea italiana, com o maior número de linhas internacionais no país. Seu voo inaugural, em 1939, fora justamente a rota Roma-Rio, com 23 horas de duração. Mas, no Brasil, era raro a Lati transportar passageiros — seu ramo era a espionagem. Era a Lati que transportava a mala diplomática brasileira para a Europa e, incrivelmente, violava-a e fotocopiava os documentos antes de entregá-los às representações em cada país. Um brasileiro, diretor-técnico da Lati no Rio, parece nunca ter suspeitado disso: o oficial da Aeronáutica Rui da Costa Gama, casado com Jandira, filha mais velha de Getulio, donde genro do ditador.

Pelos aviões da empresa, saía também grande quantidade de matéria-prima para Mussolini, como diamantes industriais e platina, e voavam com tal excesso de peso que uma aeronave caiu no mar. Por eles, também entravam e saíam microfilmes camuflados em forros de chapéus e potes de creme de barbear. Sua carga mais valiosa, no entanto, foram os fundos italianos depositados nos bancos de Nova York, sacados antes que a Itália declarasse guerra aos Estados Unidos e trazidos em espécie para seus bancos no Rio — fardos e fardos de notas de cem dólares.

Tal procedimento era grosseiro demais para não ser percebido pelo Serviço Secreto britânico, e este alertou Getulio. Mas o Brasil ainda não estava em guerra contra a Itália, e Getulio sabia que seu filho mais velho, médico e aviador, Luthero, também era amigo dos dirigentes da Lati. Diante disso, o Intelligence Service resolveu agir, através de sua seção no

47º andar do Rockefeller Center, em Nova York, dirigida por William Stephenson, homem de confiança de Churchill. Stephenson, codinome "Intrepid", estava para a Inteligência britânica como o *Abwehr* para os alemães — com os mesmos poderes e talvez ainda mais competência. Para ela, criou a Estação M, um laboratório sediado em Ontário, no Canadá, responsável por um sistema de falsificação de documentos, cartas e assinaturas à prova de detecção por qualquer exame químico.

Em 1941, em conluio com os agentes britânicos no Brasil, Stephenson teve a ideia de falsificar uma carta assinada por um dirigente da Lati na Itália, "endereçada" a um executivo da empresa no Rio e tão ofensiva ao povo brasileiro e a Getulio que este, revoltado, não teria opção a não ser cancelar a licença da voadora. A carta, pela gravidade do conteúdo, seria examinada pelos serviços de Inteligência para conferir sua autenticidade e teria de sobreviver aos testes mais rigorosos. E, para isso, deveria chegar a Getulio por alguém à prova de suspeita: o embaixador dos Estados Unidos — sem que este soubesse. Pela complexidade e competência com que foi executada, esta seria uma das ações mais admiradas pela comunidade de contraespionagem durante a guerra.

O plano começou por roubar em Roma uma carta da Lati assinada por um alto dirigente da empresa. Pois conseguiu-se uma, em papel timbrado, datilografada e assinada pelo seu próprio presidente, Aurelio Liotta. Enviada para Ontário, os técnicos da Estação M aprenderam a falsificar o timbre da empresa e a assinatura do dirigente e estudaram a composição do papel de modo a fabricar folhas com a mesma tonalidade, textura e gramatura. E, em uma máquina de escrever adaptada para reproduzir em detalhes os menores desgastes da que datilografara o documento original, forjou-se uma carta de Liotta "para o diretor da Lati no Rio, Vicenzo Coppola".

A carta foi microfilmada e o microfilme, enviado ao Serviço Secreto britânico no Rio para a segunda parte da operação. Um agente brasileiro, fazendo-se de ladrão, entrou pela janela na casa de Coppola em Laranjeiras e "roubou" alguns artigos de menor importância. Coppola percebeu o roubo e, como se esperava, deu queixa à polícia. A notícia saiu nos jornais cariocas e ficou público que um dirigente da Lati tivera sua casa assaltada. O agente entrou em contato com um repórter americano da United Press. Apresentou-se como o "ladrão" e propôs vender-lhe um objeto que levara de lá e que não lhe tinha serventia: um microfilme. O repórter comprou-o e, também como se esperava, achou melhor mostrá-lo ao embaixador americano Jefferson Caffery. Este o revelou, leu a carta, mandou testá-lo de todo jeito e, pela violência do texto, decidiu que devia entregá--la a Getulio.

Pode-se imaginar a indignação do ditador ao ouvir por um funcionário do Catete que falava italiano os dizeres da carta. Ela começava: "Não há dúvida de que o gordinho [*Il grassoccio*]" — ele, Getulio — "já se vendeu aos americanos, e só uma intervenção dos nossos amigos verdes [os integralistas] pode resolver isso". Mais à frente: "Se é verdade, como diz você, que os brasileiros são um povo de macacos [*una nazione di scimmie*], deduz-se que são macacos dispostos a servir a quem estiver mandando".

Getulio ficou furioso, e mais ainda porque Caffery também sabia o que a carta dizia. Sua autoridade estava em jogo. Com ou sem a aprovação de Luthero, cassou a licença da Lati, que teve de encerrar as operações no país e levar tudo de volta para Roma — aviões, Coppola e funcionários. Caffery, satisfeito, julgou-se o responsável pela façanha, sem desconfiar que fora apenas um instrumento nas mãos de William Stephenson, o "Intrepid".

O Brasil rompera relações com o Eixo, o que incluía o Japão, mas, por interferência de Oswaldo Aranha, deixara-o de fora na declaração de guerra. Isso não livrou os súditos japoneses das mesmas restrições impostas aos outros dois países. Um formulário enviado a todas as prefeituras do Brasil pedindo informações sobre os alemães e italianos residentes nos municípios — se tinham em casa rádio ou armas, se se reuniam em grupos e se falavam português — incluiu também os japoneses. Seus bens foram apreendidos, seus jornais, fechados, e suas escolas, lacradas. Foram proibidos de falar japonês em público e, como não sabiam falar outras línguas, ficaram praticamente mudos. O governo os mandou para campos de internamento, com isso, às vezes, desfazendo famílias. Mas a aversão aos japoneses no Brasil não era uma consequência da guerra. Já vinha de longe, entre governantes e intelectuais. A guerra apenas a formalizou.

Em 1890, o marechal Deodoro da Fonseca, primeiro presidente da República, já decretara: "É inteiramente livre a entrada nos portos da República dos indivíduos válidos e aptos para o trabalho que não se acharem sujeitos à ação criminal do seu país, excetuados os indígenas da Ásia e da África". Uma mudança no entendimento da imigração fez com que viessem em grande quantidade no começo do século, mas muitos lhes faziam restrições. Eram tidos como dissimulados, inassimiláveis, racialmente inferiores e militarmente perigosos. Para o sociólogo Oliveira Vianna, em 1934, o imigrante japonês era "como o enxofre — insolúvel". Mas, paradoxalmente, denunciando uma miscigenação espúria entre brasileiros e japoneses, o médico e político Miguel Couto escreveu: "Já prestamos um grande serviço à humanidade na mestiçagem do preto. Não nos peçam outras, tanto mais que ainda não completamos a primeira. A do amarelo, a outrem deve competir". Mas, se os japoneses eram "insolúveis", como podiam fazer parte de uma "mestiçagem"? Stefan Zweig, que via no Brasil a perfeita democracia racial, sorriria amarelo se soubesse desse tratamento aos japoneses.

Em 1940, Carlos Lacerda, numa série de artigos para a Agência Interamericana, intitulados "A penetração japonesa no Brasil", falou da "propaganda nipônica" que se escondia por trás do "sorriso obsequioso" dos japoneses "portadores de doenças como o glaucoma" e de serem, em terras brasileiras, "um autômato controlado pelos objetivos expansionistas do micado". Um estereótipo inspirado nos filmes de arquivilão Fu Manchu descrevia o japonês como um indivíduo de óculos, rabicho e quimono, passos silenciosos e intenções sinistras — uma grave injustiça para com Fu, que era chinês.

Mas nada supera a série de artigos do escritor Vivaldo Coaracy no *Jornal do Commercio*, em 1942, logo reunidos no livro *O perigo japonês*, editado pela José Olympio. Para Coaracy, os japoneses, com sua "mentalidade medieval", mas "armados de recursos contemporâneos — aviões, submarinos, bombas —, colocam sobre o rosto amarelo e enigmático a máscara da civilização ocidental", em função do seu "destino de dominar o mundo". Para ele, os imigrantes japoneses no Brasil se comparavam a "um alimento que, uma vez tragado, não poderá ser digerido ou regurgitado". O japonês seria "à prova da percepção dos brasileiros", estes incapazes de "ler os pensamentos e intenções ocultos sob a máscara amarela e sorridente".

O ataque a Pearl Harbor e a entrada do Japão na guerra, em 1941, pareceram confirmar essas suposições. Em consequência, pacíficos colonos japoneses residentes no Brasil, principalmente no interior de São Paulo, pagaram por seu belicoso imperador Hiroito. Com o corte de relações, eles foram considerados "inimigos de guerra", embora, ao contrário dos alemães, não se soubesse de atividades ilícitas por parte deles. A suspeita de uma rede de espionagem estabelecida no litoral por falsos pescadores, assim como de outra no interior do país, a cargo de falsos lavradores, nunca foi provada.

Mesmo assim, a exemplo dos Estados Unidos, o governo montou campos de internamento para confiná-los, em estados como São Paulo, Santa Catarina, Pernambuco, Pará, Minas Gerais e Rio. Os campos ficavam na zona rural e longe das capitais, guardados por um destacamento militar comandado por um capitão. Os internos não sofriam maus-tratos e tinham alimentação garantida, embora precária e à base de arroz com feijão. Seus livros e aparelhos de rádio foram confiscados e sua correspondência, obrigatoriamente em português, era lida por censores. Não podiam sequer se reunir entre eles.

Os poucos japoneses no Rio tiveram melhor sorte: foram mandados para a Ilha Grande, onde, assim como os alemães, podiam circular pelos pavilhões. Ou não — eram obrigados a conviver com os presos comuns, que às vezes os botavam para correr e lhes infligiam cenas de terror.

16

Belo e maldito

Em dezembro de 1941, Nelson Rockefeller devia ser a única pessoa de seu círculo que ainda não vira *Cidadão Kane*, o filme de Orson Welles, lançado naquele ano. Não precisava: Rockefeller sabia quem era Welles, famoso pelo rádio, onde estrelava programas de grande audiência da CBS (um deles, em 1938, a radiofonização de *A guerra dos mundos*), e pelo teatro, com montagens que lhe renderam, com pouco mais de vinte anos, a talvez mais precoce capa na *Time*. Mas nada superava o Welles de *Cidadão Kane*. Era uma versão épica e ácida da vida de William Randolph Hearst, o faraó da imprensa dos Estados Unidos, dono de um terço dos jornais americanos. Hearst assistira a *Kane* numa sessão clandestina antes do lançamento, jurara destruir Welles e jogara todo o seu peso na tentativa de comprar o filme, impedir sua exibição e incinerá-lo. O fato de não ter conseguido demonstrava o poder do jovem, ridiculamente jovem, cineasta.

Aos 26 anos, Orson Welles já era também quase um Estado dentro do Estado. O estúdio que o levara de Nova York para Hollywood com um contrato nunca visto — independência para escrever, produzir e dirigir seus filmes, usando atores de sua própria companhia, o Mercury Theatre, entre os quais ele, e com inédito direito à montagem final — era a RKO Radio Pictures, de que a família Rockefeller detinha a maioria das ações. Assim, apesar de todo o seu poder, Orson era, de certa maneira, empregado de Nelson.

Depois de Pearl Harbor e com o avanço de Hitler na Europa, ninguém mais discutia que a sobrevivência dos Estados Unidos dependia da coesão do continente americano. Com isso, o Birô Rockefeller ganhara outras proporções. Os 75 funcionários com que a operação começara em Washington eram agora 1400 em dez países americanos. Seu orçamento inicial, de 3,5 milhões de dólares por ano, passara para 140 milhões, e, entre suas áreas de interesse no continente, estavam o ensino da língua inglesa naqueles países e investimento em administração de empresas, saúde pública, enfermagem, agronomia e outras disciplinas em que os latino-americanos fossem, digamos, deficientes. Com isso, o Rio foi invadido por professores, técnicos, estudantes, cientistas e jornalistas americanos. Em 1942, o próprio Nelson viria aqui para conferir se estavam trabalhando direito.

A expressão Política da Boa Vizinhança corria as Américas. A vinda de Walt Disney ao Rio fora um sucesso dessa política, e os filmes que resultariam dela, já em preparo, seriam inestimáveis para combater a influência nazifascista no Atlântico Sul. Por que não dar sequência a Disney com outro grande nome? Rockefeller e seu diretor da Divisão de Cinema, Jock Whitney, não tinham dúvida. Esse nome era Orson Welles.

Numa troca de mensagens com Lourival Fontes, que eles viam como "ministro da Propaganda do governo brasileiro", Rockefeller e Whitney entusiasmaram-se com a ideia de Lourival para um filme como eles queriam: um esfuziante documentário em cores sobre o Carnaval carioca. Seria uma produção institucional, mas espetacular. A cor era a mais recente e revolucionária atração do cinema, e nada poderia superar um filme em Technicolor tendo como diretor o *boy wonder* de Hollywood, o garoto dos mil prodígios. O objetivo era cativar de vez o Brasil para a causa democrática e, ao mesmo tempo, apresentá-lo aos americanos como um país excitante, amigo dos Estados Unidos e de decisivo valor estratégico — o que era verdade.

Como acionista majoritário da RKO, Rockefeller convenceu George Schaefer, o chefe do estúdio, da importância do projeto. A RKO bancaria o filme, mas, ao fim da produção, o Birô garantiria ao estúdio consideráveis 300 mil dólares para amortizar o custo. O convite a Welles, em telegrama de Whitney no dia 20 de dezembro, era também uma convocação: o trabalho duraria três meses e ele não receberia salário, mas trabalharia com total liberdade. E, assim como Disney, seria um embaixador sem pasta junto aos latinos — um arauto do pan-americanismo, um fiador da aliança continental contra o Eixo. A prova, segundo Whitney, era que, ao embarcar para o Rio, Welles não sairia de um aeroporto de Nova York ou Los Angeles, mas de Washington, como numa missão de guerra. Seria levado ao avião por Harry Hopkins, assessor direto do presidente Roosevelt — Roosevelt este que lhe telefonaria da Casa Branca para desejar boa sorte. Whitney sabia da vaidade de Welles. E Orson, por sua vez, tinha outro motivo para aceitar o encargo: a serviço do governo, ficava isento de se explicar sobre os supostos pé chato e asma que o tinham dispensado de ser aceito para lutar, e que os jornais de Hearst martelavam diariamente como fraudes.

Exceto, talvez, por Carmen Miranda, Orson não sabia nada sobre o Brasil. Sua única relação com a América Latina era a que mantinha na cama e nos salões com Dolores del Rio, estrela mexicana residente em Hollywood, uma das grandes belezas de seu tempo e dez anos mais velha do que ele. Nunca ouvira falar do Carnaval carioca, mas gostou de saber que seu principal ritmo musical, o samba, era, como o jazz, originário da cultura negra. A questão racial era importante para Orson: ele contribuía com dinheiro para instituições do Harlem, escrevera um roteiro de filme em parceria com Duke Ellington e, em 1936, montara no teatro um polêmico *Macbeth* vudu, com elenco negro, música de tambores e assessoria de "legítimos feiticeiros africanos".

O FBI só não informou Nelson Rockefeller, Jock Whitney e Lourival Fontes sobre este traço de Welles: liberal, politizado, quase de esquerda para os padrões americanos, antifascista e antirracista militante. Ninguém considerava que isso influiria na produção do documentário brasileiro — o qual, por iniciativa de Welles, se chamaria *It's All True* e, como dizia o título, propunha-se a mostrar a verdade.

Para atender ao apelo de Roosevelt, Orson teria de deixar para trás na RKO um filme ainda em fase de filmagem, *Journey into Fear*, dirigido por seu pupilo Norman Foster, e outro, *The Magnificent Ambersons*, tão ambicioso quanto *Cidadão Kane*. As tomadas de *Ambersons* estavam encerradas, sua narração em off e a música de Bernard Herrmann já tinham sido gravadas e, dias antes de embarcar, ele montara o copião com seu assistente Robert Wise. Faltava agora a edição final, para a qual deixara as instruções por escrito. Confiava que Wise e sua equipe se virariam sozinhos.

Assim, com tudo posto para funcionar, Orson tomou seu assento no *Clipper* da Pan American, o maior avião comercial do mundo, em Washington, rumo ao Rio. Na semana anterior, já se dedicara para aprender o que pudesse sobre o Brasil. Apertou o cinto, abriu um portfólio com um resumo que lhe haviam preparado sobre o Carnaval carioca e atirou-se à leitura. Era o dia 5 de fevereiro de 1942. Se lhe dissessem jamais acreditaria, mas sua vida de prodígios terminava ali.

Depois de três dias de voo, escalas e pernoites, e escoltado até o meio do caminho por dois caças, Orson desceu no aeroporto Santos-Dumont. Foi recebido sob fanfarras e por uma multidão. Eram 16h15. Acenou da escada, saudou o Brasil em português fonético e foi ovacionado. Fotógrafos e cinegrafistas registraram o momento. Francisco de Paula Assis Figueiredo, ex-prefeito de Poços de Caldas e diretor da Divisão de Turismo do DIP, recebeu-o na pista. No trajeto em carro oficial para o Copacabana Palace, o cortejo foi aberto por batedores tendo atrás uma fila de Fords e Chevrolets — nem Charles Foster Kane era recebido assim em suas viagens. Às 17h45, no Golden Room do Copa, apenas uma hora e meia depois de aberta a porta do avião, Orson já dava sua primeira entrevista. "Vim aprender com o Brasil", declarou.

E havia muito que aprender. Sua equipe de 27 pessoas — o diretor-assistente Richard Wilson, iluminadores, cinegrafistas, técnicos da Technicolor, operadores de câmera, iluminadores, sonoplastas, maquinistas, eletricistas, continuístas, maquiadores, carregadores de cabos, gerente de produção, tesoureiro, intérprete, assessor de imprensa e duas secretárias — chegara duas semanas antes, trazendo o material de filmagem. Este, embalado em 86 contêineres, equivalia a um pequeno estúdio: câmeras 16 mm e 35 mm sonoras e mudas, microfones, lâmpadas, rebatedores, trilhos e moviola. Traziam também 50 mil pés de filme virgem para começar — a cada mês, o estúdio lhe mandaria mais 10 mil pés. O que não coubera no avião seria trazido num avião cargueiro: um minicaminhão, uma grua, refletores, dois geradores portáteis e engradados de um produto de primeira necessidade inexistente no Brasil: Coca-Cola.

Rodar *It's All True* não seria uma tarefa fácil. Em Hollywood, com profissionais experientes, no ambiente controlado do estúdio, com um roteiro minucioso para o elenco e outro para a filmagem, produzia-se qualquer drama ou comédia em seis semanas. Mas esse era um documentário, gênero que eles não dominavam, sobre um assunto de que não tinham ideia, numa locação que não conheciam, estrelado por amadores, numa língua incompreensível e, o que é pior, sem roteiro. Só Orson poderia dar um sentido àquele caos. Mas tudo que ele próprio sabia do Carnaval era o material que lera nas 25 horas de voo, preparado por pesquisadores americanos também sem intimidade com a festa. E o momento do Brasil não era dos mais tranquilos. Numa sucessão de episódios desconcertante, poucos dias depois de sua chegada houve o torpedeamento do navio mercante *Buarque*; dois dias depois, o do *Olinda*; em seguida, a morte de Stefan Zweig. Orson não podia se abalar com aquilo — afinal, viera para filmar a felicidade de um país.

Em sua primeira semana de Brasil, quando trocou o sono por uma dieta de anfetaminas, Welles dominou um português básico e eficiente. Discursou em banquetes em sua homenagem, foi eleito cidadão honorário do Rio, coroou a rainha de um concurso de cabrochas numa gafieira, subiu e desceu favelas e inventou um drinque, de cachaça com Cola-Cola, que chamou de "samba em Berlim". Ao mesmo tempo, dirigiu testes em Technicolor (ninguém sabia ainda como as cores fotografavam em externas), estudou a posição das câmeras nas sacadas da avenida Rio Branco e, ainda sem os refletores para filmar à noite, conseguiu que o Exército lhe emprestasse seis holofotes — que, por uma semana, deixaram de varrer os céus do Rio em busca de aviões alemães. E, desde o primeiro dia, não se absteve de nenhuma carioca que se encantasse pelos seus 120 quilos distribuídos por 1,83 metro.

O problema é que, somente ao chegar ao Rio, a cinco dias do Carnaval, Orson se deu conta das dimensões do evento que viera filmar: grupos de sambistas que desciam os morros dançando, desfiles de carros alegóricos gigantes pelas avenidas, batalhas de confete nos subúrbios, banhos de mar à fantasia nas praias, caravanas de carros abertos (o corso) nas avenidas, com rapazes e moças passando de um para o outro aos abraços e carícias, bondes transbordando de foliões cantando a caminho dessas atrações, bailes de gala regados a lança-perfume e, o que parecia assustador, 1 milhão de pessoas fantasiadas nas ruas, cantando os sambas e marchinhas do ano, numa riquíssima paleta de tons de pele, ao som dos sambas e marchinhas daquele ano, tudo isso durando quatro dias. Orson filmou o que pôde — tudo que, com a dificuldade dos deslocamentos rebocando toneladas de equipamento pelas ruas entupidas de gente e com o pesadelo do som direto, foi possível registrar. E não era muito.

Orson decidiu que, apesar do título, teria de intercalar toques de ficção em *It's All True* para preencher as lacunas do documentário. Uma possibilidade seria suavizar a vertigem do Carnaval com um intermezzo romântico — um jovem casal que se afastasse da multidão e fosse para uma rua deserta a fim de se beijar. A sequência teria de ser rodada em estúdio, e, por sorte, havia um razoavelmente equipado no Rio: a Cinédia, de Adhemar Gonzaga, em São Cristóvão. A música também teria de variar, de frenética a dolente, e Orson descobrira um ritmo ideal: o choro. Mas qual choro? Antes de optar pelo inevitável "Carinhoso", de Pixinguinha, despachou suas secretárias para pesquisar o repertório do gênero e os direitos autorais de cada título. Alguns desses direitos eram difíceis de determinar, e, enquanto essa questão não fosse esclarecida, não se podia filmar. Orson pensou também num intermezzo contando a história do samba, com ênfase na oposição entre o malandro e o grã-fino e no contraste entre a religiosidade do povo e o paganismo do Carnaval. O problema é que cada nova ideia significava despesas imprevistas, interrupção no trabalho e ociosidade da equipe — esta, já preocupada com quanto tempo iria ficar longe de casa. Não que os rapazes não se divertissem no Rio. Um deles escreveu para um amigo: "É impossível ficar de porre aqui. A birita sai pelas axilas na velocidade com que você a bota para dentro".

Orson não tinha essa preocupação. Pelos clippings que Tom Pettey, seu assessor de imprensa, despachava para Rockefeller, o verdadeiro objetivo da missão estava sendo brilhantemente cumprido: Orson era ainda mais eficiente do que Disney como embaixador da boa vontade. Parecia estar em toda parte — e estava. Não recusava entrevistas e, com a voz que logo se tornou tão reconhecível no Rio quanto em Nova York, lia pela Rádio Nacional textos em português escritos por Haroldo Barbosa, Giuseppe Ghiaroni e Alex Viany. Frases ditas por ele, como "É um descaramento nos chamarmos de 'América', quando somos, na verdade, apenas os Estados Unidos" ou "A Urca é um dos últimos lugares felizes do mundo" saíam nos jornais e faziam bem ao ego nacional.

Todos queriam estar com Orson, falar com ele, ouvi-lo. Em poucos dias, armou-se de um séquito de brasileiros que o abasteciam de informações sobre o país: os jornalistas R. Magalhães Jr., Edmar Morel e Franklin de Oliveira, o pianista Bené Nunes, o poeta e crítico de cinema Vinicius de Moraes. E, mais que todos, o ator Grande Otelo, que Orson descobriu no palco do Cassino da Urca e em quem viu uma "mistura de Charlie Chaplin com Mickey Rooney" — elogio para se pendurar na parede considerando-se a importância mundial de Chaplin e Rooney em 1942.

Inspirado em Grande Otelo, Orson criou para o filme o personagem de um sambista desalojado pela iminente destruição da praça Onze, reduto negro e judaico a ser esmagado pela nova avenida Presidente Vargas. Otelo tinha um samba a respeito, "Praça Onze", em parceria com Herivelto Martins. Orson encantou-se com Herivelto, transformou-o num de seus assistentes de produção e, por artes da mulher dele, a cantora Dalva de Oliveira, grande cozinheira, descobriu o feijão-preto. Foi na casa de Herivelto e Dalva, na Urca, que passou a encerrar suas noitadas. Chegava por volta da meia-noite e, apesar da hora, entregava-se a um dilúvio de feijão com cerveja preta Black Princess. Essa ingestão em seguidas madrugadas custou a Orson uma disenteria que também paralisou as filmagens por mais tempo que a equipe podia tolerar.

Herivelto levou Orson à Mangueira, escola da qual era diretor, e o fez conhecer o samba tal como Orson o imaginava, "a música mais democratizante" que já ouvira. Heitor dos Prazeres, pintor primitivo e também sambista, infiltrou-o numa sessão de candomblé nas breubas de Jacarepaguá. Russo do Pandeiro ensinou Welles a tocar o próprio e deu-lhe rudimentos de cuíca, ganzá e tamborim. Em todas essas expedições, Orson trazia com ele seu cinegrafista Edwin Pyle, equipado com uma Arriflex 35 mm, câmera leve e veloz, de fabricação alemã — e que, não por acaso, a Wehrmacht usava como "câmera de combate", filmando suas batalhas para fins de propaganda.

Orson não conhecia descanso. Otelo apresentou-o a uma capoeira, num terreno baldio em São Cristóvão. Orson vibrou com a agilidade e a violência dos golpes, dos quais Otelo foi vítima ao se meter inadvertidamente no meio dos contendores e levar uma pernada que o mandou para o Pronto-Socorro — não foi o único a sair machucado. Orson distribuiu notas de dez dólares entre os lutadores e pediu que lhe mandassem a conta do hospital. Orson e Otelo, apesar da disparidade física — Otelo, 33 centímetros a menos na vertical —, ostentavam iguais capacidade cúbica e disposição na horizontal. É possível que tenham participado de um ménage à trois num apartamento na avenida Atlântica, que Orson alugara para encontros talvez inconvenientes no Copa. Aliás, num momento de euforia e descontração, atirou alguns móveis pela janela do hotel, sem maiores consequências.

Os compromissos não paravam. Foi recebido por Getulio no Palácio Rio Negro, em Petrópolis, agraciado com um coquetel por Herbert Moses na ABI, deu uma palestra na Escola de Belas Artes a pedido de Adalgisa Nery e maravilhou-se com o luxo das revistas de Walter Pinto na praça Tiradentes. E, além de visitar Lourival Fontes no DIP, era assíduo nas reuniões de Adalgisa e Lourival no Leme, com a presença de Portinari e Villa-Lobos. Por coincidência, todos os brasileiros com quem se dava — Otelo, Magalhães Jr., Morel, Franklin de Oliveira, Lourival, Herivelto, Herbert Moses, Vinicius, Portinari e Villa-Lobos, para não falar em Getulio — tinham 1,60 metro ou menos. Orson, nem tão alto, devia sentir-se como Gulliver em Lilliput.

Orson foi levado para uma exibição de *Limite*, promovida por Vinicius de Moraes em sua homenagem na cabine do Serviço de Divulgação do Itamaraty. *Limite* era o discutido filme dirigido por Mario Peixoto, de 1931, e tão experimental e impenetrável que nunca pudera ser exibido com ingressos pagos — os espectadores, revoltados, demoliriam o cinema. Dizia-se que sua única cópia existente era guardada debaixo da cama pelo cinéfilo Saulo Pereira de Mello, que a protegia com sua vida. Para aquela sessão, Vinicius convidou uma plateia internacional residente no Rio: a dreyeriana Falconetti, o crítico Otto Maria Carpeaux, a escritora argentina Maria Rosa Oliver, neta do general San Martín, o barítono inglês Frederick Fuller, grande cantor de Villa-Lobos, e o cinegrafista húngaro Georg Fanto, refugiado aqui desde 1939, além do próprio Mario Peixoto. Segundo Vinicius, Orson "gostou".

Com um diretor dedicado a tal agenda, não era de estranhar que *It's All True* corresse perigo — principalmente porque, da comitiva de Orson, fazia parte Lynn Shores, o homem da RKO encarregado de acompanhar o andamento da produção e mandar relatórios para George Schaefer. Ao aceitar a proposta de Nelson Rockefeller, Schaefer considerava que o custo da produção seria mínimo. Como um documentário dispensa atores profissionais e cenários em estúdio, a RKO só teria de arcar com os salários da equipe, despesas de estadia num país de moeda fraca e uma pequena soma em direitos autorais. Mas eles não contavam com a prodigalidade de Orson.

Lynn Shores, que já não gostava de Welles, não o poupou em suas denúncias. *It's All True* estava sendo feito em cima de um mero esboço de argumento, escreveu. O plano de filmagem mudava todos os dias e nem Richard Wilson, a quem Welles delegara a direção, sabia o que iriam sair para filmar — praias, favelas, gafieiras? E, como não sabiam, filmavam de tudo. Ideias nitidamente sem sentido só eram abandonadas depois de já terem custado muito dinheiro. Uma delas, filmar o Carnaval pelos olhos de uma criança, o encantador Pery, filho de seus amigos Herivelto e Dalva, vagando por entre as pernas dos adultos. Isso o obrigara a refazer inúmeros takes já prontos, para adequá-los à altura dos olhos do garoto. Outra ideia, contar a saga de Zumbi dos Palmares em cenários construídos na Cinédia — "Quem diabos era Zumbi dos Palmares?", perguntava-se Shores. O fato é que já se haviam rodado 314 latas de filme, celuloide que, se esticado, iria do Rio a Nova York, mas que, na sala de corte, se reduziria a poucos minutos.

Para Welles, sua filmagem do baile de Carnaval do Cassino da Urca não fizera justiça à beleza e elegância dos foliões. Em busca de closes e planos aproximados, decidiu reconstituí-lo, no próprio cassino e com os participantes do baile original. Isso exigiria um trabalho de continuidade difícil de conseguir, porque as pessoas precisariam estar vestidas como estavam naquela noite, e os brasileiros, segundo Shores, eram um bando de irresponsáveis: não chegavam na hora, vinham com roupa diferente ou não apareciam para filmar, embora fossem pagos para isso. Mesmo assim, Orson botou anúncios nos jornais — "Você quer trabalhar num filme americano?" —, convocando pessoas "de dezoito a 45 anos, bem-vestidas", para usar como figurantes. Quase mil candidatos acorreram ao escritório da RKO, na avenida Rio Branco. Orson contratou quatrocentos, a cinco dólares por cabeça. O baile na Urca custou 25 mil dólares. Outros 10 mil dólares lhe foram cobrados por Joaquim Rolla pelo fechamento do cassino durante a filmagem. Outros 10 mil foram pagos a Rolla para o superespetáculo que Welles produzira no dia 19 de abril, intitulado "Sinfonia do Brasil", com todo o elenco do cassino. Tratava-se de uma homenagem ao seu "bom amigo presidente Vargas", que aniversariava naquele dia, transmitida "por todas as estações de rádio no Brasil e mais de cem emissoras americanas". A festa era do interesse exclusivo do Birô Rockefeller, mas a conta fora dividida entre a RKO, sem que esta soubesse, e, em menor escala, a embaixada americana.

Shores fustigou Welles desde o primeiro dia. Sua indignação chegou à apoplexia ao saber que, terminado o trabalho, Orson pretendia deixar o equipamento no Rio, de presente para a cidade — o que ele não permitiu. Shores também reprovava aquele interminável Carnaval com Orson embalado a lenços ensopados de lança-perfume. E o que dizer da limusine de oito metros de comprimento em que, deixando a equipe à sua espera, Orson ia para os ermos e acolhedores Leblon e Jacarepaguá, tendo a bordo a cantora Linda Baptista?

De repente, a maré voltou-se contra Orson. Em abril, Schaefer, sob pressão dos acionistas do estúdio liderados pelo implacável investidor Floyd Odlum, para quem só o lucro importava, revoltou-se com a hemorragia de dinheiro no Rio. Em maio, Schaefer determinou uma redução na verba e na quantidade de filme que o estúdio enviava mensalmente. E, em junho, chamou a equipe de volta. Orson ficou reduzido a Richard Wilson e três ou quatro técnicos.

O lógico era que a produção se encerrasse ali e Orson voltasse. Mas, então, ele já se apaixonara pela saga dos jangadeiros.

Era uma grande história para ser deixada de lado. Em novembro de 1941, quatro pescadores cearenses vindos de Fortaleza chegaram ao Rio depois de 61 dias no mar, costeando 2300 quilômetros do litoral brasileiro numa jangada, a *São Pedro* — uma embarcação feita com cinco troncos de piúba e uma vela de pano, sem bússola nem carta de navegação, mas com a "proteção de Nossa Senhora dos Navegantes". Vinham pedir ao presidente Vargas os benefícios sociais com que o Estado Novo estava contemplando outras categorias, como melhores condições de trabalho, regularização profissional e direito à aposentadoria. E, como prova de gratidão, queriam oferecer a *São Pedro* a dona Darcy para enfeitar a Escola de Pesca da Marambaia, fundada por ela.

Os jangadeiros eram Mestre Jerônimo, Mané Preto e Tatá, homens simples e rijos, comandados por Manuel Olympio Meira, o Jacaré, um líder nato. Nada foi deixado ao improviso: suas roupas eram de um tecido fervido em banha de casca de cajueiro, para evitar o estrago provocado pelo sal, e a vela tivera um tratamento à base de sangue de peixe e água do mar. Desde a partida, o raid fora um assunto nacional. O paraibano Assis Chateaubriand, amigo de jangadeiros, ficara sabendo da empreitada e botara seu conglomerado jornalístico em apoio à aventura.

Jacaré e seus homens deixaram Fortaleza no dia 17 de setembro, sob as bênçãos de rezadeiras, a torcida dos amigos e a concentração de fotógrafos e cinegrafistas na praia. Durante a primeira hora, a *São Pedro* foi seguida por outras jangadas, numa solene romaria sobre as águas. Finalmente entregues a si próprios, fizeram-se ao mar e começaram a longa travessia.

Mas nunca estiveram exatamente sozinhos. De dias em dias, fizeram escalas em Macau (CE), Natal (RN), João Pessoa (PB), Recife (PE), Maceió (AL), Salvador (BA), Canavieiras (BA), Vitória (ES), Piratininga (ES), Macaé (RJ), Cabo Frio (RJ) e, por fim, o Rio. Cada parada produzia reportagens e fotos para os jornais de Chateaubriand, com o que a viagem dos jangadeiros foi acompanhada com emoção pelo país. Jacaré, como um historiador entre as ondas, escreveu na *São Pedro* um diário de bordo.

Finalmente em mares fluminenses, deram um jeito de ralentar a velocidade para chegarem à praça Mauá ao meio-dia de 15 de novembro, feriado da República. O povo os esperava no cais do Touring Club, e eles foram levados em carro aberto ao Palácio Guanabara. Lá os esperavam Getulio, dona Darcy e vários ministros. Discursos foram trocados e Getulio, atento ao possível ganho político, prometeu-lhes os benefícios. Não apenas os jornais e revistas brasileiros abriram páginas à embaixada dos jangadeiros. O *New York Times* também. Jacaré, Mestre Jerônimo, Mané Preto e Tatá passaram quinze dias em festa no Rio, presentearam a primeira-dama com a jangada e voltaram para Fortaleza num bimotor.

Em março, Orson soube deles e viu a possibilidade de tornar *It's All*

True mais denso, reconstituindo em cores a travessia e acoplando a chegada deles ao Rio com as imagens do Carnaval — como se este fosse uma celebração aos Ulisses cearenses. A filmagem seria feita em pranchas flutuantes navegando paralelamente à jangada. Em abril, Orson foi buscá-los em Fortaleza e, no Rio, hospedou-os no Copacabana Palace, enquanto se preparava para filmá-los.

Mas, já então, sua dura batalha contra a RKO estava no auge — e não se tratava apenas dos custos excessivos, do atraso na produção e do mal-estar com a equipe. Lynn Shores alertara Schaefer para o fato de que todo o material do Carnaval constava de cenas de brancos e pretos aos beijos e abraços, nos clubes, nas ruas e onde fosse, o que tornaria a exibição do filme impraticável nos estados americanos que não toleravam essas cenas. Shores levou também a Schaefer o incômodo do governo brasileiro, via Lourival Fontes, pela insistência de Orson em filmar favelas, casebres, gente pobre e, agora, pescadores miseráveis. O que aquilo tinha a ver com a aliança entre as nações? Não era o que haviam combinado com Nelson Rockefeller. Telegramas violentos cruzaram os ares.

Foi quando a maldição que começaria a se associar ao nome Orson Welles fez sua primeira aparição. No dia 19 de maio, filmando na Barra da Tijuca uma sequência na *São Pedro*, gentilmente cedida por dona Darcy, a lancha que rebocava a jangada fez uma manobra mais brusca, virou-a e os quatro jangadeiros caíram no mar. Mestre Jerônimo, Mané Preto e Tatá nadaram até a praia; Jacaré, tão bom nadador quanto eles, desapareceu.

Apesar do choque nacional pela morte de Jacaré, ninguém culpou Orson. Fora uma fatalidade. A RKO garantiu que a família do jangadeiro não ficaria desamparada, mas, se *It's All True* fosse cancelado naquele momento, ninguém estranharia. No dia 9 de junho, a RKO despojou Orson do grosso do equipamento no Rio, deixando-lhe os últimos pés de filme e 15 mil dólares para rodar o que faltava: as cenas do Carnaval. Mas Welles, ao contrário, voltou para Fortaleza com Jerônimo, Mané e Tatá. Substituiu Jacaré por um irmão dele, criou uma subtrama em que um deles morria na viagem e se propôs a mostrar o que os levara à travessia — as condições miseráveis de sua vida no Ceará. Tinha agora apenas uma velha câmera Mitchell, alugada da Cinédia e operada por Georg Fanto, o cinegrafista que conhecera na sessão de *Limite*.

Outro fator determinara o fim de Orson na RKO: os filmes que deixara inacabados *Journey into Fear* e *The Magnificent Ambersons*. Este chegara a uma versão final, com Orson dando orientações por telegrama ao montador Robert Wise. A RKO exibiu-a de surpresa num cineminha nos arredores de Los Angeles e o filme foi mal recebido. Os comentários nos cartões preenchidos ao fim da sessão, com a opinião de cada espectador, foram devastadores — o filme era "chato", "pretensioso", "incompreensível". A reação de uma plateia como essa podia decidir o futuro de um filme.

O estúdio não hesitou. Retalhou, refilmou cenas e remontou *Ambersons*, para desespero de Orson no Rio. Para a RKO, *Journey into Fear* também era prejuízo certo e *Ambersons* não tinha salvação. Somou a isso os problemas que tivera com *Cidadão Kane*, aclamado pela crítica, mas deficitário na bilheteria, e achou que *It's All True*, cujo custo já superara 1 milhão de dólares, passara dos limites. George Schaefer, defensor de Orson, já não tinha como segurá-lo — nem como segurar-se. Teve de renunciar ao comando da RKO e foi substituído por Floyd Odlum. Odlum demitiu Welles por telegrama e despejou o pessoal do Mercury Theatre de suas instalações, as quais passaram a abrigar a nova atração do estúdio: os filmes de Tarzan com Johnny Weissmuller. "Queremos profissionais, não gênios", decretou Odlum. Chita concordou.

Ao mesmo tempo, Nelson Rockefeller vendera sua participação na RKO e, em agosto, tendo o Brasil declarado guerra ao Eixo, não haveria mais por que produzir um filme para adulá-lo. Tudo isso acabaria por sepultar *It's All True*. Parte do material filmado aqui, principalmente a do Carnaval, foi, talvez simbolicamente, atirada por Odlum no oceano Pacífico. O resto se perdeu nos arquivos da RKO, aos quais Welles nunca teria acesso. Uma cópia com a edição de Robert Wise, que se acreditava ter sido enviada ao Rio para Welles aos cuidados da Cinédia, nunca foi encontrada.

Orson passaria as cinco semanas finais filmando no Ceará, em condições quase indigentes e na mais destituída das locações: a colônia dos jangadeiros. Mesmo assim, como se veria com a descoberta desse material anos depois, havia nele muita coisa boa: closes de rostos de belíssima expressão, céus e nuvens em tonalidades inéditas de preto e branco e vibrantes sequências no mar. Em fins de julho, Orson deixou finalmente o Brasil. Os seis meses que passara aqui se refletiriam no resto de sua carreira. Para Hollywood, ele era um gênio que não completava os filmes e em quem não se podia confiar. Era a queda do anjo — cumpria-se o desejo de todos que o detestavam e o temiam no mundo do cinema.

Quanto aos jangadeiros, nunca receberam os benefícios que Getulio lhes prometera.

* * *

Welles não foi o único americano a se interessar pelos intestinos do Brasil. Também no primeiro semestre de 1942, o Rio recebeu o escritor, jornalista e ativista Waldo Frank. Aos 52 anos, Frank tinha um invejável currículo: conhecera a URSS de 1929, boa parte das conturbadas Américas Central e do Sul nos anos 1930 e toda a Europa do entreguerras. Colaborava em revistas como *The New Yorker* e *The New Republic,* inspirara um personagem de Hemingway em *Morte à tarde* (1932) e rompera com o Partido Comunista Americano por causa da perseguição a Trotski, de quem ficara amigo no México em 1937. Não conhecia o Brasil, mas, como falava bem espanhol, não demorou a entender português.

Frank estava no Rio a serviço do Departamento de Estado dos Estados Unidos, com a missão de detectar focos de simpatia pelo nazifascismo entre os intelectuais brasileiros. Oswaldo Aranha, que o recebeu, designou Vinicius de Moraes para acompanhá-lo. Uma escolha surpreendente, porque Vinicius era um intelectual de direita, místico, ex-integralista e ultraconservador — não admitia jazz que não fosse o de New Orleans e, mesmo depois de *Cidadão Kane*, ainda acreditava na superioridade do cinema mudo sobre o sonoro.

Em seus passeios com Frank pelo Rio, Vinicius desfilou-o do Copacabana Palace ao morro da Favela. Tomaram cachaça, ouviram batucadas e foram aos bordéis. Mas o momento mais revelador se deu quando Vinicius o levou a um modesto botequim na rua Barata Ribeiro, o Café e Restaurante Progresso, para conhecer o mural de um jovem pintor chamado Alberto da Veiga Guignard. O trabalho, espetacular, tomava três paredes do estabelecimento, mostrando a chegada das caravelas de Cabral à Praia de Copacabana e encontrando são Sebastião amarrado a uma árvore e flechado. Dias antes, o poeta Manuel Bandeira escrevera com admiração sobre o painel num jornal. Isso atraíra muita gente, mas, para irritação do proprietário português, só para admirar o painel, não sentar e comer. Quando Vinicius e Frank chegaram, o homem estava no alto de uma escada, quase fora de si, de brocha na mão, destruindo o painel de Guignard com grossos borrões de tinta. Frank concluiu: o Brasil era assim — abria mão de maravilhas.

Frank quis conhecer o resto do país e, durante um mês e meio, ele e Vinicius circularam por Salvador, Recife, Fortaleza, Belém e Manaus, enfrentando o blecaute em toda a costa. Frank se encantou com os costumes de cada lugar, a beleza da arquitetura e as delícias da culinária, mas principalmente com o destemor do povo em meio às doenças e à pobreza. E o surpreendente foi que Waldo Frank, ao ser apresentado ao Brasil profundo, com suas grandezas e misérias, acabou revelando-o a Vinicius — tudo que o poeta vira com Frank era novidade também para ele. A guinada política de Vinicius para a esquerda começou ali.

17

De olho no céu

Orson Welles foi o único americano a fracassar no Brasil em 1942. Todos os demais projetos saíram vitoriosos, e não necessariamente os promovidos pelo Birô. O primeiro foi a versão brasileira da *The Voice of America*, o serviço oficial de rádio do governo dos Estados Unidos, criado em fevereiro especialmente para a guerra e inspirado no serviço internacional da BBC. Usava as faixas de ondas curtas da CBS e da NBC, e sua função inicial era transmitir notícias e propaganda para os países sob ocupação alemã na Europa e no Norte da África. Os programas eram produzidos em Nova York e irradiados na língua e na voz de locutores daqueles países, radicados nos Estados Unidos.

Quando o Brasil declarou guerra ao Eixo, em agosto, passou também a receber a transmissão, aqui chamada de *A Voz da América*. Seu roteirista e locutor era o escritor Afranio Coutinho, enviado para Nova York pelo DIP. O rádio era o veículo dominante e o programa brasileiro teve imediata audiência. O irônico é que muitos dos rádios em que aqui se escutava *A Voz da América* eram os alemães Telefunken — quando uma válvula queimava, era de difícil reposição, por falta no mercado. Por causa da *Voz da América*, o programa *A Hora do Brasil*, da Agência Nacional, se tornou *A Voz do Brasil*.

No mesmo ano, em outubro, a revista mensal americana *Reader's Digest* lançou sua edição brasileira, chamada *Seleções do Reader's Digest*. A ideia da *Digest*, original, fundada pelo casal Lila e DeWitt Wallace em 1922, era a de uma revista que condensasse o que de melhor estivesse saindo na imprensa dos Estados Unidos. Deu certo — sua tiragem, partindo de 5 mil exemplares, logo ultrapassou o primeiro milhão e, com a guerra, começou a produzir edições internacionais. A brasileira foi a terceira a sair, antecedida apenas pela britânica, em 1938, e pela cubana, em 1940.

Seleções também era feita em Nova York, na rua 42, dirigida pelo mesmo Afranio Coutinho, secundado pelos redatores Tito Leite e Saulo Guimarães. Os tradutores eram jornalistas brasileiros que já trabalhavam na cidade, como Pompeu de Souza, o casal Elsie e Origenes Lessa, outro casal recém-chegado, R. Magalhães Jr. e Lucia Benedetti, o político Octavio Mangabeira e o português refugiado José Rodrigues Miguéis. A revista era impressa em Miami e enviada de navio para o Brasil. O sucesso foi imediato: em 1943, a tiragem chegou a 150 mil exemplares, graças ao seu texto limpo e direto, sem os pedregulhos verbais e construções labirínticas da imprensa brasileira. Beneficiou-se também das assinaturas de leitores dos estados mais distantes, agora possibilitadas pelo novo Correio Aéreo Nacional, com seus aviõezinhos vermelhos Waco, de dois lugares.

A *Digest*, desde a sua criação, tinha como bandeira o anticomunismo. Mas, em 1942, os Estados Unidos e a URSS eram aliados contra o Eixo. Foi a única época em que *Seleções* publicou artigos simpáticos à URSS. Mesmo assim, o material exaltava o heroísmo do povo russo, não o stalinismo. Vários artigos da edição americana, que servia de base para 90% da edição brasileira, eram produzidos por jornalistas ligados à agência de espionagem OSS, antecessora da CIA, da qual recebiam informações que o governo americano tinha interesse em divulgar.

Outra revista americana dirigida ao Brasil era *Em Guarda — Para a Defesa das Américas*, editada e impressa em português para o Birô pela Time-Life, em Nova York, e distribuída aqui gratuitamente. Vinha em formato grande (24 x 32 cm), não tinha anúncios e ostentava uma qualidade gráfica e visual impensável por aqui, à altura da própria *Life*. Seu expediente não listava os tradutores brasileiros, mas, como a redação ficava no mesmo número da rua 42 onde funcionava *Seleções*, pode-se supor que fossem os mesmos. As reportagens mostravam as maravilhas dos Estados Unidos e de seus aliados, perto ou longe do front. Numa delas, visitava-se uma fábrica americana de canhões e metralhadoras. Em outra, Getulio e o embaixador Caffery tomavam cafezinho no Catete para comemorar a remessa de 400 mil sacas de café para os Estados Unidos. E, numa terceira, uma foto de página inteira mostrava os bimotores anfíbios Martin PMB Mariners, da Força Aérea americana, sobrevoando o Rio — segundo a simpática legenda, éramos "um povo com superior mentalidade aeronáutica, organizando uma das melhores forças aéreas".

As histórias em quadrinhos americanas estavam longe de ser novidade no Brasil. Desde 1934, as crianças brasileiras já se entregavam aos *Suplementos Infantil* e *Juvenil*, publicados por Adolfo Aizen, com as aventuras de Popeye, Tarzan, Mandrake e os heróis do espaço Buck Rogers, Brick Bradford e Flash Gordon. Saíam em formato tabloide, três vezes por semana, e tinham uma venda média de 100 mil exemplares por número — 600 mil por semana. Em 1937, os americanos descobriram que, dobrado ao meio, cortado e grampeado, o tabloide de dezesseis páginas se tornava uma revista com 32, muito mais atraente. A novidade não demorou a chegar aqui, e a primeira revista brasileira, *Gibi* — um brasileirismo significando menino, garoto, quase sempre negro —, lançada por Roberto Marinho, daria o nome ao formato. Quando os Estados Unidos entraram na guerra, todos os heróis na ativa ou os recém-criados, como Super-Homem, Capitão Marvel, Terry e os Piratas, Príncipe Submarino e o Homem-Morcego (depois, Batman), foram chamados a combater alemães e japoneses.

Mesmo assim, os padres e professores brasileiros declararam guerra aos gibis, acusando-os de propagar a violência e afastar as crianças dos livros. A intelectualidade se dividiu. Entre os inimigos das revistas estavam Carlos Lacerda, Ary Barroso e Cecília Meirelles. A favor, Jorge Amado, Gilberto Freyre e Nelson Rodrigues. Muitos pais, tocados pela demonização dos gibis, negavam dinheiro aos filhos para comprá-los. Mas os garotos se cotizavam e os compravam do mesmo jeito. O DIP, tão vigilante com a imprensa em geral, nunca se opôs a eles — seus principais editores, Adolfo Aizen e Roberto Marinho, eram pródigos em publicações patrióticas com um sorridente Getulio na capa, compradas aos milhares pelo governo e enviadas para escolas. E, quando o Capitão América começou a destroçar as forças do Eixo, o Brasil já era um dos Aliados.

Mais do que nunca, tudo no Brasil parecia ter a ver com o Grande Irmão do Norte. O estudo da língua inglesa se disseminou. O Instituto Brasil-Estados Unidos (Ibeu) saltou de sua unidade original, na rua México, aberta em 1937, para turmas em Copacabana, Botafogo, Tijuca e no Centro. Criou ciclos de palestras sobre os dois países e passou a oferecer cursos a bolsistas — um deles, o garoto de Vila Isabel, João Alfredo, que um professor apelidou de Johnny Alf. Com a guerra na Ásia, dois sorveteiros americanos radicados na China saíram de lá e instalaram no Rio sua fábrica de sorvete industrial, a primeira do país. Deram-lhe o nome de Kibon. Outra contribuição à dieta do brasileiro foram os chicletes, trazidos na mochila dos soldados americanos como parte da ração e de imediata aceitação em suas bases no Rio e no Nordeste. Quando a Adams passou a fabricá-los no Brasil, sua mastigação se tornou um esporte nacional.

Com a extinção das companhias alemãs e italianas de aviação, as americanas Sikorsky, Lockheed, Douglas e Fairchild ocuparam o espaço aéreo no Brasil. Ou o que restou dele, tomado pela Pan American e sua filial brasileira, a Panair. Elas foram responsáveis por importantes inovações aeronáuticas no Brasil: o voo noturno entre Rio e São Paulo, o emprego de aeromoças (até então, só se contratavam homens), a viagem de crianças desacompanhadas e até o incentivo a que os passageiros mascassem chicletes no avião — porque "mantinham aberta a trompa de Eustáquio, prevenindo a retração do tímpano". Em sua publicação mensal *Panair em Revista*, disponível para os passageiros na bolsa da poltrona em frente juntamente com o saco para enjoos, abundavam artigos sobre Santos-Dumont — nenhuma referência aos americanos irmãos Wright como inventores do avião.

O carioca habituou-se ao ronco das aeronaves militares americanas que circundavam o Corcovado e o Pão de Açúcar rumo ao aeroporto Santos-Dumont ou à base aérea do Galeão. Com tantos aviões no céu, os aeroclubes se tornaram uma mania no Rio. Os pilotos que se formavam por eles iam para a aviação militar. Somente a Escola de Aviação de Campo dos Afonsos tinha quinhentos alunos. O aeromodelismo também se difundiu: as crianças aprendiam a fazer planadores de balsa, uma madeira ultraleve, e disputavam batalhas aéreas brincando de "americano" e "alemão" — o problema é que ninguém queria ser o "alemão". E uma empresa especialista em escrever com fumaça no céu, a Skywriting Corporation of America, trouxe uma frota de aviõezinhos para o Rio. Todos os dias, nomes como Ford, Chrysler, Lucky Strike, Pepsi Cola e Toddy surgiam entre as nuvens. Eram formados por bafos de fumaça expelidos pela traseira da aeronave e exigiam acrobacia e precisão. Outra novidade eram os pequenos aviões que voavam a pouca altura com o nome de um produto pintado na parte de baixo das asas. Um dos primeiros a fazer isso anunciava o lançamento do livro, muito a propósito, *Tudo isto e o céu também*, de Rachel Field, pela José Olympio.

Seguindo o exemplo das agências de publicidade americanas, os anúncios em jornais e revistas começaram a usar referências à guerra para vender seus produtos, como "Guerra à tristeza! Vem aí o Carnaval! Lança-perfume da Rhodia!". Os chapéus Ramenzoni passaram a oferecer modelos femininos em forma de capacete. O do analgésico Melhoral, cujo slogan era "Para combater dores e resfriados", mostrava uma tropa formada como se estivesse ali para lutar contra a dor de cabeça. Uma guerra paralela era entre os inseticidas: o tradicional Flit e o novo Detefon, cada qual se dizendo mais mortífero — de qualquer forma, as baratas saíam perdendo. E um dos anúncios mais intrigantes dizia: "Incorpora-te ao exército da boa vontade.

Nem só com armas se é soldado. Em tudo podes prestar serviço à Pátria. O momento é de ação, e farás uma boa ação comprando uma ação da IBN. Coopera conosco e conseguiremos um potencial de força que nos levará à vitória!". Para quem não soubesse o que era o IBN, a explicação vinha logo abaixo: "Indústria de Bacalhau Nacional", com sede à rua do Mercado, 36, perto da praça Quinze. A guerra era também dos espertos.

Por causa dos americanos, o contrabando no Rio mudou de feição. Em vez dos lenços, vinhos e perfumes franceses do passado, os produtos mais procurados agora eram meias de nylon, uísques, relógios de pulso, brilhantina para o cabelo, rádios de pilha, canivetes automáticos e os novos cigarros com filtro — os marinheiros os traziam. Outro produto disputado eram os óculos ray-ban, de lentes verdes, marca registrada do general Douglas MacArthur, comandante americano nas Filipinas e cujas fotos saíam nas revistas.

O primeiro cinema a ter ar refrigerado no Rio fora o Metro-Passeio, em 1936, e, pelos seis anos seguintes, o único. As pessoas passavam "casualmente" pelas suas portas e reduziam o passo para receber um sopro gelado quando elas eram abertas no fim da sessão. Em 1942, com o acréscimo ao circuito do Metro-Tijuca e do Metro-Copacabana pelos americanos, o refresco contemplou mais gente e fez com que as outras redes de cinemas seguissem o exemplo. Em pouco tempo, quase todos os cinemas do Rio tinham ar refrigerado.

No dia 24 de agosto — dois dias depois da declaração de guerra ao Eixo —, o Rio foi o palco da estreia mundial de *Alô, amigos,* o primeiro desenho de Walt Disney produzido aqui. Zé Carioca foi apresentado ao mundo, flanando com o pato Donald pela calçada de ondas de Copacabana — a voz de Donald era por Clarence Nash, inclusive em português, e a de Zé Carioca, por José Patrocínio de Oliveira, músico de Carmen Miranda que ficaria para sempre associado ao personagem. "Aquarela do Brasil", de Ary Barroso, presente na trilha sonora, começaria sua carreira de uma das duas ou três canções mais executadas nos Estados Unidos durante a guerra (a campeã foi "Chattanooga choo choo", de Harry Warren e Mack Gordon, sucesso de Glenn Miller). *Alô, amigos* também mostrava o Carnaval do Rio, mas um Carnaval "branco", quase europeu, sem a frenética miscigenação que arrebatara Orson Welles. E, três anos depois, com a Política da Boa Vizinhança já quase reduzida a uma lembrança do passado, seria a estreia de *Você já foi à Bahia?,* em que Aurora Miranda, irmã de Carmen, contracenava com Donald e Zé Carioca em "Os quindins de Iaiá". O filme livrou Patrocínio de embarcar para a Europa com o Exército americano.

Disney conseguiu que ele fosse desconvocado, alegando que precisava dele para fazer a voz do Zé Carioca.

O Rio era a base das esquadras dos Aliados para operações no Atlântico Sul. A praça Mauá, com os navios americanos que chegavam todos os dias, vivia tomada por marinheiros de uniforme azul, com seus casquetes brancos, golas navais e calças boca de sino. Os rapazes podiam sair à vontade durante o dia, mas tinham de dormir nos navios atracados no porto. Rufiões e cafetinas levavam as prostitutas e elas passavam até duas semanas embarcadas, de cabine em cabine, atendendo à marujada — algumas se casaram com eles no fim da guerra. A moeda corrente nos beliches era o dólar, cotado a vinte cruzeiros. Por causa deles, a prostituição encareceu para os clientes brasileiros na Lapa e na Cinelândia, e muitas profissionais até deixaram de aceitá-los. No Mangue, os marinheiros não precisavam tirar os sapatos — a moça apenas estendia um jornal sobre o lençol, "para ir mais rápido", dizia. Uma das favoritas dos rapazes era uma sósia da atriz Dorothy Lamour, de seios de fora e sarongue.

A realidade de seus superiores, os oficiais, era muito diferente. Hospedavam-se em hotéis, principalmente o Luxor, em Copacabana, e, com suas elegantes fardas brancas, eram respeitosamente tratados nos restaurantes, convidados a recepções particulares e levados por lindas cariocas motorizadas a conhecer o Alto da Boa Vista.

Americanos interessados na cena brasileira não paravam de chegar. Outro foi o empresário e filantropo Lincoln Kirstein, autoridade em arte e enviado por Rockefeller. Para fins alfandegários, Kirstein vinha avaliar o panorama das artes plásticas no Brasil e comprar o que achasse digno do MOMA. Na vida real, seu interesse estava na temperatura política dos altos escalões. Kirstein não precisou de muito tempo para descobrir que, apesar de já aliado dos Estados Unidos, Getulio ainda mantinha pró-fascistas em cargos importantes. Dutra e Goes Monteiro, condecorados pelo Reich, não devolveram as medalhas como deviam ter feito quando o Brasil declarou guerra. Goes, aliás, segundo o general Lehman Miller, chefe da missão militar americana no Rio, seria o principal municiador da quinta-coluna. Filinto Müller, despejado da chefia de Polícia, fora acolhido por Dutra como seu chefe de gabinete e era agora presidente do Conselho Nacional do Trabalho. Os poetas Cassiano Ricardo e Menotti del Picchia tinham cargos de chefia no Ministério da Educação, onde empregavam amigos germanófilos. Gustavo Barroso, processado após o putsch integralista em 1938, submergira por algum tempo e voltou para assumir a direção do Museu Histórico Nacional. Francisco Campos, ex-ministro da Justiça e totalitarista convicto, sucedera ao falecido Afranio de Mello Franco como representante do Brasil na Comissão Jurídica Interamericana. E Lourival Fontes, ex--chefe supremo do DIP, tornara-se embaixador do Brasil no México — ele e Adalgisa, agora íntimos de Frida Kahlo e Diego Rivera. Tudo isso constou do relatório de Kirstein para Rockefeller. Para não perder a viagem, Kirsten assuntou o mercado de arte. Além de Portinari, que já conhecia, gostou de Guignard, José Pancetti, Thomaz Santa Rosa e Heitor dos Prazeres e, com os quadros e desenhos que comprou deles, formou o melhor acervo sul--americano do MOMA.

John Ford, o diretor de cinema, consagrado por filmes como *O delator* (1935), *No tempo das diligências* (1939) e *Como era verde meu vale* (1941), chegou em maio de 1943. Com ele, Gregg Toland, seu diretor de fotografia em *Vinhas da ira* (1940) e mais famoso ainda pela fotografia de *Cidadão Kane*. Ford estava quase recém-saído da batalha contra o Japão no atol de Midway, território americano entre Samoa e o Havaí, em 4 de junho de 1942 — um dos maiores confrontos aeronavais da história, com uma acachapante vitória americana. Ford o filmara em cores, em 16 mm, com o cinegrafista Jack McKenzie Jr., ambos postados na torre de controle da base, o lugar mais visado pelo inimigo, mas de onde tinham vista integral da ação. Combinando seu material com imagens dos cinegrafistas em combate, sem recurso algum de estúdio, como miniaturas de navios e aviões, produziu um extraordinário filme de dezoito minutos, *The Battle of Midway*. Exibido nos cinemas dos Estados Unidos como complemento à atração principal, lavou a alma de seus compatriotas depois do massacre de Pearl Harbor.

Ford era um dos cinco diretores de Hollywood no teatro de guerra, produzindo filmes educativos ou de propaganda — os outros, Frank Capra, George Stevens, William Wyler e John Huston. Todos deram grande contribuição, mas nenhum viu o perigo tão de perto quanto Ford. Aos 48 anos, era o único com atribuições extracinematográficas: trabalhava para seu velho amigo William "Wild Bill" Donovan, chefe da OSS (Office of Strategic Services), um serviço de inteligência e ação tão à margem dos controles regulares, inclusive do FBI, que Donovan só dava satisfações a Roosevelt. Ford criara para ele a Unidade de Fotografia de Campanha e insistira em levá-la para o cenário mais perigoso da guerra: o Pacífico Norte, alvo preferencial do Japão.

Era de se perguntar o que, depois de arriscar a vida em Midway, ele vinha fazer no Rio. A explicação oficial era a de que vinha rodar um filme sobre a nossa participação na guerra, daí as reuniões técnicas com militares brasileiros — o próprio Ford era oficial da reserva da Marinha, em posto aqui equivalente ao de capitão de fragata. Toland viria treinar os cinegrafistas nacionais que se encarregariam do grosso do serviço. Ford e Toland deram uma coletiva na ABI, circularam pela cidade e, assim como algumas celebridades em visita ao Rio, foram recebidos por Getulio no Catete — os de maior pompa eram recebidos no Guanabara. Na realização do filme, trabalhariam em conjunto com a Cinédia e com a nova Atlântida Cinematográfica, cujo fundador, Moacyr Fenelon, os convidou para a cerimônia de inauguração do estúdio, também em São Cristóvão. Foi uma festa com champanhe, autoridades, transmissão pela Rádio Jornal do Brasil e a presença do DIP. Era também o começo do trabalho no primeiro filme da Atlântida: *Moleque Tião*, com Grande Otelo, dirigido por José Carlos Burle. Ford e Toland aceitaram participar do evento: Ford bateu a primeira claquete e assistiu à respectiva tomada; Toland, a segunda, e assistiu à outra tomada. Antes da terceira, comovidos com a pobreza do cinema brasileiro, preferiram ir embora.

Ford escreveu a Donovan sobre o Rio: "Um lugar e tanto. Realmente de tirar o fôlego. As chamadas belezas brasileiras vêm da fome. Estou bem, os intestinos em ordem. Comida boa e farta. Sigo amanhã para alguns dias no Norte — para procurar borracha etc.". A Amazônia era a maior produtora de borracha no mundo, e sua extração, executada por brasileiros em regime de quase escravidão — a "Guerra da Borracha" —, ia integralmente para os Estados Unidos. Ford e Toland se encontraram lá com Jean Manzon, que captava imagens da operação a pedido do Birô Rockefeller. A OSS e o Birô não se davam, e talvez fosse o que Ford queria dizer com o "etc.".

O que se sabe da OSS pode explicar. Era uma superagência de espionagem e ação. Tinha poderes para assaltar arquivos, "quebrar" códigos, infiltrar agentes, sabotar instalações, explodir e até matar. Seus profissionais estavam por toda a Europa e Ásia, assim como os amadores que Donovan recrutava entre as personalidades mais improváveis e os punha para viajar e capturar informações. Algumas: o jovem historiador John Schlesinger Jr., a futura estrela da culinária Julia Child, o ator Sterling Hayden, o cineasta Merian C. Cooper, diretor de *King Kong* (1933), e, por incrível que pareça, o psiquiatra suíço Carl Jung — homens que, em qualquer lugar, jamais levantariam suspeitas. Quatro operadores de Donovan seriam depois diretores da CIA, a agência que, em 1946, sucederia a OSS. Ford era um dos espiões de Donovan.

Ford e Toland passaram vinte dias no país e não há registro de que tenham rodado um único pé de filme brasileiro ou ensinado a rodar uma manivela. De Manaus, seguiram para o canal do Panamá e, depois, para a Islândia. De volta a Los Angeles, Ford entregou a Donovan suas impressões sobre os militares brasileiros. E Toland, 10 mil fotografias tiradas no Brasil.

Quando Getulio rompeu com o Eixo, a França, subjugada a este, declarou guerra ao Brasil. É claro que aquela não era a verdadeira França, a França de Joana d'Arc, Napoleão e Jean Gabin. Era a França de Vichy, uma vergonhosa extensão do Reich. Os ocupantes alemães não quiseram esperar pelas formalidades de troca de embaixadores e, em fins de 1942, mandaram um pelotão para invadir a embaixada brasileira em Vichy e violar seus cofres e arquivos. O embaixador Souza Dantas tentou resistir e foi detido. Os alemães, em total desprezo pelas convenções diplomáticas, o confinaram e aos seus subordinados em Bad Godesberg, um distrito de Bonn.

No Rio, em contrapartida, floresceu o Comitê De Gaulle, braço nacional da France Libre, o movimento de resistência liderado pelo general Charles de Gaulle em Londres e reconhecido pelo governo britânico como a única e verdadeira França. A própria sede brasileira do comitê, na praça Quinze, ficava num prédio de propriedade britânica — o que impediu que o ainda chefe de Polícia Filinto Müller, ao tentar fechá-la, pudesse despejá-la de suas instalações.

O Comitê De Gaulle não era um partido político, mas uma congregação mundial de franceses socialistas, sociais-democratas, liberais, comunistas e até monarquistas, contra a ocupação alemã. No Brasil, seu representante oficial era o engenheiro-arquiteto Auguste Rendu, residente no Rio desde 1931 e, em parceria com Henri Sejous, autor de três marcos da arquitetura art déco na cidade: o Edifício Mesbla, na rua do Passeio, com sua torre-relógio de cem metros, construído em 1935, o prédio da Associação Comercial, na rua da Candelária, em 1940, e o belo Edifício Biarritz, na Praia do Flamengo, em 1941. Rendu era muito ativo: enfrentando o DIP, tentava pôr diariamente a França nos jornais, com seus manifestos, entrevistas, seminários e eventos. Promovia campanhas de apoio a franceses refugiados, prisioneiros e expatriados, enviava-lhes dinheiro clandestinamente e tentava fazer de cada francês no Rio um maqui.

Não era o único. O jornalista Léo Poldès lançou a *Tribuna Livre Franco-*

-*Brasileira*, ainda mais vigiada pelo DIP. Com o fim da importação de livros e do intercâmbio literário entre Paris e o Rio, abriram-se editoras para os franceses residentes no país. Duas delas foram a Atlântica, fundada por Charles Ofaire, que imprimia os livros de Georges Bernanos, e a Aurora, da poeta e ativista Béatrix Reynal. O internacional Bernanos fazia de Barbacena um enclave francês no Brasil. Já Béatrix (pronuncia-se *Beatriz*) trazia o mundo para sua casa na avenida Atlântica, transformada num *salon* de agitação permanente pela liberdade da França. No Rio desde 1915, quando tinha 23 anos, ela nunca deixara de ser francesa e, desde a queda de Paris, a militância passara a ocupar cada minuto de sua vida. Aos cinquenta anos em 1942, sentia-se a própria Marianne, a mulher-símbolo da França, do quadro de Delacroix.

Béatrix falava português quase sem sotaque, mas só era poeta em sua língua: "*Sainte Liberté! Sauve encore le monde/ Et malheur à ceux qui croient te bannir!/ Car, pour te garder, nous saurons mourir*" ("Santa Liberdade!/ Salva mais uma vez o mundo/ E malditos os que querem te banir/ Porque, para te proteger, saberemos até morrer"). Bernanos era grato a Béatrix por dedicar sua poesia à França. A romancista Colette lhe escrevera de Saint-Tropez e dizia-se que De Gaulle estava atento ao seu trabalho. Seus livros, cuja edição no Rio ela mesma financiava, deviam custar-lhe caro — o principal, *Poèmes de guerre: 1940-1942*, era em formato gigante e tinha parte da edição em papel pergaminho. Béatrix não precisava vendê-los. Era uma mulher de posses. Imprimia-os para distribuí-los a todos os franceses que pudesse atingir, em qualquer parte do mundo, e aos amigos brasileiros que tinham a França também como sua pátria.

Alguns desses amigos eram Rachel de Queiroz, Eugenia e Alvaro Moreyra, Bandeira, Drummond, Murilo Mendes, Anibal Machado, José Geraldo Vieira, Otto Maria Carpeaux, todos influentes na palavra impressa, e artistas plásticos como Oswaldo Goeldi, Portinari e Djanira. Nas reuniões em seu *salon*, os hors d'oeuvres eram preparados por seu próprio chef; os armagnacs, servidos em copos bojudos; e as paredes, decoradas com os cézannes, monets, renoirs, utrillos e valadons comprados em outros tempos. Mas sua atuação pelo Comitê De Gaulle é que fazia do Rio o centro do ativismo pró-França na América do Sul. Béatrix escrevia panfletos, manifestos e abaixo-assinados, organizava campanhas beneficentes para a Cruz Vermelha francesa, articulava levantamento de fundos para a Resistência e fazia dois programas na Rádio Ministério da Educação, *Hora da França* e *Franceses, nós cremos em vós*. Béatrix era melhor soldado do que poeta e maior pessoa do que soldado, mas as três juntas formavam um *bleu-blanc--rouge* que resumia a essência da França.

No dia 29 de setembro, um mês depois da declaração de guerra, os navios *Osório* e *Lajes* foram afundados no litoral do Pará pelo *U-514*, com menos de uma hora de diferença. No dia seguinte, outro submarino, o *U-516*, mandou ao fundo o *Antonico*, perto da Guiana Francesa. Os 24 sobreviventes chegaram remando à ilha do Diabo, território francês, mas, como a França, por causa da Alemanha, estava em guerra contra o Brasil, foram presos. No dia 3 de novembro, foi a vez do *Porto Alegre*, entre a Cidade do Cabo e Durban, no sul da África, pelo *U-504*. Estava isolado e desarmado. E, no dia 22 de novembro, o *Apaloide*, pelo *U-163*, perto de Trinidad e Tobago. Esses torpedeamentos custaram quinze mortos.

O Brasil estava pagando caro por desmantelar a espionagem alemã, abrir suas bases aos Aliados e lhes fornecer alimentos e material. Em troca, a guerra lhe oferecia uma oportunidade única de se tornar a principal força militar na América do Sul. O caminho mais curto para isso seria participar fisicamente da guerra, como uma "potência associada", mandando uma força expedicionária para onde os Aliados achassem conveniente. Por Aliados, leia-se os Estados Unidos, já que a Grã-Bretanha e a URSS viam a ideia como de exclusivo interesse americano e eles não levariam nenhuma vantagem nela.

Uma ideia longamente discutida entre o Rio e Washington foi a do envio de tropas brasileiras para o Norte da África, portal do canal de Suez e do Mediterrâneo. Mas ela ficou sem sentido em outubro de 1942, quando os Aliados, comandados no Egito pelo general britânico Bernard Montgomery, derrotaram o *Afrika Korps*, do marechal de campo alemão Erwin Rommel, na batalha de El Alamein. Disparado o último tiro, que forçou a retirada de Rommel, uma sinfonia de gaitas de fole ecoou pelo deserto. Foi o primeiro revés importante da Alemanha, com consequências inclusive para o Brasil. Três meses depois, em janeiro de 1943, Roosevelt e Churchill, com De Gaulle como coadjuvante, reuniram-se em Casablanca para definir as estratégias seguintes — uma delas, a invasão da Itália através de Nápoles, visando à libertação de Roma e à entrada na Alemanha pelo norte da bota. Daí, antes de voltar para Washington, Roosevelt propôs um encontro com Getulio em Natal. Mesmo apanhado de surpresa e num difícil momento pessoal, Getulio não tinha como recusar.

Teria de ser uma viagem sob espesso sigilo, para evitar o tumulto que acompanhava qualquer deslocamento de um presidente americano. Em torno de Getulio, só Alzira e Luthero sabiam do encontro, e mesmo assim porque, quando recebeu o convite, Getulio estava com eles em São Paulo — oficialmente, para comemorar o aniversário da cidade, em 25 de janeiro, mas, na verdade, ao pé da cama de hospital em que seu outro filho, Getulio Vargas Filho, Getulinho, que morava na cidade, lutava pela vida contra a poliomielite.

O encontro foi marcado e, no dia 28, um avião decolou de Casablanca e outro de São Paulo, ambos para Natal. Roosevelt e Getulio se encontraram no dia seguinte, a bordo do destróier americano ancorado no rio Potengi, o *Humboldt*. Os dois, de terno de linho branco, evitaram fotografias de corpo inteiro: Roosevelt, de cadeira de rodas por sua paralisia, provocada, por coincidência, pela poliomielite; e Getulio, ainda de bengala, último resquício do acidente de automóvel que sofrera em 1º de maio do ano anterior.

Ali se decidiu entre eles, em francês, que os dois falavam bem — e sem a presença de Oswaldo Aranha, deixado de fora por Getulio —, o futuro imediato dos dois países. O Brasil continuaria a franquear os portos e bases de que os Estados Unidos precisavam (muito mais do que admitiam). Os Estados Unidos se comprometiam a tomar medidas imediatas para o começo da construção da usina de Volta Redonda. E firmou-se que, ainda naquele ano, o Brasil enviaria um corpo expedicionário para a guerra. Só não se sabia para onde. Era certo que, depois de El Alamein, não seria mais para a África, pois Dakar deixara de oferecer perigo.

Nas poucas fotos que documentaram o encontro, veem-se os dois num jipe Willys, talvez a caminho dos aviões que os levariam de volta — Getulio, no banco traseiro, gargalhando a algo que Roosevelt, sentado à sua frente e virado para ele, parece estar dizendo. Com tudo resolvido, Roosevelt seguiu viagem para a Casa Branca e Getulio voltou para o Rio. Deste, voou de novo para São Paulo, a fim de acompanhar a agonia final de Getulinho, que morreu no dia 5 de fevereiro. Tinha 23 anos.

A morte do filho foi um baque para Getulio. Mas, à sua volta, a guerra era também uma questão de vida ou morte.

No dia 13 de janeiro de 1943, houve gritos de júbilo e dança na avenida Rio Branco com o bombardeamento, por uma patrulha aérea americana, do *U-507*, o submarino que afundara cinco navios brasileiros em uma semana na costa do Nordeste. Seus 54 tripulantes e o comandante Harro Schacht foram para o fundo do mar do Ceará. Mas o torpedeamento de nossos mercantes não parava.

No dia 18 de fevereiro, foi torpedeado o *Brasiloide* pelo alemão *U-518*, no litoral de Garcia d'Ávila, na Bahia, sem mortes. Em 2 de março, o navio de passageiros *Afonso Penna*, também no litoral baiano, pelo submarino italiano *Barbarigo*, o mesmo que, quase um ano antes, já afundara o *Gonçalves Dias*. Dessa vez, seus torpedos levaram 32 tripulantes e 92 passageiros. No dia 30 de junho, no litoral sul de São Paulo, foi a vez do *Tutóia*, pelo *U-153*. Morreram sete tripulantes. No dia 22 de julho, foi afundado a tiros de canhão o pesqueiro *Shangri-la*, pelo *U-199*, ao largo de Cabo Frio. Morreram os dez tripulantes. No dia 24, o *Pelotasloide*, pelo *U-590*, no litoral do Pará. Cinco passageiros mortos. Em 1º de agosto, o *Bagé*, pelo *U-185*, na costa de Sergipe. Vinte tripulantes e oito passageiros mortos. Em 26 de setembro, o *Itapagé*, pelo *U-161*, na costa de Alagoas — dezoito tripulantes e quatro passageiros. Em 28 de setembro, o *Cisne Branco*, pelo *U-170* — quatro tripulantes. E, em 23 de outubro, o *Campos*, pelo *U-170*, na costa de Santos — dez tripulantes e dois passageiros.

O fato de esses afundamentos terem se dado na costa brasileira mostrava que a defesa interna era uma imposição. A primeira providência foi a instituição do blecaute no Rio e demais cidades litorâneas, para dificultar possíveis ataques noturnos por aviões. Criou-se o Serviço de Defesa Passiva Antiaérea. Todos os dias, pouco antes das sete da noite, carros passavam pela cidade com a sirene ligada. Era o comando para as pessoas saírem da rua e irem para casa ou para algum lugar seguro. Em mais quinze minutos, nova sirene com a ordem para o recolhimento, principalmente à beira-mar. Era obrigatório apagar as luzes das casas e vedar as janelas com panos pretos ou cortinas de feltro escuro. As lâmpadas nos postes da orla tinham o lado de fora, voltado para o mar, pintado de preto — quando acesas, só o lado de dentro iluminava a rua. Todas as embarcações na baía tinham de ficar às escuras. E os carros da polícia e as ambulâncias podiam rodar, mas sem faróis acesos. Os fortes militares (de Santa Cruz, em Niterói, Duque de Caxias, no Leme, São João, na Urca, e o de Copacabana) rastreavam o céu com holofotes.

A Defesa Passiva era formada por voluntárias com fardas do Exército (saias em vez de calças) e treinamento militar supervisionado por um coronel. Destinava-se a orientar a população diante da possibilidade de bombardeio. Circulavam a pé pelas ruas, certificando-se de que estava tudo às escuras e pedindo às pessoas que jogassem o cigarro no chão e o esmagassem, "para o bom êxito do blecaute". As luzes do Cristo Redentor e do Pão de Açúcar, os anúncios a neon na avenida Beira-Mar e os repuxos coloridos na praça Paris, tudo era apagado. Os jogos noturnos de futebol foram proibidos. Lojas, fábricas, teatros, cinemas e cassinos podiam funcionar desde que a luz não vazasse para o exterior. Uma marchinha de Germano Augusto e A.F. Silva, intitulada "Blecaute", glosava a situação: "Vamos, Maria, vamos/ Na rua não podemos ficar/ Vai começar o blecaute, Maria/ Temos que nos refugiar.// Eu tenho medo de deixar você/ Sozinha na escuridão/ Pode aparecer alguém/ E roubar seu coração.// Eu já ouvi a sirene/ Dar o sinal de atenção/ Quando ouvir o segundo alerta/ Maria, me dê sua mão". Mas os casais de namorados gostavam do blecaute. Sob o pretexto de vigiar a costa, iam para as trevas do Leme ou do Arpoador e estacionavam seus carros, espaçosos o suficiente para permitir as mais ousadas manobras amorosas — chamadas pelos cariocas de "corrida de submarino".

Promoviam-se exercícios de simulação nos bairros, preparando a população para o que fazer em caso de ataques reais. Os jornais e a Rádio Difusora, de propriedade da prefeitura, avisavam os cidadãos sobre dia, hora e local da operação. Como na marchinha, o início do exercício se dava com os sons de "Atenção!" e "Alerta!", saídos de carros com sirene, alto-falantes, sinos de igreja ou apitos de fábrica. A partir daí, começava a simulação. Todos os focos luminosos na área interditada tinham de ser apagados. Os cidadãos deviam ficar em casa, longe de janelas, varandas e terraços. Quem estivesse na rua e impossibilitado de voltar para casa, que se protegesse em abrigos improvisados, como pilotis e marquises de prédios de concreto armado ou nos túneis, como o do Leme, cavados na rocha. Bombeiros, postos de socorro médico e outros serviços de emergência ficavam de prontidão. A operação durava das sete às dez da noite. Seu término era também anunciado pela Difusora e pelos sinos, sirenes e apitos, agora significando "Céu limpo!". Durante o dia, as escolas eram visitadas por voluntários para um serviço de instrução antiaérea para as crianças. O escritor Marques Rebêlo, já famoso por seu romance *A estrela sobe*, era um deles.

A guerra saltava dos jornais e dos rádios para o dia a dia. O Serviço de Defesa Passiva pôs uma multidão de garotos na rua distribuindo panfletos com ordens para o caso de ataque aéreo. Diziam:

1. *Luz*. Apague todas as luzes em sua casa ou providencie com antecedência o velamento perfeito das mesmas, evitando que elas se exponham para o exterior. Lembre-se sempre de que, mesmo à distância de dois quilômetros, a luz de uma simples vela é vista pelos inimigos.

2. *Incêndio*. Em caso de incêndio em sua residência, avise imediatamente o posto mais próximo de bombeiros voluntários e, enquanto aguarda sua chegada, procure apagar o fogo usando areia, água espargida ou extintores.

3. *Na rua*. Surpreendido na rua por um ataque aéreo, não corra. Procure com a maior calma recolher-se ao abrigo público mais próximo. Se isso não for possível, procure então abrigar-se nos ângulos dos edifícios de sólida construção, atrás das partes salientes das paredes e nos corredores e passagens subterrâneas, ou deite-se aproveitando as depressões que encontrar.

4. *Em veículos*. Se estiver viajando em bonde, ônibus ou automóvel, desembarque e procure conduzir-se como foi aconselhado no item anterior.

5. *Calma*. Guardar sempre na lembrança que a segurança de cada um dependerá da calma, do sangue-frio, da serenidade e da disciplina com que souber afrontar os perigos decorrentes dos bombardeios aéreos.

6. *Cooperação*. Colabore o mais que puder com as autoridades, evitando a propagação de notícias falsas e dominando os boateiros. Aguarde do governo as notícias oficiais. Seja sempre um soldado civil de sua pátria.

Pelo Decreto 4908 de 1942, exarado apenas dez dias depois da declaração de guerra, todo prédio em construção, acima de cinco andares e com mais de 1200 metros de área coberta, seria provido de abrigo subterrâneo. Este deveria ter estrutura reforçada, geração própria de gás e de energia e instalações para cozinha, lavabos e dormitórios para cinco ou dez famílias. Todos os tipos de edificação estavam incluídos nessa medida: prédios residenciais, hospitais, hotéis, casas de diversões e lojas. Como Copacabana era o bairro mais em expansão, a maioria dos abrigos concentrou-se em suas ruas. O prédio mais ilustre contemplado foi a Galeria Menescal, com um abrigo tomando um quarteirão inteiro entre a rua Barata Ribeiro e a avenida Nossa Senhora de Copacabana. Construíram-se também prédios com abrigo no Flamengo, na avenida Beira-Mar e no Castelo, todos então com forte apelo imobiliário.

As praças e calçadas ganharam uma nova paisagem: pirâmides de ferro-velho compostas de fogões e geladeiras sem uso, bicicletas quebradas, panelas furadas, latas, pregos, parafusos, tampinhas de garrafa e até tubos vazios de pasta de dente. Tudo que contivesse metal podia ser útil para a indústria de guerra. Era uma campanha da LBA, Legião Brasileira de Assistência, o órgão assistencial fundado por dona Darcy no dia 28 de agosto de 1942, três dias antes de Getulio entrar na guerra. As crianças eram estimuladas a doar até seus baldinhos de praia, estrelinhas de xerife e piorras de alumínio. Os agentes passavam uma vez por dia pelas "pirâmides", recolhiam tudo em caminhões e levavam para uma metalúrgica em São Cristóvão, onde esse ferro-velho era prensado. Mas nunca se soube se uma caçarola particularmente querida justificou sua prensagem transformando-se numa bala.

E, por causa da guerra, uma viagem a qualquer capital do Nordeste, mesmo que imprescindível, podia levar semanas. Não havia estradas. De avião, era impossível — estavam tomados para transporte de tropas —, e os navios, na rota dos torpedeamentos, só eram aconselhados aos muito corajosos. A solução era ir de trem, em bitola larga, do Rio a Belo Horizonte; de lá, também de trem, em bitola estreita, até Pirapora; nesta tomava-se um navio-gaiola e se levava dez dias descendo o rio São Francisco até Juazeiro, na Bahia. Como Juazeiro e Petrolina, em Pernambuco, ainda não eram ligados por ponte, chegava-se de balsa ao outro lado. A partir dali, dependendo do estado a que se quisesse ir, a viagem continuava de novo por trem ou, em algumas regiões, de caminhão, com combustível racionado e muita disputa de lugar na caçamba. Só então se atentou para a necessidade de cortar o país na vertical, com uma rodovia ligando o Sudeste ao Nordeste: a Rio-Bahia.

A paranoia era geral. O escritor Anibal Machado escreveu um conto, "O piano", em que contou a angústia de uma família remediada de Ipanema para se livrar de seu velho piano. Precisavam abrir espaço para uma cama de casal — para sua filha, em vias de se casar, e para o futuro marido dela. Como não conseguiam vender o piano e ninguém o queria nem de graça, o jeito era atirá-lo ao mar. O piano é arrastado com sacrifício pela calçada e pela areia e, finalmente, as ondas o levam. No dia seguinte, o chefe da família é intimado a comparecer à Capitania dos Portos sob a suspeita de ter se livrado, dentro do piano, de um radiotransmissor clandestino capaz de passar informações para os submarinos alemães.

As restrições se aplicavam a tudo. Fotos aéreas do Rio não eram mais permitidas. Ficou proibida a venda de terrenos e imóveis na orla a qualquer estrangeiro. E o carioca começou a andar na rua de sapato sujo — com o racionamento, não havia mais graxa para sapatos.

***

Se as bombas voadoras talvez fossem uma hipótese, o racionamento era uma realidade. Tudo começa a faltar em tempo de guerra, provocado pela queda na produção, pelo direcionamento de combustível para a indústria bélica e pela paralisação do comércio internacional. Numa guerra mundial, nenhum país deixa de ser atingido, o que obriga os governos a tentar impor um equilíbrio entre o consumo interno e a capacidade de abastecimento. E quanto mais cedo, melhor. Oswaldo Aranha alertara Getulio para isso desde o começo do conflito na Europa, fora ignorado, e a imprevidência de Getulio se agravara pelos ataques dos submarinos alemães. A paralisação quase total da navegação de cabotagem se refletiu no comércio de mercadorias. O Nordeste se viu abarrotado de açúcar que não tinha como vender, enquanto o Sudeste era obrigado a racioná-lo. Já os alimentos produzidos no Sudeste não conseguiam chegar ao Nordeste, onde a ameaça de fome foi real. Faltavam gasolina, peças sobressalentes para automóveis e equipamento ferroviário para reposição. Todo o transporte tinha de ser feito pela navegação costeira, mas os navios só podiam viajar em comboio e com a escolta da Marinha. E esta vivia comprometida escoltando os mercantes que iam para os Estados Unidos.

Criou-se a Coordenação da Mobilização Econômica, comandada pelo engenheiro João Alberto. Ele impôs o Serviço de Racionamento, órgão autorizado a emitir os talões de controle e único meio de se ter direito a gasolina, remédios e certos produtos de alimentação. Ao receber em casa o talão de racionamento, a família se inscrevia no açougue ou armazém de sua preferência e só podia comprar nesses lugares. Cada produto comportava certo número de cupons, que eram destacados pelo vendedor quando se fazia a compra. Aos poucos, quase tudo passou a ser racionado: açúcar, sal, manteiga, ovos, leite, azeite, trigo, banha, óleos vegetais. As cotas eram semanais, e uma família de cinco pessoas tinha direito a um quilo de açúcar por semana. Os enfermos, velhos e crianças, a um litro de leite. Para cada produto, formavam-se filas à porta dos estabelecimentos. A inflação disparou.

Os comerciantes tinham seus estoques controlados. Às vezes, fechavam as portas por falta de estoque; outras, para especular com o preço e vender para o mercado clandestino. Se faltasse azeite, por exemplo, podia-se conseguir uma lata com os comerciantes ilegais, que ditavam os valores. Quem protestasse contra os preços escorchantes ouvia de volta frases insolentes: "É se quiser". Às vezes, os jornais tratavam a coisa com bom humor. O título de uma reportagem no jornal *O Radical* dizia: "Nenhum trabalhador será demitido das fábricas de balas por faltar açúcar". Referia-se às balas de chupar.

Como sempre, tentava-se dar um jeitinho. As mães raspavam as embalagens de manteiga, banha e óleo. À falta de gás, esquentavam o pão para amaciá-lo num prato com álcool a que se jogava um fósforo. Como o trigo que se produzia aqui fosse dirigido à exportação, veio o racionamento de farinha de trigo e começou a faltar pão francês. As padarias começaram a fabricar pão com farinha de milho, de mandioca e de arroz, que as pessoas, desaprovando, chamavam de "pão da guerra". Desvios aconteciam em toda parte — os soldados na Vila Militar davam um jeito de subtrair dos estoques um ou dois sacos de açúcar e mandá-los para suas famílias. E sobravam irregularidades e injustiças.

Num momento em que faltava leite para enfermos e crianças nos hospitais, Edmar Morel, então repórter dos Associados, descobriu que as éguas do Jockey Club tinham leite à vontade. A campeã Farpa, do Stud Paula Machado, foi fotografada na véspera de uma corrida tomando sua ração matinal: um balde com quatro litros de leite, extraído de gado normando, fervido puro, sem adição de água e temperado com dois quilos de açúcar. Por coincidência, escreveu Morel, no momento em que a felizarda égua era fotografada em seu cocho, uma fila de quase trezentas pessoas na avenida Lineu de Paula Machado, a cem metros do Jockey, esperava a chegada de um carro-pipa contendo leite. A reportagem de Morel enfureceu a população e leiterias da cidade foram depredadas.

Com a redução dos lotes de combustível para o Brasil pelas gigantes americanas — Esso, Shell, Texaco —, o racionamento de derivados do petróleo foi instituído pelo prefeito Henrique Dodsworth. Informados do que iria acontecer, os donos dos postos passavam a noite estocando gasolina em latas e galões. Os fiscais davam em cima e apreendiam milhares de litros de cada vez. De tempos em tempos, a gasolina ficava disponível apenas para os ônibus, bombeiros, ambulâncias, caminhões, táxis e os carros dos chefes das representações diplomáticas, e apenas vinte litros por semana. Os médicos também requisitaram esse privilégio, mas não lhes foi concedido. Mesmo quando tinham combustível, várias linhas de ônibus deixavam de circular por falta de peças de reposição. Os cidadãos comuns se queixavam de que, com seus carros parados, os motores sofriam avarias. Os pneus ficavam inutilizados, a não ser que se plantasse o carro sobre suportes de madeira. Para piorar, houve racionamento de pneus, porque a borracha brasileira ia toda para as rodas dos jipes americanos — as toucas de praia, também feitas de borracha, sumiram das prateleiras, assim como as camisinhas nas farmácias.

O governo criou a Comissão Nacional de Gasogênio e institucionalizou o uso desse produto. Era um gás combustível, produzido pela queima de lenha ou carvão em duas caldeiras tubulares acopladas à traseira do automóvel. Rendia pouco e, com ele, uma viagem de carro do Rio a São Paulo levava seis dias. Fazia muita fumaça, sujava as mãos e obrigava que as pessoas trouxessem no porta-luvas uma garrafa do racionado leite, para o caso de intoxicação. Por causa do gasogênio, os postos de gasolina tinham de estocar carvão, transformando-se em carvoarias. Os frentistas viviam sujos de fuligem. Os tambores eram fabricados pela General Motors e o povo, com razão, os achava horrorosos. Mesmo assim, alguém teve a ideia de promover uma Corrida de Automóveis de Passeio de Gasogênio, nas pistas da Lagoa. E mulheres de traseiro avantajado eram chamadas de Maria Gasogênio.

A imprensa e a indústria editorial também sofreram. Por causa da guerra, o Brasil não tinha como importar o papel sueco ou o dinamarquês. Quando os estoques se esgotaram, apelou-se para o papel canadense, muito inferior. A qualidade dos livros, inclusive os das principais editoras, como a José Olympio e A Noite, caiu. Os jornais diminuíram as tiragens e, com as cotas reduzidas, tiveram de aumentar o preço. Para aflição dos garotos, que já não podiam passar sem Flash Gordon, até o *Suplemento Juvenil* foi reajustado. Os laboratórios fotográficos não tinham mais insumos para revelação. Passou a faltar também filme de cinema — negativo de som e imagem —, o que diminuiu a já escassa produção de filmes nacionais. Com isso, dois filmes vagamente inspirados na guerra, *Samba em Berlim* (1943) e *Berlim na batucada* (1944), ambos da Cinédia e dirigidos por Lulu de Barros, tiveram suas carreiras liquidadas por causa das poucas cópias — riscavam, quebravam e eram jogadas fora; não havia como substituí-los.

Os automóveis, geladeiras, liquidificadores e enceradeiras, com sua produção interrompida nos Estados Unidos, deixaram de chegar aqui. Artigos produzidos no Brasil também sumiram da praça, porque toda a sua matéria-prima ia para exportação. A produção têxtil foi a primeira a ter sua produção encampada pelo governo. A seda usada na fabricação de vestidos, camisolas, meias e lenços foi para os paraquedas aliados. Com o couro destinado à indústria bélica, os sapatos ficaram mais difíceis de encontrar. E a lã também sumiu, reaparecendo na Europa, nos uniformes e cobertores para os combates na neve. As grandes casas de moda do Rio —

Canadá, Imperial, Mademoiselle e Mayfair —, sem a alta-costura francesa para abastecê-las, passaram a comprar os modelos na Argentina, aliada
de Vichy. Aqui chegando, as costureiras os desmontavam para saber como
eram feitos e os confeccionavam com os tecidos disponíveis, donde as elegantes cariocas continuaram relativamente vestidas no rigor.

A impossibilidade de importação de materiais de construção — ferro,
canos, areia, brita, cimento, cal, vidros, óleo mineral — levou a uma crise na construção civil. O centro do Rio vinha num frenesi de inauguração
de grandes edifícios, que começara pelo da ABI, dos irmãos Marcelo e Mil-
ton Roberto, no Castelo, inaugurado em 1938. Foi o primeiro prédio verdadeiramente modernista do Brasil, sem janelas, com a claridade e o are-
jamento entrando pelos brise-soleils, os quebra-sóis. Mas outros ainda em
andamento atrasaram, como o Ministério da Guerra e a Central do Brasil,
ambos na avenida Presidente Vargas, esta também em acabamento. Em
1943, tudo parou de vez. Edifícios ainda em fase inicial tiveram sua execução interrompida, como o aeroporto Santos-Dumont, também dos irmãos
Roberto, e aquele por cujo projeto, começado em 1934 e aparentemente interminável, Getulio não tinha a menor simpatia: o prédio do Ministério da
Educação, pela equipe de Lucio Costa — "Nunca mais vou autorizar uma
obra como esta", declarou.

A única grande construção que não sofreu interrupção foi exatamente
a mais difícil e luxuosa: o Hotel-Cassino Quitandinha, de Joaquim Rolla,
em Petrópolis. Rolla, o "rei da roleta", começou a obra em 1941 e esperava
concluí-la em dois anos. Levou três, o que, devido às condições da época,
já foi uma façanha. Mas, para isso, beneficiou-se de vários fatores. Quando o cimento desapareceu do mercado, a maior parte da construção já fora concluída. A brita nunca foi problema, porque Rolla a extraía de uma
pedreira de sua propriedade ali perto. Tijolos, ele fabricava. A alimentação
das centenas de operários vinha de sua granja em Araras, ao lado de Petrópolis. E, sem que se soubesse como, caravanas de caminhões saíam do Rio
diariamente em direção à obra — gasolina não parecia problema —, levando azulejos, vidros, vitrais, madeira nobre, pratos de porcelana, fichas de
galalite, maçanetas de bronze, candelabros de cristal, tudo com que nem
se sonhava longe dali.

A própria contratação da americana Dorothy Draper, autora do Hotel
Carlyle, em Nova York, e considerada a maior decoradora de interiores do
mundo, parecia um acinte. Ao ser convidada por Rolla, Dorothy imagi-
nou-se construindo um hotel-cassino em meio à selva, entre flores gigan-

tes, araras e botocudos, e só aceitara porque, com os Estados Unidos em guerra, seu escritório na Park Avenue estava parado. Ao chegar aqui, deparou com a elite que frequentaria o Quitandinha — uma gente viajada, quase europeia, falando uma ou duas línguas a mais do que ela. E ainda mais espantada ficou quando Rolla passou a trazê-la e a sua equipe de dezoito pessoas a Petrópolis, várias vezes por ano — de avião.

Com seus seis andares, quinhentos quartos de hóspedes, palco rotativo para duas orquestras, boca de cena maior que a do Theatro Municipal e salão de jogos com uma abóbada de fazer inveja às igrejas do Vaticano, o Quitandinha pode ter custado a Rolla o absurdo de 13 milhões de dólares. E ele o pusera de pé na mais ingrata das épocas. Como conseguiu? Porque seu dinheiro não era apenas o que lhe entrava pelas roletas. Rolla era também banqueiro (dono do poderoso Banco Mercantil) e tinha tantas incorporações que nem se lembrava de algumas.

E era também íntimo de Bejo Vargas, sempre à mão quando se tratava de abrir portas — e bolsos.

Em outubro e novembro de 1942, já se discutia se deveria haver Carnaval em fevereiro seguinte. Não porque o carioca não quisesse pular, mas pelo perigo das concentrações humanas no Carnaval de rua, chamado de "externo". Seriam um alvo irresistível para as bombas V1 e V2 de Hitler. E havia o constrangimento pelas mortes de tanta gente nos torpedeamentos de navios — podia parecer falta de respeito. Mas as V1 e V2 não caíram, nenhum morto protestou e o Carnaval aconteceu do mesmo jeito. Não tão animado quanto o dos anos anteriores, mas por outros motivos. O racionamento de materiais necessários à prensagem dos discos de 78 r.p.m. — ouro, cobre, níquel, cromo, goma-laca e cera de carnaúba — obrigou as gravadoras a rodar menos títulos e com tiragens mais limitadas. Com a guerra como tema quase único de suas letras, sabia-se que a expectativa de vida dos sambas e marchinhas daquele ano não passaria dos três meses anteriores ao Carnaval e dos três dias do propriamente dito. O Carnaval de 1943 foi o único em décadas a não produzir um só clássico para a eternidade.

A melhor marchinha foi "Adolfito mata-moros", de João de Barro e Alberto Ribeiro, com Orlando Silva: "Adolfito bigodinho era um toureiro/ Que dizia que vencia o mundo inteiro/ E num touro que morava em certa ilha/ Quis espetar sua bandarilha// Mas o touro não gostou da patuscada/ Pregou-lhe uma chifrada/ Tadinho do rapaz!/ E agora o Adolfito caracoles/ Soprado pelos foles/ Perdeu o seu cartaz". O touro era uma referência ao John Bull, touro-símbolo da Inglaterra, a qual era a ilha, e os foles, as gaitas de Montgomery no deserto africano. Outra paródia foi "Que passo é esse, Adolfo?", de Haroldo Lobo e Roberto Roberti, com Aracy de Almeida: "Que passo é esse, Adolfo/ Que dói a sola do pé?/ É o passo do gato?/ Não é./ É o passo do rato?/Não é./ É o passo do ganso/ Qüem, qüem, qüem...". Houve também "Quem é o tal?", de Ubirajara Nesdan e Afonso Teixeira, cantada por Ataulpho Alves: "Quem é que usa cabelinho na testa?/ E um bigodinho que parece mosca/ Só cumprimenta levantando o braço/ Ê, ê, ê, ê, palhaço!". Bem direta ao ponto era "Abaixo o chope!", de Alvarenga e Grande Otelo, com Alvarenga e Ranchinho: "Abaixo o chope/ Hei, Fritz/ Abaixo o chope/ Hei, Fritz/ Abaixo o chope/ Hei, Fritz/ Abaixo o chope e o talharim/ Joga fora essas comidas/ Traz feijoada pra mim".

Sobrou até para o imperador japonês Hiroito, em "Chupando um pirulito", de Benedito Lacerda e Cristovão de Alencar, com Linda Baptista: "Quando acabar o conflito/ E não se ouvir mais o grito do canhão/ Eu quero ver o Hiroito aflito/ Comendo arroz sem palito/ Na ilha de Salomão". As ilhas Salomão eram um ponto vital do Pacífico, conquistadas pelos Estados Unidos em outra duríssima batalha aeronaval contra o Japão. Assim como a de Midway, essa vitória foi decisiva para impedir o domínio japonês numa vasta porção do mar. O combate durou meses, e a vitória americana só se completou na tomada da ilha de Guadalcanal, em novembro — bem a tempo para o Carnaval de 1943.

Naquele ano, o desfile das escolas de samba foi organizado pela UNE, em conjunto com a Liga de Defesa Nacional. Elas o chamaram de "Carnaval da Vitória", pedindo a criação de uma força expedicionária. Ainda não se faziam sambas-enredo, e cada escola apresentava vários sambas na avenida. Com autorização da Polícia Civil e do DIP, a UNE propôs que todos falassem da participação do Brasil na guerra. A Portela foi a primeira a aderir, seguida por Mangueira, Unidos da Tijuca e Prazer da Serrinha. Alguns desses sambas foram de autoria de Ataulpho Alves, Silas de Oliveira, Jair do Cavaquinho e Mano Decio da Viola. As Grandes Sociedades — Fenianos, Democráticos e Tenentes do Diabo — também fizeram o "Préstito da Vitória" na avenida Rio Branco, com dez carros alegóricos pregando o envio de tropas brasileiras. Os destaques entre os carros foram o das Nações Unidas, o da crítica ao integralismo, o da produção de matérias-primas, o da derrota de Hitler na URSS e até um que estimulava a doação de sangue — "Nosso soldado precisa do teu sangue!". Em vários, bustos gigantes de Roosevelt, Churchill, Stálin e do chinês Chiang Kai-shek se equilibravam nas carrocerias. E, à altura deles ou até maiores, o de Getulio.

Quem não precisou de estímulo para se juntar ao esforço de guerra foi o teatro de revista da praça Tiradentes. Já habituados a basear seus enredos nos fatos da atualidade, os teatros Recreio, João Caetano e Carlos Gomes levaram o ano com sátiras musicais sobre a guerra, muitas chegando a cem ou mais récitas — um fenômeno para um tempo em que a maioria ficava duas semanas em cartaz. Em 1942, vieram *Fora do Eixo*, com Oscarito e um enxame de hitlers, mussolinis e hirohitos no palco; *Às armas!*, com Aracy Côrtes; *Rumo a Berlim*, com Dercy Gonçalves; *Marcha, soldado!*, com Margarida Max; *Vitória à vista*, também com Oscarito; *A vitória é nossa!*, também com Margarida Max; e *Passo de ganso*, também com Dercy. Em 1943, *Rei Momo na guerra*, igualmente com Dercy, talvez a artista mais mobilizada pela guerra; *Montanha russa*, com Alda Garrido; e *Defesa da borracha*, com Beatriz Costa e Oscarito, este, parando o show com uma paródia de "Madame la Marquise", de Ray Ventura, intitulada "Madame la Gestapo", por Luiz Peixoto. A música para esses espetáculos estava a cargo do primeiro time: Ary Barroso, Assis Valente, Custódio Mesquita.

Assim como as marchinhas e os sambas de Carnaval, nenhum desses espetáculos sobreviveria no futuro. E nem isso lhes podia ser exigido. O que eles mostravam já era suficiente para a época: a guerra com as coxas de fora.

18

"Alô, Tio Sam, alô!"

O Brasil não precisou abrir suas portas para a guerra. Ela entrou sem convite, sem bater e sem limpar os pés. O torpedeamento dos mercantes provocara mais de novecentas mortes. Mas as baixas passariam de mil com os 99 passageiros, quase todos militares, desaparecidos no ataque ao *Vital de Oliveira* pelo *U-861*, na costa fluminense, perto de Rio das Ostras, no dia 19 de julho de 1944. Foi o único navio militar afundado e também o último brasileiro. Os ataques só cessaram porque os submarinos já não eram tantos e a Alemanha precisava deles em seus próprios mares.

Estávamos mesmo em guerra, e isso parecia exigir um comprometimento de todas as categorias, inclusive as intelectuais. Manuel Bandeira, poeta consagrado, mas homem modesto — passava grande parte do dia em casa, de pijama —, não publicava livros novos desde 1936. O último fora *Estrela da manhã*, e mesmo assim tirando apenas 47 exemplares. Sua produção mais recente se limitava a poemas esparsos em suplementos literários. Em 1943, lançou num deles o seu belo "Belo belo", em que dizia "Belo belo belo/ Tenho tudo quanto quero// Não quero o êxtase nem os tormentos/ Não quero o que a terra só dá com trabalho// As dádivas dos anjos são inaproveitáveis/ Os anjos não compreendem os homens// Não quero amar/ Não quero ser amado/ Não quero combater/Não quero ser soldado// — Quero a delícia de poder sentir as coisas mais simples".

Carlos Lacerda indignou-se com a alienação de Bandeira e cobrou dele, publicamente, pelo jornal, que fizesse "poesia social". Bandeira defendeu-se, alegando seu direito de ser "apenas poeta, sem compromisso obrigatório com questões sociais ou com a salvação da humanidade". Lacerda não se conformou: "A guerra não é apenas um fato militar, Bandeira. Seus desenvolvimentos e consequências impregnam a vida que vivemos. Mas você não quer nada senão a brutal felicidade. Bem merece a felicidade, pelo bem que o seu egoísmo causou aos que o leram". Bandeira, que até então gostava de Lacerda, chamou-o de "energúmeno" e, de sua parte, encerrou o assunto. Mas Lacerda não o soltou: "Os energúmenos o saúdam, Bandeira. Ai dos energúmenos, que infelizmente acertam. Pois você se reconheceu num retrato que não era o seu. A sua consciência não está aperfeiçoada ainda. Ainda pode restaurá-la para a sua glória e a nossa admiração. Esta não é uma discussão que eu quero ganhar, mas a certeza de que não silenciei".

A ideia de que o Brasil não podia ficar alheio à ação começava a virar avalanche. Era uma consequência inevitável da posição tomada pelo país na Conferência dos Chanceleres. Menos para Dutra, para quem, desde o começo, "nada justificava o açodamento com que rompemos relações". Em comunicados internos, insistia que "não convinha aos interesses do Brasil a decisão de entrarmos em guerra antes de preparados para ela e sem que a preceda, mesmo não preparados, a realidade incontrastável de uma agressão a nós". Era o caso raro de um ministro da Guerra que não queria saber de guerra. Os navios mercantes afundados pelos submarinos alemães vieram atender a uma de suas exigências.

A outra, a do despreparo, foi satisfeita no dia 3 de março, quando o Rio e Washington assinaram um acordo que revogou o de 1941 — este, precariamente honrado pelos Estados Unidos quanto ao envio de material bélico — e concedeu ao Brasil 200 milhões de dólares em armamentos e munição. Semanas antes, em Natal, Roosevelt "desculpara-se" com Getulio justificando o atraso na entrega do material pela necessidade de ajudar os exércitos britânico e russo e garantiu que tudo se corrigiria pelo novo acordo. Disse que isso era apenas justo — afinal, o Brasil lhe cedera as bases do Nordeste, cortara relações com o Eixo e, por fim, declarara guerra. Mas, para Roosevelt, havia outro motivo importante: com as relações quase imorais entre a Argentina e a Alemanha, era fundamental armar o Brasil. E só então ele começou a cumprir a promessa.

Chegaram caça-submarinos, contratorpedeiros, bombardeiros, artilharia antiaérea e caças de aviação — alguns, obsoletos, de segunda mão —, acompanhados de instrutores para ensinar o seu manejo. Como esses instrutores não poderiam ficar aqui para sempre, deixaram diagramas do funcionamento interno das armas, impossível de ser captado em fotografia, desenhados pela equipe de animadores de Disney — Walt, como se vê, ainda prestando serviços a Rockefeller. E 259 aviadores brasileiros, de cadetes a oficiais, partiram para instrução e aperfeiçoamento nos Estados Unidos.

É verdade que ainda havia o problema Dutra, que os serviços de Inteligência americanos viam como um inimigo. Mas, para acabar de neutralizá-lo, Roosevelt convidou-o a ir aos Estados Unidos. Dutra aceitou. Teve recepção de gala e, na companhia do general Claude Adams e escoltado pelo segundo-tenente Vernon Walters, foi apresentado a usinas de aço, divisões de infantaria, arsenais de carros de combate, escolas de paraquedistas, desfiles de blindados e a quatro fortes, um deles o forte Knox, com suas 4 mil toneladas de ouro em lingotes, uma espécie de reserva americana para os dias de chuva. Sugeriram-lhe a possibilidade de uma cooperação militar, com a formação pelo Brasil de um Corpo de Exército, e Adams só faltou apresentá-lo a Betty Grable. Era uma tática inteligente para inabilitar um possível adversário: demonstrar-lhe seu esmagador poderio militar e lhe oferecer parceria. Dutra deve ter se deixado abalar, porque voltou convencido de que a criação do Corpo de Exército, formado por três divisões de infantaria, garantiria a entrega pelos Estados Unidos do resto dos armamentos.

Naquele momento, Getulio também já avaliara a conjuntura internacional e vira que o jogo tinha virado. Mas, quando tudo terminasse, sua habilidade faria que, fosse com quem fosse, o Brasil estaria com os vencedores. No dia 9 de agosto de 1942, nasceu a FEB — Força Expedicionária Brasileira — e consolidou-se a ideia de mandar atores brasileiros para o teatro de guerra: soldados e aviadores.

No dia 28 de agosto, em comemoração à criação da FEB e, dias antes, ao primeiro aniversário da declaração de guerra, a concentração convocada pela UNE em frente ao Itamaraty superlotou a avenida Marechal Floriano. A massa era engrossada por grupos já existentes, como a Liga de Defesa Nacional, ou recém-formados, como a Sociedade dos Amigos da América, o Conselho Antieixista de Funcionários do Banco do Brasil e várias outras associações de categorias. Munidos de megafones, os líderes dos manifestantes falavam da rua; os do governo, da sacada do palácio.

Ouvir Oswaldo Aranha discursar sobre a defesa da liberdade era normal. Surpreendentes, para os estudantes, eram as falas do recém-convertido americanófilo Dutra, com seus zês em jota e cês e esses em xis provocados pela dança da dentadura nas gengivas: "... na defeja do noxo grandiojo patrimônio moral e material, imperexível legado de noxos antepaxados; nexe momento em que periclitam os próprios fundamentos da pátria, juntam-se os xentimentos de revolta fremente, justa e inxopitável...".

O periclito estava no nazifascismo, mas certas fixações de Dutra eram insopitáveis, não mudavam. Como ele escreveu a Getulio, aqueles grupos à porta do Itamaraty faziam parte de um complô comunista coordenado por Luiz Carlos Prestes, que, "mesmo preso e incomunicável, consegue cambiar instruções para orientá-los". O fato de um desses grupos ser a veneranda Liga de Defesa Nacional, fundada em 1916 por Olavo Bilac, introdutora do serviço militar obrigatório e pregadora de um "apostolado cívico-patriótico", não alterava sua convicção — tornara-se também um antro de vermelhos. A Sociedade dos Amigos da América, fundada e presidida pelo general Manuel Rabelo, ministro do Superior Tribunal Militar, e tendo entre seus apoiadores o general Candido Rondon, também era suspeita — seu vice-presidente era Oswaldo Aranha, tolerante com agitadores, como o notório bolchevique Roberto Morena, a quem acabara de receber em gabinete e ainda lhe oferecera café. E a própria FEB estava ameaçada de infiltração comunista — ele tinha os nomes. Mas, para tudo isso havia uma solução: ele, Dutra, comandar a Força Expedicionária. Daí ofereceu-se a Getulio.

Getulio, como de hábito, botou tanto a oferta quanto a denúncia para cozinhar e, na hora de escolher, decidiu-se pelo afável, correto e carola general João Baptista Mascarenhas de Moraes. Mas, pela primeira vez, Dutra não estava de todo errado. Em Moscou, o Comintern, pouco antes de dissolver-se — desmoralizado pelo pacto germano-soviético —, instruíra os membros do PCB a abandonar a pregação ideológica e, em nome da luta antifascista, apoiar Getulio no esforço de guerra. Getulio sabia disso e não era de recusar apoio. E o PCB, sempre expedito, orientou seus militantes e linhas auxiliares a se alistarem na FEB.

A princípio sem efeito, porque, embora os Estados Unidos e a URSS fossem agora aliados, os serviços de recrutamento ainda os recusavam, mesmo os que já fossem ex. Aos trinta anos, Carlos Lacerda foi dos primeiros a se apresentar. Já se vendo de farda e coturno na Vila Militar, desmontou seu apartamento em Copacabana, mandou a mulher e os dois filhos, um deles de peito, para a casa da sogra, em Valença (RJ), e entregou seu requerimento no Ministério da Guerra. Foi submetido aos exames médicos e, se aprovado, instruído a aguardar a convocação entre 1º e 15 de dezembro. A convocação não veio. Lacerda passou a ir todos os dias ao ministério, mas o oficial encarregado da seleção, o major Emilio Garrastazu Medici, nunca o recebeu nem lhe explicou por que não o queriam. Lacerda não teve dúvida: o problema eram os ecos de sua espalhafatosa presença nos comícios da ANL, em 1935, e sua identificação com o PCB, já então desfeita.

Não que o Brasil estivesse em condições de dispensar varões decididos como Lacerda. O Exército dispunha de apenas 60 mil soldados, espalhados por 8 milhões de quilômetros quadrados e com vastos vazios entre um quartel e outro. Para ir à guerra, precisaria de quase 100 mil homens — as três divisões de infantaria, cada qual com 25 mil soldados, uma divisão de apoio e uma força aérea correspondente. A Marinha tinha pouco mais de 14 mil em serviço ativo, em grande parte concentrada no Rio, a bordo de escrivaninhas em gabinetes e abanando-se com seus quepes. E a Aviação, dividida entre o Exército e a Marinha e voando em aviõezinhos de papel, só então estava sendo unificada na FAB, Força Aérea Brasileira, e tendo seus primeiros pilotos em treinamento na matriz. Desgraçadamente, os milhares que haviam corrido aos quartéis dispostos a servir assim que Getulio declarara guerra — entre eles, médicos e engenheiros difíceis de repor — tinham sido dispensados porque a convocação ainda não estava "organizada".

Essa organização significava agora a criação da FEB e a abertura do recrutamento voluntário. Estavam aptos a se alistar todos os homens entre 21 e 26 anos com pelo menos quatro anos de escolaridade, peso acima de setenta quilos, altura a partir de 1,65 metro, mínimo de 26 dentes e, de preferência, solteiros e sem filhos. Segundo o IBGE, havia 2,4 milhões de jovens no Brasil em condições de atender a essas exigências. Dirigida a eles, o governo soltou uma campanha nacional pela máquina do DIP, usando rádio, jornais e panfletos.

Mas era uma campanha à maneira militar, típica da mentalidade de caserna do sucessor de Lourival Fontes no DIP, o major Antonio Coelho dos Reis — bem a propósito, alcunhado Rei dos Coelhos. Em vez de apelar ao patriotismo e heroísmo dos rapazes, propunha-lhes uma sórdida troca de favores: quem estivesse em dívida com o serviço militar (ausente, refratário ou insubmisso) e, por isso, impedido de ter cargo público ou carteira profissional seria anistiado se se alistasse. Uma proposta, no mínimo, burra porque, se o rapaz era insubmisso, foragido do serviço militar, como poderia ser um bom soldado? Havia também um quê de suborno para atrair os desempregados: os anúncios acenavam para o soldo que os esperava. E faixas nos morros do Rio diziam em grandes letras: "Todos os brasileiros devem ser soldados" — sempre o espírito autoritário, de ordem unida.

Não se criaram textos ou imagens que conquistassem a população, gerassem um clima de mobilização entusiástica e fizessem com que todos os setores se sentissem responsáveis pelo país. Não se cuidou sequer de explicar por que se devia lutar e quais seriam as consequências de uma vitória do inimigo. Com isso, e porque não vissem na guerra um perigo iminente para o Brasil, muitos possíveis alistandos não se sentiram tentados a trocar seus estudos, empregos ou vida pessoal por uma aventura.

As mães foram as primeiras a proibir seus filhos de se alistar — ou porque fossem seus arrimos, ou filhos únicos, ou porque elas já tivessem um filho de farda. O mesmo quanto aos jovens maridos — suas mulheres ameaçavam arranjar outro se entrassem para o Exército. E também os patrões com seus contratados de carteira assinada — ao perdê-los para a FEB, teriam de continuar a depositar seus salários e, como não podiam escapar a essa obrigação, protelavam ao máximo a assinatura da carteira dos mais jovens. Os fazendeiros, às vésperas de uma grande lavoura, escondiam seus empregados. E não se podia ignorar os que, por renitente convicção integralista, jamais lutariam contra o Eixo; os tíbios, os covardes, os que tinham medo de lutar; e os que se perguntavam: "Por que eu iria enfrentar os alemães se, até outro dia, Getulio vivia aos beijos com eles?".

Mas houve também quem logo atendesse ao chamado, como o pintor e ilustrador Carlos Scliar, 23 anos, e o engenheiro agrônomo e tradutor Boris Schnaiderman, 26. Ambos judeus e conscientes da situação de seu povo na Europa, inscreveram-se sem discutir. Scliar apresentou-se com os lápis, pincéis e tintas que levaria para o combate. Schnaiderman, ucraniano de formação russa e naturalizado brasileiro, lia, falava e escrevia em várias línguas. Os comunistas — os que passaram pelo radar do Exército — também se apresentaram. Carlos Marighela foi recusado, mas Jacob Gorender, Salomão Malina, Pedro Paulo de Sampaio Lacerda, Humberto Neder, Kardec Lemme e o major Henrique Cordeiro Oest, que escapara aos expurgos de 1935, também foram incorporados.

O advogado Oswaldo Gudolle Aranha, Vavau, 22 anos, filho de Oswaldo Aranha, procurou diretamente o general Cordeiro de Farias, já nomeado um dos comandantes da FEB. "Eu não gosto de briga", disse Vavau, "mas foi meu pai quem levou o Brasil à guerra. Tenho de ir. Por favor, me incorpore." Rapazes de sobrenome Mello e Souza, Xavier da Silveira, Lage, Vidigal, Avelino e Argollo, filhos de famílias influentes, também se apresentaram. Outro que se alistou e serviu como tenente-médico do Grupo de Aviação de Caça foi o filho de Getulio, Luthero Vargas, 31 anos, ortopedista. Luthero era casado com a artista plástica alemã Ingeborg ten Haeff, que ele conhecera ao estudar medicina em Berlim em 1939, e tinham uma filha. Em 1943, o casamento com Ingeborg acabara e os Vargas precisavam se livrar dela. Acusaram-na de espionagem com provas forjadas e a embarcaram para Nova York. Melhor para Ingeborg, que ficou famosa e respeitada pelos marchands e colecionadores mais exigentes do mundo.

Cada nome ilustre que se voluntariava era matéria nos jornais e usado como um estímulo ao alistamento. Os radialistas pregavam o recrutamento em seus programas, os jornais publicavam editoriais a respeito e as corporações e instituições de classe distribuíam farto material entre seus membros exortando-os a servir. Mas não adiantou. A precariedade dos meios de comunicação era um obstáculo. O Brasil tinha quase 70% da população vivendo em zonas rurais sem luz elétrica, sem rádio e sem jornais. E a UNE, que, meses antes, lotara as ruas, visitara as redações e mobilizara as universidades pedindo a declaração de guerra, recolheu suas palavras de ordem e silenciou. O alistamento foi um fiasco: apenas 2750 pessoas se apresentaram espontaneamente nos primeiros meses.

Por que a UNE se retirou da campanha? Porque se dera conta de que a nova postura "democrática" de Getulio visava apenas à consolidação do regime e sua permanência no poder. E o arbítrio continuava. Pouco depois de ter sua sede estabelecida no ex-prédio do Club Germania, na Praia do Flamengo, a entidade foi surpreendida com a criação por Gustavo Capanema da Juventude Brasileira e com a entrega a esta da administração do prédio. A UNE e todos os órgãos estudantis lá sediados seriam rebaixados a inquilinos de um órgão do governo — e mesmo assim se a Juventude Brasileira permitisse que continuassem nas instalações. A UNE respondeu com a renúncia de Helio de Almeida à sua presidência, ateando protestos pelo país. Estudantes realizaram "passeatas de silêncio" com enterros simbólicos de Getulio. Capanema, talvez obedecendo a ordens de Getulio, "pensou melhor" e voltou atrás. A Juventude Brasileira foi removida das instalações, mas, para não admitir a derrota total, Capanema proibiu a volta do temido Helio de Almeida à presidência — o que a UNE foi obrigada a aceitar.

A contradição era óbvia: o Brasil iria lutar pela liberdade no estrangeiro ao passo que, internamente, continuaria sob a asfixia do Estado Novo. A UNE retornou às praças, com comícios no largo da Carioca, no largo de São Francisco e na escadaria do Theatro Municipal, mas, agora, para pedir democracia e eleições livres — e, como se esperava, os cassetetes voltaram a cantar. Versinhos anônimos começaram a circular: "Oh, valente legionário/ Do Corpo Expedicionário/ Por que vais lutar a esmo?// Se a luta cruenta e fria/ É pela democracia/ Vamos travá-la aqui mesmo!". Dos quase 40 mil universitários no país em 1943, apenas uma fração se apresentou para lutar. Mas nem eles puderam escapar à mobilização quando a FEB começou a convocação obrigatória.

Em poucos meses, a convocação atingiu quase 110 mil pessoas em todo o país e em todas as categorias: operários, prestadores de serviços, escriturários, caixeiros, pequenos comerciantes. O critério para a chamada era o sorteio em dez regiões militares, do Guaporé para baixo, mas deu-se preferência a Minas Gerais, Rio, São Paulo, Paraná, Santa Catarina e Rio Grande do Sul. Eram os estados mais bem servidos pela malha ferroviária, o que facilitava a apresentação dos convocados. Supunha-se também que, neles, o nível de escolaridade e saúde fosse mais alto do que no resto do país. Isso se confirmou, mas levou também a que fosse maior a rejeição à mobilização. Quem tivesse amigos ou pistolões nas juntas de recrutamento tentava escapar. Todos os pretextos eram alegados — soube-se de um rapaz que, ao receber a convocação, amputou a ponta do dedo mindinho para ser dado como incapaz. Já os reservistas, inclusive os de segunda categoria formados pelos Tiros de Guerra, e que nem se lembravam mais de como se manipulava uma arma, não tinham como fugir.

Dos poucos artistas ou celebridades sorteados pela convocação de que se sabe, nenhum importante teve de servir. O poeta João Cabral de Melo Neto, 23 anos, funcionário público no Rio e admirado por seu livro de estreia, *Pedra do sono*, foi dispensado por "motivo de saúde". Os irmãos Farnesio e Cileno Dutra, em arte o pianista e cantor Dick Farney e o baterista e ator Cyl Farney, com boas relações nos redutos militares da Tijuca, também se livraram. O compositor Janet de Almeida, futuro autor de "Pra que discutir com madame?", foi reprovado no exame médico, já suspeito da tuberculose que o mataria dali a dois anos. E, entre os jogadores de futebol, Zizinho, do Flamengo, Heleno, do Botafogo, e Ademir, do Vasco, estrelas em seus clubes, caíram no sorteio, mas foram salvos pelos cartolas. Os quais não demonstraram tanto empenho para proteger os jogadores tidos como carregadores de piano. Geninho, Braguinha, Walter Fazzoni, Mato Grosso e Dunga, do Botafogo; Careca, do Fluminense; Bidon, do Madureira; Timbira, do Bonsucesso; e Labatut, do Olaria, todos tiveram de trocar as chuteiras pelos borzeguins. A imprensa os chamava de "craques-pracinhas", embora fossem só pracinhas. Já Peracio, meia-esquerda do Flamengo e da seleção brasileira, atlético e folclórico, não teve como escapar: como soldado do Exército, sua convocação era inevitável. Mas o Flamengo, em busca do tricampeonato carioca em 1944, conseguiu mantê-lo longe da Vila Militar até agosto, com o que Peracio embarcou quase sem treinamento.

Muitos outros embarcaram nessas condições.

A inspeção médica promovida pela FEB nos grotões mais remotos refletia a realidade do país. Poucos originários desses lugares pareciam em condições de levar um simples estilingue no bolso de trás, quanto mais o equipamento de batalha: armas, munição, latas de ração, pacote de curativos, cigarros, mantas e tudo que tivesse de ser conectado à farda, além do capacete com forro de lã e das botas às vezes calçadas com galochas. A pobreza era evidente nos seus pés descalços, rosto picado de bexigas, roupas rotas e cabelo grande por falta de dinheiro para cortá-lo. Talvez por isso o pavor aos exames fosse epidêmico entre eles — temiam ser diagnosticados como incapazes, o que poderia impedi-los de arranjar emprego fora dali.

O exame era perfunctório, como se nem os médicos acreditassem na necessidade dele. Consistia em exames de sangue e urina e radiografia do pulmão, mas uma observação do recruta, nu, de frente e de costas, parecia suficiente. Desnutrição, vermes, impaludismo, sífilis e gonorreia eram evidentes. Constataram-se casos de varicocele, tuberculose e epilepsia. A vacinação contra tétano, varíola e tifo era obrigatória, mas havia grande resistência às vacinas, principalmente dos vindos da zona rural. E o estado dentário dos mais humildes era lamentável. Não poucos nunca tinham ido ao dentista nem sequer sido apresentados a uma escova. A exigência dos 26 dentes, mínimos para a mastigação, fez com que muitos fossem mandados de volta porque, entre os cacos remanescentes, metade estava condenada à extração. Como não havia tempo para tratamentos mais complexos, a solução, mesmo entre os conscritos aprovados, era o boticão. Antes do embarque, efetuaram-se 8329 obturações e 17261 extrações.

Estigma parecido fazia com que os convocados tentassem fugir dos exames neuropsíquicos. Ao ouvirem dizer que os psiquiatras eram médicos que tratavam dos doidos, tinham medo de atestados de deficiência mental. Mas esses exames também eram breves. O do reservista Schnaiderman resumiu-se ao diálogo: "Gosta da vida militar?", "Não, senhor", "Pretende fazer carreira no Exército?", "Não, senhor", "Algum louco na família?", "Não, senhor", "Normal. Aprovado. O próximo!".

Sessenta por cento dos examinados foram rejeitados em minutos e mandados para casa. Eles eram o Brasil. Os 40% aprovados eram, na maior parte, originários de áreas urbanas, não exatamente robustos, mas rijos, saudáveis, capazes de se submeter à rudeza dos exercícios e razoavelmente instruídos. Não diferiam muito dos rapazes que se viam nas praias do Rio ou nas ruas de São Paulo e Belo Horizonte. É verdade que houve casos de analfabetos aprovados — não para a artilharia, que pressupunha a leitura de instruções e o entendimento de cálculos de balística, mas para a infantaria, movida basicamente a coragem. Em contrapartida, um homem com dificuldade motora, claudicando de uma perna, foi aprovado ao revelar grande capacidade para funções de engenharia, como construção ou destruição de pontes e manuseio de explosivos para demolições. Mas esses deficientes eram exceções. Os aprovados podiam não ser os *Übermenschen* da Wehrmacht, mas, pelos dados de que se dispunha, não ficavam muito a dever em força e resistência aos seus equivalentes britânicos — e tinham melhores dentes do que estes.

Em fins de 1943, a Vila Militar, guarnição entre os bairros de Deodoro e Realengo, na Zona Oeste carioca, começou a recebê-los, vindos do Regimento Ipiranga, de Caçapava (SP), e do Regimento Tiradentes, de São João del-Rei (MG). À espera deles, no Rio, estava o 1º Batalhão de Infantaria Mecanizado, o famoso Regimento Sampaio, fundado em 1567 e veterano de quase quatrocentos anos de batalhas históricas, a começar pela expulsão dos franceses do Rio, em 1565. A Vila Militar sediaria o treinamento final, calculado em seis meses para adestramento físico, simulação de combates e domínio do armamento americano, metade deste já enviada pelos Estados Unidos — a outra metade só seria entregue no teatro da guerra.

Foi um dos partos mais demorados da história militar. Consistiu em nove meses de treinamento precário, com desconforto quase intolerável: alojamentos sufocantes, pernilongos e percevejos revezando-se dia e noite, condições sanitárias precárias, comida ruim, banhos frios no inverno ou mesmo falta d'água. Por escassez de beliches, alguns dormiam ao relento no pátio, sobre lonas. Como a Vila não comportava todo mundo, parte dos convocados de fora foi alocada em silos, galpões e até cavalariças do Exército na Zona Norte e em espaços desocupados, como o antigo Derby Club, no Maracanã.

Certos prazeres da noite do Rio, como os prostíbulos do Mangue, não lhes eram vetados, desde que se reapresentassem até o raiar do dia. Os soldados com família no interior de São Paulo ou Minas Gerais às vezes fugiam para visitá-la nos fins de semana. Se voltassem na segunda-feira, os oficiais fingiam não perceber. Mas, se só voltassem lá pela terça ou quarta, eram punidos com detenção por quantos dias tivessem passado fora. Um pequeno conforto para a saudade que sentiam dos parentes era o carinho dos vizinhos do quartel. Quando saíam em grupo, fardados, nos dias de folga, populares os abordavam: "Vamos fazer uma festinha hoje à noite na rua tal, aqui no bairro. Não querem comparecer?". Já os alistados cariocas não tinham tanto do que se queixar. Morando com a família, podiam jantar e dormir em casa, ir ao cinema, ter namorada e até "noivar" — eufemismo significando relações mais íntimas antes do casamento.

Os americanos viriam humanizar as relações entre os soldados e seus superiores no quartel. Mas, enquanto não tomavam pé, a hierarquia ainda seguia a escola francesa, em que os oficiais se sentiam com poderes quase feudais sobre seus subordinados. Como os convocados resistissem a pensar como soldados ou assimilar os princípios da vida militar, os sargentos os chamavam ofensivamente de "paisanos". Antes da partida, a FEB promoveu dois desfiles na avenida Rio Branco, para os quais os soldados eram levados de trem até a Central do Brasil, a dez minutos da concentração na praça Mauá. Na volta à Vila Militar, no entanto, o percurso foi feito a pé, de botas, à noite, sobre quase quarenta quilômetros de calçamento irregular em ruas escuras. Era como se quisessem testar os limites de resistência da rapaziada.

E houve a questão dos bigodes. Ao ouvir, erroneamente, que eles não eram permitidos pelo Exército americano, um general da FEB — o nome não passou à história — decretou sua proibição de alto abaixo no quartel. Os oficiais acataram a ordem, mas a soldadesca, adepta do bigode, se revoltou. Um soldado descobriu que o regulamento não previa a sua proibição, donde não poderia haver punição para quem continuasse usando-o. O general recrudesceu na ordem e, como resultado, até os soldados sem bigode, solidários com os colegas perseguidos, o deixaram crescer. A querela terminou com a vitória do bigode, garantido pelo comandante, general Mascarenhas de Moraes.

Quando ficou certo que a FEB mandaria tropas para fora do continente, os quintas-colunas fizeram correr pela cidade que os americanos é que haviam bombardeado os navios para obrigar o Brasil a lutar; que a ida dos expedicionários era "uma exigência dos gringos, em troca de Volta Redonda"; que "éramos capachos dos americanos" e tínhamos "nos vendido por um uísque". Nada mais falso. Até fins de 1942, o Alto-Comando do Exército dos Estados Unidos não via com qualquer interesse o envio de 100 mil soldados brasileiros para lugar algum, sabendo que teria de equipá-los, armá-los, treiná-los e transportá-los. Quanto a Volta Redonda, já estava assegurada desde 1941, em troca, esta sim, da permissão aos Estados Unidos para instalar suas indispensáveis bases no Nordeste. Se ainda houvesse para os Aliados qualquer suspeita de relação espúria entre o Brasil e o Eixo, ela fora afastada de vez com o rompimento de relações e a declaração de guerra. E o uísque, de fato, era um produto de primeira necessidade, mas com gelo e em copo alto para o general Goes Monteiro — e ele não se deixaria "vender" para os americanos.

Quem, então, queria mandar os soldados brasileiros para a guerra? Oswaldo Aranha, por acreditar que, findo o conflito, ter combatido ao lado dos vencedores garantiria ao Brasil grande prestígio internacional, superior ao de uma potência regional sul-americana. Nisso, Aranha era secundado por gente influente do governo, como o ministro da Fazenda, Arthur Souza Costa, o prefeito do Rio, Henrique Dodsworth, os generais não germanófilos e o interventor do estado do Rio, Ernani do Amaral Peixoto — o que significava que Alzira Vargas, sua mulher, também achava. Para Getulio, como bem sabiam os estudantes, o Brasil na guerra era um aval para sua própria permanência no Catete, garantida pelos enormes interesses dos Estados Unidos no país. E Dutra também percebera que, com a balança pendendo para os Aliados e com um Exército moderno, treinado e equipado, o Brasil se firmaria como a maior força militar do hemisfério — não por coincidência, sob o seu comando. E, como Getulio e Dutra soubessem que podiam ter quase tudo isso antes de a FEB partir, fosse para onde fosse — e, por algum tempo, nem se sabia para onde ela iria —, não havia pressa alguma em vê-la embarcar.

Com o Norte da África pacificado, a FEB não teria mais o que fazer lá. Mas a ideia de mandar as tropas brasileiras para o exterior ficara agora atraente por diversos motivos. Os Aliados estavam de olho nos Açores e na Madeira, ilhas portuguesas no Atlântico, como pontos estratégicos a serem ocupados em vista da frente europeia. O problema era o ditador Salazar, cuja "neutralidade" no conflito consistia em não desagradar a Hitler, pelo temor de uma invasão a seu país. Os americanos ou britânicos tomariam o arquipélago com um peteleco, se quisessem, mas isso teria um alto custo político. Roosevelt então calculou que, pelos laços entre os dois países, Portugal talvez não se opusesse à ocupação temporária das ilhas por tropas brasileiras — o próprio Oswaldo Aranha, intimamente, achava que o Brasil tinha "direitos hereditários" sobre elas — e pediu a Getulio que consultasse Salazar. Mas Salazar, como Getulio, era um mestre na arte de protelar até que a solução lhe fosse conveniente. Protelou e, quando achou que era a hora, cedeu os Açores aos Aliados, sem a presença do Brasil. Outra manobra de interesse dos Estados Unidos seria a ocupação pela FEB das Guianas: a Francesa, obediente a Vichy, e a Holandesa, sob domínio alemão, dois quistos inimigos às portas do canal do Panamá. E havia ainda o norte da Itália, onde se instalara o que restara do poderio alemão na bota.

Em 1943, a Itália, esgotada e inerme, entrara decididamente no radar. Em julho, as tropas americanas desembarcaram na Sicília e as britânicas na Calábria. Mussolini foi preso por ordem do rei Vittorio Emanuele e confinado no Hotel Campo Imperatore, nos Apeninos. Em agosto, assim como fizera na Primeira Guerra, a Itália mudou de lado: assinou o armistício com os Aliados e declarou guerra à Alemanha. Em setembro, Hitler ordenou a invasão da Itália. Mussolini foi espetacularmente resgatado da prisão por paraquedistas alemães e reinstalado como *Duce* de uma nova República Social Italiana, com capital em Saló, cidadezinha entre Milão e Veneza. E, com isso, todo o norte da Itália passou às mãos dos nazistas.

No dia 28 de novembro, Roosevelt, Churchill e, pela primeira vez, Stálin reuniram-se, em Teerã, na Pérsia, para discutir os passos seguintes dos Aliados. Naquele encontro decidiu-se pelas ações que se provariam decisivas: o bombardeio inglês sobre Berlim, o desembarque na costa francesa — que não se sabia ainda que seria na Normandia — e a libertação de Paris.

Em dezembro, inspirado na cúpula de Teerã, o DIP distribuiu nacionalmente um cartaz, "O símbolo da Vitória". Mostrava um enorme V, com as efígies dos grandes líderes mundiais: Roosevelt, Churchill e, acima deles, bem no centro, em vez de Stálin, Getulio. O V, por acaso, podia ser o V de Vargas.

Antes mesmo de Pearl Harbor, os Estados Unidos, através da USO (United States Organizations), em Washington, já estavam criando centros de recreação mantidos por dinheiro público e particular e operados por voluntários, para o uso de seus soldados em trânsito no próprio país. Eram as "cantinas de guerra", lugares onde eles podiam ver um filme, jantar, ter a roupa lavada, ler livros, jogar boliche, dançar ao som de uma big band e assistir a shows com seus ídolos do cinema, do rádio e da música popular. Serviam-se Coca-Cola, sucos, café e sanduíches em abundância, tudo de graça. Em pouco tempo, esses centros chegaram a centenas nos Estados Unidos, formando um circuito em que um artista convidado ia de cidade em cidade, transportado pela USO, e se apresentando para milhares de soldados durante uma semana, sem receber cachê.

A cantina mais famosa era a Hollywood Canteen, liderada por Bette Davis, John Garfield e Barbara Stanwyck, com a presença fixa de Marlene Dietrich, George Raft, Ronald Reagan, Bing Crosby, as Andrews Sisters, a orquestra de Jimmy Dorsey e muitos mais. Cada um tinha uma tarefa: receber na porta os alistados, sentar-se à mesa com eles, cozinhar, servir lanches, lavar pratos. Entre uma função e outra, iam para o palco e cantavam, dançavam ou representavam cenas de seus filmes. O grande momento era quando uma estrela tirava um soldado para dançar — para este, era a inacreditável oportunidade de ter, a cinco centímetros de seu rosto, a deusa que ele estava habituado a ver com cinco metros de altura na tela do cinema. E houve a ousada ideia de Lana Turner: sortear beijos para os soldados. Não eram beijos de verdade, mas um leve roçado sobre os lábios rigorosamente fechados do recruta, suficiente para deixá-lo zonzo. As cantinas inspiraram filmes, com enredo simbólico e muitos números musicais. Entre 1943 e 1944, todos os estúdios rodaram pelo menos um, usando seus monumentais elencos: *Forja de heróis, A porta do palácio da cantina, Graças à minha boa estrela, Quatro garotas num jipe, Sigam os rapazes, Um sonho em Hollywood*. O melhor, de longe: *Entre a loura e a morena* (1944), de Busby Berkeley, com Alice Faye e Carmen Miranda.

Em meados de 1942, a USO estendeu as cantinas a seus homens no exterior. No Brasil, inundado de soldados e marinheiros americanos, a primeira foi instalada no Rio, numa casa de três andares na avenida Rio Branco, 41, cedida por Valentim Bouças. O empresário era ligado às filiais nacionais da IBM e da Hollerith, colega de golfe de Getulio e se recusou a cobrar aluguel. Cidadãos americanos residentes no Rio também contribuíam para a manutenção da cantina. Abriram-se similares nas capitais do Nordeste e começou a maratona de artistas de Hollywood e da Broadway para se apresentar nelas — não pela Política da Boa Vizinhança, mas pela USO, mesmo.

Os artistas vinham para o Brasil em grupos, em aviões militares. Cantavam em tablados ou caminhões, conversavam com os soldados, distribuíam fotos autografadas, apertavam mãos e partiam. Entre os que passaram por Recife, Natal, Fortaleza e Belém em 1943, sabe-se de Humphrey

Bogart, Paulette Goddard, Lena Horne, Al Jolson e Noël Coward. Ao Rio, vieram o comediante Joe E. Brown, o Boca-Larga, e a atriz e cantora Ilona Massey, em grande voga. A imprensa não era avisada da chegada deles, e os próprios soldados só ficavam sabendo ao chegar à cantina. Vinham também artistas iniciantes e ainda sem cartaz, todos capazes e talentosos.

A entrada nas cantinas americanas era vedada aos civis e soldados brasileiros, sob o argumento de que eram exclusivas. A exceção era quanto às moças brasileiras, de quem se exigia que preenchessem uma ficha na entrada, com nome, filiação e endereço. A garantia de que seriam respeitadas, sem cantadas, mãos-bobas ou beijos roubados, era estritamente cumprida — qualquer infração do gênero custava caro para o soldado. As cantinas se propunham a ser uma extensão dos lares que os rapazes tinham deixado para trás. Eles não sabiam, mas o principal objetivo delas era atenuar seu apelo pela prostituição ou diversão em lugares "perigosos" nas cidades em que estivessem baseados.

No Rio, em janeiro de 1943, dona Darcy Vargas resolveu fazer o mesmo aqui para os soldados brasileiros. Pôs a LBA a serviço da FEB e começou pela Cantina do Combatente, na avenida Venezuela, 204, na zona portuária. A ideia era dar o que fazer aos convocados quando de folga da Vila Militar, e, para não haver dúvida, entregou sua direção à esposa de um general. A cantina funcionava de terça a domingo, das 16h às 20h30 e, bem à brasileira, era aberta aos soldados e marinheiros americanos. Não se permitiam jogos de cartas. As mesas de sinuca, pingue-pongue, damas, dominó e víspora eram vigiadas para não resultar em apostas. Exceto pelo guaraná no lugar da Coca-Cola, as bebidas também seguiam o modelo americano. O ambiente "sadio" atraía a participação de senhoras da sociedade e suas filhas, orgulhosas de suas campanhas para a aquisição de lâminas de barbear, cigarros e fósforos para os soldados.

A cantina oferecia livros, jornais, revistas, jogos, lavanderia e, com o apoio dos empresários que a apoiavam, shows, espetáculos de teatro e filmes. Luiz Severiano Ribeiro, dono de uma cadeia de cinemas, contribuía com um filme por semana. Gilberto de Andrade, diretor da Rádio Nacional, Joaquim Rolla, Walter Pinto e Assis Chateaubriand não apenas cediam seus artistas como, sabendo que eles não seriam convocados, obrigavam-nos a colaborar para o esforço de guerra. Pela Cantina do Combatente passaram cantores como Francisco Alves, Linda e Dircinha Baptista, Jararaca e Ratinho, Lamartine Babo, Jorge Veiga, Jorge Goulart, Moreira da Silva, Dorival Caymmi, Bob Nelson e Rosina Pagã, os conjuntos vocais Trio de Ouro, Anjos do Inferno e Quatro Ases e Um Coringa, os comediantes Silvino Neto, Mesquitinha, Oscarito, Grande Otelo, Walter d'Ávila, Barbosa Jr., a estrela portuguesa Beatriz Costa e os franceses Jean Sablon e Ray Ventura.

Material musical não faltava. Além dos grandes sucessos do momento, em pessoa ou em discos, o salão e o palco ferviam com os sambas, marchinhas e até rancheiras sobre a ida à guerra: "Alô, Tio Sam, alô/ Dizem que você está pintando o sete/ Se precisar de mim, pode chamar que eu vou/ Vou, nem que chova canivete" ("Alô, Tio Sam", de Haroldo Lobo e David Nasser); "Sai, quinta-coluna!/ Por tua causa é que eu vou me alistar/ Quando eu calçar minha botina reúna/ Quero ver quinta-coluna se manifestar/ Sai, sai, sai!" ("Sai, quinta-coluna", de Nássara e Frazão); "Eu vou pra guerra, Maria/ Amor, não fique triste, não/ Eu volto, Maria, eu volto/ Eu volto pra pedir a sua mão/ Maria, deixa a porta aberta/ Espera que a vitória é certa!// Mais tarde vai ser pra nós dois/ Virão garotinhos depois/ E, um dia, Maria, se a pátria precisar/ Nós temos soldados para dar!" ("Espera, Maria", de Custodio Mesquita e René Bittencourt).

Assim como as americanas, a cantina brasileira era vedada aos oficiais, para evitar constrangimentos de hierarquia. Os oficiais americanos respeitavam essa norma. Mas, na brasileira, um ou outro general sempre aparecia, para "prestigiar a iniciativa". Não faltavam políticos, autoridades e figurões em geral, para se deixarem fotografar junto com os artistas. E nem o fato de a cantina ser uma iniciativa da primeira-dama evitava que o DIP controlasse o conteúdo das apresentações, principalmente as dos humoristas.

No começo, a Legião Brasileira de Assistência tinha funções apenas beneficentes, como promover campanhas de agasalhos, manter lactários, proteger os pequenos jornaleiros e distribuir dentaduras. Com a criação da FEB, dona Darcy transformou sua instituição numa tropa de saias a serviço dos "pracinhas". Era como os soldados e cabos convocados — os praças, a categoria mais baixa da hierarquia militar — estavam sendo chamados pelo povo. Surgiram as "madrinhas", moças e senhoras voluntárias dedicadas a assistir os pracinhas de outros estados, separados de suas famílias. Cada qual com seu "afilhado", elas os ajudavam a mandar ou receber cartas e presentes e cuidavam para que, durante o treinamento para a guerra, não lhes faltasse um mínimo de calor humano.

As "madrinhas" não foram as únicas mulheres brasileiras a se engajar. Em agosto de 1942, quando os torpedeamentos recrudesceram, muitas outras — algumas, filhas ou sobrinhas de militares — comunicaram ao Ministério da Guerra sua disposição de servir como enfermeiras. O Exército, uma instituição obstinadamente masculina, não gostou da ideia. Mas o apelo deve ter sido ouvido fora dali porque, no dia 3 de setembro, Dircinha Baptista já estava ao microfone do estúdio da Odeon, na rua do Mercado, gravando a marchinha "Salve a mulher brasileira", de Sebastião Lima e Rubens Campos: "Ofenderam a nossa bandeira/ A mulher brasileira teve opinião/ Nós seremos enfermeiras/ E, se for preciso, manejamos o canhão// Não temos medo da afronta de ninguém/ Nós, as mulheres, iremos lutar também/ Cada brasileiro representa um fuzil/ Para defender a pátria amada, Brasil!".

A má vontade do Exército para com elas só foi vencida por imposição dos americanos. Eles as queriam para "render as enfermeiras americanas" — na verdade, evitar que estas tivessem de atender os soldados brasileiros. Mesmo assim, ao se apresentarem em grupo no Ministério da Guerra para a matrícula, as voluntárias foram recebidas por um coronel que não tinha sido avisado sobre o assunto e se disse contra — só as admitiu quando um general lhe ordenou. Daquela leva sairiam as primeiras mulheres do Exército brasileiro.

O alistamento exigia que tivessem de dezoito a 45 anos e fossem solteiras, viúvas ou separadas — se casadas, só com a autorização do marido. O treinamento consistia em aulas práticas pela manhã no Hospital Central do Exército, em Benfica, aulas teóricas até o meio da tarde na Diretoria de Saúde, no Ministério da Guerra, e treinamento físico, até o começo da noite na Escola de Educação Física, na fortaleza de São João, na Urca. Só havia tempo para um sanduíche entre uma atividade e outra, e, às vezes, no bonde. As aulas práticas incluíam um estágio na emergência do hospital, convivendo com fraturas, ferimentos à bala, infecções feias e cirurgias delicadas. Se quisessem ser enfermeiras, elas teriam de se habituar a conviver com homens nus, imundos e gritando palavrões para aliviar a dor.

Por não saber direito o que fazer com elas, o Exército cometeu todos os erros possíveis nessa etapa. Foram submetidas aos mesmos exercícios físicos impostos aos soldados, como marcha militar, luta de bastão e atravessar de pé pórticos a cinco metros de altura sem rede de proteção. A campeã Maria Lenk deu-lhes aulas de natação. Em vez de cursos de inglês, indispensáveis a quem ia trabalhar com americanos, mandaram-lhes professores de francês. E o uniforme de campanha, que detestaram, era do tipo usado pelos mecânicos: macacão preso até as canelas, camisa de tricoline e gravata, tudo em verde-oliva, daí o apelido que lhe deram: "Zé Carioca". Das quase duzentas candidatas que participaram do treinamento, o Exército selecionou 67, entre as quais uma parteira, sem muito uso na campanha a não ser que uma enfermeira engravidasse de um pracinha. A elas, a Força Aérea acrescentou outras seis, formadas nos Estados Unidos.

Um problema de que os oficiais custaram a se dar conta foi o da patente das enfermeiras. Que posto elas deviam ocupar? Como estavam a serviço das Forças Armadas, não eram mais civis, embora ainda não fossem militares. De início, foi-lhes conferido o de terceiro-sargento — logo considerado humilhante e corrigido para o de segundo-tenente. Era uma promoção apreciável, embora não tivessem direito a quepe, só ao bibico, e continuassem a ganhar o soldo de terceiro-sargento.

O front da guerra, no entanto, as tornaria simbolicamente generais. Aprenderam a submeter-se a tudo, desde lavar seus uniformes usando o capacete como bacia até tratar de rapazes que estimavam, levados a elas com o corpo despedaçado.

A FEB aprendeu que, numa guerra, todos são combatentes, mas que não se formam soldados apenas para atirar. Havia funções a serem desempenhadas, sem as quais nenhum exército sairia do lugar: operadores de rádio, telegrafistas, criptógrafos, meteorologistas, detectores de minas, mensageiros, motoristas, mecânicos, cozinheiros, sapateiros, médicos, dentistas. Sem falar nos bancários — uma microagência do Banco do Brasil seguiria com a expedição, para cuidar dos soldos e despesas gerais. Dois grupos de especialistas eram também fundamentais: os telefonistas e os padioleiros. Os telefonistas, geralmente um soldado e um cabo, eram os primeiros a chegar à linha de combate, para instalar os fios dos telefones e ligá-los aos postos de comando. Já os padioleiros entravam em ação quando o combate terminava, para resgatar os mortos e feridos, inclusive inimigos, em suas macas com rodas de madeira, e sepultá-los. Os padioleiros trabalhavam desarmados, protegidos por uma convenção internacional segundo a qual não podiam ser atacados. Mas os alemães desrespeitavam essa convenção, fuzilando os padioleiros inimigos.

E havia os capelães, membros voluntários do recém-criado Serviço de Assistência Religiosa do Exército. Nunca até então o Brasil oferecera esse serviço aos seus soldados. Na Itália, eles seriam 26 padres e dois pastores, obedecendo à proporção na tropa entre católicos e protestantes. As regras eram estritas. Os credos diferentes não os impediriam de prestar assistência a todo mundo, inclusive aos ateus. Não seria permitido ao capelão de uma fé catequizar um soldado de outra. A liturgia também seria diferente: não usariam batina nem roupa com colarinho, mas a farda verde-oliva dos oficiais, exceto por uma cruz bordada na gola da túnica e outra aplicada no capacete. Iriam de primeiro-tenente a tenente-coronel, de acordo com a sua própria hierarquia. E, apesar de fardados, sua conduta deveria transparecer mansidão, humildade e misericórdia.

Os capelães receberam 21 semanas de instrução na Vila Militar, para se habituarem às exigências de uma guerra. Suas funções, como previsto no regimento, seriam dar conforto religioso e emocional, visitar hospitais de campanha, ajudar os praças menos articulados a escrever para a família e abençoar os regimentos de partida para a luta. Deveriam também ajudar soldados em pânico de combate ou os que caíssem em depressão pela perda de um olho ou uma perna. E, a mais perigosa, conferir últimos sacramentos na frente de batalha. Sabiam que, protegidos por um soldado a quem seguiam de braço dado, talvez tivessem de atravessar um campo minado para ministrar a extrema-unção a um moribundo.

Os cultos e missas seriam diários e se realizariam onde fosse possível, como barracas, caminhões ou em campo aberto. O altar poderia ser improvisado sobre um jipe ou sobre caixas de munição. Um cubículo de lona serviria de confessionário. O vinho da missa deveria ser camuflado na mochila, para não tentar fiéis apreciadores. E os capelães poderiam ser úteis também na comunicação — por terem estudado em Roma ou na Carolina do Norte, muitos falavam italiano ou inglês. Um deles, o capitão Antonio Alvarez da Silva, de São João del-Rei, conhecido como frei Orlando, estudara na Holanda e falava alemão.

O capelão-instrutor da Vila Militar avisou-os também de que a revista no bolso de um soldado morto poderia produzir grande quantidade de artigos religiosos: medalhinhas, cordões, estampas de santos, crucifixos, rosários, anéis, Bíblias de bolso. Tudo deveria ser recolhido e reservado para devolução às famílias.

Os pracinhas, treinados para enfrentar a morte, precaviam-se para o que viesse depois dela.

19

A cobra fumando

No dia 31 de março de 1944, quem visse a FEB desfilar portentosamen-te pela avenida Rio Branco, talvez se despedindo antes do embarque, fi-caria admirado do arianismo do Exército brasileiro. Não havia soldados pretos. Na verdade, eles estavam lá, camuflados nas alas centrais de cada formação, e só podiam ser vistos por quem acompanhasse a parada do al-to, das janelas dos edifícios. Para a multidão de pé nas calçadas, com os olhos à altura dos soldados, eles não existiam. A ordem para escondê-los fora do comandante da 1ª Divisão de Infantaria, general Zenobio da Cos-ta. Apesar disso, para o inflado Zenobio, que abriu a parada marchando à frente da tropa, eles estavam aptos a combater os racistas alemães.

Mas o Brasil não embarcou nos dias seguintes nem semanas depois. Outro desfile, ainda maior, no dia 24 de maio, na avenida Beira-Mar, tam-bém podia ser ou não a despedida. Eram encenações, manobras de des-piste para confundir a quinta-coluna e impedi-la de informar aos subma-rinos alemães quando, para onde e em que navio viajaria a FEB. Nunca as medidas antiespionagem no Rio foram tão estritas — o menor vazamento de informação poderia provocar a morte de milhares de brasileiros antes que eles dessem um tiro.

Outras pistas falsas, como indícios de que se iria partir, eram a súbi-ta proibição aos praças de sair e de receber visitas no quartel, o desliga-mento dos telefones e inspeções inesperadas do armamento. A mais sacri-ficante eram as ordens para arrumar às pressas os sacos de viagem e a ida em trem de carga, sempre à noite e com as luzes apagadas, para o cais do porto — voltando à Vila Militar horas depois, frustrados e irritados com aquele aparato. De tantos despistes, muitos praças, loucos para partir, não acreditavam em mais nada. O próprio povo já se convencera de que era tudo conversa fiada. A frase correu a cidade: "É mais fácil uma cobra fu-mar do que a FEB embarcar".

Mas, embora nem os militares brasileiros soubessem, a data já fora marcada pelo Alto-Comando dos Estados Unidos. Em meados de maio, numa reunião no Ministério da Guerra convocada pelo general Hayes Kroner, adido militar americano, Dutra e Mascarenhas de Moraes, com seus assessores, foram informados de que o embarque seria feito em cinco escalões, com cerca de 5 mil soldados em cada um, em navios-transporte americanos. O primeiro escalão sairia em 2 de julho. Todos os presentes foram obrigados a jurar silêncio a respeito, inclusive para suas esposas. O nome do primeiro navio e o destino da tropa não foram informados — nem Kroner sabia.

Na noite de 28 de junho, um gigante se materializou no porto do Rio e, dois dias depois, começou a engolir gente. Era o navio *General W. A. Mann*, e ali começava o embarque para valer. Ninguém pôde se despedir de família, namorada e amigos — ou o *Abwehr* logo saberia. Sob o comando de Zenobio da Costa, o primeiro escalão de embarque subiu ao *General Mann* com 5075 expedicionários, dos quais 304 oficiais, e quase mil tripulantes e encarregados da defesa antiaérea, todos americanos. Foram necessárias 48 horas para absorver e acomodar todo mundo, com o navio atracado diante dos armazéns e sob o controle da polícia do Exército para identificar sabotadores. Naquele momento, o único brasileiro a saber para onde iriam era o general Mascarenhas de Moraes e, entre os americanos, só o comandante Paul Maguire e seus imediatos de patente mais alta. Getulio subiu a bordo às três e meia da manhã da véspera da partida. Foi conduzido entre os canhões e metralhadoras e, pelo sistema de som interno, declarou seu orgulho por aqueles jovens que iam lutar "pela Pátria e por um ideal". Mas Getulio não tinha do que se gabar. O orgulho deveria caber a eles, e somente a eles — eram os primeiros combatentes da América do Sul a partir para um conflito fora do continente.

Levantados os ferros ao nascer do sol de 2 de julho, foi permitido aos soldados ir ao convés para ver a partida. Em meio à neblina da manhã foram ficando para trás o Pão de Açúcar, a curva de Copacabana, a fieira de casas de Ipanema e do Leblon, o morro Dois Irmãos, a pedra da Gávea e o Cristo Redentor — "Uma beleza feita para a apoteose das chegadas, não para a dolência daquele adeus", escreveria no futuro um pracinha. À frente do navio, ia o cruzador *Greenhalg*, e, de cada lado, dois destróieres, o *Mariz e Barros* e o *Marcilio Dias*, todos brasileiros, com outros três navios-escolta americanos na retaguarda. Tanta proteção, em vez de aliviar, era motivo de preocupação para os embarcados — significava que, com todas as precauções, podiam ser atacados em alto-mar. A aflição aumentou com o aviso de que, se aparecesse uma bandeira negra no mastro do *General Mann*, era sinal de submarino nas proximidades, e os escoltas soltariam bombas de profundidade. E que, se os canhões do convés fossem apontados para o céu, era pela suspeita de bombardeiros aéreos. Não eram pensamentos muito reconfortantes para quem, como tantos ali, nunca viajara de navio ou nem sequer tinha visto o mar.

Seriam quatorze dias de tensão. Ao embarcar, cada pracinha ganhou um exemplar do *Livro de orações do soldado brasileiro*, feito para o bolso da túnica. Recebeu também duas plaquinhas de metal a serem penduradas no pescoço por uma coleirinha de couro — os americanos as chamavam de *dog tag*, licença de cachorro — e que não se podia tirar nem para tomar banho. Eram idênticas e continham o nome do soldado, o número de matrícula, seu tipo de sangue e a data da última vacina antitetânica. As plaquinhas eram importantes porque, no caso de morte em combate, uma ia para a cruz de madeira onde o soldado caíra e a outra era enviada à família. Foi o primeiro contato dos rapazes com a ideia de que algo além do heroísmo os esperava no campo de batalha.

Avisos por toda parte ordenavam que não se jogasse nada no mar, como uma embalagem de chiclete, um maço de cigarros amarrotado ou uma simples guimba. Qualquer insignificância permitiria aos submarinos alemães seguir a pista de um navio próximo. Embora tivessem cessado os ataques aos mercantes, os submarinos continuavam na região. Meses antes, dezoito *U-Boote* tinham sido afundados em águas nacionais por aviões americanos e brasileiros.

Os exercícios diários de alarme, simulando ataque aéreo e abandono do navio, também eram de dar nos nervos — e se um deles fosse para valer? (Um deles foi. Um submarino foi detectado no fim da primeira semana, mas bombas de profundidade o fizeram afastar-se.) Mas o *General Mann* era difícil de ser atingido. Era muito rápido, e os submarinos precisavam de sete minutos para estabelecer a mira. Com zigue-zagues de sete minutos a cada centena de milhas, o navio não dava tempo para que eles conseguissem firmá-la.

O *Mann* estava longe de ser um navio de passeio. Fora construído para transporte de tropas, com cinco andares de alojamentos, dois acima e três abaixo do nível do mar. Quanto mais baixo o andar, mais alta a temperatura. Os oficiais ficavam nos andares superiores, à confortável razão de dezoito homens por compartimento. Os alojamentos dos soldados comportavam trezentos cada um, com as camas-beliche de lona em cinco prateleiras, a poucos centímetros uma da outra. Acordava-se às cinco da manhã e era obrigatório tomar banho. Exceto por um chuveiro de água doce em cada banheiro, todos os demais eram de água do mar, com o que o sabão não fazia espuma e saía-se do banho com o corpo mais pegajoso do que ao entrar. Era proibido circular pelo navio com a toalha ao redor do pescoço. A comida era uma infame ração americana enlatada, à base de carne com batata e legumes, quase sem sal. Os vasos sanitários eram buracos em bancos tomando o compartimento de parede a parede, sem divisórias. Pela falta de privacidade, nem sempre alguns conseguiam se desapertar.

Todos os embarcados tinham obrigações. Havia a turma da limpeza, a da cozinha e a da distribuição de comida. Exceto pelas tarefas, os homens passavam a maior parte do dia deitados, de cueca. A cada movimento mais brusco do navio, alguns botavam a cabeça para fora do beliche e vomitavam. Para isso eram-lhes fornecidas bacias, que nem sempre eles tinham tempo de usar. A sujeira deveria ser removida imediatamente e pelo próprio soldado. Um terço da tropa enjoava. Apesar do banho diário, o cheiro de 5 mil homens num espaço reduzido também contribuía para o mal-estar. As idas ao convés só se davam sob condições: era proibido usar tamancos e obrigatório o uso de colete salva-vidas — Mae West, como o chamavam, numa referência à robusta atriz americana. Os Mae Wests não eram uma medida gratuita, porque pelo menos metade dos rapazes não sabia nadar.

Às seis horas da tarde, as saídas do navio eram trancadas e não se podia mais ir ao convés, donde nenhum pracinha viu o mar à noite na viagem de ida. Podia-se jogar baralho, desde que com apostas a tostões. A preços também quase simbólicos, a cantina do navio vendia tinta e caneta (ainda não existiam as esferográficas), lápis, papel, sabonete, talco, chocolates e cigarros Lucky Strike. Pagava-se em cruzeiros. Uma atração era o cinema de bordo, com três filmes novos americanos, em inglês, sem legendas, que se revezavam na tela — um deles, Coney Island, com Betty Grable (no Brasil, se chamaria Turbilhão). Era permitido tocar instrumentos musicais, e alguns dos rapazes tinham levado violões e pandeiros. Faziam-se paródias de sucessos da época, com críticas aos sobressaltos da viagem, como os vagalhões que faziam o navio saltar, o risco de torpedos e os estômagos revirados.

Uma delas, já prevendo as privações que eles enfrentariam no front, era a de "Lili Marlene". A canção nascera como um poema escrito em 1915 por Hans Leip, musicada em 1937 por Norbert Schultze e gravada em

1939 pela cantora Lale Andersen, todos alemães. Repetidamente tocada pela Rádio Belgrado em 1941, fora captada em outros países por letristas que lhe apuseram letras em suas línguas, e se tornara uma espécie de hino de todos os soldados. Marlene Dietrich gravou-a em inglês, o que acabou de consagrá-la. A paródia brasileira dizia: "Antes da guerra, era de colher/ Belos uniformes, passeatas e mulher/ Sempre a cavalo e espadão/ E continências de montão/ Aquilo era um vidão!/ Aquilo era um vidão!".

No Rio, a música popular também entrou na guerra. Os alemães foram postos para sambar nos auditórios das rádios, nas vitrolas domésticas e nos alto-falantes das lojas de discos. Nenhum dos cantores e compositores famosos se dispôs a vestir farda, mas muitos lutaram com as armas de que dispunham — a voz, o violão, o lápis e até a caixa de fósforos. Nos dois anos entre a declaração de guerra em 1942 e o embarque da FEB em 1944, foram gravadas mais de cem canções de deboche contra o Eixo ou com a certeza de que, com a chegada dos brasileiros, os nazistas não perdiam por esperar.

Os títulos já diziam tudo: "A cara do Führer", "Três palhaços na berlinda", "A farra dos três patetas", "O Danúbio azulou", "A RAF em Berlim", "Bombardeio em Berlim", "Papagaio de Berlim", "Ai, ai, América", "Nós das Américas". A FEB ainda não disparara um tiro, mas já se ouvia o ronco da cuíca. O ufanismo campeou: "Desperta, Brasil!", "Calma no Brasil", "O Brasil entrou na guerra", "Grito da nação", "Isso aqui tem dono", "Isso aqui o que é", "Só vindo ao Brasil pra ver", "Fibra de herói", "Mulato patriota", "Negro artilheiro", "Fim do Eixo", "Dever de um brasileiro", "Pro brasileiro, alemão é sopa", "O mundo vai melhorar", "A vitória é nossa" e a principal "Canção do expedicionário", de Spartaco Rossi e Guilherme de Almeida, na voz de Francisco Alves, com sua letra de 96 versos que ninguém conseguia decorar. Um efeito colateral dessa produção é que, ao tecer hinos à democracia, havia críticas implícitas à ditadura que, em outros tempos, o DIP não deixaria passar. O regime, sem querer, descongelava. As próprias novelas de rádio puseram a guerra nas tramas, com personagens como o primo do herói ou o irmão da heroína alistando-se na FEB e dizendo que ia lutar pela liberdade.

A propaganda também incorporou de vez a luta às campanhas: "O Brasil precisa de sangue bom — tome o Elixir de Nogueira", "Nenhuma frente de combate assusta os poderosos caminhões Studebaker", "Mobilizando forças para lutar contra a fraqueza — Biotônico Fontoura", "Notícias diretas da frente de batalha com os rádios Zenith", "Aerodinâmicas e possantes como as fortalezas voadoras — Canetas Parker", "Olhos para os canhões antiaéreos — Óculos Bausch & Lomb", "Nas trincheiras ou no lar — Leite Moça" (com a imagem de um soldado tomando-o da lata), "Deixe suas rivais em black-out com Black Red" (o novo esmalte da Cutex), "Seu carro também participa do esforço de guerra" (desde que lubrificado com Penzoil), "Os comandos preparam-se para atacar" (referindo-se aos lubrificantes da Texaco). E até a frase de Churchill, "Nunca [na história dos conflitos humanos] tantos deveram tanto a tão poucos", sobre os 750 pilotos da RAF que em 1940 enfrentaram os 2550 aviões da Luftwaffe na Batalha da Grã-Bretanha, foi usada como slogan no anúncio de um sapólio.

A guerra tomou conta de tudo. Os gibis mandaram seus heróis para o front. Uma capa do *Globo Juvenil* mostrava Super-Homem estrangulando Hitler e Hiroito. O combate estava também tanto na capa das revistas de informação, como *Careta* e *O Malho*, quanto nas dos almanaques de farmácia, produzidos pelos laboratórios, como *Capivarol* e o *A Saúde da Mulher*. O comércio também se mobilizou. Uma papelaria no Edifício São Borja, na avenida Rio Branco, chamou-se, sugestivamente, A Caneta Expedicionária. Lojas distribuíam gratuitamente "cinderelas" — estampilhas já com cola (era só lamber), sem valor postal, a serem pregadas nos envelopes, impressas com dizeres: "A alta de preços é uma consequência da pirataria nazista", "Se Hitler vencer, não haverá liberdade" e "Palavras de Hitler: Transformaremos o Brasil num domínio alemão". Os clubes de futebol não ficaram parados. O Botafogo estampou um desenho, "Daremos fim ao nazismo", no material impresso para os sócios. O Fluminense ofereceu seu stand de tiro à FEB para treinamento dos pracinhas (não foi necessário). O Vasco da Gama arrecadou fundos e doou dois aviões à FAB, com a cruz de malta pintada na fuselagem (os pilotos que torciam pela Flamengo, e que eram a maioria, não gostavam de entrar neles).

Em 1942, o Theatro Municipal apresentara uma superprodução do ator e diretor Raul Roulien, "Tarde do cinema brasileiro", com o apoio da Cruz Vermelha, em benefício das vítimas dos torpedeamentos. Roulien botara no palco os pesos-pesados do rádio, do teatro e do cinema, além da orquestra do Theatro Municipal, do balé de Madeleine Rosay e do Grande Jazz Sinfônico, regido por Gaó. O sucesso do evento levou Roulien a criar em 1943 o Teatro de Guerra, uma companhia itinerante que, a partir do Rio, passaria dois anos viajando do Nordeste à Amazônia, levando peças, números musicais e declamação de poesia a soldados, operários, lavradores e seringueiros. Para isso, o ex-integralista Roulien contou com o dinheiro dos interventores estaduais e o apoio de uma plêiade de neodemocratas, como Dutra, Aristides Guilhem e Gustavo Capanema.

A guerra chegou também à língua. Com a militarização do país, os maridos menos fiéis começaram a se referir à casa em que moravam com a mãe de seus filhos como "Casa Civil", e ao apartamento ou garçonnière onde se encontravam com a amante como "Casa Militar". O cantor negro Octavio Henrique de Oliveira, intérprete de sambas e marchinhas como "O pedreiro Waldemar", "Rei Zulu" e "General da banda", surgido na época dos blecautes, ficaria famoso no rádio como Black-Out, depois aportuguesado para Blecaute. A velha soqueira de metal, adotada pela infantaria americana e britânica nos combates corpo a corpo, tornou-se o "soco-inglês". Com a queda da polonesa Dantzig, corredor para a Alemanha, a brincadeira de socar alguém entre duas fileiras de amigos passara a ser o "corredor polonês". O popular "barbantinho cheiroso" — um barbante mergulhado numa ampola de metionina, à venda em farmácias, posto a secar por um dia e deixado a queimar num cinema apinhado — passou a ser chamado de "peido-alemão". Era aceso de preferência durante o cinejornal que precedia o filme, mostrando cenas de batalha envolvendo os nazistas.

De tanto ouvir sobre as formações dos exércitos, os garotos aprenderam a descrevê-las tão bem quanto as dos times de futebol. Estes se compunham de um goleiro, dois zagueiros, três médios e cinco atacantes. No Exército, doze a quatorze soldados formavam um grupo de combate; três grupos de combate formavam um pelotão; quatro ou cinco pelotões, uma companhia; quatro companhias, um batalhão; vários batalhões, um regimento; a soma de tudo isso representava uma divisão; e três ou quatro divisões de 25 mil homens compunham um Corpo de Exército — como se supunha que a FEB seria, e que acabou reduzida a uma única divisão.

Nem o mundo avícola escapou. Um papagaio, num lote de aves apreendidas pela polícia e levadas para a delegacia, surpreendeu os presentes ao gritar slogans como "*Heil Hitler!*", "*Viva Il Duce!*" e "Anauê!". "Obviamente, foram-lhe ensinados por alguém", observou o arguto e anônimo repórter do jornal *A Noite*.

Somente depois de quase duas semanas no mar, quando o *General Mann* passou à noite pelo estreito de Gibraltar e amanheceu no Mediterrâneo, os praças souberam que estavam na Europa e que seu destino era a Itália. A chegada à baía de Nápoles, num domingo de sol, com o imponente Vesúvio ao longe despejando uma coluna de fumaça, foi motivo de emoção para aqueles rapazes. Nenhum deles jamais imaginara ver um vulcão — tivessem chegado três meses antes, poderiam admirá-lo em erupção, despejando lava, pedras e chamas. A entrada na cidade, no entanto, apresentou-os à realidade da guerra.

Um ano antes, Nápoles fora retomada pelos Aliados à custa de pesado bombardeio aéreo britânico e americano. Os nazistas, em fuga para o norte do país, deixaram bombas de retardamento nos prédios oficiais, igrejas e museus, não sem antes despojá-los de quadros, tapetes, candelabros. Prédios monumentais, como o Palazzo della Poste, a central dos correios construída por Mussolini, e o Hotel Terminus, tiveram suas instalações elétricas e sanitárias desmanteladas pelos alemães. Era um velho hábito da guerra — deixar o território destruído para os novos ocupantes.

Os prédios eram ruínas a céu aberto, com as fachadas esburacadas de tiros. As ruas, uma sucessão de crateras provocadas pelas granadas. O porto, o principal alvo dos canhonaços, regurgitava de navios semiafundados, com parte do casco à tona, alguns explodidos pela própria Marinha italiana em protesto contra Mussolini. Homens, mulheres e crianças vagavam em farrapos, como se não tivessem para onde ir, estendendo a mão e suplicando *"Mangiare! Mangiare!"* — "Comida! Comida!". Para os poucos embarcados que a conheciam, a frase do poeta Goethe, *"Vedi Napoli e poi muori"* — "Ver Nápoles e depois morrer" —, não parecia de bom agouro.

No Rio, pelo silêncio oficial e pela falta de notícias de seus filhos, as famílias começaram a desconfiar que eles haviam partido. Mas só tiveram certeza um mês depois, quando a BBC deu a notícia e, dali a minutos, ela estava em todas as emissoras do país. E, assim como as famílias, só então os soldados que haviam ficado na Vila Militar foram informados de que, assim como seus camaradas, eles provavelmente também iriam para a Itália.

As operações de dissimulação e despiste continuaram em função dos embarques seguintes. No dia 22 de setembro, o *General Mann* voltou ao Rio para levar o segundo escalão, formado basicamente pelo Regimento Sampaio. Sob o comando do general Oswaldo Cordeiro de Farias, partiram 5133 homens, dos quais 356 oficiais. No mesmo dia, seguiu pelo também navio-transporte *General Meigs* o terceiro escalão, comandado pelo general Olympio Falconière da Cunha, com 5243 homens, dos quais 316 oficiais. Mais dois meses, no dia 23 de novembro, zarpou o quarto escalão, igualmente pelo *General Meigs*, com 4691 homens, dos quais 281 oficiais, comandados pelo coronel Mario Travassos. O quinto e último escalão só partiria no dia 5 de fevereiro de 1945, pelo indestrutível *Meigs*, comandado pelo tenente-coronel Ibá Jobim de Meirelles, com 5082 homens, dos quais 247 oficiais. Eles não tiveram seu batismo de fogo — ao chegarem a Nápoles, já se tinham dado os principais combates. Um dos embarcados era o aspirante a oficial da Infantaria Celso Furtado, 24 anos, que, por falar inglês, seria posto à disposição da Missão Militar Americana como um dos oficiais de ligação entre a FEB e o comando americano. Outro no quinto escalão foi o repórter-fotográfico Thassolo Mitke, pela Agência Nacional. Completava-se assim, em absoluta segurança, o transporte de 25 334 soldados.

As enfermeiras haviam seguido em outubro, de avião, pela rota Recife-Dacar-Argel-Nápoles. E, antes delas, também já chegara o 1º Grupo de Aviação de Caça da FAB (Força Aérea Brasileira), saído da base de Santa Cruz, no Rio. Sob o comando do tenente-coronel Nero Moura, viajaram 48 pilotos, nove oficiais, dois oficiais médicos, 109 suboficiais e 174 cabos e soldados. Os pilotos, adestrados no Panamá pelos aviadores americanos e com graxa até a alma, estavam prontos para ações de escolta, de bombardeio aéreo e, se fosse preciso — como foi —, para a guerra de avião contra avião. A FAB, baseada em Tarquinia, no centro-oeste da Itália, estava sujeita ao 22º Comando Aéreo Tático dos Estados Unidos, que, assim como a FEB, respondia ao 5º Exército dos Estados Unidos, comandado pelo general Mark Clark.

Clark, 48 anos, 1,90 metro, muito magro, era o general quatro estrelas mais jovem em toda a Itália. O nosso Mascarenhas de Moraes, 61 anos, 1,60 metro, rotundo, era, ao contrário, o mais velho. Como esperado, Clark não falava português e Mascarenhas não falava inglês. Mas o 5º Exército e a FEB tinham um competente oficial de ligação: o já capitão e logo major Vernon Walters, 27 anos, criado na Europa e fluente em francês, espanhol, italiano, grego e português. Walters aprendera o português de Portugal, mas, ao escutar a fala brasileira, encantara-se e a adotara. Ouviu-a em meados de 1942, ao vir ao Rio. Era uma viagem de prazer, mas Walters aproveitara para conhecer outras capitais do Brasil e certificar-se das informações que lhe haviam sido passadas por seus amigos nos órgãos de Inteligência. Segundo eles, a guerra ainda estava longe de favorável para os Estados Unidos. Era fundamental levar aviões para o Norte da África, para o Oriente Médio e para as rotas do Pacífico, e as distâncias eram proibitivas. Com as bases no Nordeste brasileiro, no entanto, o espaço marítimo a ser sobrevoado reduzia-se à metade — daí a necessidade de tratar o Brasil de modo especial. Walters tinha boas amizades na FEB, como o tenente-coronel Humberto de Alencar Castello Branco. Isso lhe permitia saber quem era quem no Exército brasileiro. Mas essa não era a principal razão para sua escolha como oficial de ligação.

A razão era a de que, como Walters dominava até a gíria, entendia tudo que os oficiais falavam entre si. Por isso, sabia que, com a FEB na Europa, a cobra ia fumar.

À medida que desembarcavam, os destacamentos eram dirigidos para as proximidades dos QGs (quartéis-generais), para o treinamento com as armas e com os instrutores americanos. O primeiro escalão foi alocado a trinta quilômetros de Nápoles, ao pé do Astronia, um vulcão felizmente extinto. Por falta de transporte suficiente, quase 5 mil homens tiveram de cumprir o percurso com o saco às costas e a pé — os provenientes da roça preferiram fazê-lo descalços, como estavam habituados aqui. Chegando ao acampamento, os barracões e cozinhas que deveriam recebê-los ainda estavam com a obra pela metade. Enquanto a construção não terminava, os recém-chegados tiveram de dormir em barracas precárias, um ou dois em cada uma, com as pernas para fora, e continuar se submetendo à intragável ração enlatada. Não era o que se esperava do Exército dos Estados Unidos.

Os oficiais americanos também não tiveram boa impressão dos soldados brasileiros. Acharam-nos mirrados demais para o combate. E havia algo de errado com seus uniformes verde-oliva. Pareciam muito justos no corpo e curtos nas canelas — e estavam mesmo. O tecido usado na confecção era de segunda e encolhera nas lavagens no navio. Para completar, o verde-oliva era parecido demais com o verde do Exército alemão. Por isso, ao desembarcarem e passarem pelas aldeias italianas, desarmados e conduzidos pelos americanos, os pracinhas eram tomados por prisioneiros alemães e ofendidos pelos moradores nas janelas: *"Maledetti tedeschi!"*— "Alemães malditos!". Quando se identificavam como brasileiros, os italianos se iluminavam: *"Brasiliani!"* — muitos tinham um tio ou primo no Brasil.

Para surpresa dos americanos, os soldados da FEB revelaram enorme eficiência no *on the job training*, aprender e treinar ao mesmo tempo. Tinham resistência, força e velocidade nos exercícios físicos. Logo aprenderam a rastejar sob cercas de arames farpados, correr desenrolando bobinas de fios telefônicos e subir morros com mochilas de trinta quilos às costas. Os americanos se espantaram também com sua capacidade de assimilar instruções de tiro, operar armas que nunca tinham manuseado e mostrar bom aproveitamento no alvo. Relatórios de oficiais do 5º Exército falam dessa surpresa. E a questão dos uniformes foi resolvida a princípio com o empréstimo pelos americanos de uma jaqueta cáqui e botas de cano mais longo, que disfarçavam o encolhimento grotesco, antes da chegada de seu novo fardamento. Este, de brim reforçado, foi produzido pela fornecedora oficial de uniformes para o Exército americano: a fábrica de jeans Lee.

Os praças, por sua vez, descobriram que, na retaguarda, o rancho não se limitava ao que lhes fora servido no navio. O desjejum se compunha de café, torradas, manteiga, bacon, presunto, queijo, ovos e laranjada. As rações para o resto do dia constavam de feijão (vermelho e adocicado), almôndegas, galinha, salsichas, carne de porco, queijo — pena que tudo enlatado. Uma das latas continha cristais de café que se derretiam na água quente e só chegariam ao Brasil dali a nove anos: o Nescafé. Outra novidade eram os desidratados: sucos, caldos de carne e sopas em pó, inventados para a guerra. Tudo em tal quantidade que dispensava o dinheiro. Os italianos, arruinados pela guerra, só negociavam em regime de troca. Os brasileiros logo se adaptaram. Alguns chicletes compravam uma garrafa de vinho, dois ou três cigarros pagavam um par de meias de lã, e uma barra de chocolate talvez levasse a vinte ou trinta minutos num cantinho discreto com uma morena — se nenhum superior da FEB ficasse sabendo. Alguns soldados, casados no Brasil, tornavam-se *fidanzatos* (sic), "noivos" das *ragazzas*, até serem transferidos de acampamento e nunca mais voltarem àquele onde haviam deixado a moça.

Nos QGs americanos era obrigatório barbear-se diariamente. O bigode era permitido, nem se discutia. O Exército fornecia giletes e sabonetes a quem quisesse se escanhoar, mas havia em cada acampamento uma tenda-barbearia, operada por soldados barbeiros na vida civil. Havia também tanques de roupa para os pracinhas lavarem suas fardas e ceroulas, mas quase não eram usados — as mulheres italianas lhes imploravam para lavá-la por eles, em troca de comida e cigarros.

Os pracinhas foram os primeiros brasileiros a conhecer o jipe — *jeep* —, criado em 1941 pela Willys Overland, uma das fornecedoras oficiais de veículos. Somente nos primeiros anos da guerra, a Willys mandou 600 mil jipes para as diversas frentes. Era um carro para qualquer terreno, quase como cavalgar um rinoceronte. Sua estabilidade nos caminhos mais acidentados tornava-o quase impossível de capotar, mesmo que às vezes parecesse sair voando ao atravessar um desnível. Não tinha capota nem para-brisa, para evitar que o reflexo do sol revelasse sua posição para o inimigo, e, à noite, mesmo com neblina e o farol apagado, passava ileso pelos solavancos. Talvez por isso o tenham batizado a partir de Eugene the Jeep, um cachorro mágico das histórias em quadrinhos de Popeye, capaz de atravessar paredes e viajar pelas dimensões — ou seja, de ir a qualquer lugar.

O 5º Exército, com 153 mil homens, incluindo a FEB, era quase uma legião estrangeira. Além das divisões americanas, tinha regimentos britânicos, indianos, neozelandeses e sul-africanos, todos sob o comando do general Clark. Um agrupamento inesperado para os brasileiros era o dos seus vizinhos em Pistoia, o 442º Regimento de Infantaria, formado por nipo-americanos. Naquele momento, milhares de imigrantes japoneses estavam confinados em campos de concentração nos Estados Unidos, e talvez muitos fossem parentes deles. O confinamento era indiscriminado — compreendia até japoneses naturalizados — e podia ser explicado pela chaga aberta por Pearl Harbor. O Brasil também confinara seus japoneses e tinha nipo-brasileiros em suas fileiras, mas era diferente. O Japão não atacara o Brasil e nem o Brasil, por enquanto, lhe declarara guerra. Seus imigrantes tinham sido confinados por serem súditos de uma nação do Eixo que agredira um país americano. Isso não impediu que alguns de seus filhos, de posse de documentos brasileiros, se voluntariassem para a FEB e fossem aceitos.

A FEB se compunha até de teuto-brasileiros, embora Hitler não reconhecesse a existência deles. Para a Alemanha, valia o *jus sanguinis*, o direito de sangue, segundo o qual os filhos de pai e mãe alemães nascidos no Brasil eram alemães. Mas, para o Brasil, valia o *jus solis*, o direito de solo. Por terem nascido no Brasil eram brasileiros e, se com ele se identificassem, podiam defendê-lo. Muitos desses rapazes que se apresentaram sofreram duplas represálias: por um lado, a violenta oposição de sua família, ciosa da fidelidade à pátria-mãe; por outro, a desconfiança brasileira de, pela origem alemã, serem nazistas dissimulados. A adesão convicta à causa democrática, no entanto, abriu-lhes caminho para sólidas carreiras no Exército. Estima-se que os teuto-brasileiros na Itália tenham sido entre quinhentos e mil, número nada desprezível num universo de 25 mil.

O principal deles na Itália, o sargento Max Wolf, era filho de um cidadão austríaco — a quem ele repudiava pela violência que praticava contra sua mãe —, e ardentemente brasileiro. Embora servisse no Estado-Maior de seu pelotão, longe dos combates, oferecia-se constantemente para lutar na linha de fogo. Nesta liderou patrulhas, comandou unidades de remuniciamento, refez cabos telefônicos cortados por minas, juntou-se aos padioleiros para recolher feridos e ainda dizimou inimigos. Era da estirpe dos heróis — ou dos suicidas, porque só isso poderia explicar sua coragem.

Para os pracinhas, mais surpreendente ainda era a 92ª Divisão de Infantaria do 5º Exército, formado por soldados afro-americanos. Não entendiam como eles aceitavam lutar para levar a democracia a outros países se não podiam participar dela na sua própria terra, onde mal eram reconhecidos como seres humanos. E não é que ali estivessem livres do racismo. Eram vistos como preguiçosos e displicentes por seu comandante, o general Edward Almond, e pelos demais oficiais, todos brancos. A discriminação começava pelas cantinas nos QGs — não podiam frequentar as dos brancos, tinham uma só para eles. O que aconteceria se um deles fosse flagrado se masturbando com uma foto de Betty Grable, a pinup loura que os soldados brancos traziam no bolso da farda ou dentro do capacete? E não havia a possibilidade de serem comandados por oficiais pretos porque, no Exército americano, estes mal chegavam à patente de major. Menos mau que, no Exército, eles podiam ser soldados e combater — na Marinha, tinham de se limitar a servir no cais, como estivadores.

A FEB talvez fosse a única grande unidade do 5º Exército racialmente integrada. Calcula-se que 30% de seu efetivo fosse de pretos e pardos, alguns em postos de comando — que, para espanto dos americanos, dividiam mesas e alojamentos com os brancos. Havia também um grupo de cerca de cem indígenas, das nações terena, quiniquinau e guarani. Pertenciam ao Batalhão de Engenharia, desempenhando funções como abrir picadas, descobrir caminhos e desmontar armadilhas. Em combate, emitiam gritos de guerra em suas línguas — o dos terenas era "Vucapanavo!", significando "Em frente!". Um deles, Venceslau Ribeiro, chegou ao posto de segundo-tenente, comandando sargentos e soldados brancos.

Infelizmente, a atitude de Zenobio da Costa, ao escondê-los do público nos desfiles da tropa no Rio, se repetiria na Itália. A FEB libertou muitas cidades italianas, mas, quando marchava em triunfo por suas ruas, alguns comandantes exigiam que os soldados de pele mais escura fossem para as colunas internas. Zenobio não via nisso uma contradição. Não se opunha a que pretos e indígenas morressem pelo Brasil. Só não podiam representá-lo.

No Rio, a LBA criou campanhas para levar o povo a se integrar ao esforço de guerra, como a das Hortas da Vitória, produção de alimentos nos quintais para amenizar o desabastecimento. O pequeno comércio foi convidado a contribuir com a doação de meias e pulôveres para os pracinhas — infelizmente sem muito uso para eles, porque sua lã era mais adequada ao inverno carioca. Escolas estimulavam os alunos a enviar artigos de uso pessoal acompanhados de uma cartinha com o nome e idade do remetente. Alguns desses presentes eram biscoitos, lenços, pentes e sabonetes, como o Dorly, o mais barato do mercado. A Rádio Nacional pedia doces brasileiros — goiabada, mariola, pé de moleque. Outra campanha era a do livro usado, para que os pracinhas tivessem o que ler na Itália — medida simpática, embora não se comparasse à dos americanos, que rodavam edições de bolso dos últimos best-sellers, os *war books*, para seus soldados no exterior.

E havia a campanha do cigarro, com o despacho maciço para a Itália dos populares Yolanda, Astória e Beduino, de um ou dois tostões. No começo, os cigarros eram bem-vindos. Mas, quando os pracinhas descobriram os cigarros americanos, começaram a recusar os brasileiros. Diz-se que o general Mark Clark, a ser dado a fumar um Yolanda, teve violenta náusea, empalideceu e quase desmaiou; ao voltar a si, autorizou que a FEB fosse abastecida com os Lucky Strikes. No Rio, os fabricantes nacionais protestaram, alegando só entregar à LBA cigarros de primeira linha. Os soldados que não fumavam os recebiam e estocavam para trocá-los pelo empréstimo, por alguns minutos, de revistas como *Carioca* e *A Cena Muda*, que alguns colegas recebiam. O empréstimo se destinava a um pulinho atrás da moita para apreciar melhor uma foto das estrelas Maria Montez ou Hedy Lamarr.

A LBA tentava motivar as famílias a enviar cartas para seus filhos lá fora. Mantinha também um programa de voluntárias que escreviam para os soldados solteiros, para garantir que eles não se sentissem abandonados. As cartas do Brasil para os pracinhas iam primeiro para os "Correios coletivos": o Correio Sul, no Rio, que recebia as enviadas das regiões Sul, Sudeste e Centro-Oeste, e o Correio Norte, em Natal, para as do Norte e Nordeste. Depois de submetidas à triagem — censuradas —, eram enviadas para o Correio Nacional, no Rio, que finalmente as despachava para o correio regulador em Nápoles. Lá eram abertas de novo e lidas por funcionários brasileiros e americanos, para prevenir informações que pudessem desestabilizar o soldado. Tudo que fosse julgado inconveniente era cortado — borrava-se a palavra ou frase com tinta preta — antes de chegar aos acampamentos. Mesmo assim, o grito de "Chegou correio!", pelos soldados-carteiros, era o mais esperado no acampamento.

As cartas dos pracinhas para o Brasil obedeciam ao mesmo percurso, só que ao contrário — também eram lidas e censuradas nas diversas etapas. Não havia segredo nisso. Todo envelope com as bordas frisadas de verde-amarelo que se recebia ou enviava vinha com o carimbo: "FEB. Aberto pela censura". A preocupação era com as informações que as cartas podiam dar, sem querer, sobre a localização de sua formação ou sobre os próximos deslocamentos — se lidas pelos quintas-colunas, chegariam ao inimigo. A censura postal se estendia a toda a população. Qualquer carta entre o Brasil e o exterior, num sentido ou no outro, era aberta antes de ser entregue e, com isso, podia levar três meses para chegar às mãos de seu destinatário.

O correio era de graça para os pracinhas, que não precisavam selar as cartas. Já seus telegramas tinham de ser pagos, porque dependiam do serviço internacional. Mas podia-se mandar telegramas cifrados, mais baratos — certas frases recorrentes, como "Estamos com muitas saudades" ou "Continuamos rezando por você", correspondiam a um número de dois ou três algarismos. Era um código, conhecido por todos. Infelizmente, o Ministério da Guerra não era tão ágil para informar as famílias sobre seus filhos mortos ou feridos. Se um soldado levasse semanas ou meses sem escrever, elas esperavam pelo pior. Muitos soldados elegiam um "irmão" na tropa, alguém para quem as famílias podiam escrever se lhes acontecesse alguma coisa.

Se o correio era precário, a agência móvel do Banco do Brasil na FEB funcionava bem. Seu caminhão percorria os acampamentos fazendo o pagamento dos militares. Os soldados na Itália ganhavam o triplo do que os que haviam ficado no Brasil. O soldo vinha dividido por três: um terço lhes era pago no acampamento, em liras. Outro terço continuava no Rio, depositado na Pagadoria Central, no Ministério da Guerra, onde podia ser resgatado pela família. E o terço final ia para um fundo de previdência da Caixa Econômica Federal em nome do combatente, a ser levantado, também no Rio, quando ele voltasse da guerra — em caso de morte do soldado, era revertido à família.

As primeiras semanas de cada divisão na Itália, destinadas apenas ao treinamento, permitiram que os soldados simulassem uma continuação da vida no Rio. Uma das atrações eram as peladas no acampamento, com capacetes empilhados à guisa de balizas e uma bola Superball nº 5 providencialmente levada por algum pracinha. Aos jogadores profissionais que haviam sido convocados misturavam-se os soldados, que sonhavam ser como eles. Numa das folgas, um autointitulado "escrete do 5º Exército" disputou um jogo "oficial" contra soldados britânicos num estádio em Florença. Os brasileiros ganharam por 6 a 1, com quatro gols de Bidon, do Botafogo, todos com passes de Peracio. A cada gol, um pracinha na arquibancada tocava uma gaitinha de plástico, como a de Ary Barroso ao narrar os gols rubro-negros pela Rádio Tupi.

Peracio, o canhão do Flamengo e escalado como motorista do jipe do general Cordeiro de Farias, conseguiu se manter à distância dos canhões de verdade, principalmente como alvo. Exceto ele, todos os jogadores convocados estiveram em algum momento na linha de frente. Mas o único a combater de verdade foi Geninho — na vida civil, Ephigenio de Freitas Bahiense —, também do Botafogo. Geninho participou de dois dos quatro ataques da FEB ao decisivo Monte Castello: o de 12 de dezembro de 1944, frustrado e fatal para muitos soldados, e o vitorioso, de 22 de fevereiro de 1945. No primeiro, Geninho estava, em certo momento, ao lado de três companheiros. Afastou-se para falar com alguém e, em poucos segundos, uma bomba caiu e matou os três. Geninho convenceu-se de que o destino o poupara para, um dia, desempenhar alguma missão gloriosa. Quando levou o Botafogo à conquista do Campeonato Carioca de 1948, deu sua crença por confirmada.

Com o DIP agora comandado pelo capitão Amilcar Dutra Ferreira, de muitas medalhas e poucas luzes, a censura à imprensa no Rio ficara de novo grosseira. Os caricaturistas, como J. Carlos, de nítida simpatia pelos Aliados, viviam sob vigilância, e o veto a uma charge o obrigava a refazer em cima da hora a capa de *Careta*. Estavam proibidas as "previsões" sobre o fim da guerra por cartomantes, quiromantes e videntes. E os jornais continuavam obrigados a publicar as "reportagens" produzidas pelo órgão, agora com manchetes e subtítulos bombásticos: CRESCENTE E ININTERRUPTA A PRESSÃO DOS BRASILEIROS!, TROPAS BRASILEIRAS IMPÕEM SEVERAS BAIXAS AOS ALEMÃES! OU NOSSAS TROPAS, COMANDADAS PELO GENERAL ZENO-

BIO, CONSERVARAM O INIMIGO EM CHOQUE DURANTE DOZE HORAS! Para lhes darem maior credibilidade, esses textos e manchetes eram atribuídos a remotas agências de notícias.

Quando um desses jornais chegava aos acampamentos na Itália, tanto os soldados quanto os correspondentes lá baseados se revoltavam. Sabiam que era uma ficção armada pelo DIP e não gostavam dela. A partir de setembro, desde que fora considerada pronta para o combate, a FEB tivera uma série de vitórias em quarenta quilômetros de progressão. Libertara vilarejos em mãos dos nazistas, como Massarosa, Camaiore, Barga, Babano, Gillardona, Stazzema e os montes Comunale, Valimono, Acuto e Prano, fizera centenas de prisioneiros e fora aclamada pelas populações locais. Inevitavelmente sofrera baixas — 87 feridos e treze mortos —, mas seus números eram positivos. O DIP não queria saber. Custou a admitir que, às vezes, também morria um brasileiro.

Essas conquistas, efetuadas com certa facilidade porque os alemães preferiam fugir para redutos mais seguros, eram motivo de celebração. Mas levaram a tropa a um excesso de otimismo, sobre o qual o general Mascarenhas alertou Zenobio da Costa. Em vão. No dia 31 de outubro, Zenobio mandou investir contra Castelnuovo di Garfagnana, na sinistra Linha Gótica, parte alta dos Apeninos e um dos pontos mais sensíveis para a resistência alemã. Pelas primeiras posições conquistadas com facilidade, considerou ganha a batalha e não se preveniu para um contra-ataque. Com reforços e tropas descansadas, os alemães ressurgiram de madrugada e a FEB sofreu enormes baixas, teve soldados aprisionados e, de forma humilhante, recuou correndo para o QG. O DIP nunca aceitou essas informações, mesmo vindas dos correspondentes que os jornais brasileiros tinham mandado para lá.

Em outubro de 1944, o DIP escondeu a notícia (liberada pelos americanos) sobre o primeiro expedicionário morto em combate, a do aspirante niteroiense José Gerônimo de Mesquita, dezenove anos. A família só ficou sabendo, e com grande atraso, por um telegrama do Ministério da Guerra. Mas, com as transmissões abertas da BBC, ficou impossível para o DIP manter segredo. Ostensivamente contrariados, seus homens passaram a fornecer a lista de "baixas fatais", permitindo às mães ou esposas buscarem seus direitos na Pagadoria. Houve casos em que o pagamento foi suspenso antes que chegasse aqui a notícia da morte do expedicionário. Outra lista era a dos soldados feridos que estavam sendo mandados de volta, provocando vigílias no Hospital Central do Exército, em Benfica.

Por essa e por outras, Getulio não queria jornalistas brasileiros na Itália — temia as más notícias que eles pudessem despachar. Só confiava nos
funcionários do governo, como Sylvio Fonseca, Horacio Coelho Sobrinho
e Abelardo Cunha, repórteres e cinegrafistas da Agência Nacional, e Fernando Stamato, fotógrafo da própria FEB. Quando eles seguiram no primeiro escalão, o DIP decretou que ninguém mais iria. Mas os proprietários e diretores dos jornais mais influentes, Paulo Bittencourt, do *Correio da
Manhã*, Roberto Marinho e Herbert Moses, de *O Globo*, Horacio de Carvalho, do *Diário Carioca*, e Austregésilo de Athayde, dos Associados, foram
em grupo a Amilcar Dutra Ferreira para comunicar que, se não pudessem
mandar correspondentes, não publicariam o material oficial. E, com isso,
seria como se o Brasil não tivesse ido à guerra. Sabiam que, para os jornalistas estrangeiros baseados no Rio, isso deixaria Getulio mal. Getulio teve de se dobrar, mas manteve a prerrogativa de vetar os nomes que não
lhe agradassem.

Chateaubriand tinha três candidatos dispostos a viajar por *O Jornal*:
Carlos Lacerda, que, recusado para combater, via nisso uma alternativa
para participar da guerra, o pugnaz Edmar Morel e o já famoso David
Nasser. O DIP vetou Lacerda e Morel por motivos políticos. Sobrou David Nasser, que era o menos indicado para a tarefa. Quem o temia por sua
contundência ao escrever não sabia que ele tinha graves problemas ósseos.
Suas mãos eram garras, sem força e sem coordenação — só conseguia escrever em máquinas especiais e, mesmo assim, com dois dedos. Sem ajuda, não conseguia se vestir, abotoar-se, girar uma maçaneta, cortar um bife
ou descascar uma banana. O único carro que podia dirigir era um hidra-
mático americano, e qualquer esbarrão o atirava longe. Como alguém nessas condições poderia cobrir uma guerra? Por isso, Chateaubriand teve de
escalar um jovem que não tinha entrado na história nem se oferecera para
viajar: Joel Silveira, 26 anos. Ao se despedirem, Chateaubriand o avisou:
"Não basta fazer uma boa reportagem. É preciso entregá-la". Queria dizer
que o repórter evitasse morrer antes de bater a matéria.

Joel e os demais correspondentes foram no segundo e no terceiro escalão. Pelo *Globo*, seguiu Egydio Squeff, 33 anos, poeta e, apesar de comunista, ex-redator dos discursos de Getulio. Pelo *Diário Carioca*, Rubem Braga,
31, já com longa carreira em todas as funções da imprensa. Pelo *Correio da
Manhã*, o veterano Raul Brandão, 53 (que, 26 anos antes, cobrira a Primeira
Guerra para o jornal), e o fotógrafo Horacio Gusmão Coelho. Pelos demais
órgãos Associados, Barreto Leite Filho, 37, com extensa carreira jornalísti-

ca, transferido do Norte da África, onde já estava havia um ano — Barreto fumava cachimbo em tiroteios, sinal de que não se apertava em lugar nenhum. Já o afetado Dunshee de Abranches, 35 anos, do *Jornal do Brasil*, desembarcou de sobretudo, cachecol e luvas. Não era o traje ideal para um correspondente de guerra, muito menos no escaldante verão europeu. Em vez de tirar tudo e vestir algo mais leve, Dunshee preferiu ir embora dois dias depois.

Quando os correspondentes desceram em Nápoles, já lá estavam a jornalista Sylvia de Bittencourt e o correspondente do serviço brasileiro da BBC, o radialista Francis Hallawell. Sylvia, 48 anos, era mulher de forte personalidade, extravagante beleza e, dizia-se, íntima dos oficiais americanos. Viajara por conta própria, contra a vontade do marido, Paulo Bittencourt, do *Correio da Manhã*, e cobria a guerra para a United Press. Usava o pseudônimo de Majoy — uma contração de "*My joy*", "minha alegria", talvez um tratamento carinhoso que recebesse do marido, a essa altura ex. De todos os jornalistas brasileiros na Itália, foi a que chegou mais perto do combate, sofrendo um ferimento por estilhaços de bomba.

O mais popular, por ter seu material transmitido pela BBC, era Francis Hallawell, 32, o "Chico da BBC". Brasileiro, gaúcho, filho de ingleses e falando com leve sotaque britânico, Hallawell fazia um trabalho prodigioso. Seguia as tropas junto ao pessoal da retaguarda, a pé, empurrando um carrinho de mão com o aparelho em que, auxiliado pelo técnico de som Douglas Farley, gravava entrevistas com os soldados. As gravações eram feitas em discos de vidro — o alumínio estava racionado —, que iam de jipe para Florença, sacolejando por estradas crivadas de buracos de minas. Dali, os discos, milagrosamente intactos, partiam de avião para Roma num malote militar americano, onde eram postos a tocar ao lado de um telefone para a BBC, em Londres. A BBC os gravava e os transmitia pelo microfone para seu estúdio no Rio, na avenida Rio Branco. O som não era dos melhores, mas não se pode querer tudo numa guerra. Embora escrevesse bem e usasse termos do coloquial carioca, como "pindaíba" e "gororoba", Hallawell gostava de ler no ar os textos dos colegas, sempre lhes dando o crédito. Seu favorito era Rubem Braga, cujos despachos com sabor de crônica eram perfeitos para o rádio.

Segundo uma revista americana, "para enviar notícias, os correspondentes de guerra participam, desarmados, dos mesmos perigos que os soldados encaram nas frentes de batalha. Voam nos bombardeiros em território inimigo, expõem-se no convés dos navios de guerra e arrastam-se para as trincheiras. Muitos morrem, são feridos ou capturados pelo inimigo. Os fotógrafos se arriscam mais ainda". Se Joel Silveira e Rubem Braga tivessem lido essa descrição no Rio, talvez pensassem duas vezes antes de embarcar.

Mas não leram e foi melhor assim, porque nunca chegaram sequer perto da ação. A imagem de jornalistas em perigo numa ação de guerra, desviando-se de bombardeios, pulando para dentro de buracos e esgueirando-se na lama ou na neve como se fossem soldados só existia no cinema. Na verdade, eles passavam a maior parte do tempo num quartel--general recuado, em Pistoia ou Porretta Terme, onde o único risco de morrer era de tédio entre um combate e outro. Horas antes de um ataque aliado, eram avisados, tomavam seus jipes e iam para o QG avançado, um "observatório" instalado num promontório, a nunca menos de cinco quilômetros do combate. De lá, em segurança e ao lado dos generais, acompanhavam a luta por binóculos e lunetas e, pelos comentários dos oficiais, entendiam o que estava acontecendo. No dia seguinte, com tudo terminado e o inimigo, morto ou espaventado, iam ao cenário da batalha, entrevistavam pessoas da população local e recolhiam histórias dramáticas ou emocionantes. As descrições do combate lhes eram dadas pelo QG, já expurgadas das informações inconvenientes. Era a partir destas que escreviam. E, mesmo assim, seus artigos eram submetidos à censura.

Os correspondentes tinham de assinar um documento comprometendo--se a submeter seus textos aos serviços que os requisitassem. Todo o material que produziam era examinado pela FEB, a cargo do major Souza Junior, e pelo 5º Exército. A justificativa era a de que ele não podia conter informações que beneficiassem o inimigo, como planos de ataque, localização de tropas, descrição das armas ou mesmo nomes de oficiais. No Rio, o material passava por uma terceira censura, a do DIP, para identificar possíveis insinuações contra o governo. O DIP tentou impor essa censura também ao material de Francis Hallawell, mas o atrevimento foi imediatamente rechaçado pelos britânicos, e o DIP teve de se submeter.

O material dos correspondentes era transmitido para o Brasil pela America Cable e pela America Press. A franquia telegráfica variava. A de Joel Silveira e Egydio Squeff era ilimitada, significando que podiam mandar quantos textos quisessem e de qualquer tamanho. Mas outros tinham franquia controlada e uns poucos, como Rubem Braga e Raul Brandão, não tinham nenhuma. Para o envio do material, Braga e Brandão dependiam de um avião americano que fosse de Roma para o Rio. Como seus informes só chegavam ao leitor brasileiro meses depois de escritos, Rubem mandava vários artigos de cada vez, ignorando o noticiário e privilegiando o lado humano sobre o heroico. Ao saber, por exemplo, que um soldado seu amigo pisara numa mina e seu corpo destroçado fora atirado a quinze metros, escreveu: "Essa morte é a mais repugnante de todas. O assassino está longe, a uma distância de meses e quilômetros. E essa arma traiçoeira é privilégio do inimigo, porque é ele que se retira, fazendo essa semeadura da morte". Ou, ao entrar numa cidade que acabara de ser libertada: "Confrangem essas ruas de casas estripadas, que mostram as vísceras de suas paredes íntimas num despudor de ruína completa".

Os correspondentes viviam fardados, mas sem armas. Seu uniforme e capacete eram os das tropas regulares, mas com as palavras *"War Correspondent"* bordadas a ouro sobre feltro verde na altura do ombro. A Convenção de Genebra os definia como "soldados desarmados". Se presos pelo inimigo, eram liberados. Mas, se apanhados com um simples canivete no bolso, poderiam ser acusados de franco-atiradores, sujeitos a fuzilamento sumário. Eram obrigados a saber de cor os regulamentos militares, dominar a terminologia de combate e distinguir um major ou coronel pelas divisas no ombro. Isso satisfeito, ganhavam a patente simbólica de capitão e tinham direito a um jipe (a que davam um nome, geralmente de uma namorada, pintado na lataria) e um cabo como motorista. Roubavam gasolina uns dos outros. Por um funcionário do Banco do Brasil que fazia o pagamento dos soldos, ficou-se sabendo que, com seu salário vindo dos patrões no Brasil, ganhavam mais do que os generais. Isso não os tornou muito populares junto ao oficialato, embora o que ganhavam não se comparasse ao salário dos correspondentes americanos junto à FEB: seus amigos Frank Norall e Alan Fisher, da revista *Em Guarda*, e Henry Bagley, da Associated Press.

Poucos meses depois, com a chegada do inverno, os correspondentes tiveram de se adaptar. Habituados ao calor carioca, conheceram um frio que, no alto dos Apeninos, podia chegar a inacreditáveis vinte graus abaixo de zero. Com o sol nascendo às dez da manhã e se pondo às quatro da tarde, o dia era uma grande noite. Sua indumentária consistia agora em ceroula de lã, camisa grossa, farda e um pesado casaco militar com lapelas de um palmo de largura para proteger ainda mais o peito. Sobre as meias também de lã, de um centímetro de espessura, as botas — as *combat boots*, traduzidas por eles para batibútis. As luvas eram de pele de carneiro e o capacete, obrigatoriamente de aço, congelava-lhes os miolos. No caso de incursões em que não voltariam imediatamente para o QG, eram obrigados a levar, dobrado, o saco de dormir, uma espécie de sarcófago de lona sem o qual se podia morrer de frio. E, indispensável para eles, a Hermes Baby, a máquina de escrever portátil, que punham no colo para escrever — o que era quase impossível de fazer de luvas. Os fotógrafos sofriam ainda mais, porque tinham também de levar na mochila seu equipamento — como os flashes, lâmpadas que chamavam de "ovo de pombo" e descartavam a cada foto batida. Como não tinham como enviar radiofotos, dependiam também dos aviões.

No Rio, a Rádio Nacional criou dois programas diários que os solda-dos podiam sintonizar: *Programa para a FEB*, às onze horas, hora Itália, e *Mensagens aos expedicionários*, às quinze, idem. Seus locutores liam cartas de familiares endereçadas aos rapazes (visadas pela censura), apresenta-vam as notícias do dia e tocavam os últimos sucessos musicais, como "Fal-sa baiana", com Cyro Monteiro, "Atire a primeira pedra", com Orlando Silva, ou "Isaura", com Francisco Alves. A Rádio Globo, a ser inaugurada no fim do ano, também faria transmissões regulares.

Era raro, mas o teatro de operações podia receber estrangeiros ilustres. Em agosto, Winston Churchill visitou o 5º Exército e passou a gigantesca tropa em revista. Pouco depois, apareceram Ernest Hemingway, a cami-nho da França, e, em março de 1945, a famosa dramaturga e jornalista Cla-re Boothe Luce, a serviço da revista *Life*. Clare, autora da peça *As mulheres* (1936), era casada com Henry Luce, *publisher* de *Life*, *Time* e *Fortune*. Esta-va voltando da África, da Índia e da China, onde cobrira a guerra para as revistas da família. Já Ernest, mais modesto, aproveitou para dar aulas de tática e estratégia militar ao general Mark Clark. E quem comparecia regu-larmente à enfermaria para ver feridos, levar-lhes flores e ajudá-los a ler ou escrever cartas era Clarice Lispector, casada desde 1943 com o cônsul brasileiro em Nápoles, Maury Gurgel Valente, e lá residente. Para a tro-pa, que a estimava, Clarice era só uma voluntária anônima. Não sabiam que era escritora e que seu primeiro romance, *Perto do coração selvagem*, fo-ra muito bem recebido no Brasil. Rubem Braga era o único que a conhecia desde o Rio e foi o primeiro a ouvir falar de seu novo romance, ainda iné-dito, *O lustre*.

Em setembro, brasileiros e americanos foram surpreendidos pela che-gada do general Dutra, diretamente do Rio para Porretta Terme. O minis-tro da Guerra do Brasil, conhecido admirador do Eixo, parecia outro ho-mem. Seus discursos revelavam agora incondicional apoio aos Aliados, com o que foram recebidos com entusiasmo pelo general Mark Clark e seus oficiais. Dutra foi coberto de homenagens, passou tropas em revista e lhe conferiram ousadamente o comando simbólico, por um dia, de uma força-tarefa do 5º Exército. Pareciam confiar na sua conversão à democracia. Foi uma época de troca de gentilezas entre militares do Brasil e dos Estados Unidos — raro o dia sem desfiles dos dois exércitos, execução de hinos e um festival de condecorações. Até a fábrica de isqueiros Zippo contribuiu, criando modelos especiais para os oficiais brasileiros na frente de batalha, gravados com o nome da sua corporação.

Naquele mesmo setembro de 1944, *O Globo* lançou uma edição especial, o tabloide semanal *O Globo Expedicionário*, feito no Rio para ser enviado aos soldados. Era dirigido pelo escritor e jornalista Pedro Motta Lima, assumidamente comunista e ex-porta-voz de Luiz Carlos Prestes, em dupla com o jornalista Rogerio Marinho. O redator-chefe era Alves Pinheiro, responsável pelos contatos da família Marinho com Getulio. Não havia contradição nisso: os comunistas, por ordem de Prestes, ainda preso, estavam apoiando o ditador. Cada exemplar do *Globo Expedicionário*, com as descrições dos jogos dos campeonatos carioca e paulista de futebol, era disputado na tropa. Foi por ele que, em fins de outubro, os pracinhas ficaram sabendo do 1 a 0 sobre o Vasco que deu o tricampeonato carioca, 1942--43-44, ao Flamengo.

O número 25, de 22 de fevereiro de 1945, trouxe uma surpresa: um desenho assinado por Walt Disney, a pedido do *Globo Expedicionário*, com sua versão de uma cobra fumando — expressão que os pracinhas usavam para mostrar como haviam derrotado a história de que só embarcariam quando uma cobra fumasse. A cobra de Disney, ou de quem a tenha desenhado por ele, usava capacete, tinha uma cara enfezada, fumava cachimbo, bufava pelas narinas e disparava dois Colts.45 ao mesmo tempo. O desenho de Disney era uma honra, mas dúbia. Parecia mais uma cobra de faroeste. Os pracinhas adotaram a ideia, sob a forma de um distintivo de feltro costurado no braço do uniforme, mas na versão, muito melhor e mais brasileira, desenhada pelo coronel Aguinaldo Sena Campos.

A FEB tinha seus jornais próprios na Itália, escritos pelos soldados, como *Zé Carioca* (referência não ao papagaio, e sim ao uniforme verde-oliva), *A Marreta* e... *E a Cobra Fumou*. Mas eram pouco mais que folhetos, de circulação irregular e caráter humorístico, compostos e impressos nas cidades por onde eles fossem passando. Não se comparavam a *O Cruzeiro do Sul*, publicação do "Serviço Especial da FEB", feito pelos soldados com alguma experiência gráfica e jornalística na vida civil. Tinha quatro páginas, tirava 5 mil exemplares, era impresso em Florença e circulava duas vezes por semana. Não era páreo para *The Stars and Stripes*, o jornal diário produzido pelo núcleo de redatores do Alto-Comando, impresso em Roma e que os americanos recebiam em qualquer parte da Europa em que estivessem — os brasileiros o chamavam de *Strip-Tease*. Mas *O Cruzeiro do Sul* não fazia vergonha. Publicava farto material vindo do Brasil, artigos dos oficiais e colaborações dos correspondentes, com ocasionais ilustrações de Carlos Scliar.

Em forma de calhau (um texto que se usava para preencher um espaço em branco na página), *O Cruzeiro do Sul* passou a publicar uma advertência, "Cuidado com os espiões". Recomendava que, ao conquistar uma cidade, os soldados não confiassem em ninguém, nem mesmo nos civis de aspecto mais inofensivo, como pais de família, pessoas saindo da igreja, barbeiros, vendedores ambulantes e "mulheres bonitas". Todos podiam ter uma ligação com o inimigo. Não era exagero. Muitos italianos que se ofereciam aos brasileiros como espiões espionavam também para os alemães. E soube-se de soldados alemães, fardados como americanos e falando perfeito inglês, que haviam penetrado no acampamento brasileiro e arrancado informações.

O Cruzeiro do Sul rodou 32 números, de 3 de janeiro a 3 de maio de 1945, dia em que sua manchete, em maiúsculas, noticiou o começo do fim da guerra: MORTO ADOLF HITLER. E abaixo, à esquerda, inevitavelmente obscurecida, outra estrondosa notícia: "Dois generais e 11 mil prisioneiros feitos pela FEB".

O Cruzeiro do Sul errou. Foram 14779 prisioneiros.

20

Sob o fogo da FEB

De suas tribunas nas esquinas e nos botequins do Rio, a quinta-coluna passava informações falsas. Uma delas a de que, enquanto a população penava com o racionamento, com a carestia e com os especuladores, seus filhos, maridos ou irmãos pracinhas se divertiam na Itália, fazendo turismo regado a vinho e nos braços das italianas. Porretta Terme, de onde vinham as cartas deles, era uma estação de águas, uma Caxambu ou Poços de Caldas, onde passavam o dia mergulhados nos sais e minerais de suas fontes. Roma, Florença e Pisa, famosas pelos monumentos históricos e obras de arte, eram logo ali, ao alcance de seus jipes com motorista. E os montes Apeninos, com suas neves eternas, eram onde faziam esqui.

Muitos acreditavam nisso, porque as cartas que enviavam a seus entes queridos na Itália, falando das agruras no dia a dia, eram respondidas com mensagens de otimismo e despreocupação. Era como se os rapazes estivessem mesmo na boa-vida por lá para se preocuparem com as famílias no Brasil. Os parentes não sabiam que, por ordem superior, os soldados não podiam falar em suas cartas de assuntos como solidão, medo, combates, sofrimento, morte. E que as que recebiam da família passavam pela mesma censura e eram tão rasuradas — nada de perturbá-los com problemas domésticos — que às vezes nem lhes eram entregues, por não ter sobrado o que ler.

Quanto a Porretta Terme, sim, era uma estação de águas, as Termas de Porretta, mas desativada pela guerra. Seus prédios do tempo do Império Romano abrigavam agora quartéis, arsenais e alojamentos. Construíram-se dois cemitérios nos arredores, um americano e um alemão, para os mortos em combate. E, por ser um QG do 5º Exército, Porretta vivia às vezes sob chuvas de bombas. A Roma, Florença e Pisa os soldados só iam a serviço, para levar mensagens, sem nenhum prazer — a torre de Pisa até já fora usada pelos nazistas como posto de observação. E o esqui? Em guerra, na neve, o esqui não é um esporte, mas um meio de locomoção. Para os soldados brasileiros, os Apeninos eram apenas os redutos elevados da sinistra Linha Gótica, de cujas depressões os alemães, entrincheirados em casamatas camufladas, com água, comida e carvão de sobra, tinham uma visão panorâmica do território. Isso lhes permitia atirar de cima para baixo em quem subisse para atacá-los — como a FEB.

Os parentes no Brasil não sabiam o que era, para um soldado, ver um amigo com quem se acabara de falar ser dividido ao meio, na horizontal, por uma rajada de metralhadora, e ter seus intestinos saltando para fora. Ou esse amigo ter o cérebro explodido por um morteiro e os miolos voarem no seu rosto. Não sabiam do pracinha que levara um tiro na cabeça; o tiro lhe arrancara o capacete, que caíra ao seu lado virado para cima e recebera todo o sangue que se esvaíra de sua cabeça. De outro que teve as pernas decepadas e não percebeu imediatamente; achou que tinham ficado paralisadas. Dos braços e pernas que se viam pelo chão e só depois de metros descobria-se a quem pertenciam. Ou da mina que detonava, estourando os testículos de quem a pisara. O que sabiam disso as famílias?

Como se sentiriam andando, como seus filhos, por aquelas cidades de mil anos reduzidas a montes de pedras entre corpos já putrefatos de velhos, crianças, mulheres? No terreno acidentado e cheio de encostas, impróprio até para os jipes, os alemães usavam cavalos e burros para puxar os canhões. Horas depois, encontravam-se esses canhões abandonados, assim como os animais, mortos ou agonizantes por exaustão. Jipes explodidos nas estradas eram uma mistura de carne humana e ferragens. Tanques em chamas continham soldados sendo cozidos vivos pelo calor. Se se visse uma cena de violência ao longe, era melhor não interferir: eram os *partigiani*, resistentes italianos armados, alheios a qualquer convenção de guerra, linchando um fascista — ou linchando um deles próprios, nas eternas brigas entre seus comunistas e democratas cristãos. A guerra tornava todo mundo insensível. Em pouco tempo, os pracinhas viam qualquer desgraça com naturalidade: famílias em andrajos, lavouras destruídas, árvores carbonizadas, a natureza morta. E como elas podiam saber sobre o que se passava durante um combate?

Ao correr para atender os caídos, os padioleiros precisavam dar preferência aos feridos. Os mortos tinham de ficar para depois. A FEB sepultava os inimigos que matava, mas os alemães nem sempre faziam isso com os brasileiros. Ou então os enterravam superficialmente, deixando metade do corpo para fora — os padioleiros só os encontravam semanas depois, decompostos ou comidos por animais. Eles então retiravam os seus restos e os reenterravam no mesmo lugar, em sepulturas decentes, com honras militares. Os alemães não os enterravam porque faziam deles cadáveres mortíferos. Em alguns, ligavam uma *booby trap* — uma bomba oculta — às plaquetas de identificação que eles traziam ao pescoço. Quando a plaqueta era removida, a *booby trap* explodia. Outras táticas eram deixar na mão do soldado morto uma granada sem pino de segurança ou deitá-lo sobre uma mina com o disparador ligado ao seu corpo — ao menor movimento que alguém lhe fizesse, iam os dois pelos ares. Os alemães minavam até os corpos de seus camaradas, na presunção de que, mesmo morto, um soldado nazista devia ser capaz de matar.

Os pracinhas, por sua vez, comprovado que o cadáver do alemão era seguro, arrancavam-lhe os botões da farda, insígnias, medalhas, condecorações e objetos pessoais. Metiam tudo nos bolsos como souvenirs e o enterravam sem glória. Quando os brasileiros capturavam um alemão num campo semeado de minas, ordenavam-lhe caminhar na frente para que, se as minas explodissem, fosse ele o atingido. Se o alemão não obedecesse, era fuzilado — as convenções autorizavam. Mas a possibilidade de armadilhas estava em toda parte. Uma garrafa de vinho quase cheia, numa casa abandonada de família italiana em que se entrasse, era motivo de precaução. A tentação de tomar esse vinho era grande, mas o perigo também — podia ter sido envenenado por uma tropa alemã que passara antes por ali.

Como as famílias podiam saber que, com sorte, seus filhos dormiam ao lado de mortos em estábulos, moinhos e igrejas? O normal era que dormissem nos buracos abertos por obuses, que lhes serviam de abrigo e vigília — os *fox-holes*, tocas de raposa. Eram os sucessores das trincheiras da Primeira Guerra. Alguns podiam ter dois metros de largura por um e meio de altura, comportando até dois soldados e permitindo que se recostasse nas laterais. Mas o mais comum é que fossem trincheiras individuais, com o soldado de pé, enfiado nela, com metade do corpo para fora — imóvel por horas, as botas cada vez mais apertadas e os vasos sanguíneos constritos. Daí o "pé de trincheira": inchado, gelado, úmido, quase morto. Se não fosse cuidado a tempo, corria o risco de amputação. Não se podia escrever sobre nada disso para a família.

Anos depois, Joel Silveira descreveria benevolamente o cheiro da guerra como um "odor de sangue velho e óleo diesel". O diesel era o das máquinas que iam à frente das expedições queimando óleo para produzir fumaça, "neblina artificial", para dificultar a visão da estrada pelos alemães. Estes usavam o mesmo expediente. Na verdade, o fedor campeava.

Quem vai cuidar das centenas de mortos nas ruas, numa cidade sob bombardeio? Nem sempre havia tempo para enterrá-los antes que começassem a se desfazer.

Com ou sem neblina, os soldados não precisavam enxergar para identificar o projétil disparado para atingi-los. Podiam fazer isso pelo som que ele produzia e antecedia a sua chegada. Um assobio era uma granada; uma tosse seca, um morteiro; uma gargalhada, a metralhadora — "lurdinha", como era chamada a Thompson ou o seu equivalente alemão. E o barulho da metralha, dos bombardeios, do motor da máquina de fumaça ou das esquadrilhas, aliadas ou inimigas, voando baixo podia durar horas. Mesmo o silêncio dava uma sensação de zunido no ouvido. Por que muitos pracinhas nunca contaram isso para suas famílias? Porque queriam esquecer.

Veio então o inverno apenino de 1944, considerado o mais rigoroso do século. A neve, a "fada branca", tão romântica a princípio, tornava-se, segundo Rubem Braga, "a beleza assassina". Contra ela, as fardas verde-oliva eram alvos perfeitos para o inimigo. Os generais brasileiros não previram a necessidade de uniformes brancos como camuflagem. Os alemães, que os usavam, desapareciam na paisagem. Os americanos também os tinham, mas custaram a fornecê-los para a FEB — seus soldados, naturalmente, tinham preferência. Enquanto não os receberam, os brasileiros precisaram improvisar, cobrindo a farda com os jalecos que ganhavam dos médicos. À falta deles, jogava-se sobre o corpo qualquer pano branco, difícil de encontrar. A neve tornava tudo mais difícil. Telefones de campanha, normalmente pesando dez quilos, pareciam pesar o dobro, como sabiam Vavau Aranha e Carlos Scliar, dois encarregados de transportá-los. A neve conservava bem os cadáveres. Mas, nela, o sangue era mais vermelho.

A pressão psicológica também não parava. Os alemães captavam as transmissões das rádios brasileiras e se metiam nelas para introduzir contrapropaganda: "Rádio Auriverde Estação FEB! Ouça as canções da sua terra! Ouça a Voz da Verdade! Soldado brasileiro, veja o que está perdendo! O Fla-Flu deste domingo! Volte para seu adorável país e retome sua vida! Não seja marionete dos americanos!". As transmissões da Auriverde eram feitas três vezes por dia, com duração de uma hora. Vinham de uma emissora em Mônaco e eram faladas em perfeito português. A locutora era a catarinense Margarida Hirschmann e o diretor técnico, o amigo de todos, tão estimado no Rio, agora odiado, Felicio Mastrangelo.

Não somente vozes vinham pelos ares, pregando deserção ou sabotagem. Aviões jogavam panfletos com textos em português para minar o moral da tropa:

Brasileiros! A Itália, o inferno de sangue, continuará a chupar o vosso sangue. O impiedoso frio invernal continuará a apoquentar-vos. A Alemanha encontra-se novamente no ataque. Nove divisões americanas e mais de mil carros blindados foram para o diabo na frente ocidental nos últimos dias. Vocês ainda verão o que os espera na Itália! A guerra continua!

Quem seriam os brasileiros que escreviam isso?

As famílias não sabiam sequer que a própria saúde de seus filhos estava sempre por um fio: pneumonias por causa do frio, diarreias provocadas pela comida enlatada engolida às pressas nos *fox-holes*, o pé de trincheira quase gangrenado e outras mazelas. Mais de 2 mil pracinhas tiveram pelo menos uma dessas doenças. As famílias ignoravam tudo, e era melhor assim. A realidade na Itália estava longe das estações de águas, dos esquis, dos passeios turísticos. Como acreditar que a morte podia vir num assobio, numa tosse seca ou, pior ainda, numa gargalhada?

O soldado, como diria depois o tenente Joaquim Xavier da Silveira, "só sente que ainda vive porque o coração bate, o sangue lateja. Ainda sente que vive porque tem medo de morrer".

Às três da manhã de 6 de junho, o Rio foi acordado pela Rádio Tupi com a notícia da invasão da Normandia pelos Aliados. O plantonista da madrugada, atento ao material das agências, leu os telegramas e tirou todo mundo da cama. Táxis foram buscar em casa Carlos Frias e Manuel Barcellos, seus principais locutores, e os levaram quase de pijama para a estação, direto para os microfones. "Acordem seus vizinhos!", diziam Frias e Barcellos. "Espalhem a notícia!" Só então foi a vez de Heron Domingues, pelo *Repórter Esso*, e das demais emissoras. Janelas se abriram e aparelhos de rádio foram colocados nos parapeitos, em alto volume, para que as ruas escutassem. Ninguém mais dormiu.

Também alertado pelo radioescuta, o DIP, ainda fiel à sua cartilha, começou a telefonar para as emissoras para proibir a notícia. Ao ver que não o obedeciam, invadiu os estúdios. Mas era tarde — ela já tomara a cidade havia mais de duas horas. E ali se descobriu que o DIP não tinha mais poder para multar, prender, fechar. Não fazia sentido censurar uma informação que beneficiava o Brasil. Nas emissoras menores, os profissionais só ficaram na dúvida sobre como pronunciar o nome do lugar da invasão. Seria "Normandia", com a tônica no "i", ou "Normândia", como diziam os italianos? Gramáticos consultados por telefone a dirimiram.

O *Correio da Manhã* escreveu que, de manhã, antes de se darem "Bom dia!", as pessoas exclamavam: "Começou a invasão da Europa!". Era verdade. A Normandia era só o começo. Duas semanas depois, foram tomados os portos de Cherbourg, Toulon e Cannes, e, em 25 de agosto, os tanques americanos entraram em Paris. Béatrix Reynal abriu sua casa na avenida Atlântica e serviu champanhe a quem passasse pela porta. Em Barbacena, Georges Bernanos se trancou no quarto para chorar de alegria. Houve festa nas ruas do Rio. Um homem negro, de aparência humilde, reconheceu Jean Sablon, que fora comemorar com o povo na avenida Rio Branco. Fez-lhe continência e cantou "A Marselhesa" em francês. O resto da Europa começou a cair como um castelo de baralho. As tropas britânicas ocuparam Bruxelas e Atenas; as soviéticas, Bucareste e Belgrado. Em Copacabana, o garoto João Luiz de Albuquerque, cinco anos, passou a dormir tarde todas as noites, escutando com seu pai, pela BBC, os Aliados empurrando os alemães de volta para seu país. Um dos roteiristas brasileiros da BBC era o jovem Antonio Callado.

No Catete, o governo ainda tomava atitudes aparentemente contraditórias. Mas só aparentemente. Dois dias antes da já esperada libertação de Paris, Getulio, sem explicações, fechou a Sociedade dos Amigos da América. Oswaldo Aranha, vice-presidente da entidade, sentiu-se atingido e se demitiu do Ministério do Exterior. Era o que Getulio queria. Com a vitória já certa das democracias, o prestígio de Aranha iria às alturas. Fora ele quem levara o Brasil aos Aliados, à guerra e à vitória. A pressão por sua candidatura à Presidência seria esmagadora. Mais uma vez, Getulio sacrificava um amigo em troca da sobrevivência.

No dia 7 de setembro, Getulio inaugurou a avenida Presidente Vargas, feita para glorificar o seu nome. O DIP a cantou como a "avenida mais larga do mundo" — infelizmente, sem uma árvore nas calçadas. Para rasgá-la, da Candelária à Leopoldina, Getulio autorizara que igrejas seiscentistas, prédios e ruas inteiras fossem ao chão, soterrando a História, desalojando famílias, destruindo vidas. De manhã naquele dia, tanques e pelotões do Exército, ao celebrar a independência do Brasil, o reverenciaram no palanque presidencial. Horas depois, no estádio do Vasco, em São Januário, Getulio falou para outra multidão, levada até lá por bondes e ônibus sem cobrar passagem. Do gramado, pombos revoaram. Hasteou-se a bandei-ra, rezou-se missa campal e Villa-Lobos, como sempre, regeu 30 mil escola-res de mão no peito cantando o Hino Nacional. Era como sempre fora. Mas era também como se, de repente, a avenida, os monumentos, os pombos, a missa, o hino e os 30 mil escolares não significassem mais nada. O próprio Getulio, apesar do poder, parecia não significar mais nada.

A saída de Oswaldo Aranha do governo se dera às vésperas de uma reunião em Washington, em que Roosevelt o convidaria a integrar o futu-ro Conselho de Segurança das Nações Unidas em nome do Brasil. Quan-do a guerra acabasse, os Estados Unidos precisariam fazer frente à URSS no conselho e, por isso, queriam um país sul-americano parceiro e com direi-to a voto. Mas, fora do Itamaraty, Aranha tornara-se inelegível para o car-go. Como não confiasse em mais ninguém aqui, Roosevelt convidou outra aliada, a China. O pragmatismo egoísta de Getulio teria perenes conse-quências negativas para o Brasil.

Mas, mesmo sem Aranha, não havia mais volta. A FEB estava na Itá-lia e, agora, também a FAB, cujo símbolo era um avestruz armado, de que-pe, rilhando os dentes e dizendo "Senta a pua!". A pua é uma broca com manivela, uma ferramenta grande e pesada, quase uma arma. A frase, sig-nificando "Pau neles!" — eles, os alemães —, fora criada pelo segundo--tenente Rui Moreira Lima. A ave, criada pelo capitão Fortunato Câmara de Oliveira, tinha uma explicação: "O avestruz enfrenta qualquer parada e come qualquer coisa. É como nós". O "qualquer coisa" se referia à comida enlatada a que eles eram submetidos. Com autorização do comando, o de-senho e a frase foram pintados no nariz das dezenas de caça-bombardei-ros que formavam a esquadrilha da FAB, a única não americana do princi-pal esquadrão americano na Itália, o 350 Fighter Group.

De outubro de 1944 até o fim da guerra, a FAB realizaria 2546 saídas ofensivas a bordo de seus P-47 de sete toneladas, cada qual levando oito metralhadoras 0.5, uma bomba de mil libras sob cada asa, bala para 2500 tiros, seis foguetes capazes de inutilizar qualquer veículo lá embaixo e ga-solina gelatinosa — napalm —, que prolongava o efeito incendiário sobre o que atingisse. Com esse poder de fogo, a FAB destruiria doze aviões ale-mães, treze locomotivas, oito carros blindados, 25 pontes, 144 edifícios, seis fábricas, cinco usinas elétricas e 31 depósitos de munição. As fotos mostram seus aviadores às vezes em voo cego, com óleo no para-brisa, passando no meio das chamas e saindo do outro lado para continuar o bombardeio. As principais ações da FEB tiveram a FAB como apoio. Os pilotos americanos, a cada 35 missões, gozavam seis meses de férias em casa. Muitos da FAB fizeram noventa missões sem um dia de folga e não se queixaram — no céu, com seus blusões de couro, máscaras de oxigênio e macacões com bolsos nas pernas, sentiam-se como numa cena de cinema. Um único deles, Fernando Mocellin, cumpriu 59 missões, foi ferido — ganhou a Medalha de Sangue — e teve seu avião atingido onze vezes pela artilharia antiaérea inimiga. Certa vez, saiu para três missões em poucas horas. "Eu estava no ar, e isso era tudo", escreveu.

A FEB, enquanto isso, com sua experiência já adquirida de ataque em pequenas formações, continuava sua jornada em terra. Aprendera a circundar o inimigo, surpreendendo-o e rendendo-o, às vezes dispensando combate. Somente no mês de outubro, tomou dos alemães 27 localidades do vale do rio Serchio, entre as quais, num único dia, Lama di Sotto, Lama di Sopra, Pradescello, Oian de los Rios, Collo e San Chirico, e as devolveu aos seus habitantes. Em cada uma, ao desfilarem conduzindo os prisioneiros, os soldados eram abraçados por italianas de todas as idades. Gritando *"Brasiliani! Liberatori!"*, elas invadiam a parada para beijar suas mãos e dar beliscões de amor na bochecha deles.

Rubem Braga escreveu: "Gostaria que os fascistas e integralistas brasileiros vissem isso".

Em junho de 1941, ao quebrar o pacto com a URSS e atacá-la, Hitler cometera um erro — abrira uma frente que esperava liquidar em oito semanas, mas a resistência de Stalingrado lhe custaria anos de luta. Em novembro daquele ano, o ataque do Japão a Pearl Harbor dera o pretexto aos Estados Unidos para entrar oficialmente na guerra. Em fins de 1942, as forças britânicas e americanas haviam se apoderado do Norte da África. Em fevereiro de 1943, a vitória russa em Stalingrado sepultara o mito de invencibilidade alemã. E, em novembro, os Lancaster britânicos, durante o dia, e os B-17 americanos, durante a noite, bombardearam Berlim sem cessar. Hitler alinhara contra ele a URSS, a Grã-Bretanha e os Estados Unidos — mais do que o seu superexército poderia enfrentar.

Descobriu-se que a Wehrmacht não era tão moderna quanto sua propaganda fizera crer. Sua indústria bélica não sustentava a produção de canhões, tanques e aviões para uma luta em tantas frentes. Seu efetivo, num país de 80 milhões de habitantes, incluindo os vizinhos conquistados, não tinha a capacidade de reposição humana dos Estados Unidos, com seus

150 milhões, da URSS, com 170 milhões, e do Império Britânico com 550 milhões, contando seus australianos, canadenses, indianos e sul-africanos, todos arregimentados.

Em 1939, Hitler começara por convocar a turma de 1917, rapazes de 22 anos, para compô-los com seus soldados mais experientes. Em 1944, os mais experientes, se vivos, estavam cansados e muito velhos para a guerra, e já se apelava para a turma de 1928, a dos garotos de dezesseis anos. Até as mulheres, antes relegadas pelo nazismo "ao lar", começaram a ser convocadas. Enquanto os Estados Unidos abusavam de carros blindados armados de metralhadoras e lança-chamas, a Wehrmacht ainda dependia em grande parte de cavalos e mulas — só na invasão da URSS usaram 600 mil. Os nazistas se espantaram ao não ver cavalos saindo dos anfíbios no desembarque aliado na Normandia. Mas, paradoxalmente, eram os animais que os tornavam tão fortes contra o 5º Exército e a FEB na Itália. Tanques não escalam montanhas; mulas, sim.

Os alemães recuaram para seus QGs no alto dos Apeninos para impedir o objetivo final dos Aliados: a conquista de Bolonha, no vale do rio Pó, de onde chegariam ao Passo de Brenner, porta de entrada para o sul da Alemanha. O frio já se instalara e, se Bolonha não caísse antes do Natal, em um mês a neve tornaria a missão impossível. Diante dos Aliados, o vasto arco montanhoso encimado pelos quase mil metros de altitude do alvo designado para a FEB: Monte Castello. Em condições normais, já não seria uma tarefa fácil. Os pracinhas, extenuados pelos combates de outubro, teriam contra eles cinquenta centímetros de neve, vento e chuva incessante, botas pesadas de lama, a névoa (real, não artificial) que impedia o apoio dos aviões e os alemães em seus baluartes de defesa, com ampla visão de cada movimento lá embaixo.

Foram feitos ataques ao Monte Castello nos dias 24, 25 e 29 de novembro e 12 de dezembro, com resultados desastrosos. Não faltou bravura. Faltou planejamento, mas nem todo ele de responsabilidade dos brasileiros. Nas duas primeiras investidas, comandados pelos americanos, cometeram-se graves erros táticos; nos dois últimos, com comando brasileiro, flancos e retaguarda ficaram a descoberto. Mesmo assim, realizaram-se proezas. Na incursão de 29 de novembro, um soldado brasileiro chegou quase ao topo do Monte Castello antes de ser abatido — só se descobriu isso dois meses depois, quando seu corpo foi encontrado conservado pela neve. A FEB sofreu pesadas baixas e o 5º Exército decidiu paralisar as operações, guardando-as para condições mais propícias.

Em fevereiro, essas condições foram consideradas ideais. Às 5h30 do dia 21, com a ajuda da 10ª Divisão de Montanha americana, que manteve ocupados os batalhões alemães no vizinho monte Belvedere, a FEB, formada em boa parte pelo Regimento Sampaio, tomou o Monte Castello em doze horas de combate.

Uma guerra é feita de avanços e recuos, tanto de quem ataca como de quem defende, e era a vez de a FEB atacar. Aos alemães, desalojados do Monte Castello, sob a artilharia da FEB e o "bombardeio de tapete" da FAB (bombas de napalm de cinquenta em cinquenta metros, com inimigos sendo incendiados vivos), só cabia recuar e tentar retardar seu avanço com minas e eventuais canhonaços.

Uma nova linha de defesa na montanha, tendo como base a pequena Montese, foi, para a FEB, o último ato de resistência alemão. Foi também a mais sangrenta, com quatro dias de batalha quase rua a rua, homem a homem, de 14 a 17 de abril. Ao custo de 34 mortos e mais de quatrocentos feridos, a FEB venceu. Oitenta por cento das casas do vilarejo foram destruídas e o fogo cruzado matou 189 de seus 2 mil habitantes. Mas o povo de Montese foi grato aos brasileiros pela liberação. Ao reconstruírem a cidade, criou-se uma nova praça: a Piazza Brasile. O *Stars and Stripes* louvou em editorial a infantaria e a artilharia expedicionária.

A primavera trouxe mais conquistas. Com os alemães em fuga, a perseguição continuou por seus bolsões de resistência, como Zocca, Montalto, Marano, Torre de Nerone, Collecchio e Fornovo. Todos foram tomados. Cada deslocamento e vitória da FEB era assunto de discussão nos bares do Rio, como se, de palito na boca e taco de sinuca na mão, todos ali fossem íntimos daqueles povoados — alguns, menores que muitos subúrbios cariocas — pelos quais tantos se dispunham a matar ou morrer. Naquele momento, os alemães já se rendiam à simples aproximação da divisão brasileira. Agitavam qualquer coisa branca, soltavam as armas no chão e se aproximavam, capitulados, individualmente ou em grupo — não por covardia ou medo, mas por esgotamento, falta de armamento e por se saberem vencidos.

As notícias que vinham da Alemanha só lhes arrasavam o moral. Os Aliados estavam despejando milhares de toneladas de bombas sobre seus navios, fábricas e aeroportos. Hamburgo, Bremen, Hannover, Lübeck e Königsberg estavam em chamas. A arrogante Munique, palco das grandes paradas encenadas por Hitler, fora tomada pelos americanos, as suásticas estavam sendo arrancadas dos prédios e incendiadas na praça. Berlim praticamente deixara de existir. E o povo alemão passava fome. Tudo que um dia a Alemanha representara se esfumaçara: as massas humanas, os bombardeiros e submarinos, as baterias antiaéreas que atingiam aviões a 12 mil metros de altura, o mito de seus super-homens. "Não eram super-homens, como a propaganda nazista apregoava. Eram homens comuns", escreveu Rubem Braga. Eram também homens que já vinham lutando desde a anexação da Áustria, passando pela tomada da França e pela campanha da Rússia até chegar ao corpo a corpo na Itália. "Ao se entregarem aos pracinhas", continuou Rubem, "ofereciam suas condecorações em troca de cigarros — nem mais isso tinham." Um deles lhe perguntou como fazer para ficar preso no Brasil.

No dia 28 de abril, em Collecchio-Fornovo, o inimigo foi bombardeado de frente e pelas laterais pela artilharia brasileira. Numa pausa desse ataque, um padre italiano, dom Alessandro Cavalli, pároco da região, com trânsito entre os dois lados, foi ao acampamento brasileiro. Levado ao coronel Nelson de Mello, informou-o de que as tropas alemãs sob fogo queriam se render. Não tinham mais aviões, estavam com muitos feridos, o sistema de comunicação entrara em colapso e, mesmo que sobrevivessem àquele combate, não teriam como atravessar a região até Bolonha. Nelson de Mello aceitou a rendição e, usando o padre como correio, mandou-lhes uma intimação: que a fizessem formalmente ao general Mascarenhas de Moraes.

Naquela noite, oficiais alemães em comitiva, liderados por um comandante, foram falar com Mascarenhas. Chegaram desarmados, impecavelmente fardados e usando suas condecorações — todos tinham uma Cruz de Ferro no dólmã. Fizeram a saudação nazista e conversaram em francês. A rendição foi marcada para o dia seguinte. O encarregado de recebê-la seria o coronel Floriano de Lima Brayner, que, como chefe do Estado-Maior da FEB, se encarregaria da distribuição dos prisioneiros pelos acampamentos. E, então, uma surpresa: não se tratava da rendição de um simples batalhão, mas de uma divisão inteira, a 148ª Divisão Panzer, com tudo que isso significava — 14 779 homens entre soldados e oficiais, 4 mil cavalos, mais de 1500 viaturas entre tanques e carroças, 88 canhões e muita munição. Quase tanta gente quanto o efetivo inteiro da FEB. Eram os primeiros dos últimos 40 mil alemães na Itália. Um campo de prisioneiros foi improvisado a dois quilômetros dali.

Pela praxe, o general Mascarenhas deveria comunicar a presa imediatamente ao comando americano. Mas decidiu só fazer isso depois de tudo terminado — para que o 5º Exército não se apoderasse da façanha da

FEB. Os termos da rendição diziam que ela deveria começar por uma coluna de ambulâncias alemãs trazendo os feridos. Depois, os rendidos deporiam suas armas um a um. Os alemães aceitaram os termos. Pediram apenas que fosse dado tratamento respeitoso ao general Otto Fretter-Pico, seu comandante, homem de 52 anos e veterano da Primeira Guerra.

No dia seguinte, as ambulâncias começaram a chegar. Traziam quase quinhentos feridos. Os casos mais graves foram transferidos para ambulâncias americanas, levados para Modena e entregues aos oficiais médicos da FEB. Foi motivo de surpresa para os alemães — confessadamente, eles não fariam o mesmo. Despachada a última ambulância, deu-se início ao longo cortejo dos rendidos. Os soldados marchavam na direção das linhas brasileiras, retirando as minas que haviam colocado na estrada, e jogavam sua arma à beira da estrada. Nos longos percursos rumo aos caminhões que os levariam para os campos de prisioneiros, eram ofendidos e cuspidos pelos italianos à margem das estradas. Os soldados brasileiros não podiam fazer nada — estavam ocupados protegendo-os dos *partigiani* avulsos que queriam fuzilá-los.

Ali se consumava talvez a maior rendição em massa da Campanha da Itália. Se tivesse conseguido atravessar o vale do Pó, aquela divisão já estaria na Alemanha, onde poderia se defender por semanas, prolongando a guerra. Os americanos não foram os únicos a valorizar o feito — os alemães também se referiram a ele em seus arquivos. Quatro correspondentes assistiram à operação de rendição: Joel Silveira, Rubem Braga, Egydio Squeff e Thassilo Mitke.

Para a vitoriosa FEB, a guerra estava perto do fim. E, no Rio, como Getulio temia, seu governo também.

Não sem, antes, uma tragédia. No dia 12 de abril, o presidente Roosevelt sofrera um derrame fatal em seu retiro em Warm Springs, na Geórgia. Estava morto, aos 63 anos. Dois meses antes, em fevereiro, sua participação na Conferência de Yalta, na Crimeia, ao lado de Churchill e Stálin, já parecera imprudente na opinião dos médicos. Mas, com a guerra a ponto de terminar, ela era inadiável. A conferência deveria ter se realizado em algum lugar do Mediterrâneo, mais conveniente para Roosevelt e Churchill, como Atenas, Jerusalém, Malta ou Sicília. Mas Stálin alegou que seus médicos o haviam proibido de viajar. A verdade é que Stálin tinha medo de avião — daí a sugestão de Yalta, a que ele podia ir de trem. O longo deslocamento significou um desgaste para Roosevelt, cuja saúde já preocupava desde sua recente campanha para a quarta eleição presidencial, que afinal vencera — já então acusava insuficiência cardíaca, pressão arterial alta e lapsos de concentração e de memória. Sua morte era ainda mais triste porque ele não veria o fim da guerra, da qual era, com Churchill e Stálin, o grande vencedor.

Em Yalta decidiu-se que os Estados Unidos reinariam nas Américas e na Europa Ocidental; a Grã-Bretanha manteria o seu império; e quase toda a Europa Central então em poder da Alemanha, inclusive metade desta, gozaria de autodeterminação, mas sob a tutela da URSS. Decidiu-se também pela exigência de rendição incondicional da Alemanha, a qual não seria "libertada", mas ocupada como nação inimiga derrotada — desmilitarizada, desnazificada e dividida entre as nações vencedoras. Stálin queria o fuzilamento sumário dos líderes nazistas, mas Roosevelt e Churchill optaram por um julgamento, talvez em Nuremberg. E concordou-se ainda que, consolidada a Organização das Nações Unidas, cada membro permanente do seu Conselho de Segurança teria poder de veto sobre a decisão da maioria. Era o destino do mundo sendo mais uma vez traçado numa grande mesa redonda, de mogno, com cinzeiros para charutos.

Pelos doze anos anteriores, desde sua primeira eleição em 1933, o mundo se habituara a ver em Roosevelt o rosto da América. Sem ele, esse rosto passou a ser o de seu vice-presidente, Harry Truman, de quem nem os americanos sabiam muita coisa, exceto que tocava ao piano o hit "Jeepers Creepers", de Harry Warren e Johnny Mercer.

No Rio, Getulio anunciou burocráticos três dias de luto por Roosevelt, uma tarja preta na primeira página do *Diário Oficial* e o lançamento de um selo com sua efígie. Nada que se comparasse ao vibrante ato promovido pela UNE no dia 20, em frente à embaixada dos Estados Unidos, em homenagem ao presidente morto. Homenagem que, além da presença dos muitos soldados e marinheiros americanos estacionados no Rio, contou com a mais surpreendente de todas: a de Luiz Carlos Prestes, recém-libertado da prisão.

A presença de Prestes não devia ser surpresa. O Brasil era outro, e Prestes voltava a fazer parte dele. Com brasileiros morrendo na Europa pela liberdade, tudo agora era permitido, exceto pregar contra ela. Um ano e meio antes, 50 mil exemplares de uma "carta aberta ao povo brasileiro" redigida por 92 intelectuais, advogados e políticos mineiros fora impressa clandestinamente numa gráfica em Barbacena e distribuída de mão em mão ou passada debaixo de portas em Belo Horizonte. Ao chegar ao Rio, repercutira como uma bomba. Apesar de seu tom moderado e conciliador, a carta, depois chamada de "Manifesto dos mineiros", pedia a redemocratização do país. Não havia clima para a prisão dos signatários, mas eles foram demitidos de seus empregos públicos e até dos privados, por pressão do governo sobre seus patrões. Apesar disso, uma fenda se abrira.

Em fevereiro de 1945, o *Correio da Manhã* ignorou o DIP e bancou a publicação de uma entrevista de Carlos Lacerda com o escritor e político José Americo de Almeida, em que este pedia eleições livres. A fenda se ampliava. No Tabuleiro da Baiana, no largo da Carioca, ponto final de linhas de bonde, uma exposição sobre o integralismo fora vista pelos milhares de cariocas que passavam por ali diariamente — nos tabiques de madeira, fotos e recortes afixados com tachinhas comparavam o fascismo ao integralismo e, indiretamente, o Estado Novo. A Galeria Askenazy, na rua Senador Dantas, dos refugiados Miecio Askenazy e Bruno Kreitner, organizou a Exposição de Arte Condenada pelo III Reich — surrealista, expressionista, cubista. Constava de 119 quadros e gravuras de 39 artistas europeus, entre os quais Paul Klee, Marc Chagall, Wassily Kandinsky e Oskar Kokoschka, amaldiçoados pelo nazismo. Todo esse acervo estava no Rio, pertencente a outros refugiados que haviam conseguido escapar com parte de sua coleção e aceitaram emprestá-la a Askenazy — um ou dois anos antes, teriam tido medo de cedê-la, pelo risco de ser apreendida. Mas, agora, respiravam-se novos ares. Pelos jornais, artistas e escritores despejavam manifestos pedindo eleições, liberdade de expressão e anistia para os presos políticos. O pedido de anistia, palavra proibida até não muito, juntava no mesmo discurso estudantes, intelectuais, operários e militares — um destes, para pasmo geral, o general Goes Monteiro.

Getulio entendeu os recados. No dia 1º de abril, prometeu a convocação de eleições para a Presidência e para o Congresso; no dia 2, reatou relações com a URSS; no dia 15, extinguiu o esvaziado DIP; e, no dia 18, concedeu a anistia. Ao se abrirem as portas das grades, passaram por elas os presos do levante de 1935 e do putsch de 1938, alguns nunca julgados. Prestes escolheu sair sozinho, no dia 19, e, assim que se viu ao sol da rua Frei Caneca, declarou a reativação do Partido Comunista. No dia 20, fez a primeira aparição pública de sua vida — aos 47 anos, nunca subira a um palanque. E fez isso no mais contraditório dos cenários: uma solenidade para um presidente americano.

* * *

Na Europa, a guerra ajustava contas consigo mesma. No dia 28, ao mesmo tempo que, em Collecchio-Fornovo, a 148ª Divisão alemã se rendia à FEB, Benito Mussolini e sua amante, Claretta Petacci, foram capturados pelos *partigiani* na tentativa de fuga para a Suíça. Submetidos a julgamento sumário, foram fuzilados em Giulino de Mezzrega, não muito longe do acampamento brasileiro. Seus corpos foram levados para Milão e desovados num posto Esso da Piazzale Loreto, onde populares os penduraram de cabeça para baixo numa viga e os balearam, chutaram, cuspiram e urinaram. *"Finito Benito! Finito Benito!"*, gritavam. Muitos dos valentes fizeram parte das multidões para quem Mussolini pregara nas praças o caráter sagrado do fascismo.

Às 22h30, hora Berlim, do dia 1º de maio, a rádio oficial alemã anunciou a morte de Adolf Hitler. Segundo o locutor em lágrimas, Hitler e Eva Braun tinham se matado na véspera, em seu bunker nos fundos da Chancelaria, na Wilhelmstrasse — Hitler, com um tiro na boca. A notícia chegou aqui às 18h30, hora Rio, e foi captada pelas agências, mas, assim como lá fora, não foi levada a sério. A "morte do Führer", inclusive por "derrame cerebral", tinha sido "noticiada" várias vezes nos últimos dias. Os próprios russos, que já estavam em Berlim e na Postdamer platz, a metros do bunker, não acreditaram: "É um truque nazista para dar a Hitler um meio de escapar pelo subsolo". O comando aliado emitiu nota dizendo que só reconheceria a informação se os alemães apresentassem o corpo. Com isso, mais horas se passaram. O corpo nunca foi mostrado — não se sabia ainda que fora incendiado, assim como o de Eva Braun —, mas, com a garantia do almirante Karl Dönitz, comandante da frota de submarinos, a quem Hitler passara o poder, a notícia foi finalmente confirmada. O Reich de Mil Anos não passara de doze.

Os matutinos cariocas não circularam no dia 2 — na véspera, feriado de Primeiro de Maio, não se trabalhara. Mas os vespertinos, cujo expediente começava às seis da manhã, puseram suas manchetes na rua antes do meio-dia. A morte de Hitler ainda não era o fim da guerra, mas o quase fim. No mesmo dia, Goebbels, o segundo homem de Hitler, e sua mulher, Magda, envenenaram os seis filhos com cianureto — o principal veneno na composição do gás reservado aos judeus nos campos de extermínio — e também se mataram. Heinrich Himmler, o todo-poderoso da Gestapo, se mataria no dia 22, idem, com cianureto. Os figurões nazistas eram maus perdedores.

Seus comandados, menos radicais, preferiam depor as armas. Mais de 4 milhões de alemães se entregaram nas diversas frentes. Com a morte de Hitler, não havia mais por que lutar. No dia 7, numa escola em Reims, na França, perto da fronteira, o general Alfred Jodl assinou a rendição incondicional da Alemanha. Um representante russo, um americano e um francês foram as testemunhas. No aposento ao lado, oculto por elipse, estava o general Dwight Eisenhower, comandante supremo das tropas americanas no exterior. Em Washington, por radiotransmissor, o presidente Truman recebeu a notícia como um presente. Fazia 61 anos no dia seguinte — apenas o 27º de seu mandato.

A notícia da rendição alemã podia acontecer a qualquer momento. Sabendo disso, os redatores, locutores e técnicos da Rádio Nacional tinham passado a dormir na emissora. Não queriam ser furados de novo pela Rádio Tupi. Mas, como a Associated Press foi a primeira a recebê-la, às dez da manhã daquela terça-feira, e a Tupi era sua filiada brasileira, esta mais uma vez furou o *Repórter Esso*. O alcance da Nacional, no entanto, era tal que só quando Heron Domingues pôs a notícia no ar, minutos depois, as pessoas acreditaram que a guerra acabara.

Alto-falantes voltados para a rua foram colocados na marquise das emissoras, provocando aglomerações. Seus radioatores, humoristas e cantores queriam ir para os estúdios para participar do noticiário, mas poucos conseguiram vencer as multidões. Temendo prejuízos, o comércio fechou as portas. Populares subiam aos andares mais altos da avenida Rio Branco para jogar papel picado. Carros buzinavam por toda a cidade. Hasteavam-se bandeiras nos prédios públicos, soltavam-se foguetes. O Hino Nacional, saído não se sabia de onde, tocava o tempo todo, misturado ao dos países vencedores, inclusive a Internacional. Os jornais tiravam edições extras. Os estudantes do Colégio Pedro II saíram em passeata, portando cartazes e carregando o "caixão de Hitler". As pessoas se abraçavam nos cafés. Os sinos da Candelária não paravam de tocar.

Por volta das 18h30, começaram discursos no pátio da ABI, na sacada do prédio da UNE e nas escadarias do Theatro Municipal, do Palácio Tiradentes e da Escola Politécnica, no largo de São Francisco. Expedicionários já retornados por ferimento tomavam os microfones e exaltavam a participação da Força Expedicionária Brasileira na vitória — a cada menção à FEB, a multidão rompia em aplausos. Em todos os discursos, ataques diretos a Getulio, com referências ao "poder de uma só pessoa" e à "ameaça às liberdades públicas pelo Executivo exercido por um só homem". Sempre conciliadora, a Liga da Defesa Nacional partiu da Cinelândia em direção ao Palácio Guanabara para fazer uma "manifestação de simpatia" a Getulio. Este chegou à sacada e falou de improviso, juntando-se à euforia popular, mas tentando capitalizá-la para seus interesses: "Neste momento histórico, precisamos lembrar-nos de que somos todos brasileiros, que devemos confraternizar cada vez mais, formando uma união sagrada; que devemos estender-nos as mãos, esquecendo ódios e ressentimentos, abraçando-nos fraternalmente". E acrescentou: "Que todos tenham a liberdade de pensar e expressar o seu pensamento, que a todos seja possível organizar-se para a defesa de suas ideias e aspirações".

Ou seja, exortando a tudo que ele negara ao país nos oito anos anteriores.

O PCB aproveitou-se dessa magnanimidade. No dia 22 de maio, lançou o primeiro número de seu órgão oficial, a *Tribuna Popular*. Abriu seu comitê central na rua da Glória aos que quisessem inscrever-se e, no dia seguinte, promoveu um comício-monstro em homenagem a Prestes em São Januário. E, diante de 100 mil pessoas, Prestes disse logo a que viera. Prevendo a queda de Getulio e temendo sua substituição pelos liberais, propôs a instituição de uma Assembleia Constituinte. Mas uma Constituinte presidida por Getulio — o que, na prática, garantia a sua continuidade no Catete. Pelo visto, Olga Benario morrera em vão.

Nos dias seguintes, a alegria pelo fim da guerra e o triunfo do bem pareciam não ter fim. As Lojas Americanas lançaram o sanduíche Vitória, nome de fantasia para o já popular hambúrguer. Uma fábrica de doces anunciou a criação das balas de chocolate Asas da Vitória. Crianças disputavam no bafo-bafo figurinhas dos generais americanos. Mais de dez dias depois, ainda se rezavam missas, ofereciam-se banquetes, marcavam-se festas comemorativas. E, como tudo era possível, Vinicius de Moraes disse a seus amigos mineiros Fernando Sabino e Paulo Mendes Campos, novos no Rio, que a Armada inglesa — a maior do mundo — acabara de chegar e estava fundeada na lagoa Rodrigo de Freitas. Eles acreditaram e foram lá ver.

À sua maneira, muitos podiam sentir-se responsáveis pela vitória. Exceto alguns que, por toda a duração da guerra, tinham preferido ficar à distância dela: os poetas brasileiros. Em 1942, Manuel Bandeira levara um pito de Carlos Lacerda por não querer fazer de seus poemas um comício. Mas o pito de Lacerda poderia se aplicar também a outros poetas laureados do país: Jorge de Lima, Augusto Frederico Schmidt, Ribeiro Couto, Cassiano Ricardo, Cecília Meirelles, Vinicius de Moraes, o jovem João Cabral de Melo Neto. Talvez por serem, quase todos, funcionários públicos, nenhum deixou que seu universo lírico se abalasse com o mundo em chamas. O Brasil não teve poetas como o irlandês W.H. Auden, o alemão Bertolt Brecht, os franceses Paul Éluard, Louis Aragon e Robert Desnos, o italiano Giuseppe Ungaretti, os chilenos Pablo Neruda e Gabriela Mistral, uns mais, outros menos, mas todos de estro atento à guerra. As duas gloriosas exceções foram Carlos Drummond de Andrade, com *A rosa do povo*, publicado em 1945, composto de poemas de 1943-45, e Murilo Mendes, com *Poesia liberdade*, de 1947, com poemas de 1944-45.

E não eram comícios, mas testemunhos de um mundo opressivo, asfixiante, em plena danação. A desesperança de seus versos parecia arder na página. A própria beleza das imagens pesava sobre o leitor. Em Murilo, eram as nuvens de fogo, a couraça do céu, a harpa de obuses, o trator de cadáveres, as ondas que mugiam, as esporas do ditador. Em Drummond, sono rimava com carne, a vingança agasalhava, cheirávamos flores de medo, a vida escorria da boca e era tempo de muletas, de cortinas pardas, de homens partidos. Tudo isso podia ser o Brasil, mas Drummond foi ainda mais direto. *A rosa do povo* continha três poemas dedicados à URSS: "Carta a Stalingrado", "Telegrama de Moscou" e "Com o russo em Berlim" — tributos que Drummond pagava à sua recente aproximação com o Partido Comunista.

Burocrata de um ministério importante, como o da Educação, Drummond vinha se envergonhando progressivamente de sua intimidade com o Estado Novo. Em 1942, o nome de sua cidade, Itabira, fora mudado para Getulio Vargas — violência a que ele, graduado funcionário federal, assistira em silêncio. Mas, aos poucos, Drummond foi se transformando. Com a ida da FEB para a Itália, escreveu em seu diário sobre "o absurdo de o fascismo de dentro combater o fascismo de fora". Em março de 1945, demitiu-se do ministério e deixou o governo.

Era preciso decidir sobre a qual credo aderir e, pela admiração que a bravura soviética despertava no mundo, Drummond escolheu o Partido Comunista. No dia 16 de abril, às vésperas da anistia, foi autorizado a visitar Prestes no presídio, em nome da recém-formada UTI (União dos Trabalhadores Intelectuais). Ia falar com um homem que passara os últimos vinte anos em combate, fosse no exílio, na clandestinidade ou preso. Mas Drummond, que esperava conhecer os planos de Prestes para o futuro, decepcionou-se — Prestes, incrivelmente, defendia o continuísmo de Getulio. Como se explicava? Era como arrastar o passado com correntes. "Se existe alguém no Brasil que tem motivos para ficar pessoalmente contra o sr. Vargas, sou eu", justificou-se Prestes. "Mas não faço política com paixões. Faço política com ideias e com realismo." Drummond perguntou-lhe por Olga Benario. Prestes respondeu: "Não recebo cartas dela desde 1941. Mas não me inquieto, porque o rompimento de relações do Brasil com a Alemanha tornou impraticável a correspondência. Minha companheira é alemã e é comunista. Se ainda estiver lá, está cumprindo seu dever na retaguarda". Só que Olga já não estava lá. Tinha sido assassinada em 1942, o que talvez ele ainda não soubesse.

Prestes falou a Drummond do novo jornal a ser lançado pelo partido, a *Tribuna Popular*, para "fazer frente à imprensa burguesa". Seria dirigido por quatro profissionais comunistas: Pedro Motta Lima, recém-saído do *Globo*, Aydano do Couto Ferraz, Dalcidio Jurandir e Alvaro Moreyra. Terminada a guerra, Motta Lima trocara *O Globo Expedicionário*, de que era editor, pela direção do órgão do partido, mas continuara a manter boas relações com a família Marinho. Graças a isso, *O Globo* seria o primeiro a entrevistar Prestes no dia de sua libertação. Sabendo da nova afinidade de Drummond com o PCB, Prestes convidou-o a fazer parte da direção da *Tribuna Popular*, com seu nome no cabeçalho. Drummond aceitou.

O jornal saiu e, já nas primeiras visitas à redação em Laranjeiras, Drummond não demorou a perceber que, dos cinco diretores, só dois podiam mandar — Aydano e Motta Lima. Desgostavam-no os editoriais quase diários de apoio a Getulio e ver o seu nome às vezes grafado errado no cabeçalho: "Drumond". Com dois emes, mas à sua revelia, o PCB lançou-o como candidato a deputado federal por Minas Gerais nas eleições prometidas para novembro. A ideia de Drummond deputado federal hoje é delirante, mas não parecia assim naquele ano, em que vários intelectuais se lançaram candidatos pelo partido: Graciliano Ramos por Alagoas, Alvaro Moreyra e Dyonelio Machado pelo Rio Grande do Sul e Astrojildo Pereira pelo Rio de Janeiro. Oswald de Andrade estava certo de sua indicação por São Paulo, mas o partido preferiu Jorge Amado, que nem paulista era, Candido Portinari e Caio Prado Junior — revoltado, Oswald rompeu com o comunismo e com o partido, o qual, aliás, nunca o levara a sério.

Em outubro, farto de ver a *Tribuna Popular* defender o ditador, Drummond anunciou sua saída do jornal. Ela foi aceita e, em consequência, também à sua revelia e sem explicações, seu nome desapareceu da lista dos candidatos pelo partido. *Rosa do povo* já estava nas livrarias, aclamado pelos críticos e leitores, mas, para o PCB, Drummond era agora o "poeta decadente", "traidor", "inimigo do povo". Drummond continuou a se dizer marxista, mas só "do pescoço para baixo". Passou a se referir aos comunistas como "eles" e nunca mais voltou à poesia social.

Mas, sendo o Brasil como era, ninguém era de todo inflexível. Drummond fez parte da comitiva que foi ao aeroporto Santos-Dumont para receber o comunista Pablo Neruda, vindo especialmente do Chile para o comício de Prestes dali a alguns dias em São Paulo. Aos quarenta anos, Neruda era o poeta oficial da esquerda em todas as Américas. Outros admiradores ao pé da escadinha do avião, à sua espera, eram os também comunistas Jorge Amado e Astrojildo Pereira e os aspirantes a isso, Vinicius de Moraes, Franklin de Oliveira e Paulo Mendes Campos. Eles se perguntavam: como fazer jus a Neruda no Rio? Alguém sugeriu promover naquela mesma noite uma festa em sua homenagem, reunindo a alta intelectualidade carioca. Consultados por telefone ou uns através dos outros, todos se entusiasmaram. Só havia um problema: onde seria o ágape? Ninguém tinha um apartamento que comportasse todo mundo. E como bancar os comes e bebes? Custaria um dinheirão e eram todos duros. Só um nome preenchia essas exigências: o poeta Augusto Frederico Schmidt.

Schmidt, tão próspero homem de negócios quanto respeitado poeta, morava numa cobertura da avenida Atlântica, em cima do restaurante Alcazar, na esquina da rua Almirante Gonçalves. Tinha de sua sacada uma das vistas mais espetaculares do mundo e, por acaso, uma colossal adega. Mas havia um senão: era notoriamente de direita. Sua antiga editora, a Schmidt, na rua Sachet, fora quase uma subsede do integralismo — Plinio Salgado só faltara dormir lá. A seu favor, havia o fato de que, na mesma época, a Schmidt lançara também Graciliano Ramos, Jorge Amado, José Lins do Rêgo, Rachel de Queiroz, Lucio Cardoso e Marques Rebêlo, a moderna literatura brasileira. Além disso, como pessoa, Schmidt era generoso e agradável. Sondado, nem vacilou: suas portas estavam abertas para Neruda e para quem quisesse aparecer.

E foi assim que, em julho de 1945, em torno do visitante ilustre, a esquerda carioca devastou os vinhos e queijos franceses de Schmidt, drenou suas garrafas de uísque Cavalo Branco — como chamavam o escocês White Horse — e devorou as galinhas ao molho pardo e peixadas que ele mandou subir do Alcazar. Afagando seus suspensórios, largos como bandoleiras, e observando a cena, Schmidt ria e celebrava: "É o lado cabaré do mundo comunista!".

E divertiu-se ainda mais quando, para espanto e decepção dos bardos presentes — mais bardos do que comunistas —, Neruda afirmou que, "em vez de perder tempo com *Cartas a um jovem poeta*, de Rainer Maria Rilke, os jovens poetas brasileiros deviam ler os poemas de Nicolás Guillén sobre Stálin".

Os comandantes americanos na Itália eram rigorosos. Mesmo após a rendição da Alemanha, seus soldados tiveram de permanecer plantados nos postos, aguardando ordens, como se a guerra não tivesse terminado. E não tinha mesmo. Além de o Japão ainda não se haver rendido, tudo na Europa requeria atenção. Não havia mais combates, mas metade da Itália estava em escombros. Uma estrada podia acabar de repente num despenhadeiro, interrompida por uma ponte explodida. Ainda se viam cadáveres às suas margens. Famílias tentavam voltar para casa e, ao chegar, encontravam-na em ruínas. Vilarejos não tinham água e luz. Uma bagana de cigarro casualmente atirada ao chão era disputada por crianças e adultos. Mães ofereciam suas filhas aos soldados por uma moeda. E era preocupante o ódio dos *partigiani* por seus patrícios fascistas, capturados aos milhares, julgando-os sumariamente — pela "justiça da *piazza*" — e fuzilando-os sem a menor cerimônia. Os americanos, que tinham armado em segredo os *partigiani* no começo da resistência, tentavam agora contê-los, convencendo-os a deixar que a Justiça se encarregasse das punições. Na verdade, queriam deter o avanço político dos comunistas, majoritários entre os *partigiani*. Estes sossegaram, mas não de todo. Quando se passava por uma jovem de lenço na cabeça, aderente ao crânio, já se sabia — tivera a cabeça raspada por ter dormido com o inimigo.

Mascarenhas de Moraes, Cordeiro de Farias e outros comandantes brasileiros não partilhavam dessas preocupações. O Brasil já não tinha compromissos na Itália. Assinada a rendição, liberaram os pracinhas para ir beber, dar cambalhotas, relaxar, descontar os oito meses de tensão e fazer o que e onde quisessem. Só precisavam saber em que dia voltariam, a fim de embarcá-los para o Brasil. Deu-se então a diáspora: de jipe, barco e avião, eles partiram para Roma, Turim, Veneza, Florença; outros para Paris, Cairo, Jerusalém, Atenas; alguns, até para Berlim. Fizeram todos os tipos de turismo: boêmio, militar, cultural, histórico, religioso. Alguns ficaram só pela Itália, mas percorreram-na inteira, com gasolina fornecida pelos postos de abastecimento americanos nas estradas — bastava assinar um papel informando a quantidade tirada da bomba. Seus estoques de cigarros, chocolates e balas ainda compravam o que quisessem. Muito dessa festa, amplamente documentada por fotos, seria usado no futuro para a mentira de que a guerra fora para a FEB um rega-bofe.

No Brasil não se sabia que, só agora, depois de semanas ou meses no front, eles podiam tomar banho com sabonete, escovar os dentes com pasta e não com carvão, dormir numa cama, usar um uniforme limpo. E nada superava o fato de que os dias de comida em lata haviam acabado. Os italianos abriam-lhes suas casas, intimavam-nos a sentar à mesa e lhes serviam pão, sopa e macarrão — era só do que dispunham, mas, para os rapazes, era um banquete. O nome "Brasil" pregado na manga verde--oliva era garantia de lágrimas de gratidão. E surpreendiam-se ao saber que submarinos italianos haviam afundado navios brasileiros e matado inocentes, alguns talvez até seus parentes. A censura de Mussolini lhes escondia isso.

Pracinhas em massa se concentraram na pequena Piacenza, a uma hora de Milão, poupada de bombardeios. Eles transformaram a vida da cidade. Seu prefeito fez de um galpão um clube para os soldados, mas, a partir das cinco da tarde, qualquer espaço aberto em Piacenza tornava-se um salão de baile para os *liberatori*. Vinho, mulheres e música eram fartos. Nas cantinas, os molhos à bolonhesa banharam fartamente os espaguetes — só depois se soube que eram feitos com carne de cavalo, provavelmente alemão. Falava-se mais português do que italiano na Piazza del Duomo. Estava liberado dançar, namorar e até ir às vias de fato com as italianas. Os médicos lhes haviam repassado camisinhas — marca Thin, fornecidas ao 5º Exército pelo fabricante —, para prevenir doenças venéreas e impedir que os pracinhas deixassem ítalo-brasileirinhos para trás. Mas o que eles deixaram foi cerca de cinquenta "noivas de guerra", que depois, lealmente, muitos mandaram buscar. Vicente Celestino gravou uma canção sobre essas noivas: "Mia Gioconda".

Mas nem tudo fora impecável em matéria de comportamento. Em janeiro, dois soldados da FEB foram acusados de estuprar uma menina de quinze anos, na aldeia de Madognana, perto de Bolonha, e matar o tio dela, que teria chegado de surpresa. Foram presos e condenados à morte pelo Tribunal de Justiça Militar da própria FEB, em Pistoia. Foi o único caso conhecido. Os soldados brasileiros não tinham a fanática autocontenção inoculada nos americanos, raramente transgredida, mas estavam longe da fúria dos russos, conhecidos pelos estupros de mulheres de todas as idades nas cidades que ocupavam. De qualquer maneira, a execução dos dois pracinhas foi sustada e a pena, comutada, sob o argumento de que crimes como aqueles se explicavam pela "brutalidade da guerra".

Os pracinhas sentiam saudade de duas pessoas que deveriam estar ali, vibrando com eles. Uma, o capelão frei Orlando, morto em Bombiana por um tiro provocado acidentalmente por um sargento italiano que fazia parte da missão. O jipe em que viajavam estacou sobre uma pedra, prendendo o eixo. O italiano tentou tirá-la golpeando-o com a coronha de seu rifle. A arma disparou e atingiu frei Orlando no peito. Nos dez segundos entre o tiro e sua morte, só houve tempo para que, segundo os companheiros, frei Orlando começasse uma oração. A outra era o sargento Max Wolf, ídolo da tropa e admirado pelos oficiais. Max morrera no dia 12 de abril, em Riva di Bascia, cortado por uma rajada de metralhadora. Dias antes, fora condecorado pelos americanos: recebera a Estrela de Bronze das mãos do general Lucian Truscott, sucessor do general Clark no comando do 5º Exército.

Em sete meses e meio de campanha, a FEB enfrentara dez divisões alemãs e as derrotara em Camaiore, Monte Prano, Monte Castello, Castelnuovo, Montese, Zocca, Collecchio e Fornovo. Libertara mais de quarenta localidades. Fizera 20573 prisioneiros — dois generais, 892 oficiais e 19679 praças — e merecera citações dos comandantes americanos a quem obedecia. Tivera 1577 feridos e 487 acidentados em combate e enterrara 451 homens — 430 praças e treze oficiais, além de oito oficiais da FAB. Um saldo e tanto para a tropa mal treinada, mal equipada, mal alimentada, mal calçada e malvestida que descera dos navios em Nápoles, para lutar em ambiente hostil e desconhecido e sob temperaturas impossíveis. A FEB passara por tudo isso e se superara. Seus maiores inimigos, no entanto, não estavam na Itália.

Ela os conheceria em sua volta ao Brasil, assim que se dissipassem os confetes e papéis picados nos desfiles pela avenida Rio Branco.

21

Caneta fatal

Assim como o Corcovado na ida, agora era o Vesúvio que os pracinhas deixavam para trás. Eles eram os 4931 expedicionários do primeiro escalão de retorno da FEB. A volta seria feita em outros quatro escalões, com cerca de um mês de intervalo entre eles. O general Mascarenhas de Moraes viera antes, de avião, via Dacar e Natal. Por um discutível acaso, não pôde descer no aeroporto Santos-Dumont, onde teria consagradora recepção, mas na base de Santa Cruz, onde não havia ninguém. Teve de ir de táxi para casa. Ao pousar no Brasil, já deixava de ser o comandante da FEB — suas armas passavam a ser os garfos e facas dos banquetes com que o regalavam.

O primeiro escalão deu adeus à Itália no dia 6 de julho, pelo *General Meigs*. Foi uma travessia sem escolta, sem blecaute, sem risco de torpedos. Podia-se fumar à vontade no convés — o mar engoliu milhares de guimbas —, houve samba a bordo todas as noites e, mesmo assim, os doze dias de viagem pareceram uma eternidade. Mas, às oito da manhã do dia 18, quando o *Meigs* despontou na barra do Rio, eles tiveram uma amostra do que os esperava: os navios das Marinhas Mercante e de Guerra, que tinham ido recebê-los, as centenas de barcos, iates, lanchas, veleiros e canoas particulares que os cercavam e os canhonaços das fortalezas. Estavam em casa.

O Rio finalmente se deixou ver e o Cristo surgiu entre as nuvens. Muitos se jogaram de joelhos no convés. Os americanos da Divisão de Montanha, convidados da FEB, não se continham diante da baía de Guanabara: *"My God! This is incredible! What have you done to deserve this???"*. Decretado feriado nacional, a multidão que os esperava no porto lhes acenava e desejava boas-vindas. Os pracinhas, ocupando todo o navio, saindo pelas escotilhas, pendurados nos mastros, de pé sobre os canhões, acenavam de volta com seus bibicos. Muitos cantavam "Cidade maravilhosa".

O navio atracou às 9h30 na praça Mauá. Antes do desembarque, Getulio e os generais Willis Crittenberger, comandante-geral da operação na Itália, e Mark Clark, convidados de honra do governo, foram a bordo saudar os rapazes. Celia Murtinho, colunista de culinária de *O Jornal* e famosa cozinheira carioca, havia proposto que se recebessem os pracinhas — todos eles, os 25334, escalão por escalão — com festanças públicas, talvez em São Januário, com pratos brasileiros de todas as regiões, para que eles matassem a saudade. Mas ninguém se ofereceu para bancar a ideia. No lugar disso, a cantina da LBA serviu-lhes um lanche, no Armazém 10, com o que foi possível improvisar: café, pão na chapa, pastel de vento, caldo de cana, banana e tangerina. Mal ou bem alimentados, os soldados foram se formar na praça Mauá para o Desfile da Vitória, na avenida Rio Branco, a partir das duas da tarde.

Se dependesse de Dutra, seria um desfile à prussiana, austero, sob o troar dos taróis. Os soldados marchariam em coluna por seis e olhos fitos no palanque oficial, em frente à Biblioteca Nacional. A ordem dos grupos respeitaria a hierarquia dos regimentos. Haveria uma caravana de jipes, veículos nunca vistos aqui, e representantes de instituições civis, como a Cruz Vermelha, também desfilariam, portando bandeiras. Mas como pôr na linha as 500 mil pessoas que, segundo cálculos, superlotando carros, trens, bondes, ônibus e barcas, tinham ido ao centro para festejá-los? Significava que, numa população de quase 2 milhões, um em quatro cariocas estava nas ruas por eles.

Uma arquibancada fora montada em toda a extensão da avenida Rio Branco para que, à passagem dos pracinhas, se agitassem bandeirinhas. Mas bastou que eles dobrassem marchando a esquina no prédio da Noite e entrassem na avenida para que se esboroasse toda solenidade. O povo desceu os degraus aos pulos, derrubou os cordões de isolamento e invadiu a pista. A austeridade à prussiana desapareceu e a parada se transformou numa marcha de amor, com os pracinhas nos braços da multidão. A princípio, os próprios soldados tentaram manter a postura marcial, como se ainda estivessem sob as ordens dos sargentos. Impossível. Eram cumprimentados, abraçados e beijados pela massa, chamados de heróis, carregados nos ombros. Pais reencontravam os filhos, irmãos se atiravam a irmãos, marido e mulher davam-se beijos espetaculares. Ouviam-se fanfarras de clarins, palmas e gritos de "Viva a FEB!". Muita gente chorava.

Das janelas dos edifícios, caíam confete e papel picado. Das árvores e marquises, pendiam as serpentinas dos milhares de rolos que o comércio fornecera ao povo, trazendo impressa a inscrição "À heroica FEB, no seu retorno à Pátria. Homenagem da loja tal". A avenida panejava da Candelária ao Monroe, com bandeiras do Brasil alternando com os galhardetes da cobra fumando. Na altura da rua São José, erguia-se uma espécie de arco do triunfo, sob o qual passaram os pracinhas e a multidão. Os grã-finos, como de praxe, não desceram à avenida — viram tudo do alto do prédio do Edifício Guinle e dos hotéis Palace e Avenida. No céu, 150 aviões da FAB faziam evoluções.

De repente, em meio à multidão, uma cena inesperada: diante do repórter do *Correio da Manhã*, um homem tirou do bolso uma bandeira nazista e começou a agitá-la e a gritar *"Heil Hitler!"*. Tomaram-lhe a bandeira, fizeram-na em tiras e, antes que ele fosse linchado, foi preso e levado pela polícia, aos cachações dos populares. Para que a chegada da FEB não fosse explorada politicamente, recolheu-se a faixa do novo partido político, a UDN (União Democrática Nacional), de apoio ao seu candidato à Presidência, o brigadeiro Eduardo Gomes. Por algum motivo, fez-se vista grossa à faixa do também novo PTB (Partido Trabalhista Brasileiro), pregando "Constituinte com Getulio", e à inesperada "O Partido Comunista do Brasil saúda a gloriosa FEB".

As homenagens se seguiram por dias e noites. A baía de Guanabara foi palco da "Festa veneziana", um show de barcos iluminados e fogos de artifício. Walter Pinto, magnata do teatro de revista, ofereceu cem ingressos por noite durante uma semana para os pracinhas — no palco, a visão das *girls* seminuas era um presente e tanto para quem passara um ano entre homens sujos e barbados. Quermesses, missas campais, homenagens nas gafieiras e toda sorte de festas assoberbaram os rapazes. E haveria mais um motivo para tanta alegria: duas semanas depois, arrasado pelas bombas de 21 mil toneladas de TNT sobre Hiroshima e Nagasaki, o Japão também se renderia aos Aliados. Ali a guerra acabara de verdade. Com aquelas centenas de milhares de mortos, a fábrica de matar fechara — para sempre, esperava-se.

A chegada do segundo escalão, com 6187 homens, pelo navio nacional *Mariposa*, no dia 22 de agosto, repetiu o ritual. Coincidiu com o dia do terceiro aniversário da declaração de guerra ao Eixo e trazia o Regimento Sampaio, os heróis de Monte Castello, da guarnição do Rio. Apesar de todas as ordens para assistir ao desfile sentado, o povo se comportou nos primeiros minutos e invadiu a pista do mesmo jeito. Ao ver passar o general Cordeiro de Farias, de pé num jipe, a massa cercou seu veículo. Cordeiro, orgulhoso, inflou o peito com as condecorações. Mas a euforia não era por sua causa, e sim por seu motorista, Peracio.

O terceiro escalão, com 1801 homens no também nacional *Duque de Caxias*, que trazia as noivas ou esposas italianas dos pracinhas, viveu uma cena insólita. A convite do ditador Salazar, com o impertinente aval de Dutra, o navio fez escala em Lisboa no dia 3 de setembro, para um desfile na avenida da Liberdade. Um desfile marcado pelo ridículo, porque com a FEB marcharam os soldados portugueses — como se também estivessem voltando da guerra. Salazar, no palanque armado na altura do Parque Mayer, acenava satisfeito. Se soubessem que ele decretara luto por três dias e bandeiras a meio pau em Portugal pela morte de Hitler, os pracinhas se perguntariam se fora para isso que tinham apostado a vida na Itália. Com o atraso provocado por essa parada em Lisboa, o terceiro escalão só chegou ao Rio no dia 19, juntamente com os 5342 homens do quarto, também pelo *General Meigs*. A recepção, apesar do tamanho, foi comparativamente tépida. E os 2742 do quinto e último escalão, pelo *James Parker*, no dia 3 de outubro, já foram recebidos pelo que sobrara das multidões — os parentes e os amigos.

Não que fosse ali o fim da festa para a FEB. A Força Expedicionária Brasileira já deixara de existir quando os soldados ainda estavam na Itália.

No mesmo dia 6 de julho de 1945, talvez no mesmo horário em que o primeiro escalão zarpava de Nápoles para o Rio, Dutra, com apoio de Getulio, assinou o Aviso Ministerial nº 217815 dissolvendo a FEB. Donde, ao tomar o *General Meigs* e correrem para o convés, de onde pensavam vislumbrar o futuro, os pracinhas já constituíam uma tropa fantasma.

O Aviso Ministerial determinava que, ao chegarem ao Rio, os oficiais, que eram militares profissionais, se apresentassem ao comando da 1ª Região Militar e aguardassem ordens. E estas não tardaram: eles seriam transferidos para outros postos. Não para postos à altura de suas vitórias na Itália, mas para lugares distantes do Rio ou de suas cidades e distantes entre si. Ao choque com essa informação, somou-se a indignação: cientes de seu novo destino, tinham dez dias para se apresentar nele. Era um insulto, um desrespeito. Alguns preferiram encerrar ali sua carreira militar, pedindo passagem para a reserva. Os reservistas, por sua vez, podiam considerar-se automaticamente desincorporados e voltar para a vida civil. Quanto aos sargentos e soldados, voluntários ou convocados, tinham 48 horas após o desembarque para "acabar de chegar". A partir dali, estavam também desmobilizados, sem mais vínculo com o Exército — isso significava a devolução das fardas, mesmo que elas ainda contivessem manchas de sangue que as lavagens na Itália não haviam conseguido apagar.

Os pracinhas do Rio tinham, pelo menos, casa e família para as quais voltar. Mas nem sempre era uma volta feliz. Casamentos perfeitos tinham se desfeito durante a ausência deles, noivas se casaram com outro, sócios lhes passaram a perna — histórias como essas se repetiram. Um soldado escrevera de Nápoles para sua mulher, pedindo que fosse recebê-lo no porto com o mesmo vestido com que, grávida, ela se despedira dele. Por causa da censura à correspondência, ele não sabia que ela morrera no parto.

Os de fora do Rio, se quisessem, teriam uma passagem para sua cidade ou região, na segunda classe de navios, quase no porão — muitos tiraram do próprio bolso para trocá-la por uma de primeira, mais digna. Mas nem todos quiseram voltar. Preferiam continuar na cidade de que só conheciam, se tanto, a Vila Militar. O fundo de previdência, a que haviam se submetido na Itália e que resgataram ao chegar ao Rio, podia garantir-lhes a sobrevivência por seis meses, sem extravagâncias. Mas, depois de dois anos sendo alimentados, vestidos e medicados pelo Exército, haviam perdido a noção do dinheiro. Não poucos se viram rapidamente em dificuldades e passaram a estender a mão.

Não houve uma política de acolhimento que previsse suas dificuldades de adaptação e os orientasse. Passada a exaltação das festas, voltavam a ser brasileiros comuns — "promovidos a paisanos", como diziam —, a serem tratados sem contemplação. Em poucos meses, ao entrarem num estabelecimento, escutavam comentários entre dentes: "Lá vem aquele pracinha chato". Ou, ao se apresentarem como ex-combatentes e pedirem ajuda: "Essa guerra não termina nunca?".

A ausência da hierarquia era outro problema. Seu dia a dia na Itália consistia em receber ordens. Agora, sem ninguém para lhes dizer o que fazer, sentiam-se perdidos. O que haviam aprendido em combate não lhes servia para arranjar boas colocações no mercado. Seus antigos empregos em suas cidades tinham sido ocupados por gente que não saíra de lá, que não fora lutar pelo Brasil. E muitos empregadores recusavam-se a recontratá-los — eram "neuróticos de guerra", podiam ser perigosos.

Depois de experiências assustadoras como a batalha por Montese ou as investidas contra o Monte Castello, um ex-combatente podia de fato apresentar transtornos, de medo ou agressividade, e ninguém devia ter mais consciência disso do que seu ex-patrão: o Exército. Não era fácil a reintegração a um mundo sem inimigos à espreita, sem risco de morte a qualquer momento. Mas não houve um esforço regular para readaptá-los. Poucos hospitais tinham departamentos psiquiátricos. Homens admirados pelo discernimento ou coragem em ação revelaram-se ríspidos e tirânicos na vida familiar ou frágeis e indefesos no mundo profissional. Mesmo os que foram atendidos por especialistas receberam alta em condições precárias. Outros nunca tiveram alta. E ainda outros nunca souberam que precisavam de ajuda.

Na guerra, em meio a um ataque, principalmente de infantaria, nem sempre há tempo para reflexão. É a coragem que move o soldado, e, por alguma espécie de mutação química, o faz avançar às cegas sobre o inimigo, como se suprimisse a razão. O resultado dessa ação, se bem-sucedida — ou seja, se ele sobreviveu —, nem sempre é avaliado de imediato pelo soldado. No máximo, ele se orgulha de ter cumprido o dever. Mas a vida real exige a razão, o comedimento, não comporta arroubos insensatos. Nem todos conseguiam reprimir aquele comportamento condicionado, resultando em brigas violentas em bares e nas ruas, contra civis que os acusavam de ter feito "turismo na Itália".

A FEB produziu também cerca de quinhentos mutilados. Sua situação era ainda mais delicada porque não podiam esconder sua deficiência, e a esta era acrescentada uma hipotética neurose de guerra. Nenhuma das lentas e tardias medidas legais para protegê-los concedia-lhes preferência em funções de acordo com suas condições. Os braços e pernas que haviam deixado na Itália não valiam mais do que se perdidos num acidente de trânsito. Muitos nem muletas ganharam.

A praxe nos exércitos é que os soldados merecedores de condecorações, por coragem ou heroísmo, as recebam no campo de batalha, das mãos do comandante máximo, na presença dos oficiais e de toda a tropa. É o reconhecimento imediato de um ato de valor. Mas os pracinhas não tiveram esse privilégio — Dutra nunca mandara as condecorações para a Itália. Eles só as receberam ao voltar ao Brasil, em cerimônias frias e burocráticas na Vila Militar. O pracinha entrava numa fila, um general tirava a medalha de uma caixa — nunca uma medalha de primeira classe, como as conferidas aos oficiais — e a espetava em sua camisa. Batia-se continência e seguia-se o próximo. Os residentes nas praças menores receberam a condecoração da autoridade local, às vezes um tenente do Tiro de Guerra. E a condecoração, muitas vezes, significava a intenção de se livrarem deles sem perda de tempo.

No caso das "medalhas de sangue", por ferimento em combate, elas também lhes deveriam ter sido conferidas no hospital do acampamento, o mais perto possível da batalha e logo a seguir a esta. Mas, da mesma forma, Dutra não mandara as medalhas. Os oficiais da FEB sentiam-se constrangidos ao ver seus soldados ao lado dos soldados americanos feridos na mesma missão — os americanos, sendo condecorados no próprio leito do hospital, e os brasileiros, ignorados por seu Exército. Alguns brasileiros também receberam medalhas, mas pelo Exército americano. Da mesma forma, as promoções por heroísmo no curso da batalha nunca aconteceram. A elevação de um soldado ou oficial no cenário de guerra para um posto acima do que ocupava é um dos grandes estímulos para a tropa. Mas os comandantes foram impedidos de fazê-las na Itália — elas só aconteceram na volta, a frio, quase como um favor.

Havia também as condecorações póstumas, a serem entregues aos familiares do soldado. Deram-se em cerimônias insípidas, no Rio ou nas outras cidades, indignas de quem morrera pelo Brasil. Ao aspirante niteroiense José Gerônimo de Mesquita, o primeiro pracinha morto na Itália, foram conferidas quatro medalhas por "ação de feito excepcional". Mas seu pai não pôde recebê-las por ele — morrera de tristeza um mês depois de ser informado da morte do filho.

A indenização às famílias pela morte de seu chefe em campanha ou de doença dela proveniente era outro suplício: requeria a apresentação de oito documentos em diferentes repartições, cada qual avalizado por testemunha "idônea", com selo, estampilha e reconhecimento de firma. A satisfação dessas exigências podia levar meses. E a indenização só era concedida no caso de nenhum dos beneficiários "perceber recursos públicos, municipais, estaduais ou federais, a título de pensão ou ordenado". Significava que, se o expedicionário tivesse um irmão funcionário público, a indenização não era concedida.

E, ao chegar, todos foram proibidos de falar com a imprensa sobre suas experiências ou expectativas. "Não obstante o natural interesse patriótico e a justa ansiedade do público por notícias referentes a pessoas ou ações da Força Expedicionária Brasileira no teatro de operações", dizia o Aviso Reservado de 11 de junho de 1945, "por motivos de interesse militar [...] fica proibido aos oficiais e praças da FEB que regressarem da Itália fazer declarações ou conceder entrevistas para divulgação pela imprensa, sem autorização do Ministro da Guerra após exame pelas autoridades competentes. Ass. Eurico G. Dutra — Ministro da Guerra."

A data do Aviso Reservado é significativa: 11 de junho. A FEB ainda estava na Itália e levaria quase um mês para começar a voltar para o Brasil.

A decisão de dissolução da FEB fora tomada ainda antes, em abril, no novíssimo edifício do Ministério da Guerra, na avenida Presidente Vargas. Nas reuniões, os comandantes americanos no Rio fizeram forte oposição à ideia. Para eles, a experiência adquirida pelos oficiais e soldados expedicionários em quase dois anos de treinamento pelos Estados Unidos era essencial para a modernização do Exército brasileiro. Ela permitiria o aperfeiçoamento do ensino militar, da formação de oficiais e da capacidade de combate. Além disso, os expedicionários haviam custado caro para o Brasil — não fazia sentido desmobilizá-los, dispersá-los, perdê-los. É curioso que os Estados Unidos parecessem mais interessados na preservação da FEB do que o próprio Brasil, mas havia uma explicação: a continuidade de sua mobilização poderia aliviá-los de seus encargos na segurança do hemisfério. Os Estados Unidos propunham até a permanência de parte da FEB na Europa, para as missões de consolidação da paz. Foi-lhe oferecido participar da ocupação de Viena, recém-dividida em quatro zonas militares, três delas já destinadas a Estados Unidos, URSS e Grã-Bretanha. A quarta zona seria do Brasil. Mas Getulio e Dutra recusaram a oferta, assim como a de ocupação militar pela FEB de qualquer país vencido. O importante era trazer a FEB de volta — e pulverizá-la. (A França ficou com a vaga em Viena.)

A partida de cada escalão em Nápoles era antecedida pela comunicação ao Rio da lista de embarcados, para apressar suas transferências ou desincorporação ao chegar. Por que tanta pressa em desmontar a FEB, quando isso poderia ser feito em tempo hábil, suficiente para tornar mais amena a desmobilização? Esta não era uma operação simples: compreenderia recepção, aquartelamento, entrega de medalhas, possível ingresso em tropas regulares, avaliação psíquica, aconselhamento de socialização e, se fosse o caso, a dispensa. Sem falar no aspecto humano: tratava-se de devolver à paz milhares de homens retirados dela e submetidos a uma violenta educação para a guerra. Mas, para Getulio, sentindo a asfixia política, e Dutra, já se anunciando como candidato à Presidência, havia fatores mais importantes em jogo.

Getulio e Dutra não temiam a volta dos pracinhas. Temiam a dos comandantes. Para eles, Mascarenhas, Zenobio, Falconière e Cordeiro, ao descer no Rio com uma tropa treinada e armada, poderiam provocar, se quisessem, uma conflagração institucional. Sabiam que o carioca os apoiaria. Pelo prestígio popular, esses homens eram também candidatos potenciais à Presidência. E mais perigosos ainda eram seus jovens oficiais, politizados pela guerra, convencidos da necessidade de enterrar o Estado Novo. Era preciso desarmá-los.

Mas os comandantes e oficiais não se rebelaram. Eram soldados, treinados para obedecer. Não eram políticos. Quanto ao armamento, já que a FEB fora desmobilizada, ficara para o 5º Exército, inclusive os tanques e lurdinhas tomados aos alemães. Quem tinha as armas eram eles, Getulio e Dutra, e a mais poderosa de todas: a caneta.

Depois de tantas vitórias na frente de batalha, a FEB foi abatida com um só tiro, e pelas costas.

Lá fora, no espaço, as grandes esferas estavam se rearrumando. Aliados de ontem, Estados Unidos e URSS preparavam-se para uma nova guerra, só que agora entre eles e por outros meios. Os vencidos, Alemanha, Itália e Japão, despojados de tudo, se reconstruiriam à mercê dos vencedores e conheceriam imensa prosperidade. E nem todos os vencedores sairiam ganhando — o Brasil, por exemplo.

Os pracinhas não estavam interessados nisso. Só queriam voltar para casa — para um Brasil que tinham levado para a Itália e no qual, embora ainda não soubessem, não cabiam mais.

Monte Castello, Montese e Fornovo reduziram-se a retratos na parede de instituições criadas por eles próprios. O Palácio do Catete, os cafés da avenida Rio Branco e as esquinas de Copacabana seguiram esfuziantes. Os abrigos antiaéreos se tornaram garagens dos edifícios. Os mortos foram trazidos de Pistoia e engavetados num monumento na Glória. O Carnaval da guerra, o racionamento, os blecautes e o gasogênio foram esquecidos. A própria FEB foi esquecida.

Desde então, muita coisa mudou no Brasil. Quase tudo daquela época desapareceu. Mas certas ideias que se julgavam extintas soam familiares em nosso tempo.

Referências bibliográficas

Já se escreveu muito sobre o Brasil na Segunda Guerra. Nem tanto sobre a Segunda Guerra no Brasil. O conjunto de livros sobre a campanha da Itália, tanto pelos pracinhas e oficiais quanto por alguns correspondentes de guerra, faz justiça à saga daqueles homens. Há estudos autorizados do ponto de vista militar e estratégico. Mas, quanto ao front interno, a literatura se resume aos relatos sobre o peso da imigração alemã no Sul, as colônias italiana e japonesa no Sudeste e a presença americana no Nordeste. O Rio, capital federal, sede do governo, base do poder militar e do Corpo Diplomático, cidade mais populosa, porto de entrada e centro nervoso do país, foi praticamente ignorado pela historiografia. Nenhuma outra cidade brasileira, no entanto, repercutiu tanto o impacto da guerra.

Como escrever uma história que, de certa maneira, nunca foi contada? Começa-se, naturalmente, pela imprensa da época, disponível na Biblioteca Nacional, e segue-se pelos documentos a que se tiver acesso. Mas há outra fonte, difusa e essencial: praticamente qualquer livro publicado a partir de 1940 e que contenha pelo menos uma partícula de informação sobre o que aconteceu no Rio daquele período *por causa da guerra*. Nisso se incluem livros de história, economia, biografias, relatos, crônicas, relatórios, depoimentos, diários. E, principalmente, de memórias — de militares, diplomatas, políticos, empresários, ativistas, escritores, artistas, jornalistas e qualquer pessoa que tenha vivido a guerra a partir do Rio. Não raro, um livro de quatrocentas páginas continha um único parágrafo de informação. Mas foi fascinante mergulhar neles.

A lista abaixo resume esse mergulho.

AÇÃO INTEGRALISTA BRASILEIRA. *Protocolos e rituais*. Niterói: Livraria Dias Vasconcellos, 1937.

ACHILLES, [Francisco de] Paula. *O Brasil em marcha*. Rio: José Olympio, 1943.

AGUIAR, Joselia. *Jorge Amado: Uma biografia*. São Paulo: Todavia, 2018.

ALENCAR, Edgar de. *O Carnaval carioca através da música: 1901-1951*. Rio: Francisco Alves, 1965.

ALVES FILHO, Ivan. *Os nove de 22: O PCB na vida brasileira*. Brasília: Fundação Astrojildo Pereira, 2021.

ALVES, Wagner Camilo. *Da Itália à Coreia: Decisões sobre ir ou não à guerra*. Belo Horizonte/Rio: UFMG/Iuperj, 2004.

AMADO, Genolino. *Os inocentes do Leblon: Crônicas do Rio*. Porto Alegre: Livraria do Globo, 1946.

_____. *O reino perdido: Histórias de um professor de história*. Rio: José Olympio, 1971.

AMADO, Jorge. *O cavaleiro da esperança: Vida de Luís Carlos Prestes* [1942]. São Paulo: Companhia das Letras, 2011.

_____. *Farda, fardão, camisola de dormir*. Rio: Record, 1983.

_____. *Navegação de cabotagem*. Rio: Record, 1992.

ANDRADE, Almir de. *Aspectos da cultura brasileira*. Rio: Schmidt, 1939.

ANDRADE, Carlos Drummond de. *O observador no escritório*. São Paulo: Companhia das Letras, 2020.

ANÔNIMO [provavelmente David Nasser]. *Eu fui guarda-costas de Getulio*. Rio: Edições O Cruzeiro, 1949.

ARAÚJO, Heloisa Vilhena de. *Guimarães Rosa: Diplomata*. Rio: Ministério das Relações Exteriores, 1987.

ARAUJO, Maria Paula. *Memórias estudantis: Da fundação da UNE aos nossos dias*. Rio: Ediouro, 2007.

ARNAU, Frank. *À sombra do Corcovado*. Rio: Vecchi, 1940.

ASBURY, Michael; SONO, Márcio Junji; e GADELHA, Hayle. *The Art of Diplomacy: Brazilian Modernism Painted for War*. Londres: Embassy of Brazil, 2018.

ASCOLI, Nestor. *O japonês no Brasil*. Rio: Calvino Filho, 1934.

ATALA, Fuad. *Correio da Manhã (1901--1974): Réquiem para um leão indomado*. Original não publicado.

AUGUSTO, Sérgio. *Este mundo é um pandeiro*. São Paulo: Companhia das Letras, 1989.

AUTRAN, Christina [depoimento a]. *Lan: Uma conversa franca*. Manuscrito inédito.

AZEDO, Mauricio (Org.). *Cem anos de Pedro Ernesto*. Rio: Câmara Municipal do Rio, 1985.

AZEREDO, Carlos Magalhães de. *Memórias de guerra: O Vaticano e a Itália nas duas guerras mundiais*. Rio: Academia Brasileira de Letras, 2004.

AZEVEDO, Raul de. *Vida e morte de Stefan Zweig*. Rio: Aspectos, 1942.

BACKER, Patricia. *Fashions of a decade: The 1940s*. Londres: B.T. Batsford, 1991.

BANDEIRA, Manuel. *Poesia completa e prosa*. Rio: Nova Aguilar, 1993.

_____. *Crônicas inéditas 2*. São Paulo: Cosac Naify, 2009.

BANDEIRA, Moniz. *Presença dos Estados Unidos no Brasil*. Rio: Civilização Brasileira, 1973.

BARATA, Agildo. *Vida de um revolucionário: Memórias*. Rio: Melso, 1962,

BARBOSA, Marialva. *História cultural da imprensa: Brasil 1900-2000*. Rio: Mauad X, 2007.

BARRETO, Fernando de Mello. *Os sucessores do barão: Relações exteriores no Brasil 1912-1964*. São Paulo: Paz e Terra, 2001.

BARRETO, José Geraldo. *Apressado para nada: memórias*. Rio: Garamond, 2001.

BARROS, Orlando de. *A guerra dos artistas: Dois episódios da história brasileira durante a Segunda Guerra Mundial*. Rio: e-papers, 2010.

BARROSO, Gustavo. *O integralismo de nor-*

te a sul. Rio: Civilização Brasileira, 1934.

BARROSO, Gustavo. *O que o integralista deve saber.* Rio: Civilização Brasileira, 1935.

_____. *O integralismo em marcha.* 2. ed. Rio: Civilização Brasileira, 1936.

_____. *O integralismo e o mundo.* Rio: Civilização Brasileira, 1936.

_____. *Integralismo e catolicismo.* Rio: ABC, 1937.

_____ (Trad.). *Os protocolos dos sábios de Sião.* [3. ed.]. São Paulo: Minerva, 1937.

BASBAUM, Leoncio. *História sincera da República — 1930-1960.* São Paulo: Fulgor, 1968.

_____. *Uma vida em seis tempos: Memórias.* São Paulo: Alfa-Ômega, 1976.

BATTIBUGLI, Thais. *A solidariedade antifascista: Brasileiros na Guerra Civil Espanhola (1936-1939),* São Paulo: Edusp, 2004.

BELOCH, Israel (Org.). *A roda de amigos de Stefan Zweig: Sua última agenda 1940-1942.* Petrópolis: Memória Brasil, 2014.

_____. *Dicionário dos refugiados do nazifascismo no Brasil.* Rio: BTG Pactual/ Casa Stefan Zweig, 2021.

BENAMOU, Catherine L. *It's All True: Orson Welles Pan-American Odissey.* Los Angeles: University of California Press, 2007.

BENGELL, Norma. *Norma Bengell.* São Paulo: Versos, 2014.

BERNADOTTE, E Schmitt. *O III Reich e o Brasil.* Rio: Laudes, 1968.

BERNANOS, Georges. *Lettre aux Anglais.* Rio: Atlântica, 1942.

_____. *Diário de um pároco de aldeia.* São Paulo: É Realizações, 2009.

_____. *Sob o sol de Satã.* São Paulo: É Realizações, 2010.

BERTHOMÉ, Jean-Pierre; THOMAS, François. *Orson Welles at Work.* Londres: Phaidon, 2008.

BERTONHA, João Fábio. *Fascismo, nazismo, integralismo.* São Paulo: Ática, 2003.

BESSA, Carlos Henrique. *Fotos e relatos da guerra & outras memórias.* Edição particular,. 2017.

BEZERRA, Elvia. *Gustavo Barroso.* Rio/ São Paulo: Academia Brasileira de Letras/Imprensa Oficial, 2012.

BIAL, Pedro. *Roberto Marinho.* Rio: Jorge Zahar, 2004.

BIRD, William L.; RUBENSTEIN, Harry R. *Design for Victory: World War II Posters on the American Home Front.* Nova York: Princeton Architectural Press, 1998.

BLAUVELT, Christian. *Hollywood Victory: The Movies, Stars and Stories of World War II.* Nova York: Running, 2021.

BOAVENTURA, Maria Eugenia. *O salão e a selva: Uma biografia ilustrada de Oswald de Andrade.* São Paulo/Campinas: Ex Libris/Editora Unicamp, 1995.

BOGDANOVICH, Peter. *This is Orson Welles.* Londres: HarperCollins, 1993.

BONA, Dominique. *Stefan Zweig: Uma biografia.* Rio: Record, 1999.

BORTOLOTTI, Marcelo (Org.). *Carlos Drummond de Andrade e Ribeiro Couto: Correspondência.* São Paulo: Imprensa Oficial, 2019.

_____. *Guignard, anjo mutilado.* São Paulo: Companhia das Letras, 2021.

BOYD, Julia. *Travellers in the Third Reich.* Londres: Elliott & Thompson, 2017.

BRAGA, Rubem. *Com a FEB na Itália.* Rio: Zelio Valverde, 1945. Nova edição: *Crônicas de guerra: Com a FEB na Itália.* Rio: Editora do Autor, 1964.

BRANDÃO, Octavio. *Os intelectuais progressistas.* Rio: Simões, 1956.

BUARQUE, Chico. *O irmão alemão*. São Paulo: Companhia das Letras, 2014.

BUCCI, Eugênio. *Roberto Marinho*. São Paulo: Companhia das Letras, 2021.

BULCÃO, Clóvis. *Henrique Lage: O grande empresário brasileiro que, por amor, criou um parque*. Rio: Record, 2021.

BURUMA, Ian. *Ano zero: Uma história de 1945*. São Paulo: Companhia das Letras, 2015.

CALDAS, Klecius. *Pelas esquinas do Rio: Tempos idos e jamais esquecidos*. Rio: Civilização Brasileira, 1994.

CALLADO, Ana Arruda. *Adalgisa Nery*. Rio: Relume Dumará, 1999.

_____. *Maria Martins: Uma biografia*. Rio: Gryphus, 2004.

_____. *Antonio Callado*. Rio/São Paulo: Academia Brasileira de Letras/Imprensa Oficial, 2012.

CALLADO, Antonio. *Memórias de Aldenham House*. Rio: Nova Fronteira, 1989.

CALLOW. Simon. *Orson Welles: Hello, Americans*. Nova York: Penguin, 2006.

CAMARGO, Aspasia; GOES, Walder de. *Meio século de combate: Diálogo com Cordeiro de Farias*. Rio: Nova Fronteira, 1981.

_____ et al. *Artes da política: Diálogo com Amaral Peixoto*. Rio: Nova Fronteira, 1984.

CAMPOS, Cynthia Machado. *A política da língua na era Vargas*. Campinas: Editora Unicamp, 2006.

CAMPOS, Paulo Mendes. *Murais de Vinicius e outros perfis*. Org. de Flavio Pinheiro. Rio: Civilização Brasileira, 2000.

CAMPOS, Roberto. *A lanterna na popa: Memórias*. Rio: Topbooks, 1994.

CANSANÇÃO, Elza. *E foi assim que a cobra fumou*. Rio: Marques-Saraiva, s/d.

CARDOSO, Maria Helena. *Por onde andou meu coração*. Rio: José Olympio, 1967.

CARNEIRO, Maria Luiza Tucci. *O antissemitismo na era Vargas (1930-1945)*. São Paulo: Brasiliense, 1988.

CARONE, Edgar. *O Estado Novo (1937--1945)*. Rio: Difel, 1977.

CARPEAUX, Otto Maria. *A cinza do purgatório*. Rio: ECB, 1942.

_____. *Origens e fins*. Rio: ECB, 1943.

_____. *Pequena bibliografia crítica da literatura brasileira*. Rio: MEC/Serviço de Documentação, 1951.

_____. *História da literatura ocidental — VII*. Rio: O Cruzeiro, 1966.

CARVALHO, Apolonio de. *Vale a pena sonhar*. Rio: Rocco, 1997.

CARVALHO, Bruno Leal Pastor de. *O homem dos pedalinhos: Herberts Cukurs, a história de um alegado criminoso nazista no Brasil do pós-guerra*. Rio: FGV Editora, 2021.

CARVALHO, General Ferdinando de. *Lembrai-vos de 35!*. Rio: Biblioteca do Exército, 1981.

CARVALHO, José Murilo de. *Forças Armadas e política no Brasil*. Rio: Jorge Zahar, 2004.

_____. *Rachel de Queiroz*. Rio/São Paulo: Academia Brasileira de Letras/Imprensa Oficial, 2010.

CARVALHO, Luiz Maklouf. *Cobras criadas: David Nasser e O Cruzeiro*. São Paulo: Senac, 2001.

CARVALHO, Major Nelson R. *Soldado! Este, o teu regimento! Edição comemorativa do 1º aniversário da tomada de Monte Castelo (Regimento Sampaio)*. Rio: Edição particular, 1946.

CARVALHO I. NETTO. *Norte oito quatro*. Rio: Edição particular, 1977.

CASTELO BRANCO, Manoel Thomaz. *O Brasil na II Grande Guerra*. Rio: Biblioteca do Exército Editora, 1960.

CASTELO BRANCO, Renato; MARTENSEN, Rodolfo Lia; REIS, Fernando. *História da propaganda no Brasil*. São Paulo: T.A. Queiroz, 1990.

CASTRO, Moacir Werneck de. *A ponte dos suspiros*. Rio: Rocco, 1990.

_____. *Europa 1935: Uma aventura de juventude*. Rio: Record, 2000.

CASTRO, Ruy. *Ela é carioca: Uma enciclopédia de Ipanema*. 2. ed. ampl. São Paulo: Companhia das Letras (1999), 2021.

CAVALCANTE, Sinesio Pires. *Lembranças de um fuzileiro naval*. Rio: Editora CBAG, 1993.

CAVALCANTI, Claudio; PINHEIRO, Jorge; JATOBÁ, Roniwalter. *100 anos de propaganda*. São Paulo: Abril, 1980.

CELSO, Alex. *10 alemães vêem o Brasil...* Rio: Cooperativa Brasílica, 1942.

CENTRO DE MEMÓRIA DO ENSINO. *Campo dos Afonsos: 100 anos de história da aviação brasileira 1912-2012*. Rio: Universidade da Força Aérea, 2012.

CERVO, Amado Luiz. *As relações históricas entre o Brasil e a Itália: O papel da diplomacia*. Brasília: Istituto Italiano di Cultura/UNB, 1991.

COLASANTI, Marina. *Minha guerra alheia*. Rio: Record, 2010.

_____. *Vozes da batalha*. São Paulo: Planeta, 2021.

COLEPICOLO, Elisa; LIMA, Pedro Luiz Moreira. *Adelphi!: Voando por justiça e liberdade*. Rio: Topbooks, 2021.

CORNEJO, Carlos; MARTINS, Ana Luisa. *Transatlânticos no Brasil*. Rio: Capivara, 2016.

COSTA, Cecília. *Diário Carioca: O jornal que mudou a imprensa brasileira*. Rio: Fundação Biblioteca Nacional, 2011.

COSTA, Haroldo. *Política e religiões no Carnaval*. São Paulo: Vitale, 2007.

COSTA, Helton. *Crônicas de sangue: Jornalistas brasileiros na II Guerra Mundial*. Ponta Grossa: Helton Costa, 2024.

_____; PIMENTEL, Carlos Henrique: *Dever e honra: Veteranos da FEB legalistas e militantes de esquerda contra dita-duras e golpes no Brasil 1945-1995*. Curitiba: Matilda Produções, 2022.

COSTA, José Luís. *Homão: Yustrich, o primeiro técnico-estrela*. Porto Alegre: Edição particular, 2025.

COSTA, Octavio. *Trinta anos depois da volta*. Rio: Biblioteca do Exército, 1975.

COSTA, Sergio Corrêa da. *Crônica de uma guerra secreta*. Rio: Record, 2004.

COUTINHO, Lourival. *O general Goes depõe...* Rio: Coelho Branco, 1956.

COUTO, Ronaldo Costa. *Matarazzo: Colosso brasileiro*. São Paulo: Planeta, 2004.

CPDOC. *José Talarico: Conversando sobre política*. Org. de Américo Freire. Rio: FGV, 1998.

CRUZ, H. Dias da. *Subúrbios cariocas no regime do Estado Novo*. Rio: DIP, 1944.

_____. *Almanaque da Cidade* [Rio de Janeiro] *1944-1945*. Rio: Dias da Cruz, 1945.

CUNHA, Vasco Leitão da. *Diplomacia em alto-mar: Depoimento ao CPDoc*. Rio: FGV, 1994.

CYTRYNOWICZ, Roney. *Guerra sem guerra*. São Paulo: Geração Editorial/Edusp, 2000.

D'ALBUQUERQUE, A. Tenorio. *A Alemanha grandiosa: Impressões de viagem ao país do nazismo*. Pref. de Gustavo Barroso. Rio: Minerva, 1937.

DANIEL, Denis Allan. *Bidú: Paixão e determinação*. Rio: Francisco Alves, 2019.

DANTAS, Mercedes. *A força nacionalizadora do Estado Novo*. Rio: DIP, 1942.

DAUDT, Rodrigo. *João Daudt de Oliveira, um homem à frente de seu tempo*. Rio: Novas Direções Empreendimentos, 2004.

DE LUCA, Tânia Regina. *Leituras, projetos e (Re)vista(s) do Brasil: 1916-1944*. São Paulo: Unesp/Fapesp, 2011.

DEL PRIORE, Mary; DARÓZ, Carlos. (Orgs.). *A história do Brasil nas duas guerras mundiais*. São Paulo: Unesp, 2019.

DELEGACIA da Ordem Política e Social de Santa Catarina. *O punhal nazista no coração do Brasil*. Florianópolis: Imprensa Oficial do Estado, 1943.

DEYMAN, Scott. *Print the Legend: The Life and Times of John Ford*. Nova York: Simon & Schuster, 1999.

DICK, Harold G.; ROBINSON, Douglas H. *Graf Zeppelin & Hindenburg: The Golden Age of the Great Passenger Airships*. Washington: Smithsonian Institution Press, 1985.

DIETRICH, Ana Maria. *Nazismo tropical?: O Partido Nazista no Brasil*. São Paulo: Todas as Musas, 2012.

DINES, Alberto. *Morte no paraíso: A tragédia de Stefan Zweig*. Rio: Rocco, 2004.

_____. *Stefan Zweig no país do futuro: A organização de um livro*. Rio: Casa Stefan Zweig/Fundação Biblioteca Nacional, 2009.

DIP. *Anuário da Imprensa Brasileira*. Rio: Departamento de Imprensa e Propaganda, 1941.

DIVERSOS AUTORES. *Depoimentos de oficiais da reserva sobre a FEB*. Rio: Cobraci Publicações, s/d.

_____. *Por que ser antissemita?: Um inquérito entre intelectuais brasileiros*. Rio: Civilização Brasileira, 1933.

DIVERSOS AUTORES. *Plinio Salgado*. São Paulo: Panorama, 1936.

_____. *Bernanos no Brasil: Testemunhos vividos*. Org. de Hubert Sarrazin. Petrópolis: Vozes, 1968.

_____. *Reportagens que abalaram o Brasil*. Rio: Bloch, 1973.

_____. *Governos da República*. Brasília: Presidência da República, Gabinete Civil, Serviço de Documentação, 1987.

DOMINGUES, Heron (Org.). *Rádio Nacional 20 anos de liderança 1936-1956*. Rio: Rádio Nacional/A Noite, 1956.

DORIA, Gumercindo Rocha (Org.). *Teatro Experimental do Negro: Testemunhos*. Rio: GRD, 1966.

DORIA, Gustavo. *Moderno teatro brasileiro*. Rio: MEC, 1975.

DORIA, Pedro. *Fascismo à brasileira*. São Paulo: Planeta, 2020.

DOSSE, François. *A saga dos intelectuais franceses: 1944-1989*. São Paulo: Estação Liberdade, 2021.

DOTTA, Renato Alencar. *Elementos verdes: Os integralistas na mira do Dops (1938-1981)*. São Paulo: Todas as Musas, 2021.

DULLES, John W. F. *Getulio Vargas: Biografia política*. Rio: Renes, 1967.

_____. *O comunismo no Brasil*. Rio: Nova Fronteira, 1985.

_____. *Carlos Lacerda: A vida de um lutador — Vol. 1: 1914-1960*. Rio: Nova Fronteira, 1992.

_____. *Sobral Pinto: A consciência do Brasil*. Rio: Nova Fronteira, 2001.

DUQUE, Paulo. *Paulo Duque: Depoimento ao CPDoc*. Rio: FGV, 1998.

DUTRA, Aristides Corrêa. *Edifício Casa d'Italia do Rio de Janeiro: Uma biografia*. Rio: Consulado Geral da Itália, 2022.

DUTRA, Helio. *O revolucionário Pedro Ernesto*. Rio: Edição particular, 2002.

ENEIDA [de Moraes]. *Caminhos da terra: URSS, Tchecoslováquia, China*. Rio: Antunes & Cia., 1959.

ESQUENAZI, Rose. *O rádio na Segunda Guerra: No ar, Francis Hallawell, o Chico da BBC*. Florianópolis: Insular, 2014.

ETZ, Ira. *Ira do Arpoador*. Rio: ID Cultural, 2016.

FACKLER, Annesusanne; SUDENDORF, Werner. *Das Ufa-Plakat*. Berlim: Film Museum Berlin, 2000.

FACÓ, Rui. *Brasil século XX*. Rio: Vitória, 1960.

FALCÃO, Armando. *Tudo a declarar*. Rio: Nova Fronteira, 1989.

FARHAT, Emil. *Histórias ouvidas e vividas: Memórias*. São Paulo: Edição particular, 1999.

FERNANDES, General Mario. *Xavantes na Itália: Ana… crônicas de pracinhas da FEB*. Porto Alegre: Edição particular, s/d.

FERRAZ, Francisco César Alves. *A guerra que não acabou: A reintegração dos veteranos da Força Expedicionária Brasileira (1945-2000)*. Londrina: Eduel, 2012.

FERRO, António. *Salazar*. Aveiro: Edições do Templo, 1978.

FIGUEIREDO, Claudio. *Entre sem bater: A vida de Apparicio Torelly, o Barão de Itararé*. Rio: Casa da Palavra, 2012.

FIGUEIREDO, Euclides. *De um observador militar: A 2ª Guerra Mundial vista de dentro de uma prisão do Estado Novo*. Brasília: Coordenação de Publicações, 1983.

FIGUEIREDO, Guilherme. *A bala perdida: Memórias*. Rio: Topbooks, 1998.

FIORUCCI, Rodolfo. *A trajetória da revista Anauê (1935-1937)*. Tese de doutorado em História. Goiânia: Universidade Federal de Goiás, 2014.

FONTES, Lourival. *Homens e multidões*. Rio: José Olympio, 1950.

_____. *Discurso aos surdos*. Rio: José Olympio, 1955.

_____. *Uma política de preconceitos*. Rio: José Olympio, 1957.

_____. *Missão ou demissão*. Rio: José Olympio, 1961.

FRANK, Waldo. *Viaje por Suramérica (South American Journey)*. Cidade do México: Cuadernos Americanos, 1944.

FRAZÃO, José Roberto Marques. *Vila Militar: Glórias e conquistas 1908-2015*. Rio: Biblioteca do Exército, 2015.

FREIRE, Américo. *Grandes manifestações políticas no Rio de Janeiro*. Rio: Alerj, 2002.

FRIDMAN, Fania. *Paisagem estrangeira: Memórias de um bairro judeu no Rio de Janeiro*. Rio: Casa da Palavra, 2007.

FURTADO, Celso. *Diários intermitentes 1937-2002*. Org. de Rosa Freire d'Aguiar. São Paulo: Companhia das Letras, 2019.

FUSS, Peter. *Brasil*. Berlim/Zurique: Atlantis, 1937.

GALVÃO, Patrícia (como King Shelter). *Safra macabra: Contos policiais*. Org. de Geraldo Galvão Ferraz. Rio: José Olympio, 1998.

GAMBINI, Roberto. *O duplo jogo de Getulio Vargas*. São Paulo: Símbolo, 1977.

GARTENBERG, Alfredo. *O J vermelho*. Rio: Nova Fronteira, 1976.

GATTAI, Zélia. *Um chapéu para viagem*. Rio: Record.1982.

GAZZANEO, Luiz Mario (Org.). *O Globo Expedicionário: O Brasil na II Guerra Mundial*. Rio: Agência Globo, 1984.

GILBERT, Martin. *The Day the War Ended*. Nova York: Henry Holt, 1996.

GONÇALO JR. *A guerra dos gibis: A formação do mercado editorial brasileiro e a censura aos quadrinhos 1933-1964*. São Paulo: Companhia das Letras, 2004.

_____. *Ora, bolas! A inusitada história do chiclete no Brasil*. São Paulo: Alameda, 2012.

GONÇALVES, Leandro Pereira. *Plinio Salgado: Um católico integralista entre Portugal e o Brasil (1895-1975)*. Rio: FGV, 2018.

GOLIN, Cida; ABREU, João Batista de. *Batalha sonora: O rádio e a Segunda Guerra Mundial*. Porto Alegre: edi-PUCRS, 2006.

GOMES, José Roberto. *Hollywood no front!: A Segunda Guerra sob a ótica do cinema americano*. São Paulo: Giostri, 2014.

GONÇALVES, Leandro Pereira; CALDEIRA NETO, Odilon. *O fascismo em camisas verdes: Do integralismo ao neointegralismo*. Rio: FGV Editora, 2020.

GONSALEZ, Alexandra. "Revista *Fon-Fon* (1940-1950): A omissão editorial do Holocausto durante a Segunda Guerra Mundial e dos refugiados judeus no Brasil do pós-guerra". São Paulo: x Conferência de Comunicação Eclesial, 2015.

GOTLIB, Nádia Battella. *Clarice: Uma vida que se conta*. São Paulo: Edusp, 2009.

GOULART, Silvana. *Sob a verdade oficial: Ideologia, propaganda e censura no Estado Novo*. São Paulo: Marco Zero, 1990.

GRECCO, Gabriela de Lima. *Palavras que resistem: censura e premiação literária na ditadura de Getulio Vargas*. Rio: Sete Letras, 2021.

GRINBERG. Keila; LIMONCIC, Flávio. *Judeus cariocas*. Rio: Cidade Viva, 2010.

GUEBERT, Carolina Aparecida. "Traduções da França Livre em tempos de guerra e Estado Novo: Mapeando um circuito gaullista no Brasil (Rio de Janeiro, 1940-1845)". Florianópolis: UFSC, 2021.

GUEDES, Ciça; MELO, Murilo Fiuza de. *Todas as mulheres dos presidentes: A história pouco conhecida das primeiras-damas do Brasil desde o início da República*. Rio: Máquina de Livros, 2019.

GUIMARAENS, Rafael. *O espião que aprendeu a ler*. Porto Alegre: Libretos, 2019.

GUINLE, Jorge (com Mylton Severiano da Silva). *Um século de boa vida*. São Paulo: Globo, 1997.

GULLAR, Ferreira. *Nise da Silveira: Uma psiquiatra rebelde*. São Paulo: Paidós, 2024.

HARRIS, Mark. *Cinco não voltaram: Uma história de Hollywood na Segunda Guerra Mundial*. Rio: Objetiva, 2014.

HARRISON, John R. *Fairwing Brazil: Tales of the South Atlantic in WW2*. Pensilvânia: Schiffer, 2014.

HAUER, Norma. *Pelas ondas da Mayrink*. Rio: Quartica Premium, 2011.

HERNANDEZ, Leila M. G. *Aliança Nacional Libertadora: Ideologia e ação*. Porto Alegre: Mercado Aberto, 1985.

HILTON, Stanley. *Suástica sobre o Brasil: A história da espionagem alemã no Brasil*. Rio: Civilização Brasileira, 1977.

HILTON, Stanley. *A guerra secreta de Hitler no Brasil*. Rio: Nova Fronteira, 1983.

_____. *Oswaldo Aranha: Uma biografia*. Rio: Objetiva, 1994.

HITLER, Adolf. *Minha luta*. Porto Alegre: Livraria do Globo, [193?].

HOLANDA, Nestor de. *Memórias do Café Nice*. Rio: Conquista, 1970.

_____. *Anedotas do rádio*. Rio: Revista do Rádio, s/d.

HOLLANDA, Raphael de. *Raça eleita...* Rio: Edição particular, 1945.

HOLMES, Judith. *Olimpíada 1936: Glória do Reich de Hitler*. Rio: Renes, 1974.

HOUSEMAN, John. *Run-Through: A Memoir*. Nova York: Curtis, 1972.

HOWARD, James. *The Complete Films of Orson Welles*. Nova York: Citadel, 1991.

INOJOSA, Joaquim. *60 anos de jornalismo*. Rio: Editora Meio-Dia, 1978.

INQUÉRITO POLICIAL MILITAR 709. *O comunismo no Brasil*. Rio: Biblioteca do Exército Editora, 1967, v. 4.

INSTITUTO ASTROJILDO PEREIRA. *Memória & história*. Rio: Novos Rumos, 1987.

JADIN, Philippe; LANGHENDRIES, Charles. *Jean Sablon: Le Gentleman de la chanson*. Paris: Christian Pirot, 2002.

JARDIM, Rachel. *Os anos 40*. Rio: José Olympio, 1973.

JOBIM, José. *Hitler e seus comediantes na tragicomédia: O despertar da Alemanha* [1934]. Rio: Topbooks, 2022.

JOFFILY, José. *Harry Berger*. Rio/Curitiba: Paz e Terra/Universidade Federal do Paraná, 1987.

JONES, Ken D.; MCCLURE, Arthur F. *Hollywood at War*. Nova York: Castle Books, 1973.

JOUVET, Louis. *Reflexions du comédien*. Rio: Americ/Imprensa Nacional, 1941.

JUNQUEIRA, Ivan (Org.). "Mestre Carpeaux". In: CARPEAUX, Otto Maria. *Ensaios reunidos — Vol. II*. Rio: Topbooks, 2005.

KAUFMAN, J. B. *South of the Border with Disney: Walt Disney and the Good Neighbor Program, 1941-1948*. Nova York: Disney, 2001.

KESTLER, Izabela Maria Furtado. *Exílio e literatura: Escritores de fala alemã durante a época do nazismo*. São Paulo: Edusp, 2003.

KLADSTRUP, Don & Petie. *Wine & War: The French, the Nazis & the Battle for France's Greatest Treasure*. Nova York: Broadway Books, 2001.

KOIFMAN, Fabio. *Quixote nas trevas: O embaixador Souza Dantas e os refugiados do nazismo*. Rio: Record, 2002.

KONDER, Leandro. *A democracia e o comunismo no Brasil*. Rio: Graal, 1980.

KRACAUER, Siegfried. *De Caligari à Hitler: Une Histoire du cinéma allemand 1919-1933*. Paris: Flammarion, 1973.

LACERDA, Carlos. *O rato Fiuza*. Rio: Moderna, 1946.

_____. *Depoimento*. Rio: Nova Fronteira, 1978.

_____. *Minhas cartas e as dos outros*, v. 1. Org. de Túlio V. da Costa. Brasília: UnB, 2005.

LACERDA, Gabriel. *Nazismo, cinema e direito*. Rio: FGV/Campus, 2012.

LAGO, Pedro Corrêa do. *Oswaldo Ara-*

nha: *Uma fotobiografia*. Rio: Capivara, 2017.

LAPAQUE, Sébastien. *Sob o sol do exílio: Georges Bernanos no Brasil (1938--1945)*. São Paulo: É Realizações, 2014.

_____. *Esse paraíso da tristeza: Stefan Zweig e George Bernanos, Brasil, 1942*. São Paulo: É Realizações, 2018.

LEAL, Bruno. CARVALHO, Pastor de; LUCAS, Taís Campelo (Orgs.). *Expressões do nazismo no Brasil: Partido, ideias, práticas e reflexos*. Salvador: Saga, 2018.

LEAL, Paulo Nunes. *A guerra que eu vivi: Diário de um tenente de engenharia na campanha da FEB na Itália*. Rio: JS Comunicação, 2000.

LEITÃO, Cesar. *Apontamentos históricos do* Diário de Notícias — *1930-1960*. Rio: S.A. Diário de Notícias, 1960.

LEITE, Mario Renault; NOVELLI Junior (Orgs.). *Marechal Eurico Gaspar Dutra: O dever da verdade*. Rio: Nova Fronteira, 1983.

LEMOS, Tadeu Alencar de Azevedo Santana. "Unidos contra o fascismo: O Carnaval de 1943". In: SILVA, Eliane Cristina da et al. (Orgs.). *Cultura, resistência e autoritarismo*. Maringá: Diálogos, 2021.

LENK, Maria. *Braçadas & abraços*. Rio: Edição particular, 1986.

LESSA, Origenes. *Getulio Vargas na literatura de cordel*. Rio: Editora Documentário, 1973.

LESSER, Jeffrey. *O Brasil e a questão judaica: Imigração, diplomacia e preconceito*. Rio: Imago, 1994.

LEVINE, Robert M. *Pai dos pobres: O Brasil e a era Vargas*. São Paulo: Companhia das Letras, 1998.

LIMA, Herman. *Poeira do tempo: Memórias*. Rio: José Olympio, 1967.

LIMA, Hermes. *Travessia: Memórias*. Rio: José Olympio, 1974.

LIMA, Rogério de Carvalho. *Capelães da FEB: A participação histórica da Capelaria Militar do Exército Brasileiro durante a Segunda Guerra Mundial*. Rio: Biblioteca do Exército Editora, 2021.

LIMA, Rui Moreira. *Senta a pua!*. Rio: Biblioteca do Exército, 1980.

LIMA JUNIOR, General Raul da Cruz. *Quebra-canela: A engenharia brasileira na campanha da Itália*. Rio: Biblioteca do Exército, 1982.

LINS, Alvaro. *A glória de César e o punhal de Brutus*. Rio: Civilização Brasileira, 1964.

_____. *O relógio e o quadrante*. Rio: Civilização Brasileira, 1964.

LIRA NETO. *Getulio 1930-1945: Do governo provisório à ditadura do Estado Novo*. São Paulo: Companhia das Letras, 2013.

LOBO, Fernando. *À mesa do Vilarino*. Rio: Record, 1991.

LOPES, Roberto. *Missão no Reich: Glória e covardia dos diplomatas latino-americanos na Alemanha de Hitler*. Rio: Odisseia, 2008.

_____. *Anjos e safados no Holocausto: História da diplomacia latino-americana na Europa durante a perseguição nazista aos judeus*. Rio: Lafonte, 2012.

LOPES, Sonia de Castro. *Lourival Fontes: As duas faces do poder*. Rio: LitterIs, 1999.

LOREDANO, Cássio (Org.). *J. Carlos contra a guerra*. Rio: Casa da Palavra, 2000.

LOUREIRO, Maria Amelia Salgado. *Plinio Salgado, meu pai*. São Paulo: GRD, 2001.

LUCKERT, Steven; BACHRACH, Susan. *State*

of Deception: The Power of Nazi Propaganda. Nova York: Norton , 2011.

LUSTOSA, Isabel. As trapaças da sorte. Rio: Fundação Casa de Rui Barbosa, 1994.

_____. Lacombe, narrador. Rio: Fundação Casa de Rui Barbosa, 1996.

MACHADO, Anibal. A Morte da Porta-Estandarte, Tati, a Garota e outras histórias. Rio: José Olympio, 1959.

MACHADO, Carlos. Memórias sem maquiagem. Org. de Paulo Pinho. São Paulo: Cultura, 1978.

MAGALHÃES, Juracy (com J. A. Gueiros). O último tenente. Rio: Record, 1996.

MAGALHÃES JUNIOR, R. Janela aberta. Rio: Editora A Noite, 1945.

MAGNO, Paschoal Carlos. Não acuso nem me perdoo: Diário de Atenas. Rio: Record, 1969.

MAJOY (Sylvia de Bittencourt). Seguindo a primavera. Rio: Biblioteca do Exército, 1951.

MALTA, Dacio (Org.). Octavio Malta: Jornalismo de combate. Recife: Cepe, 2022.

MALTA, Octavio. Os "tenentes" na revolução brasileira. Rio: Civilização Brasileira, 1969.

MARCIER, Emeric. Deportado para a vida: Autobiografia. Rio: Francisco Alves, 2004.

MARIANI, Bethania. O PCB e a imprensa: Os comunistas no imaginário dos jornais 1922-1989. Campinas: Revan, 1998.

MARTINS, Ana Cecília Impellizieri. O homem que aprendeu o Brasil: A vida de Paulo Rónai. São Paulo: Todavia, 2020.

MARTINS, Franklin. Quem foi que inventou o Brasil?: A música popular conta a história da República. Vol. 1, de 1902 a 1964. Rio: Nova Fronteira, 2015.

MARTINS, Ivan Pedro de. A flecha e o alvo: A intentona de 1935. Porto Alegre: Instituto Estadual do Livro, 1994.

MARTINS, Mario. Valeu a pena. Rio: Nova Fronteira, 1996.

MAUGHAM, W. Somerset. Meu diário de guerra. Rio: Epasa, 1943.

MAXIMIANO, C.C.; BONALUME NETO. Brazilian Expeditionary Force in World War II. Nova York: Osprey, 2011.

MCCONAHAY, Mary Jo. The Tango Wars: The Struggle for the Hearts, Minds and Riches of Latin American during WW2. Nova York: St. Martin, 2018.

MEIRELLES, Cecília. Crônicas do Rio. Rio: Faperj, 2017.

MELLO, Capitão Newton C. de Andrade. Meu diário de guerra na Itália. Rio: Imprensa Nacional, 1947.

MELLO, José Carlos. Os tempos de Getulio Vargas. Rio: Topbooks, 2011.

MELLO BARRETO FILHO. Onde o mundo se diverte. Rio: Edição da Casa dos Artistas, 1940.

MELO FILHO, Murilo. Testemunho político. São Paulo: Elevação, 1999.

MENDES, Chico; VERISSIMO, Chico; BITTAR, William. Arquitetura no Brasil: De Deodoro a Figueiredo. Rio: Imperial Novo Milênio, 2015.

MERCADANTE, Paulo. Das casernas à Redação: A era de turbulências. Rio: UniverCidade do Rio de Janeiro, 2004.

MESSINA, Ágata (Coord.). Getulio Vargas e a imprensa. Rio: Prefeitura da Cidade do Rio de Janeiro, Cadernos da Comunicação, n. 10, 2004.

MILGRAM, Avraham; KOIFMAN, Fabio; FALBEL, Anat. Judeus no Brasil: História e historiografia. Rio: Garamond, 2021.

MINISTÉRIO DAS RELAÇÕES EXTERIORES.

O Brasil e a Segunda Guerra Mundial. Rio: Imprensa Nacional, 1944.

MOCELLIN, Fernando Péreyron. *A Missão 60*. Rio: Biblioteca do Exército, 1971.

MONTEIRO, Karla. *Samuel Wainer: O homem que estava lá*. São Paulo: Companhia das Letras, 2020.

MONTERO, Teresa. *O Rio de Clarice: Passeio afetivo pela cidade*. Belo Horizonte: Autêntica, 2018.

MORAES, Dênis de. *O velho Graça: Uma biografia de Graciliano Ramos*. Rio: José Olympio, 1992.

_____; VIANA, Francisco. *Prestes: Lutas e autocríticas*. Petrópolis: Vozes, 1982.

MORAES, Marechal Mascarenhas de. *Memórias vol. 1*. Rio: José Olympi/Biblioteca do Exército, 1969.

MORAES, Vinicius de. *O cinema de meus olhos*. Org. de Carlos Augusto Calil. São Paulo: Companhia das Letras, 1991.

_____. *Crônicas inéditas*. Org. de Eucanaã Ferraz e Eduardo Coelho. São Paulo: Companhia das Letras, 2022.

MORAIS, Fernando. *Olga* [1984]. São Paulo: Companhia das Letras, 1997.

_____. *Chatô: O rei do Brasil*. São Paulo: Companhia das Letras, 1994.

MOREIRA, Delmo. *A Bem-Amada: Aimée de Heeren, a última dama do Brasil*. São Paulo: Objetiva, 2024.

MOREIRA, Regina da Luz; SOARES, Leda (Orgs.). *Renato Archer: Diálogo com o tempo*. Rio: CPDOC/FGV, 2007.

MOREL, Edmar. *A trincheira da liberdade*. Rio: Record, 1985.

_____. *Histórias de um repórter*. Rio: Record, 1999.

MORELLA, Joe; EPSTEIN, Edward Z.; GRIGGS, John. *The films of World War II*. Nova Jersey: Citadel, 1975.

MOSELEY, Ray. *O Conde Ciano, sombra de Mussolini*. São Paulo: Globo, 2012.

MOTTA FILHO, Candido. *Dias idos e vividos: Memórias 2*. Rio: José Olympio, 1977.

MOURA, G. de Almeida. *O Nacional-Socialismo alemão: Exposição do sistema*. Rio: Edição particular, [1938?].

MOURA, Gerson. *Tio Sam chega ao Brasil*. São Paulo: Brasiliense, 1984.

_____. *Relações exteriores do Brasil 1939-1950*. Brasília: Fundação Alexandre de Gusmão, 2012.

MOURA, Murilo Marcondes de. *O mundo sitiado: A poesia brasileira e a Segunda Guerra Mundial*. São Paulo: Editora 34, 2016.

MOURA, Roberto. *Grande Othelo*. Rio: Relume Dumará, 1996.

MOURÃO, Gerardo Mello. *Hitler e a Igreja Católica*. Rio: Norte Editora, 1941.

MUNIZ, Isabel (Org.). *A arte de tocar a vida: Receitas e devaneios por Celia Murtinho*. Rio: Folha Seca, 2021.

MURCE, Renato. *Nos bastidores do rádio*. Rio: Imago, 1976.

MUSEU DO CEARÁ. *Diário dos jangadeiros: Fortaleza-Rio de Janeiro 1941*. Fortaleza: Secretaria da Cultura, 2004.

MUSSA, Alberto; SIMAS, Luiz Antonio. *Samba de enredo: História e arte*. Rio: Civilização Brasileira, 2010.

NABUCO, Carolina. *Oito décadas — Memórias*. Rio: José Olympio, 1973.

NADEAU, Maurice. *Le Roman français depuis la guerre*. Paris: NRF, 1970.

NASSER, David. *Para Dutra ler na cama*. Rio: Edições O Cruzeiro, 1947.

_____. *A revolução dos covardes: Diário secreto de Severo Fournier*. Rio: Edições O Cruzeiro, 1947.

NASSER, David. *Falta alguém em Nuremberg*. Rio: Edições do Povo, 1947.

_____. *O Velho Capitão e outras histórias*. Rio: Edições O Cruzeiro, 1961.

NASTARI, Danielle Misura. "A gênese da coleção de arte brasileira do MOMA". Dissertação de mestrado em história da arte. São Paulo: USP, 2016.

NAVASKY, Victor S. *Naming Names: HUAC, the Hollywood Blacklist Era and the Ethics of Informing*. Nova York: Penguin, 1981.

NEDTTO, Francisco C.P. *Aviação militar brasileira*. Rio: Editora Revista de Aeronáutica, 1984.

NEFF, Robert Arthur. *After All: A Gathering Storm of Romance, Revenge and Espionage in Postwar South America*. Kentucky: Old Stone, 2020.

NERY, Adalgisa. *Poesia completa: Do fim ao princípio*. Org. de Ramon Nunes Mello. Rio: José Olympio, 2022.

NERY, Emmanuel. *Couraça da alma*. Rio: Expressão e Cultura, 1996.

NEVES, Flavio Menna Barreto. *Apostas encerradas: O breve império do Cassino Quitandinha*. Petrópolis: Global-Mídia, 2009.

NIREZ (M. A. de Azevedo). *A história cantada no Brasil em 78 rotações*. Fortaleza: Editora UFC, 2012.

NISHIHATA, Marianne. *Amor entre guerras*. São Paulo: Planeta, 2015.

NUCCI, Priscila. *Os intelectuais diante do racismo antinipônico no Brasil: Textos e silêncios*. São Paulo: Annablume, 2010.

NUNES, Aparecida Maria. *Clarice Lispector jornalista*. São Paulo: Senac, 2006.

OLIVEIRA, Dennison de. *Os soldados alemães de Vargas*. Curitiba: Juruá, 2008.

OLIVEIRA, Dennison de. *Os soldados brasileiros de Hitler*. Curitiba: Juruá, 2008.

OLIVEIRA, Franklin de. *Sete dias*. Rio: Edições O Cruzeiro, 1946.

OTT, Frederick W. *The Great German Films*. Nova Jersey: Citadel, 1986.

PAIM, Antonio. *A UDF e a ideia de universidade*. Rio: Tempo Brasileiro, 1981.

PAIVA, Salvyano Cavalcanti de. *O mito em água e sal*. Rio: Companhia Editora Americana, 1974.

_____. *Viva o rebolado!*. Rio: Nova Fronteira, 1991.

PANAIR DO BRASIL S.A, *Panair em revista*. Rio: Seção de Publicidade, 1944.

PARADA, Mauricio. "O Brasil sempre à vista. Século XX: a era dos deslocados". In: MARTIN, Ana Cecília Impellizieri; SOCHACZEWSKI, Monique (Orgs.). *As descobertas do Brasil: O olhar estrangeiro na construção da imagem do Brasil*. Rio: Casa da Palavra, 2014.

PEIXOTO, Alzira Vargas do Amaral. *Getulio Vargas, meu pai*. Porto Alegre: Editora Globo, 1960.

PENNA E COSTA, advogados. *Defesa prévia de Hercolino Cascardo, apresentada ao Tribunal de Segurança Nacional*. Rio: Tipografia Misericórdia, 1937.

PERDIGÃO, João. *Balões, vida e tempo de Guignard*. Belo Horizonte: Autêntica, 2020.

_____; CONRADI, Euler. *O rei da roleta: A incrível vida de Joaquim Rolla*. Rio: Casa da Palavra, 2012.

PEREIRA, Durval Lourenço. *Operação Brasil: O ataque alemão que mudou o curso da Segunda Guerra Mundial*. São Paulo: Contexto, 2015.

PEREIRA, Durval Lourenço. *Guerreiros da província: A jornada épica da Força*

Expedicionária Brasileira. Juiz de Fora: Insight, 2024.

PEREIRA, José Mario. *José Olympio: O editor e sua Casa*. Rio: Sextante, 2008.

_____; VIEIRA, Silvia Marta. *João Havelange: O dirigente esportivo do século XX*. Rio: Casa da Palavra, 2011.

PEREIRA, Marco Antônio Machado Lima. "Alberto Bomilcar Besouchet: Tensões e conflitos na trajetória de um militante antifascista (1935--1938)". *Tempo e Argumento*, Udesc, v. 15, 2023.

PEREIRA, Victor Hugo Adler. *A musa carrancuda: Teatro e poder no Estado Novo*. Rio: FGV, 1998.

PEREIRA NETTO, Francisco C. *Aviação militar brasileira, 1916-1984*. Rio: Revista da Aeronáutica Editora, 1984.

PIMENTEL, Carlos Henrique Lopes. "A esquerda militar no Brasil: Os veteranos comunistas da FEB (1945--1950)". *Veredas da História*, Londrina, Universidade Federal de Londrina, ano 3, n. 2, 2010.

PLUTA, Aleksandra. *Ziembinski: Aquele bárbaro sotaque polonês*. São Paulo: Perspectiva, 2015.

POERNER, Artur José. *O Poder Jovem: História da participação política dos estudantes brasileiros* [1968]. 2. ed. Rio: Civilização Brasileira, 1979.

PRADO, Luís André; BRAGA, João. *História da moda no Brasil: Das influências às autorreferências*. São Paulo: Disal/Pyxis, 2011.

PRESIDÊNCIA DA REPÚBLICA. *Governos da República*. Brasília: Gabinete Civil, Divisão de Documentação, 1987.

PRESTES, Anita Leocadia. *Luiz Carlos Prestes e a Aliança Nacional Libertadora*. Petrópolis: Vozes, 1997.

QUEIROZ, Rachel de; QUEIROZ, Maria Luiza de. *Tantos anos*. São Paulo: Siciliano, 1998.

QUEIROZ JUNIOR. *222 anedotas de Getulio Vargas*. Rio: Companhia Brasileira de Artes Gráficas, 1955.

QUÉTEL, Claude. *As mulheres na guerra, 1939-1945*. São Paulo: Larousse, 2009.

RAIMUNDO, Orlando. *António Ferro: O inventor do salazarismo*. Alfragide, Portugal: D. Quixote, 2015.

RAMOS, Clara. *Cadeia*. Rio: José Olympio, 1992.

RAMOS, Graciliano. *Memórias do cárcere*. 4 v. Rio: José Olympio, 1953.

_____. *Angústia* [1936]. São Paulo: Todavia, 2024.

RAMOS, Ricardo. *Do reclame à comunicação: Pequena história da propaganda no Brasil*. São Paulo: Atual, 1985.

REALE, Miguel. *ABC do integralismo*. Rio: José Olympio, 1935.

_____. *Memórias: Destinos cruzados*. São Paulo: Saraiva, 1986.

REBELLO, Gilson. *O Rio de banca em banca: A história dos jornaleiros do Rio de Janeiro*. Rio: O Dia, s/d.

REBELO, Marques. *A mudança*. [*O espelho partido*, II]. São Paulo: Martins, 1962.

_____. *A guerra está em nós* [*O espelho partido*, III]. São Paulo: Martins, 1968.

REIS, Daniel Aarão. *Luís Carlos Prestes: Um revolucionário entre dois mundos*. São Paulo: Companhia das Letras, 2014.

RIBEIRO, Maria Izabel Branco (Cord.). *A Segunda Guerra Mundial: O Brasil e Monte Castelo — Por quê? Como? Pa-*

ra quê?. São Paulo: Faap; Jornal do Brasil, 2004.

RIBEIRO, Pery; DUARTE, Ana. *Minhas duas estrelas: Uma vida com meus pais Dalva de Oliveira e Herivelto Martins.* São Paulo: Globo, 2006.

RIGONI, Carmen Lúcia. "A imprensa brasileira durante a 2ª Guerra Mundial (1944-1945): Fortalecendo o mito do herói". *Ars Historica*, Rio de Janeiro, UFRJ, v. 3, 2011..

RJEILLE, Isabella. *Maria Martins: Desejo imaginante.* São Paulo: Masp, 2019.

RODRIGUES, Leandro Garcia. *Alceu Amoroso Lima.* Rio/São Paulo: Academia Brasileira de Letras/Imprensa Oficial, 2014.

RODRIGUES, Lêda Boechat (Org.), RODRIGUES, José Honório; SEITENFUS, Ricardo A.S. *Uma história diplomática do Brasil.* Rio: Civilização Brasileira, 1995.

RODRIGUES, Sérgio. *Elza, a garota.* 2. ed. São Paulo: Companhia das Letras, 2018.

RÓNAI, Paulo. *Encontros com o Brasil.* Rio: MEC/Instituto Nacional do Livro, 1958.

ROQUE, Daniel Mata (Org.). *A veterana: Perfil biográfico da 2ª tenente Helena Ramos, enfermeira da FEB durante a Segunda Guerra Mundial.* Rio: Academia de História Militar Terrestre do Brasil, 2019.

ROSA, João Guimarães. *Grande sertão.* Trad. de.Kurt Meyer Clason. Colônia: Kiepenheuer&Witsch, 1967.

ROSE, R.S. *O homem mais perigoso do país: Biografia de Filinto Müller.* Rio: Civilização Brasileira, 2017.

_____; SCOTT, Gordon D. *Johnny: A vida do espião que delatou a rebelião comunista de 1935.* Rio: Record, 2010.

RUIVO, Marina Bairrão; SANTOS, Sandra. *Escrita íntima: Maria Helena Vieira da Silva e Árpád Szenes — Correspondência 1932-1961.* Lisboa: Fundação Árpád Szenes e Vieira da Silva, 2013.

SABLON, Jean. *De France ou bien d'ailleurs.* Paris: Robert Lafont, 1979.

SALADINI, Mario [com Yonne Igrejas e Fredimio Biasotto Trotta]. *"Cafajeste", com muita honra.* Rio: Trotta, 2003.

SALGADO, Graça. *Arquivo Nacional, 150 anos.* Rio: Index, 1988.

SALGADO, Plinio. *O estrangeiro: Crônica da vida paulistana.* São Paulo: Novíssima, 1926.

_____. *O que é integralismo.* Rio: Schmidt, 1933.

_____. *A doutrina do sigma.* Rio: Schmidt, 1935.

_____. *Páginas de combate.* Rio: H. Antunes, 1937.

_____. *O integralismo na vida brasileira.* Rio: Livraria Clássica Brasileira, 1957.

SALVADOR, Henri. *Attention ma vie.* Paris: J.C. Lattès, 1994.

SANDER, Roberto. *O Brasil na mira de Hitler: A história dos afundamentos de navios brasileiros pelos nazistas.* Rio: Objetiva, 2007.

SANDRONI, Cicero. *180 anos do* Jornal do Commercio *1827-2007.* Rio: Quorum, 2007.

_____; SANDRONI, Laura Constância A. de A. *Austregésilo de Athayde: O século de um liberal.* Rio: Agir, 1994.

SARMENTO, Carlos Eduardo. *O Rio de Janeiro na era Pedro Ernesto.* Rio: FGV, 2001.

SAROLDI, Luiz Carlos; MOREIRA, Sonia Virginia. *Rádio Nacional: O Brasil em sintonia.* Rio: Jorge Zahar, 2005.

SARRAZIN, Hubert (Org.). *Bernanos no Brasil*. Petrópolis: Vozes, 1968.

SCHNEIDERMAN, Boris. *Guerra em surdina*. Rio: Civilização Brasileira, 1964.

SCHPUN, Mônica Raisa. *Justa: Aracy de Carvalho e o resgate de judeus trocando a Alemanha nazista pelo Brasil*. Rio: Civilização Brasileira, 2011.

SCHUPP, Dietmat et al. *Germania 200: 1821-2021*. Rio: Sociedade Germania, 2021.

SCHWARTZ, Rosalie. *Flying Down to Rio: Hollywood, Tourists and Yankee Clippers*. Texas: Texas A&M University Press, 2004.

SEGATTO, José Antonio. *Breve história do PCB*. Belo Horizonte: Oficina de Livros, 1989.

_____. *PCB: Memória fotográfica 1922-1982*. São Paulo: Brasiliense, 1982.

SEITENFUS, Ricardo. *A entrada do Brasil na Segunda Guerra Mundial*. Porto Alegre: ediPUCRS, 2000.

SENNA, Homero. *República das letras: Entrevistas com 20 grandes escritores brasileiros*. Rio: Civilização Brasileira, 1996.

SEVERIANO, Jairo. *Getulio Vargas e a música popular*. Rio: CPDOC/FGV, 1973.

_____; MELLO, Zuza Homem de. *A canção no tempo: 85 anos de músicas brasileiras. Vol. 1: 1901-1957*. São Paulo: Editora 34, 1997.

SHERWOOD, Robert E. *Roosevelt e Hopkins: Uma história da Segunda Guerra Mundial*. Rio: Nova Fronteira, 1998.

SHIRER, William L. *The Rise and Fall of the Third Reich*. Nova York: Crest, 1962.

SILVA, Augusto Frederico da. *Zica, o barão do cais*. Rio: Nova Razão Cultural, 2008.

SILVA, Evandro Lins e. *O salão dos passos perdidos: Depoimento ao CPDoc*. Rio: Nova Fronteira/FGV, 1997.

SILVA, Geraldo Luiz Nery da (Org.). *O Cruzeiro do Sul: Coleção completa do órgão especial da FEB na Itália*. Rio: Leo Christiano/Biblioteca do Exército/FGV, 2011.

SILVA, Helio. *1935: A revolta vermelha*. Rio: Civilização Brasileira, 1969.

_____. *1937: Todos os golpes se parecem*. Rio: Civilização Brasileira, 1970.

_____. *1938: Terrorismo em campo verde*. Rio: Civilização Brasileira, 1971.

_____. *1939: Véspera de guerra*. Rio: Civilização Brasileira, 1972.

_____. *1942: Guerra no continente*. Rio: Civilização Brasileira, 1972.

_____. *1944: O Brasil na guerra*. Rio: Civilização Brasileira, 1974.

SILVA, José Luiz Werneck da (Org.). *O feixe e o prisma: Uma revisão do Estado Novo*. Rio: Jorge Zahar, 1991.

SILVA, Maria Helena Vieira da; SZENES, Árpád. *Escrita íntima: Correspondência 1932-1961*. Lisboa: Imprensa Nacional, 2013.

SILVA, Neltair Pithan e. *A expedição da esperança: Memórias de um pracinha do 1º Grupo de Aviação de Caça na II Guerra Mundial*. São Paulo: Nativa. 2002.

SILVA, Raul Mendes; Cachapuz, Paulo Brandi; LAMARÃO, Sérgio. *Getulio Vargas e seu tempo*. Rio: BNDES, s/d.

SILVEIRA, Joaquim Xavier da. *Cruzes brancas: Diário de um pracinha*. Rio: José Álvaro, 1963.

_____. *A FEB por um soldado*. Rio: Expressão e Cultura-Biblioteca do Exército, 1989.

SILVEIRA, Joel. *Histórias de pracinha*. Rio: Leitura, 1945.

_____. *As duas guerras da FEB*. Rio: Idade Nova, 1965.

SILVEIRA, Joel. *Tempo de contar*. Rio: José Olympio, 1985.

_____. *Na fogueira: Memórias*. Rio: Mauad, 1998.

_____. *A milésima segunda noite da avenida Paulista*. São Paulo: Companhia das Letras, 2003.

_____. *A feijoada que derrubou o governo*. São Paulo: Companhia das Letras, 2004.

_____. *O inverno da guerra: Jornalismo de combate*. Rio: Alfaguara, 2005.

_____; MITKE, Thassilo. *A luta dos pracinhas: A FEB 50 anos depois — Uma visão crítica*. Rio: Record, 1983.

_____; MORAES NETO, Geneton. *Hitler-Stalin: O pacto maldito*. Rio: Record, 1989.

SIMÕES, Inimá. *Roteiro da intolerância: A censura cinematográfica no Brasil*. São Paulo: Terceiro Nome, 1999.

SIQUEIRA, André Iki. *João Saldanha: Uma vida em jogo*. São Paulo: Companhia Editora Nacional, 2007.

SMITH, Richard Harris. *OSS: The Secret History of America's First Central Intelligence Agency*. Connecticut: Lyons, 2005.

SMITH, Richard Norton. *On His own Terms: A Life of Nelson Rockefeller*. Nova York: Random House, 2014.

SOARES, Lucila. *Rua do Ouvidor, 110: Uma história da Livraria José Olympio*. Rio: José Olympio, 2006.

SOARES, Mariza de Carvalho. *Nas asas da Panair*. Rio: Museu Histórico Nacional, 2019.

SOARES, Teixeira. *O Brasil no conflito ideológico global: 1937-1979*. Rio: Civilização Brasileira, 1980.

SODRÉ, Nelson Werneck. *A história da imprensa no Brasil*. Rio: Civilização Brasileira, 1966.

SODRÉ, Nelson Werneck. *Memórias de um soldado*. Rio: Civilização Brasileira, 1967.

_____. *Memórias de um escritor*. Rio: Civilização Brasileira, 1970.

SOUZA, Ary; SOUZA, Oswaldo. *Guia Rex 1935-1936*. Rio: Oficina Gráfica Renato Americano, 1936.

SOUZA, Carlos Alves de. *Um embaixador em tempos de crise*. Rio: Francisco Alves, 1979.

SOUZA, Rivadavia de. *Botando os pingos nos is: As inverdades nas memórias de Samuel Wainer*. Rio: Record, 1989.

SPRAGG, Dennis M. *Glenn Miller Declassified*. Nebraska: Potomac, 2017.

STARR, Kevin. *Embattled Dreams: California in War and Peace 1940-1950*. Nova York: Oxford University Press, 2002.

STERN, Léopold. *Rio de Janeiro… et moi*. Rio: Civilização Brasileira, 1942.

SULLA, Giovanni, e TROTA, Ezio. *Heróis do Brasil: História fotográfica da Força Expedicionária Brasileira na Itália*. Modena: Il Fiorino, 2005.

TASCHEN, Angelika. *Leni Riefenstahl: Five lives*. Berlim: Taschen, 2000.

TEFFÉ, Tetrá de. *Bati à porta da vida*. Rio: Pongetti, 1941.

THAUMATURGO, Ivna. *A família de guizos*. Rio: Civilização Brasileira, 1997.

THOMAS, Hugh. *The Spanish Civil War*. Londres: Penguin, 1965.

TOLAND, John. *Adolph Hitler*. Nova York: Balantine, 1976.

TOTA, Antonio Pedro. *O imperialismo sedutor: A americanização do Brasil durante a Segunda Guerra*. São Paulo: Companhia das Letras, 2000.

TRIGO, Luciano. *Marques Rebêlo*. Rio: Relume Dumará, 1996.

TRINDADE, Hélgio. *Integralismo (o fascismo brasileiro na década de 30). São Paulo: Difel, 1979.

UCHA, Francisco. *Suplemento Juvenil 90 anos: 1934-2024*. São Paulo: Ucha Editorial, 2024.

UEWAND, Ben. *O pacto entre Hollywood e o nazismo*. São Paulo: Leya, 2013.

VALENTE, Paulo. *Lealdade a si próprio*. Rio: Rocco, 2014.

VANNI, Julio Cezar. *Italianos no Rio de Janeiro*. Rio: Comunità, 2000.

VARGAS, Luthero. *Getulio Vargas: A revolução inacabada*. Rio: Edição particular, 1988.

VARNEY, Carleton. *The Draper Touch: The High Life and High Style of Dorothy Draper*. Nova York: Prentice Hall Press, 1988.

VASCONCELLOS FILHO, J. I. Cabral de. *Da Revolução de 30 ao terror do Estado Novo*. Rio: Cátedra, 1982.

VENTURA, Mauro Souza. *De Karpfen a Carpeaux*. Rio: Topbooks, 2002.

VERGARA, Luiz. *Fui secretário de Getulio Vargas*. Porto Alegre: Editora Globo, 1960.

VIANNA, Marly de Almeida Gomes. *Revolucionários de 35: Sonho e realidade*. São Paulo: Companhia das Letras, 1992.

_____; SILVA, Erica Sarmento da; GONÇALVES, Leandro Pereira (Orgs.). *Presos políticos e perseguidos estrangeiros na Era Vargas*. Rio: Mauad/Faperj, 2014.

VICTOR, Fabio. *Poder camuflado: Os militares e a política*. São Paulo: Companhia das Letras, 2022.

VIDAL, Paulo. *Heróis esquecidos*. Rio: GRD, 1960.

VIEIRA, José Geraldo. *Carta à minha filha em prantos* [1946]. São Paulo: Martins, 1964.

VILLAÇA, Antonio Carlos. *José Olympio: O descobridor de escritores*. Rio: Thex, 2001.

VINHAS, Moisés. *O Partidão: A luta por um partido de massas (1922-1974)*. São Paulo: Hucitec, 1982.

VOIT, Ludwig. *Bar Adolf/Bar Luiz, 1887-1977*. Rio: Edição particular, 1977.

WAINER, Samuel. *Minha razão de viver: Memórias de um repórter*. Rio: Record, 1987.

WALLER, Douglas. *Wild Bill Donovan: The Spymaster Who Created the OSS and Modern American Espionage*. Nova York: Free Press, 2011.

WALTERS, Vernon A. *Missões silenciosas*. Rio: Record, 1980.

WEIRAUCH, Cleia Schiavo; FONTES, Maria Aparecida Rodrigues; AVELLA, Aniello Angelo. *Travessias Brasil-Itália*. Rio: Uerj, 2007.

WERNECK, Maria. *Sala 4: Primeira prisão política feminina*. Rio: Cesac, s/d.

WERNER, Ruth. *Olga Benario: A história de uma mulher corajosa*. São Paulo: Alfa-Ômega, 1990.

WILLEMS, Emilio. *A aculturação dos alemães no Brasil*. São Paulo: Companhia Editora Nacional, 1980.

WÜNSCH, Fery. *Memórias de um maitre hotel*. Rio: Fun Book, 1983.

YOUNG, Caroline. *Kitted out: Style and Youth Culture in the Second World War*. Gloucestershire: History Press, 2020.

ZISCHA, Antona. *A Itália no mundo*. Porto Alegre: Livraria do Globo, 1938.

ZWEIG, Stefen. *Brasil país do futuro*. Rio: Guanabara, 1941.

_____. *O mundo que eu vi (Minhas memórias)*. Rio: Guanabara, 1942.

JORNAIS E REVISTAS

Anauê!, *Bafafá*, *Carioca*, *A Cigarra*, *Correio da Manhã*, *Correio da Noite*, *O Cruzeiro*, *O Cruzeiro do Sul*, *Cultura Política* (DIP), *Diário Carioca*, *Diário de Notícias*, *Diretrizes*, *Dom Casmurro*, *Dos Jornais* (DIP), *Fon-Fon!*, *Gazeta de Notícias*, *O Globo*, *O Globo Expedicionário*, *Em Guarda*, *A Ilustração Brasileira*, *O Jornal*, *Letras e Artes*, *Life*, *A Manha*, *A Manhã*, *Meio-Dia*, *Monitor Integralista*, *The New York Times*, *A Ofensiva*, *Seleções do Reader's Digest*, *Seleta*, *Time*, *Vamos Ler!*, *Vida Carioca*, *Vida Doméstica*.

Por me cederem precioso material ou me darem dicas que levaram a informações importantes, sou grato a Alberto Youle, Alfredo Grieco, Alice Gonzaga, Alvaro Costa e Silva, Ana Maria Machado, Alzemira Araújo, André Bernardo, André Rosa, Antonio Carlos Secchin, Armando Pittigliani, Bertholdo de Castro, Bruno Thys, Carlos Eduardo Berriel, Claudia Moreira, Eduardo Schnoor, Fabio Furtado Pereira, Flavia Leite, Gonçalo Junior, Heloisa Paulo, Hersch Basbaum, Ira Etz, Janio de Freitas, João Luiz de Albuquerque, João Perdigão, Josafá Veloso, José Carlos de Brito e Cunha, José Murilo de Carvalho, Leonel Brayner, Luiz Carlos Fraga, Manuel Mota, Marcelo Bortoloti, Marcelo Dunlop, Marcos Massolini, Maria Amelia Mello, Maria Eduarda Magalhães Marques, Matinas Suzuki Jr., Nilo Dante, Paulo Vasconcellos, Pedro do Coutto, Roberto Assaf, Sérgio Augusto, Silvia Regina de Souza, Vera Barreto Leite, Vera Gertel, Vladimir Sacchetta.

E aos meus amigos dos sebos, sempre prontos a me localizar um livro impossível, Ana Cristina de Melo Pinho (Elizart, Rio), Benjamin Magalhães (Lima Barreto, Rio), Gilvaldo dos Santos (O Buquineiro, São Paulo), Luiz Barreto e Carlos Jarenkow (Letra Viva, Rio), Luiz Carlos Araujo (Mar de Histórias, Rio), Maristela Calil (Virtual Incunábulo, São Paulo), Paulo José da Costa (Fígaro, Curitiba) e Silvia e Daniel Chomski (Berinjela, Rio).

Cristiano Grimaldi, pesquisador e colecionador impenitente, produziu boa parte do material mais precioso e raro do caderno de imagens e, com sua tarimba de engenheiro de software, tratou-o de modo a trazê-lo de volta à vida. A própria capa deste livro lhe deve muito. Foi também um colaborador amigo e constante durante os seis anos em que me dediquei a *Trincheira tropical*.

Créditos das imagens

Todos os esforços foram feitos para reconhecer os direitos autorais das imagens. A editora agradece qualquer informação relativa à autoria, titularidade e/ou outros dados, se comprometendo a incluí-los em edições futuras.

PÁGINAS INICIAIS

pp. 2-3: Coleção Cristiano Grimaldi.

pp. 4-5: Genevieve Naylor/ Corbis Historical/ Getty Images.

pp. 8-9: Jornal *O Cruzeiro do Sul*.

CADERNO DE FOTOS

pp. 1, 4 (abaixo), 5 (abaixo), 12 (abaixo), 13 (acima), 22 (acima), 23 (abaixo), 24-25 e 26-27: Arquivo Nacional.

pp. 2, 3, 5 (acima), 6 (abaixo), 7, 9 (acima, à esq.), 10 (abaixo), 11 (abaixo), 13 (ao centro), 15 (abaixo), 18 (abaixo), 19 (acima) e 23 (acima, à dir.): Acervo pessoal do autor.

p. 4 (acima, à esq.): Bundesarchiv, Bild 183-P0220-307/ o.Ang.

p. 4 (acima, à dir.): Bundesarchiv, Bild 183-13290-0017/ o.Ang.

pp. 8, 10 (acima, à esq) e 13 (abaixo): CPDOC/ FGV.

pp. 9 (acima, à dir.) e 15 (acima): Hart Preston/ The LIFE Picture Collection.

p. 10 (acima, à dir.): José Medeiros/ Instituto Moreira Salles.

p. 12 (acima): akg-images/ Album/ Fotoarena.

p. 12 (ao centro, à esq.): Arquivo Público do Estado de São Paulo.

p. 12 (ao centro, à dir.): © Henri Martinie/ Roger-Viollet.

p. 14: Special Collections Research Center/ University of Michigan.

pp. 16-17: Alessandro Meiguins.

pp. 18 (acima) e 20-21: Coleção Cristiano Grimaldi.

p. 19 (abaixo, à esq.): DR/ Walt Disney.

p. 19 (abaixo, à dir.): DR.

p. 22 (abaixo): BBC.

p. 23 (acima, à esq.): Agência O Globo.

pp. 28-29: Arquivo Histórico do Exército. Reprodução de Jaime Acioli.

pp. 30-31: Kurt Klagsbrunn.

p. 32: DR/ Sargento Catani/ Acervo Soviet Prop.

Índice remissivo

Guggenheim, Peggy, 136
Guianas, 313
Guilhem, Aristides, 85-6, 153, 326
Guilherme II, kaiser, 73
Guillén, Nicolás, 364
Guinle, família, 32, 180
Guinle, Guilherme, 154
Gurgel Valente, Maury, 341
Gurney, Hugh, 48

Haeff, Ingeborg ten, 306-7
Hall, João, 23
Hallawell, Francis, 338-9
Hamburgo (Alemanha), 63, 114-5, 119, 122, 238, 241-2, 244, 247, 353
Hamson, Knut, 110
Hasslocher, Manoel, 22
Havelange, João, 112
Heelts, Frau, 115
Heidegger, Martin, 77
"Heigh ho, heigh ho" (canção), 218
Heleno (jogador de futebol), 308
Hemingway, Ernest, 108, 341
Henie, Sonja, 110
Hermes Baby (máquina de escrever portátil), 341
Heydrich, Reinhard, 124
Himmler, Heinrich, 26, 178, 358
Hindenburg (dirigível), 69-71, 111
Hino Nacional, 19, 38, 51, 64, 92, 173, 238, 350, 359
Hiroito, imperador japonês, 262, 299, 325
Hiroshima, bombardeio atômico de, 369
Hirschmann, Margarida, 347
História universal (H.G. Wells), 174
Hitler, Adolf, 14, 24-7, 62, 66, 69, 71-7, 79-80, 100, 105-6, 108-11, 113, 115-8, 123-6, 130, 132-5, 137, 139, 143, 146-8, 150, 155, 157, 163, 174, 176, 178, 195, 206, 213, 225, 231-2, 235, 238, 245, 247, 251, 253, 264, 298, 300, 312-3, 324-6, 331, 343, 351-3, 358-9, 369-70
Ho Chi Minh, 42
Hoffmann-Harnisch, W., 171
Holanda, 144, 146, 198, 319; *ver também* Países Baixos
Hollanda, Raphael de, 25
Hollanda, Sergio Buarque de, 65, 115-6
Hollywood, 139, 165, 179, 189, 216-7, 222, 264-7, 275, 284, 314
Hong Kong, 147
Hora do Brasil (programa de rádio), 84, 87, 89, 164, 278
Hotel Glória (Rio de Janeiro), 55, 84, 86, 98, 218
Hull, Cordell, 135, 148, 151, 211
Hungria, 85, 125, 133, 146, 182, 198

Hutt, Alfred, 48, 53

Ibárruri, Dolores (La Pasionaria), 42, 106
Igreja católica, 84
iídiche, 117, 182, 184-5
Ilustração Brasileira (revista), 162
imagem afogada, A (Yonne Stamato), 130
imperialismo, 20, 38, 41, 135, 151, 240
Império Britânico, 150, 352
indígenas, 27, 33, 76, 193, 203, 249, 261, 332-3
Indústrias Matarazzo, 78, 255
Inglaterra, 106, 110, 116, 118, 178, 182, 189, 195, 197, 299; *ver também* Grã-Bretanha
Inojosa, Joaquim, 119, 141-3, 238
"Insensiblement" (canção), 189-90
Instituto de Educação (Rio de Janeiro), 34, 65
Instituto Italiano de Alta Cultura (Rio de Janeiro), 78
integralismo/ integralistas, 13-6, 18-29, 33, 35-8, 40, 44, 55, 59, 68, 79, 81-2, 84-6, 88-91, 96-103, 131, 134, 138, 181, 229, 246-7, 251-2, 254, 261, 276, 283, 299, 306, 326, 351, 357, 363; *ver também* AIB (Ação Integralista Brasileira)
Intentona Comunista (1935), 45-8, 58-9
Ipanema (Rio de Janeiro), 43-4, 49, 53, 189, 241, 245, 250, 293, 321
Irlanda, 144
Itabira (MG), 22, 172, 361
Itália, 15, 20, 77-80, 88, 90-1, 103, 106, 114, 133, 144, 146-7, 149-50, 159, 178, 182, 191, 220, 223, 226, 238, 254, 258-60, 288, 313, 318, 327-8, 331-8, 341-2, 344, 348, 350, 352, 354-5, 361, 364, 366-8, 370-5
Itamaraty (Ministério das Relações Exteriores), 48, 55, 118-9, 121-2, 124-5, 146, 150, 154, 173, 175, 233, 238, 246, 270, 303-4, 350
Iugoslávia, 144, 146
Iwerks, Ub, 216

J. Carlos (caricaturista), 218, 335
Japão, 15, 77, 147, 178, 223-4, 226, 230, 238, 261-2, 284, 299, 331, 351, 364, 369, 375
Jararaca e Ratinho, 212, 218, 315
Jardim Botânico (Rio de Janeiro), 60, 78, 80, 201, 255
Java, ilha de, 147
Jesus Cristo, 28
João da Baiana, 212
João Miguel (Rachel de Queiroz), 31
Jobim, José, 116
Jobim, Tom, 182
Jockey Club (Rio de Janeiro), 172, 295
Jodl, Alfred, 359
Jornal, O, 18, 128, 197, 231, 337, 368

1ª EDIÇÃO [2025] 1 reimpressão

ESTA OBRA FOI COMPOSTA PELA ACOMTE EM PALATINO
E IMPRESSA PELA GEOGRÁFICA EM OFSETE SOBRE PAPEL PÓLEN DA
SUZANO S.A. PARA A EDITORA SCHWARCZ EM SETEMBRO DE 2025

A marca fsc® é a garantia de que a madeira utilizada na fabricação do papel deste livro provém de florestas que foram
gerenciadas de maneira ambientalmente correta, socialmente
justa e economicamente viável, além de outras fontes de origem controlada.